《近代中国研究集刊》
(5)

近代中国的物质文化

复旦大学历史学系
复旦大学中外现代化进程研究中心 编

上海古籍出版社

《近代中国研究集刊》

5

复旦大学历史学系
复旦大学中外现代化进程研究中心 编

编委会
（按姓氏笔画排列）

王立诚　朱荫贵　吴景平　张济顺　张晖明
陈思和　林尚立　金光耀　金冲及　姜义华
顾云深　章　清　熊月之　戴鞍钢

执行编辑：潘玮琳

目　录

编者的话 …………………………………………… 1

·专题论文·

"祀鬼之业":近代社会变迁中的江浙锡箔业 ……… 潘玮琳　1
自造自用之梦:玻璃制造业在近代中国 …………… 曹南屏　43
西式催生药与近代中国分娩行为转变的初探 ……… 赵　婧　80
时尚、衣着与社会变迁:基督教与近代都市日常着装
　………………………………………………… 黄　薇　99
姹紫嫣红:明清牡丹花文化的建构与论述 ………… 陈建守　133
惜花有情存雅道
　——宋以降花谱编纂的嬗变与士人的品鉴文化
　………………………………………… 林秋云　164

·域外专论·

近代中国的物质文化 … 冯　客　著　潘玮琳　章　可　译　216
物华:明代士人的鉴藏与物质文化 … 卜正民　著　潘玮琳　译　253
校读科学:陈蝶仙的《家庭常识汇编》与家庭工业实验
　……………… 林郁沁　著　林秋云　译　潘玮琳　校　284

"旗袍"中国
.... 安东篱 著 潘玮琳 梁思思 译 潘玮琳 校 310
为健康还是为利益：日占时期的上海华商乳品业
.... 葛淑娴 著 章思睿 译 潘玮琳 校 358

·史料与考评·

维新事业在美洲的拓展与挫折
——梁氏档案藏康有为书札考释 .... 张荣华 389
基督新教传教士在杭州的早期活动考述 .... 章 可 421

·研究综述·

新世纪以来大陆的新文化史研究 .... 张仲民 436
一种医患关系的历史如何可能？
——"医家、病家与史家：以医患关系为中心"
工作坊侧记 .... 陈 昊 451

·书评选刊·

多重视野下的中国烟草史
——读 Golden-Silk Smoke: A History of Tobacco in China,
1550-2010 ...... 韩灵(Luke Hambleton) 皇甫秋实 467

·附 录·

与本辑主题相关的论著目录（英文部分）................. 潘玮琳 478

编 者 的 话

所谓"物质文化"(material culture)是一个相当宽泛的概念,其指涉范围囊括一切日用物品,即一种文化中所生产的"物质"产品。这些日用物品既可以是大规模生产的、俯首即是的,也可以是代代相传的、手工制作的;有的是身份与社会阶层的象征,有的只是必要的工具甚至玩具。一种物质或物品的文化,不仅诉说着一个特定时空的故事,更是关于那些制作人和使用人的故事,其中还包含着时间的流逝和变迁。

"物质文化"在西方成为一个学术名词,可追溯至十九世纪中期到二十世纪初期之间。物质文化研究(material culture studies)不像其他研究领域那样可以勾画出学术发展和重要研究者的谱系,它是在许多不同的学科领域内独立生成的,更接近于文本研究(textual studies)。这些不同的领域包括了艺术品收藏与鉴定,以及考古学、人类学、民俗学、科技史、艺术史和社会史等。这些不同的领域和学科都有各自的研究方法。只是到了最近二十年,研究"物"在文化中的角色才逐步成为一种独立的学问。

西方物质文化研究的渐趋独立,与对消费行为(consumerism)的研究密切相关,特别是其中关注普通人日常物质条件的部分,与社会史、文化史最具亲缘关系。法国物质文化史研究的代表性人物丹尼尔·罗什(Daniel Roche)曾说过,物质文化和日常生活史的研究是一种重新发现问题的方法,它有助于人们重新认识传统的经济史和社会史。也就是说,把物质生产放到文化和精神的历史中去考察,将生产和消费的问题结合起来。如此,在文化研究中,物的地位和功能得到了重新审视。

如果我们将视线拉回到中国,可以发现中国的经史考据传统中不乏对"物"的研究。名物制度的考辨是小学的主要内容,而文人的雅文化传统滋养了自成一格的古物鉴赏的文物目录学。然而这与现代学术范畴中的"物"的研究并非一回事。

在二十世纪初中国现代学术特别是历史学的形成期,物质作为"文明/文化资料"的重要性已经开始得到学者的重视。中国新史学的重要奠基者梁启超就曾提出需要进行"文物专史"的研究。梁启超提倡的专史是"把人生的活动事项纵剖,依其性质分类叙述",要"贯彻'供现代人活动资鉴'的目的"。在现代史学规范看来,这是一种广义的文化史,或者说由人类精神活动所主导的普遍历史。[①]尽管此处的"文物"二字与"物质文化"在内涵上有所不同,梁氏把中国的近代化概括为在"器物"、"制度"乃至"文化"层面上渐次受到西方刺激而自我改革的过程,[②]这一经典的中国近代历史"三期说",依旧昭示了对物之研究在中国现代历史学范式中所应占据的一席之地。物的历史反映的是人类活动的历史,以物的演变为线索,亦可贯穿政治组织、社会经济和人的精神生活的各个方面。

诚如现代中国物质文化研究的先驱者沈从文所指出的:"一切生活器用绝不孤立存在,既不能凭空产生,也不会忽然绝迹。……"且"文献上的文字是固定的、死的,而地下出土的东西都是活的、第一手的和多样化的。任何研究文化、历史的朋友都不应当疏忽这份无比丰富的宝藏"。对于现代历史学家而言,综合运用文献和文物,由事物的发展变更而触及社会制度的变迁,是一种新的方法。因此,"去研究文物中丝绸、陶瓷、家具、字画和铜、玉、漆、竹、牙、角器等",甚至"在目下还有人手中使用着的东东西西",用"联系和发展上下前后四方求索方法",就会发现以往不被意识到且不宜着手的问题,比如技术、生产方式、生产关系与社会制度和文化变迁之间的关系。③

尽管如此,1949年以来,在以政治史为研究主干的中国史学界,物质文化史的研究始终处于边缘地位。二十世纪八十年代初期,胡道静先生仍在呼吁"加强和推广对物质文化史的研究"。④他对于物质文化史研究的呼吁,特着眼于对中国社会物质文明成果的总结与研究方面,主要在发掘与整理中国古代科学技术的演进脉络,联系和协调科技史与整个学术发展的关系。因此,他坚持人文研究要文、史、哲、科"四科"并提,即人文的研究当与科学的维度结合起来,在历史研究方面除了纵向以时为序的"纵四史"(古代、近代、现代、当代),还要有按门类划分的"横四史"(中国文学史、史学史、哲学史、科学史),而"横四史"中尤以"科学史"最为薄弱。

最近二十年间,物质文化研究正在从冷门转向热门。上世纪七八十年代的欧美物质文化研究热,渐次席卷了欧美中国研究(包括汉学),乃至港台和大陆历史学界,不仅催生了许多新的研究议题和对旧有议题的检讨,而且激发了学者对过去中西学术传统中"物"之研究的再思,笼而统之,此可谓一次学术典范上的"物质文化转向"。

这一典范转移,首先起自对于近代早期全球货物流通的研究,藉此重新探讨欧亚之间以及亚洲内部的交流,从物质文化的角度对中西学界存在的自我中心主义和"东西二元论"提出了具体的批评,从物质相互交流、影响乃至融合的角度为一种全球视野的新历史书写提供了可能性。

其次,由全球货物流通的历史,旁及"消费社会"(consumer society)兴起的命题。有关十八世纪欧洲资产阶级消费革命与消费文化出现的历史追溯,涉及奢侈品观念变化、贸易对现代社会出现的作用、消费观的性别转向等对现代社会经济与日常生活影响深远的诸多问题。有关近代早期全球物品流通史与欧洲消费社会兴起这两个研究议题共享了一个重要的研究对象——"中国风",亦即十八世纪风靡欧洲上流社会的中国舶来品。有关中国物品在欧洲消费社会诞生中所发挥作用的研究,实际上为近代中西社会的物质变化和发展道路的分殊提供了新的比较研究的视野。

在本世纪之初,台湾学术界受到欧洲史上有关消费社会的研究与理论的影响,开始对明清时期围绕"奢靡"社会风气的大量论述与实践层面的材料进行挖掘与整理,为我们揭示了明清士人与庶民物质生活的丰富多姿,为明清江南地区社会经济的发达提供了生动的佐证,并对流行时尚与消费行为所折射出的社会权力关系的消长提供了分析的可能。[⑤]在此基础上,台湾史学界形成了一股强调日常生活与物质文化议题的集体研究风气,特别是在明清史学界涌现出了一批有关消费观念、器物与文化记忆、城市生活等问题的个案研究。不过其中,有关十九世纪下半期到二十世纪上半期的研究在数量上显著少于有关十六到十八世纪的研究。在欧美,有关十九、二十世纪中国物质文化的研究亦相形匮乏。

对此,国际汉学界公认的研究中国物质文化的先驱——柯律格(Craig Clunas)认为,问题首先出在研究者的视野上。因为西方研究者普遍重视物品的消费而非生产,所以在观察到十八世纪后亚洲制造品在欧洲物质文化领域中数量减少的现象后,便认为十九、二十世纪的物质交流已经不再构成值得重点研究的对象。这就造成了一个奇特现象,即十八世纪欧洲"中国热"的结局默默地从历史图景中消失了,而当二十世纪后期中国成为"世界工厂","中国制造"的大量物品重新充斥西方市场和日常生活时,这种历史研究的空白和断裂就显得十分突兀。[6]另一位多产的历史学家冯客(Frank Dikötter)则指出,研究者对十九、二十世纪中国人日常生活中的物质体验缺乏研究意识,恐怕是因为在描述中国现代化历程对本土社会文化的影响时,仍然不自觉地采取西方中心的立场,故而并没有对西潮东渐过程中中国人对外来物品的创造性容受给予足够的重视。[7]

在此背景下,本辑所收录的专题论文与域外专论,力图从日常生活的不同侧面,展现近世中国社会变迁中人与物关系的细微变化。按照日常生活展开的逻辑,讨论现代化浪潮下中国人在衣食日用各方面发生的结构性变化和特殊的消费体验。需要特别说明的是,为了展现目前物质文化史研究的前沿话题,本辑所录文章在时段上采取广义的"近世"概念,而不局限于十九、二十世纪。

本辑所录卜正民(Timothy Brook)的研究认为,物并不只是任由我们塑造的惰性客体。物所承载的意义超越其实用功能时,便摆脱了单纯由人塑造的客体性,而获得了自己的生命,这最为明显地反映在奢侈品上。物质文化研究,聚焦于物品如何获得社会性意义,以及个体如何获得对自身有意义的物品,在此层面上,也就成为了关于物本身的生命史(或传记)的研究。对于奢侈品如何获得意义的研究,亦即对于精英阶层品味与社会身份形成的研究。十五至十七世纪,在以中国为中心的南海经济圈内,商品的生产、流通和消费,无论种类还是数量,都达到了历史上其他时期人类社会所无法比拟的程度。作者敏锐地抓住了在十六世纪中国商品经济日趋兴盛的背景下,艺术品消费的崛起。鉴藏,作为一种奢侈性消费,成为了文化精英超越政治秩序变动而塑造自我认同的重要社会性活动。他通过家产清单、笔记、日记等材料,披沙沥金,为我们讲述了明代江南士人收藏了什么、如何收藏、从何收藏的故事,力图重建中国在参与全球经济形成的初期,其本土精英文化孕育的物质基础与生活空间。

　　延续有关精英品鉴文化的话题，陈建守和林秋云的文章都讨论到花在中国传统社会文化中的意义发生与迁移，并且不约而同地选择了谱录这一特定文本作为研究对象。陈建守梳理了晚近中外有关中国花文化的主要研究，并将自己的个案研究聚焦于"牡丹"在明清文化脉络中的多样面貌，力图展现社会经济、文化活动中，作为"物"的牡丹如何与人发生"交往"，产生意义。今人多易在有"国色"之誉的牡丹与盛唐气象间发生联想，而经作者的爬梳，牡丹与相近种属的芍药分离而逐步珍品化的过程却是在明清时期完成的。牡丹的文化资本的累积本因其珍贵难得，也正因其珍贵，激发了人们克服自然条件的限制，对其进行"驯化"。明清时期牡丹知识的系统化，与牡丹栽培技术的进步和种植范围的扩大有着密不可分的关系。另一方面，牡丹并未因技术进步带来的普及化而导致其"珍品"的文化意义与地位的失落，反而在清乾隆时期得封"花王"之殊荣。作者认为，这得益于历代孜孜不倦编纂牡丹谱录的文人雅士。士人的博雅传统并不停留在感官的层次，而是在更高层次上追求人与物的交感相通。这种人与物的交感，恐怕更多地得到了文本经验而非现实经验的支持。如作者所揭示的，明清时期的牡丹谱录，不断复制与强化唐宋时期有关牡丹的文学作品与史事典故，从而延续了牡丹专属的文化感觉。

　　林秋云的文章同样围绕"花谱"这一文本的形成与演变，条分缕析地呈现了近世中国士人品鉴文化的另一种脉络。作者发现自宋代开始的，以谱录之学来记录和呈现士人看花、种花与写花的活动，构成了一种有别于现代植物学与园艺学的花卉品鉴之学。这种为花卉修谱的风气一直延续到明清时期，所不同的是，品鉴的对象不再局限于植物，而旁及于优伶艺伎。在相同的"花谱"之名下，前者是以人喻花，区分花卉的色香品格；而后者是以花喻人，品藻娼优的姿貌技艺。花谱在明清之际的起落,与士人冶游风气的盛衰密切相关。在其盛极一时的晚明与清中期,坊间触目皆是,年年岁岁出新编。美人与名花在谱录之学的共通的文本类型与语境中,发生了互映互证的联系,是揭示中国传统审美中写物而移情与写人而物化的一个佳证。作者敏锐地注意到,在中国的目录学传统中,记物的"谱录"与记人的"谱牒"分属不同的知识系统,谱录之学体现了士人雅文化中的游戏心态,自唐宋以下,其品鉴赏玩的对象从诗、画到植物、古玩,逐步扩大,因而出现了各种诗谱、画谱、砚谱、墨经、茶经、金石录、考古图等。明清品伶、品妓的"花谱",更是将玩味美色变为士人公共活动和士文化公共知识的组成部分。它们将描写的对象异化为纯粹审美的客体,与为自然界客观之物注入道德话语的"香草美人"的文人传统大异其趣,但仍然有别于低层次的身体欲望的满足。晚明以来品鉴优伶的谱录之学在经济发达地区的兴盛,实际上反映了文化消费中士商地位的竞合给士人带来的身份危机感,而以谱录之学来守护一种客观审美的立场,无形中成为了明清花谱创作者的深层心理动机。

消费文化与都市生活景观是研究近代中国物质文化的一个重要面向。近代中国口岸社会率先经历欧风美雨的洗礼,从而成为中国迈向现代化的门户。冯客的文章从比较研究与批判性的视角,总括了这一研究主题所涉及的理论层面的问题,可作为本辑中提纲挈领的文章。作者特别关注经济全球化带来的不同社会文化的"杂交性",如何体现在二十世纪上半叶中国人的日常生活中。在他看来,全球化重塑中国人日常生活的速度和程度,恐怕超出了多数人的想象。二十世纪二三十年代到中国来体验与西方迥然不同的异域风情的外国人,不断被自己目睹的景象所震惊,而固执地在霓虹灯外的世界寻找所谓"真实"的中国。他们所拒绝的是都市景观与城市生活所带有的一切现代化的表征,而这最典型地体现在口岸社会对舶来品的消费中。西方观察者把这种现代化等同于西方化，或者说"非中国化"，然而在作者看来，消费文化带来的不是简单粗暴的文化同质化，他更倾向于相信一般大众创造性地调动自身的文化经验，为外来的物品与本土的社会形态找到有机的结合点，这便是"现代性的本地化"过程。作者企图向我们证明，关注"普通人的文化"，亦即本地人群对全球化商品的创新性适用，可以成为探寻中国社会与文化现代化转型的另一条蹊径。

安东篱（Antonia Finnane）和黄薇的文章均涉及近代中国人服饰消费与风尚的转变。两位研究者分别从"传统服饰的再发明"和"外来服饰的输入"这两个不同的角度回答了"中国人应该穿什么"的问题。日常着装体现了人的意识与观念，是社会文化、礼仪和交流方式的综合反映，在社会急剧转型的时期，其变化尤为鲜明而曲折。西式服装的输入与融合，既是中国近代都市的靓丽风景，也是中国现代化进程的缩影。都市群体的不同着装选择，反映了他们对强势外来文明的理解和自我文化身份的再确认。

黄薇选择了在中西文化交流、碰撞最前线的两个特殊群体——来华外国传教士与教会学校的中国学生——作为考察对象，对西式服饰及其背后蕴藏的西方观念如何涓滴渗透至中国现代都市生活中，提供了一个具体而微的窗口。作者认为，晚清西方传教士虽然为传教事业的需要，会不同程度地采取融入地方习俗的着装策略，但仍有不少传教士坚持穿着西装。他们在外形上给华人带来了强烈的视觉冲击，在生活方式与卫生理念上也颇具示范效应，因此在伴随清末政治剧变而来的服制革命上，曾发挥了积极的作用。而民国以后，教会在学生服饰的管束上体现出强烈的宗教与道德规训色彩，相形于瞬息万变的都会时尚，反而成为社会中的一股文化保守力量。作者认为，这也从另一个侧面折射出十九、二十世纪之交中国人生活巨变的曲折。

安东篱则将性别研究引入到近代服饰史的研究中。作者敏锐地捕捉到,在二十世纪上半叶中国的动荡政局中,都市女性着装问题往往成为社会舆论的焦点,被各种政治与道德话语所利用。颇具讽刺意味的是,在排满革命成功后的十几年中,原本性别定位颇为模糊的满族服饰"旗袍",经过改良,迅速取代了以汉族"上衣下裙"为基本特征的"五四装",成为民国时期中国都市女性的时髦装束,不啻是时尚界的一场反向的革命。"旗袍"的时尚革命,带来了一系列围绕女性身体解放的观念与物质上的变革。女子剪不剪短发,束不束胸,这些今天看来只是个人审美偏好的问题,在二三十年代却一度成为性命攸关的政治事件。文化保守主义者对曲线毕露、花样繁复的"旗袍"颇多诟病,穿着"旗袍"的"摩登女郎"也是社会道德批判的对象。然而,今天,"旗袍"却成为了彰显中国女性仪态风姿和体现中华传统文化的物质遗产。中国女性时尚在过去百年所历程的风云变幻,如何不教人唏嘘感叹。

林郁沁(Eugenia Lean)、曹南屏、葛淑娴(Susan L. Glosser)的研究,为我们理解二十世纪现代化浪潮中新技术、新事物如何嵌入中国的社会生活与商业发展,提供了鲜活的例证。林郁沁研究了陈蝶仙(1879—1940)在二十世纪三十年代普及日用工业知识方面的努力,这集中体现在他主编的两套丛书——《家庭常识汇编》和《实业致富丛书》。陈蝶仙兼具实业家、科学家、出版家、小说家等多重身份,一般读者恐怕对他创作的言情小说多少有所耳闻,但鲜少有人会注意到他在民国时期一手创办的辐射中国与东南亚的制药王国——"家庭工业社",以及他在致力于实业之余,所进行的科普写作与出版。二十世纪涌入中国的大量工业制品,在改变中国人物质生活面貌的同时,也引发了人们对新生事物真实性与可靠性的不安。随着现代工业规模化生产的普及以及全球资本主义带来的市场冲击,媒体与资本结合而营造的话语迷障,本土与西方知识体系的权势竞合,不仅使中国人的日常消费被前所未有地政治化(比如抵制外货和提倡国货的各类社会运动),而且令他们在构建与现代工业化进程相辅相成的现代科技知识体系时纠结不已。如何鉴别市场上的假冒伪劣商品?如何在物质与信息被机械复制并急速膨胀的时代不至于迷失方向?由知识精英转变为商业精英的陈蝶仙选择了自己最熟悉的"文本策略"——编著类书。编纂类书是儒家知识精英在不断变化的社会中维持日常秩序与知识权威的重要手段,也是十九世纪政局板荡中中国知识精英接引"西艺""西政"等新知识的主要途径。在面对一个由科学与工业塑造的崭新的物质世界时,投身民族工业的中国知识精英,采用编纂策略来规范工业知识,并通过报刊专栏与丛书来集中展示"实验"成果,以此为自己的产品验明正身,确立合法地位。陈蝶仙最初在自己主编的《申报·自由谈》上开设"家庭常识"专栏,刊登了大量有关工业产品自制方法的文章,后结集为丛书出版,十分畅销。此外,陈蝶仙又出版了《实业致富丛书》,手把手地传授读者如何在模仿外国实业技术的基础上制造本土产品,把"舶来"的日用化工产品变为"国货"。这些日用科技丛书在普及外来新知的同时,也用自己的分类体系对外来知识进行了"驯化",并服务于本土的工业化实践。

民国时期的"家庭工业"概念及其所反映出的人们对工业生产知识的浓厚兴趣,着实令今天已高度依赖商品化市场的人们感到惊讶。编者寄望于专栏读者能成为未来的实业家,投身民族工业的建设。曹南屏对近代中国玻璃制造业发展史的研究,则将目光由民国上移至晚清,有助于我们进一步理解这一民族主义与现代化并举的时代氛围。玻璃一度是明清宫廷内造内用的赏玩之物,故旧名"料货",而与晚清由西洋传入的窗、镜、盛器等日用玻璃制品相区别。起初玻璃也只是达官贵人享用的奢侈品,清末民初才进入寻常百姓家。由于玻璃制品的普及,生产的本土化也成为了国家挽回利权的当务之急。作者着重指出,中国玻璃制造业的兴起,究其思想渊源,乃是晚清知识精英对中西"器物"层面差距的反思逐渐从军事工业的范畴扩大到民生日用品之上。日用品中洋货泛滥,直接刺激了士人对工商立国的策略思考。因此,玻璃制造首先纳入了清末官办工业的范畴。然而,由于技术上的瓶颈,中国的本土玻璃制造业星散于西化程度较高的沿海与长江流域的通商口岸,且产品种类与规模参差不齐,特别是平板玻璃的生产鲜有成功者,不得不长期依赖欧洲与日本的进口。第一次世纪大战以后,日本在华经济势力显著提升,日制玻璃大举入侵中国市场。到了二十世纪三四十年代,随着日本在华军事影响的扩大,中国玻璃制造业的重镇——山东更沦入日本的势力控制范围,这一度激发了广东、江浙等地本土企业的危机感与竞争意识。总体而言,作者认为在二十世纪上半期的动荡局势中,本土玻璃制造业尽管肩负"挽利权杜漏卮"的国家使命,却始终未能在欧、日产品挤压的有限市场空间中谋得真正的发展。

葛淑娴有关日占时期上海华商乳品业的研究,接续了曹文有关日常物品消费与生产的政治语境的讨论。和玻璃一样,牛奶曾受到了解外部世界的中国商业精英的高度重视。作为在现代化和公共卫生理念兴起背景下引入中国的一种食品,牛奶被二十年代的商业话语赋予了独特的政治意义,被塑造为中国进步求存的重要物质基础。特别到了抗战时期,在食物短缺的孤岛上海,外国人、日本医院和中国富裕阶层对牛奶的特殊需求,进一步强化了这种社会达尔文主义的话语,并促进了牛奶消费的增长。作者通过对上海市牛乳场联合会档案的解读,发现沦陷时期的上海商人,在错综复杂的政治局面中,利用将牛奶等同于现代性的社会达尔文主义话语,与伪上海市政府、工部局、日本占领军等多方政治势力展开博弈，不仅为企业自身的发展争取了空间，而且提高了乳品消费的普及程度。如作者所言，战时上海乳品业的曲折故事，可以披挂上不同的政治色彩。在华人乳品商的笔下，这几乎是一种由救世热情支持的民族事业。然而，在敌占区特殊的政治氛围中，与日本人的妥协合作又令其沾染了通敌嫌疑，从而其身份变得暧昧。无论如何，牛奶这一被赋予特殊政治色彩的食品，在一个特殊政治年代的故事，使我们对二十世纪中国商业文化的活力与灵活性有了更为复杂的认识。

赵婧与潘玮琳的研究，从本土与外来两个角度，呈现了转型时代新旧事物的曲折命运。赵婧关注的是西药催产素被引入中国后，对中国女性分娩行为方式的冲击。在中国，对分娩过程进行干预的医药措施古已有之，传统的催产方法有一些是日常经验的总结，一些则出于对物物相感的泛灵信仰。这些手段的存在，说明了分娩风险的普遍存在以及传统医药对难产问题的重视。现代人工合成的催产素发明于二十世纪初叶的英国，在二十年代便出现在中国医药市场上。作者通过对二十年代报纸医药广告的研究，发现催生素在中国的推广几乎与欧美同步。最初引入的德国拜耳药厂生产的"赫破弗辛"（垂体后叶激素），其主要作用是刺激子宫收缩，加快分娩进程。但是为了适应中国的医药文化语境，广告宣传用的却是"子宫补药"、"妇科圣药"等说法，后来的改良版用的也是"卧褥定"这样近乎"物物相感"理念的名称。与本书其他个案研究所揭示的情况相似，在催生素的生产上，也存在着国货药商的后来居上以及与中外药商的市场竞争。为了凸显国产催产素的疗效，传统的接生方式和民间偏方、验方往往被视作反面教材，于是，一套有关生育卫生的现代知识体系伴随医药市场的兴起而被建立起来。与商业营销中的现代医药话语形成对照的是，至少在五十年代以前，多数中国产妇仍然遵循着传统的居家分娩的知识与习俗,采用西法接生的比例少之又少。中医的催生药方多数取材于常见草药,甚至来自于日常饮食。作者发现,传统分娩方式的风险性未必如西药广告宣传的那样,反倒是西式催产素在临床应用上存在误用与滥用的风险,甚至引起过轰动一时的催生伤胎案。西式催产素的引入,颠覆了中国人对分娩的理解,生产过程从一种自然的生理事件变成了需要药物与医疗手段干预的疾病,医生与助产士被赋予了掌握孕妇生死的权力。这一个案研究揭示出,由于增加了资本在医药市场上的逐利冲动,现代生育科学的引入,并非纯粹的技术与观念更新,它不可避免地伴随着新的道德风险因素的滋长。

潘玮琳的研究以锡箔这一特殊纸钱的生产与消费为视点,重新检视二十世纪上半叶中国的反迷信运动与宗教现代化进程,特别是国家通过限制宗教消费品的生产、流通来改革社会习俗的经济干预措施。锡箔是将锡块打成薄片后裱褙在竹纸上而制成的。由于原料与工艺的复杂性,锡箔的制造在历史上成为了中国一些地方的特色产业。江浙一带的锡箔业产销网络以绍兴、杭州、上海为中心,在十九、二十世纪形成了对地方经济与社会颇具影响的产业,也成为反迷信运动中最受瞩目的对象之一。作者发现,对使用锡箔的社会批评使锡箔业这一本来不为人所知的行业进入了大众的视野,民国时期的各种社会经济调查、评论更揭示了锡箔生产各个环节不为人知的复杂面向。作者通过对各种零散史料的爬梳,力图展现锡箔业的原料与生产工艺,其生产中的社会分工及其与地方社会的关系。作者认为,尽管现代国家的反迷信话语将锡箔业塑造成一种落后、衰败的地方产业,实际上,它的产销却拥有一个成熟而活跃的网络,其原料来源、生产工艺与产业结构已深深嵌入地方经济与社会生活,构成了一种自成一体的地方性知识。与以往有关近代中国风俗改良的研究不同,作者以物为研究中心,强调宗教消费首先是一种消费行为。这种消费行为决定了锡箔这类纸钱必然要进入流通领域,从而获得一种商品的属性,这也是锡箔业在二十世纪上半期依然释放出巨大活力的原因所在。作者认为,以焚烧锡箔为代表的使用纸钱的社会习俗之所以难以禁止,除了社会文化、心理层面的因素,经济也是一个不容忽视的原因。

上述研究所涉话题与领域非常广泛,而其问题意识的内在联系又如草蛇灰线,伏延可追。不难发现,这些研究的共同之处,是采取了"推物及人"的视角。正如英国著名物质文化研究学者丹尼尔·米勒(Daniel Miller)所言,这种视角的创新之处恐怕"并不在于研究方法上,而更在于对文化本质的认识",通过对物的具体研究,我们得以认识不同社会和不同人群的日常生活世界,因为这些日常生活之物的网络,是人们"赖以建立自身真实世界的具体方式"。⑧

由一物的历史,见微知著,物质文化研究提供了一种将社会经济研究和微观史研究方法注入思想文化研究的新范式。物质文化研究给我们的启示是,物具有经济性、象征性双重意义:经济性是因为物作为商品,是经济体系中的重要环节,而其象征性则表现在物的社会意义和围绕商品的交易所形成的特定社会关系。"推物及人"的新研究视野,已经并将持续激活对于中国历史与现状的思与辩。我们将此编主题定为"近代中国的物质文化",即着眼于此。

本辑前言由潘玮琳撰写,章可参与了全书的编辑工作,复旦大学历史学系周永生同学帮助校订全稿。在此谨向所有作者、译者和帮助本辑出版的同仁们致以最诚挚的谢意。

编者谨识

---

① 梁启超:《中国历史研究法补编》(1926—1927年),河北教育出版社2000年,第294—295页。

② 梁启超:《五十年中国进化概论》(1922年),刘东、翟奎凤选编:《梁启

超文存》,江苏人民出版社 2012 年,第 251—252 页。

③ 引自《试论沈从文历史文物研究法——为"沈从文百年诞辰国际学术论坛"作》,南京博物院编:《宋伯胤文集·博物馆卷》,文物出版社 2009 年,第 384—390 页。

④ 胡道静:《加强和推广对物质文化史的研究》,《文史哲》1984 年第 1 期,第 16—19 页。

⑤ 邱澎生:《文化如何影响经济?——评 Samuel Adrian Adshead, *Material Culture in Europe and China, 1400–1800: The Rise of Consumerism*》,《新史学》10 卷 3 期,1999 年 9 月;《物质文化与日常生活的辩证》,《新史学》17 卷 4 期,2006 年 12 月。

⑥ 柯律格:《物质文化——在东西二元论之外》,《新史学》17 卷 4 期,2006 年 12 月,第 209—212 页。

⑦ Frank Dikötter, "Introduction", *Things Modern: Material Culture and Everyday Life in China*, C. Hurst & Company (Pub.) Limited, 2007, pp. 1–24.

⑧ Daniel Miller, "Why Some Things Matter?" in Daniel Miller ed., *Material Cultures: Why Some Things Matter?* (Chicago: The University of Chicago Press, 1998), pp. 3–21.

· 专题论文 ·

"祀鬼之业":近代社会变迁中的江浙锡箔业

潘玮琳

摘要:在二十世纪上半叶中国的反迷信运动与宗教现代化过程中,社会习俗的清理与改革是一个重点。在二十年代末到三十年代初,这一社会习俗改革一度集中到宗教消费品的方面,锡箔是其中最为引人瞩目的一项。锡箔是一种特殊的纸钱,是将锡块打成薄片后裱褙在竹纸上制成。锡箔的特殊之处乃在其所需原料较普通纸钱繁琐,制作纯靠手工,且生产工序十分复杂。由于原料与工艺的两项条件,锡箔的制造在历史上成为了中国一些地方的特色产业。对使用锡箔的社会批评使锡箔制造行业进入人们的视野,民国时期的各种社会经济调查、评论揭示了锡箔生产各个环节不为人知的复杂面向,以杭、绍为中心的江浙锡箔业的个案又是其中尤为突出的例子。本文通过对史料的爬梳,力图展现锡箔业的原料与生产工艺,其生产中的社会分工及其与地方社会的关系。作者认为,锡箔业在当地经济中分量颇重。焚烧锡箔的社会习俗之所以难以禁止,除了社会文化、心理层面的因素,经济因素也是一个不容忽视的方面。

关键词：锡箔，反迷信运动，江浙地方社会，手工业史

潘玮琳，上海社会科学院世界中国学研究所助理研究员

引言：破除迷信而始谈国家建设

1928年3月底至4月中旬，就在中山陵即将落成之际，南京市发生了大规模的拾魂巫术恐慌。有传言谓中山陵奠基亟需小儿灵魂。继而又有人说，市内潜伏多名妖妇，以手抚人身体或遥呼人名，就能摄人魂魄。一时间南京满城风雨，人人自危。不仅如此，谣言还迅速在长江流域的江苏、安徽、浙江诸省蔓延开来，南北各大报纸纷纷报道，成为轰动全国的事件。[①]虽然经过南京市政当局的辟谣，此事不久得到了平息，但对于建都南京未久的国民政府而言，无疑是一件有碍首都观瞻的丑闻，更有威胁新政权稳定的隐患。也许是在这件事的刺激之下，江浙两省的各大城市迅速展开了大规模的破除迷信活动，继而全国其他省市纷纷响应，形成了南京国民政府时期反迷信运动的高潮期。

反迷信运动对于刚刚通过武力统一全国的国民党政权而言具有颇为重要的政治意义。如当时某地方党委的一份相关提案中所指出的那样：

> 迷信，足以养成民族依赖偷堕、畏葸退缩之心理，卑污之品行，消失民族自强进取之精神、自信之能力，实为民族消亡之根苗，社会病态、国家衰弱之象征。数千年来，国人习而不察，直成定不可移之习惯。思想锢闭，知识缺乏，遇事不于真实上去研究，捕风捉影，反于飘渺无稽处去寻求。此中腐败堕落之颓俗，真乃社会进化革命建设之障碍。……破除迷信正

所以革心除旧法之心理建设,然后始谈的到国家建设、社会建设。②

自1928年至1930年间,国民政府推行了从庙产兴学到制定民间神祠存废标准,从废除旧历和迎神赛会等节庆活动到规范婚丧仪制等等一系列的举措,并使"破除迷信"以各种社会运动的形式,嵌入中国百姓的日常生活和精神世界。在这场声势浩大的运动中,各种被定义为"迷信"的仪式行为(丧葬礼、打醮、节令风俗)、机关(会道门)、场所(庙产)、物品(历书、香烛、纸锭、冥器)、人员(卜筮、巫觋、星相、风水师)都受到了程度不同的冲击。

与卜筮、巫觋、星相、风水等"操术愚民以糊口"的行业相比,香烛店、札纸作、锡箔业等生产与销售"迷信物品"的行业,因尚不至于"肆意煽惑,骇人听闻",而且在民间相沿已久,并未受到直接冲击,政府采取的主要限制措施是:"暂不查禁,用宣传方法,向民众说明真理,使归于天然淘汰。"③比如1929年10月,内政部大学院礼制服章审订委员会拟定《丧礼草案》,以"专注矫正奢侈,破除迷信,提倡质朴"为中心,对丧礼的仪式、用具等进行了细致的规定,要求"丧事从俭,奠仪、挽联、挽幛、赙仪、花圈为限。此外,如锡箔、纸烛、纸盘、冥器等物,一概废除"。④同年,国民党宣传部在一份《破除迷信宣传大纲》中也提出,对"制造及贩卖香烛、纸锭、冥器等等的商店,都应规定一种妥善的办法,劝其以有用的劳力资本,移作利用厚生之职业,那末一方可以减少精神与物质上的巨额损失,一方可以使崇拜偶像的人,失去媚神敬鬼的工具"。⑤然而宣传的实际效果却并不理想,民国时期的不少地方志中都记载"世俗不尽行之"或"县中尚无行之者",甚至在首都南京,"齐民仍以循旧俗者为多"。⑥(图1)

实际上,在此之前,国民政府曾尝试过经济制裁的手段,开征

图1 1935年农历新年前夕,上海英文报纸《大陆报》上记录了来自浦东的商贩乘舢舨运送折好的长串锡箔纸锭进上海,该则通讯标题为"中国朝拜者的地狱",以此讽刺中国人的迷信行为。"Joss For The Prayers Of China", *The China Press*, January 12, 1935, p. A1.

一项名为"迷信捐"的惩罚、取缔性质的特别税种,来达到"寓禁于征"的目的。"迷信捐"的征收范围涵盖冥纸、香烛、爆竹等迷信用品,卜筮、星相、堪舆、抬魂亭等迷信职业,以及针对祭祀行为的僧道捐和经忏捐等。⑦然而,由于该项税收牵涉到地方民生,受到相关行业的强烈反弹。并且,尚处于全国财政整理阶段的国民政府亦无法对这一增设的税收名目予以合理界定,因此,在政府与相关行业的反复博弈之后,这一税种在大部分行业中并未实际推行。⑧而内政部在1930年颁布的《取缔经营迷信物品业办法》,自然也因为在地方经济与社会稳定方面牵连过大而不了了之。⑨

有意思的是,正是在二十世纪二三十年代反迷信运动的过程中,由于政府对迷信用品进行清理、惩治、限制乃至取缔的种种需要,使一些原本鲜为人知的行业进入了人们的视野。本文要讨论的锡箔及其产业正是一个最典型的例子。

纸钱是中国人祭祀礼仪中的一种重要物品,其使用已有数千年的历史。锡箔是一种特殊的纸钱,系将锡块打成薄片后裱褙在竹纸上制成。因其本身色白肖银,人们在使用时,常将其折叠成银锭(又称元宝)的形状,故而锡箔制品往往又被称为纸锭、锭箔。(图2)锡箔的特殊之处乃在其所需原料较普通纸钱繁琐,制作纯靠手工,且生产工序也十分复杂。由于原料与工艺这两项条件,锡箔的制造在历史上成为了中国一些地方的特色产业,其产地主要

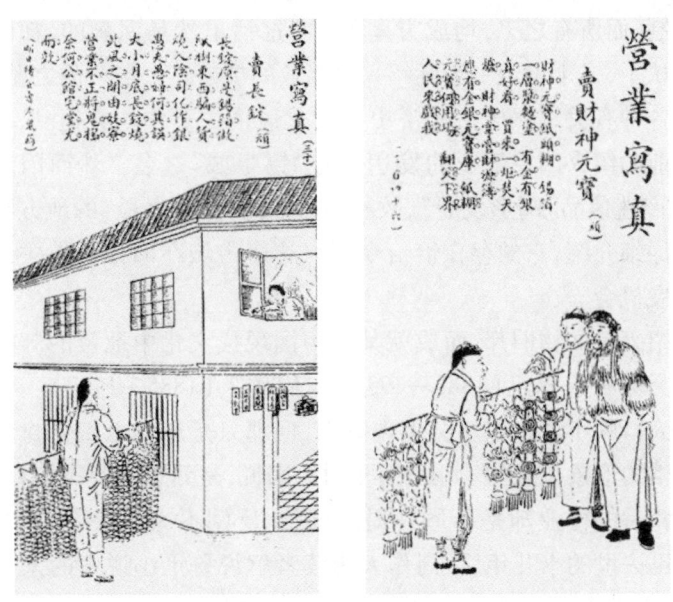

图2　清末上海街头卖长锭与财神元宝的小贩。
《图画日报》第15号,第8页;第137号,第8页。

分布在江苏、浙江、江西、福建、广东等省。历史上，各个地方的锡箔制品适应于各地祭祀习惯而在形制规格上各不相同，产销网络也各成体系。江浙一带的锡箔业产销网络以绍兴、杭州、上海为中心，在十九、二十世纪形成了对地方经济与社会颇具影响的产业，也成为反迷信运动中最受瞩目的对象之一，故而是本文要着重讨论的案例。

祀鬼之业：揭开江浙锡箔业的面纱

1932年一则有关绍兴锡箔业的调查文章说道："绍兴人为鬼之恩人，诚以中国之鬼，设无绍兴人为之制造锡箔，恐酆都城里将无币制，而所有之鬼，均成穷鬼矣。"⑩这话虽然是讽刺的，却明白地承认了，二十世纪上半叶绍兴锡箔业的规模之大与产品之驰名。当代各种有关绍兴城市经济史与文化风俗的著作均会提到，1949年之前的绍兴因锡箔业的发达而有"锡半城"之名。然而因其是"（生产迷信品）畸形发展"，故不会对如此"全国之最"的地方特产进行详细介绍，它的存在恰恰令绍兴这座古城在旧社会失去了经济发展机会。⑪

绍兴是文物旧邦，而成就其在中国现代文化中地位的却是周氏二兄弟——鲁迅（1881—1936）与周作人（1885—1967）。鲁迅脍炙人口的小说中偶然会出现锡箔，但那只是愚夫愚妇受封建思想桎梏的形象化载体。锡箔对于时人来说，是熟悉到不需解释的，而其背后的行业却是不屑一提的，因此反倒不为多数人所知道。在鲁迅去世的十几年后，周作人为读者解说鲁迅小说中的人与物时，这样说道：

> 制造锡箔是很繁重的工作……用叫作"点铜"的最好的

锡,用人力逐渐锤薄,又经过女工的种种操作,成为大小的锡箔纸,这些程序太专门了,我不能懂,懂了之后记下来也可以成为一本小册子。[12]

由于政府试图对这一落后的迷信行业实行经济的制裁与限制,在二十世纪二十年代末到三十年代,却出现了一股调查锡箔行业的热潮,当时重要的经济刊物都对江浙锡箔业进行了深入介绍,[13]由此揭开了这一行业的神秘面纱。通过这些介绍可以发现,确如周作人所言,尽管现代国家的反迷信话语将锡箔业塑造成一种落后、衰败的地方产业,实际上,它的产销却拥有一个成熟而活跃的网络,其原料来源、生产工艺与产业结构已深深嵌入地方经济与社会生活,构成了一种自成一体的地方性知识。

锡箔制造的原料

一、锡

锡在中国人的日常生活中应用十分广泛,它也是中国历史上最早被发现和利用的金属之一。春秋战国时期的《考工记》已有"金有六齐"之说:

> 六分其金而锡居一,谓之钟鼎之齐;五分其金而锡居一,谓之斧斤之齐;四分其金而锡居一,谓之戈戟之齐;三分其金而锡居一,谓之大刃之齐;五分其金而锡居二,谓之削杀矢之齐;金锡半,谓之鉴燧之齐。[14]

这是在商周青铜铸造技术成熟的基础上形成的铜锡合金配制法。由此可见,锡是制造钟鼎等礼器,斧斤、戈戟、大刃、削杀矢等兵器,以及鉴燧这种在日下取火之用具的必要原料。此外,铜锡合金还大量用于铸造钱币,锡铅合金则是金属加工中的低温焊料。纯锡也被广泛地应用于制造食器及其他日常器皿,如壶、盏、罐、盆、盂、灯台等。近代以来,锡成了仅次于铁的用途最为广泛的金属,除了制造各种日用器皿外,还用于金属镀膜和合金的生产,如马口铁(一种镀锡的熟铁或低碳钢)等。另外,"锡精"和"锡酸"(各种含锡的化学物质)也是印染、彩色玻璃、镜子、彩瓷等生产中必不可缺的原料。[15]

不过,十九世纪来华的外国人就敏锐地注意到,锡在中国还有着一项特殊且用量不小的用途——槌成极薄的锡箔用于制造"冥镪"。[16](图3)

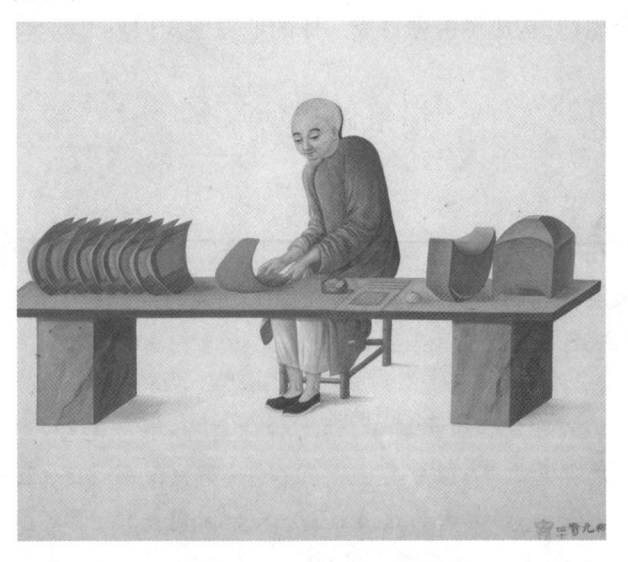

图3 十九世纪外销画中糊元宝的中国人。来自"China: Trade, Politics and Culture, 1793–1980"数据库,图片名为"Making Gold and Silver Leaf"。

锡,色白像银,质地柔软。其熔点很低(231.85℃),易于熔化,化后易流动成形。锡的延性也好,在108℃时柔性最大,易于打成薄片。中国的云南、广西、广东、江西、湖南都有较为丰富的锡矿资源,[17]且锡的冶炼和提纯相对容易,所以锡在中国是一种价廉易得的金属。以锡箔制成的冥锭,具有白银的金属光泽,锡箔纸柔韧易折,可做成银锭形状,又易于焚化,因此是制作模仿银锭的冥锭的理想材料。[18]

民国时期的主要锡箔产地——杭州与绍兴,并不产锡,因此需从其他地区输入。按其来源可细分为四种:

(一)滇锡,又名"点铜",来自云南个旧,但当时须经香港的锡厂提炼,因此锡箔业者往往称之为"广碚"。"广碚"含锡量可达97—98%,质地柔软。一般为板状,按质量高低分头、二、三、四号四种,每块重五六十斤。[19]

(二)赣锡,来自江西大庾岭,含锡量达99%以上。有圆饼及砖状两种,每块重四五十斤。

(三)南洋锡,又称"荷兰锡"、"福足",产自马来西亚、英国、美国等地,一般为条状,每条重约百斤。

以上三种又通称为"高身"。所谓"高身"即质地最高之锡,其中以南洋锡最好,云南锡最多。从海外进口锡料,并非因为国产锡资源的不足,而是由于一则洋锡成色佳,易于成箔,国产锡用旧法提炼,杂质未清;二则国产锡税捐繁重,运费昂贵,售价较高。[20]

(四)炉锡,又称"炉花"、"笔管"或"还魂锡",[21]从锡箔灰或旧锡器中提炼而得。在徽州提炼的锡称为"徽锡"。炉锡质渐削乏,需掺入少量"暗的"。"暗的"亦为锡之一种,产自湖南,因此又称"南勾",锡箔业内也将调入"南勾"的炉锡称为"焰光"。[22]由于锡在使用中往往与他物掺杂,废弃颇多,比如锡箔焚化成的灰中约可提炼出60%到70%的原锡。近代在华外国人士就注意到,"中国所烧之锡箔,有于灰烬之余入炉复用者"。而在中国以外的地方,一般不用旧金提用之法对其进行回收利用,这也是国际上原锡价格持续高昂的原因。[23]

由于作为锡箔原料的锡来源多样,久而久之形成了一个较为复杂的原料采购系统。原锡一般由作为锡箔纸主要经销单位的箔庄贩运进来。一般箔庄把锡箔纸块出售之后,转手就购运锡料。而炉锡则有专门的锡行经营。这种锡行,开始是由铜炉房兼营而发展起来的。一般自设炉灶,除熔铜外,兼营收购废锡进行提炼,然后出售箔庄、箔铺或箔坊。(图4)随着锡箔业的发展,锡的需要

图4 旧锡回收,上海俗语称之为"捞锡箔灰",引申为捞不义之财之意。漫画上方有人用棍子挑拨焚烬的锡箔,即捞锡箔灰,而下方借此讽刺当时政府卖官鬻爵的行径。见汪仲贤《上海俗语图说》,上海大学出版社2004年,第348页。照片是当代锡行景象,见《地下箔坊进行时》,《新民周刊》2005年第4期。

量大增，有利可图，于是出现了以专门收购废锡和锡箔纸灰进行提炼的锡行。这些锡行的老板，多数自己掌握熔炼技术，几个人合伙经营，一般不雇工。生产也无固定计划，只是收购多少炼多少。比如绍兴较有名的锡行有孟恒记、王百记、徐明记、福号以及徐东林等，都设在斜桥直街一带。

锡的供应情况大致可以抗日战争为分水岭。抗战前，箔业所需各种锡均由产地运来，来源充沛。抗战开始后，因交通受阻，运输困难，来源断绝，不得不以收购旧锡器及锡箔纸灰熔化提炼为唯一来源。由于许多人家为了聊补无米之炊而变卖家用锡器，使得锡行一度出现繁荣的局面。以绍兴为例，原来城内回收旧锡的锡行不过十余家，抗战期间竟发展到三四十家之多。不过，等到抗战结束后，各产地搁置的锡又大量拥送至浙江。但是这种兴盛的局面并未维持太久。由于战后受到外汇的影响，云南、江西产锡多经广州出口香港，运销国外，南洋锡更绝输入。而江西产锡也受到国民政府资源委员会的统制。到1949年以前，江浙箔业主要依靠经长江转运至上海的品质较劣的湖南锡，以及由旧锡器及纸灰提炼的炉锡。[24]

二、纸

江浙锡箔裱褙所用的衬纸，是以嫩竹制成的一种黄褐色霉酥纸，在浙江、江西两省都有出产。浙江省内的此种竹纸，品种有鹿鸣（或六名）、京放、宁庄、段方（段放）、连五、黄笺、厂黄等，主要产自富阳、奉化、诸暨、萧山、绍兴等县。[25] 统称为"纸花"，其中又以鹿鸣纸为最主要的品种。[26]

表1：纸花主要品种概况表

品种	产地	长度	宽度	每捆（张）	价格（元）	产量（件）	产值（元）
鹿鸣纸	富阳、奉化、诸暨、萧山、绍兴	规格不一		3000	4.5至7	304800	1358160
宁庄纸	诸暨、绍兴	2尺1寸	9寸2分	2960	6.6		
宁庄纸	诸暨、绍兴	2尺5寸	8寸6分	2960	5.6		
宁庄纸	诸暨、绍兴	2尺3寸	9寸	2960	8.5		
京放纸	富阳、萧山、诸暨	3尺2寸4分	1尺5寸	2700	6至8	72200	715360
段方纸	富阳、萧山	1尺3寸4分	1尺5寸	2200	6至7	118200	592500
连五纸	富阳、余杭、嵊县、诸暨					2520	12600
黄笺纸	富阳、余杭、嵊县、诸暨					206800	942250

* 此表数据来自1933年编《中国实业志（浙江省）》，第501—502页；产量、产值数据来自《浙江之手工造纸业》（续），《工商半月刊》1933年第15号，第57—59页。

此类竹纸虽然价格低廉，但制作工艺却颇为繁琐，需历时约两个月。选料以毛竹为主，亦用苦竹、淡竹、石竹等类。每年于小满节前（五月左右）开始砍伐竹料，嫩者为青烤料（不需削去竹皮），砍成三至四尺长的竹段，再破裂成条。先放入清水内浸五到六日，再放入石灰池内生腌二十到三十日。取出后洗涤晒干，用竹篾捆扎成束。一束称为一页，重十二三斤。投入大锅中连续蒸煮六七个昼夜。煮烂后，将原料取出漂洗晒干。用水碓（即水车）或人力舂细，浸于水槽内，竹料与水按1∶5或1∶6的比例拌匀。待完全溶解后，再用竹棒竭力搅拌成均匀浓稠的纸浆，用细竹帘抄纸，每抄一张，随抄随翻槽中纸浆。将抄起的一帘置于水槽旁的板上，待置纸二三寸，盖上木板，用杠杆将水分榨干。随后将纸揭出，贴于壁上，用火烘焙或日光曝干。最后将纸张的毛边裁去，用砖粉磨光。[27]

另有一种称为"还魂纸"的纸花，是利用箔坊、箔铺裁下的边纸，捣烂作浆复制而成的，制造时省去了浸煮之力，但单纯用故纸再生的纸强度较差，须在成浆时混入一定量的新鲜纸浆。[28]由于浙江竹料资源丰富，一般情况下不会生产"还魂纸"。但在抗战时期，尤其是绍兴沦陷后，由于山区有国、共军队的盘踞以及日军的扫荡封锁，纸花产量大幅度下降，加上交通阻塞等原因，纸花行被迫停业者甚多，纸花供应亦极度紧张。于是有人便在绍兴城内石家池等处开起纸花作坊，制造"还魂纸"，箔坊、箔铺也不得不勉强采用。到抗战结束，山区交通恢复，纸花开始正常生产，这些城里的纸花作坊也就逐步被淘汰了。[29]

自明代起，由于江浙锡箔业的渐趋繁盛，极大地改变了当地造纸业的格局。绍兴就是一个典型的例子。

绍兴拥有丰富的竹类资源，[30]又是人文荟萃之地，因此自古以来就有较大规模的造纸产业。东晋王羲之为会稽内史时，曾一次从府库调拨九万枚笺纸赠人。[31]自唐代起，越州（绍兴）贡品中就有纸张一项。唐代韩愈曾把纸称为"会稽楮先生"。[32]入宋以后，两浙地区成为全国造纸中心，而绍兴的地位自然益发重要。不过，在明代以前，绍兴所产以书写用纸为主，尤其是宋代工艺臻于成熟的竹纸备受书法家的推崇，有"滑"、"发墨色"、"宜笔锋"、"卷舒虽久，墨终不渝"、"惟不蠹"五大优点。[33]米芾（1050—1107）曾有诗云："越筠万杵如金版，安用杭油与池茧。高压巴郡乌丝阑，平欺泽国清华练。老无长物适心目，天使残年司笔砚。"[34]杭州油纸、池州蚕茧纸、巴郡乌丝阑纸、泽国清华练纸都是北宋的名纸，而彼时绍兴竹纸的名声已经跃

居其上,"独竹纸名天下,他方效之,莫能仿佛"。㉟

明代以后,这种高级书写用纸的生产就迅速衰落了。造成传统名纸产业在明末式微的一个主要原因就是锡箔业的发展。由于锡箔业的兴盛,原本生产书写用竹纸的槽户纷纷转向生产锡箔所需的纸花。据万历《绍兴府志》的记载:

> 越中昔时造纸甚多。……今越中昔人所称名纸绝无闻,惟竹纸间有之,然亦不佳。㊱

嘉泰《会稽志》亦有云:"苦竹亦可为纸,但堪作寓钱尔。"㊲

绍兴所产纸花,按产地分为东山纸(会稽纸)和西山纸(山阴纸)两种。东山是会稽县的于衬、勺溪、宋家店一带,产品有"小鹿鸣"、"五人"、"宁庄"等;西山是萧山、临浦、长河头、河上镇一带,产品有"大鹿鸣"、"京放"、"段方"、"京边"等。西山纸产量略高于东山纸,全年产量合计七八万担。宣统二年(1910),仅山阴县鹿鸣纸销量就达五万四千担。㊳据宣统三年《会稽县劝业所报告》的统计,仅会稽一县,生产纸花的槽户就有两千三百余人,年产量可达三万担。㊴民国初年,绍兴全境的纸槽户增加到一二万人。至1930年,尚有一万两千人。㊵

经营纸花的叫纸栈或纸花行,负责向山区的纸槽户订货,再发往箔铺。除了供应绍兴本地外,还向杭州输出。㊶纸花行一般设在水陆交通便利的河埠头,其中较大的有酒务桥横街恒升、圆通寺恒盛和景泰、猫儿桥正和等栈。㊷纸花的价值在锡箔的全部成本中不过占十分之一强,㊸利润不多,因此纸花行往往乘年节、纸花滞销或槽户经济困难之时,以预付款的手段,低价订购纸花,待旺销时前去取货,以从中牟取厚利。在锡箔业最兴盛的1930至1935年,绍兴城内有大小纸花行三四十家。大纸花行雇工二十余人,资金在万元以上,每年购销纸花一二十万担。到1939年降至十五家。[44]

三、擂粉

擂粉,是打箔过程中的一种必不可少的辅料,[45]扑上这种粉,锡箔就会发松,片与片之间不至粘合。其原料以早米为主,和以白酒糟、石灰等,放在石臼内,用擂杆擂成松散的干粉。[46]打好一个锡箔(六甲纸),大约需要用擂粉十两(老秤)。1949年以前,在江浙锡箔制造中心绍兴,专门生产这种擂粉的擂粉行只有一户,年产擂粉三万斤。抗战结束后,又从萧山临浦迁来一家擂粉坊,年产量也在三万斤以上。像这样的一家作坊,在当时需要的运作资金约在四千元,需要工人七到八名。在二十世纪三十年代,绍兴锡箔业的鼎盛时期,每年需要擂粉二十五万斤左右。因此,不足部分要从杭州、萧山等地进货。[47]

锡箔制造的工具与工艺

锡箔制造所需的工具比较简单:[48]

一、熔锡炉。用砖土砌就的一般民间炉灶,带有风箱等鼓风装置。灶上置一口焙化锡块的厚铁锅。炉旁配有搅拌用铁棍,还有铁勺、铁模,以备锡块熔化时舀锡熔液浇铸锡片之用。

二、打箔锤。木把宽面铁锤,重约八斤,锤面约为七平方厘米。

三、打箔砧。平滑的太湖石。

四、烘箔灶(焙笼)。砖土砌成的火焰间接加热的烘灶,灶床上搁铁板,锡箔的半成品置于铁板上间接烘热。

五、切箔刀。竹刀。

锡箔制造的工艺流程大致分为熔、浇、打、劈、褙、砑、整七个步骤(图5):

16　近代中国的物质文化

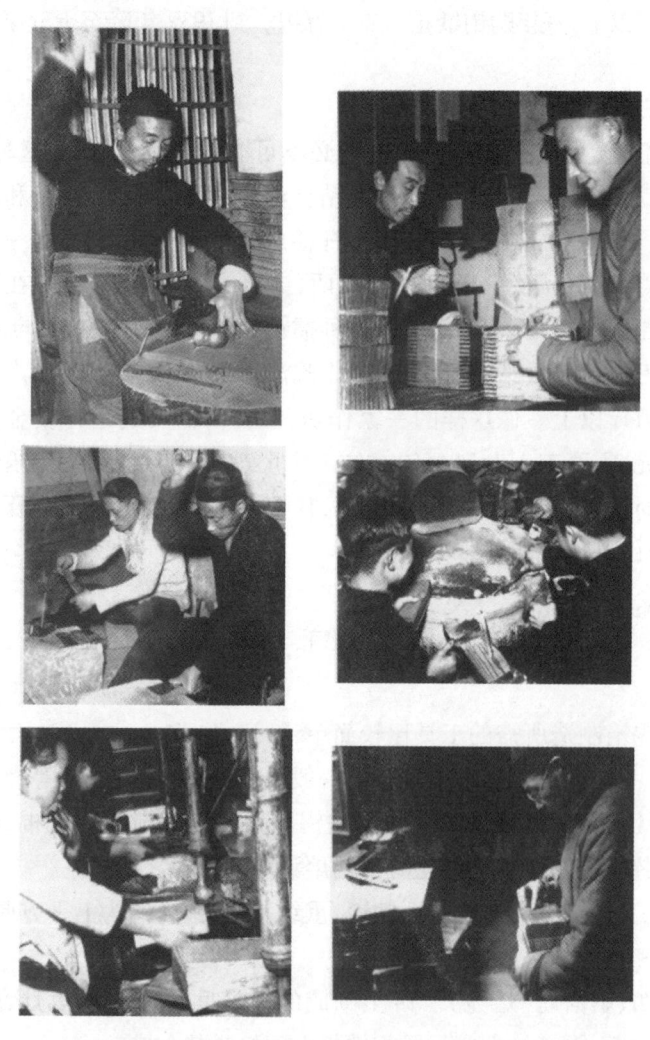

图5　六幅图从左列至右列上下依次展示了锡箔的生产步骤：打锡锭、槌锡箔、裁锡箔、包装锡箔、贴商标和清点锡箔。图片来自《京杭大运河图说》，杭州出版社2006年，第340—341页。

一、"熔"——熔锡

将调配好的原料融化在锅内。不同品种的锡需按一定比例混合。由于锡箔是人工槌成，因此其质量与所用锡料的性质有很大的关系。南洋锡虽纯净，但性过刚燥，捶打时容易碎裂。国产锡提炼不纯，往往杂有铅、锑等成分，性质过软，击打时易于粘并。炉锡为回收材料，性燥且脆，质地较差。原锡与炉锡的配合比率，视炉锡的质量而定。一般来说，滇、赣锡与炉锡的混合比率是 7∶3 或 6∶4，南洋锡与炉锡的比率则可达到 5.5∶4.5。也有将三者混合的做法，即 100 斤锡料中，用南洋锡 16 斤、国产锡 32 斤、炉锡 52 斤。[49]

二、"浇"——浇锭

将熔化的锡舀入一个长方的黑石模具。模具两边合起，待锡凝固，变成锭片。杭州箔作的一般规格为 3.5 寸×1.5 寸×4 厘，萧绍一带的规格为 2.5 寸×1 寸×3 厘。剪去边缘残余之锡，用麻将锭片按排扎成。杭州箔作以 376 片为一小扎，2156 片为一总扎，俗称"一大只"，约重 36 斤。萧山衙前箔作以 29 张锭片为一叠，十叠为一排，五排为"一作"或"一焙"，即 1450 张。也有在每叠加一至三张，使一作增至 1600 张的情况。浇锭要求一定的经验与技术，一般需要三人配合。其中一人察看火候，火过旺，锭子就会出现花芯，槌打易破；火过小则浇不到底，成为残缺锭子。

三、"打"——打锡页

打锡页全年以八个月为限（自农历八月起手至次年三月讫），夏季休歇。因为锡片堆叠在一起，容易粘并。且夏季温度过高，霉气又重，不适宜锡页的制作。因此绍兴俗谚有"大菱刮刮叫，页子爽爽叫"之说，意指秋天菱角成熟时，最适宜打锡页。[50]平时，如果遇到天气潮湿及下雾，也必须停止工作。工人按日分两次工作，并在休息时将锡片放入焙笼内，以防止水气的侵袭。

打箔分为上间、下间。上间的技术要求较高，一般两个下间箔工配一个上间箔工，称为一对，一个焙笼配七到八对。

（一）撕四皮（下间）

首先将锭片交给下间工人，以半小扎为一垒，置于砧上，以铁锤槌之，反复更换，直至锡锭片呈8寸长、3.5寸宽时，将十二叠同样的锡锭片，先去掉凹凸不平的，更裁而为四，杭俗称"撕四皮"。

（二）升短腰（下间）

将前面裁好的锡锭片两端渗以擂粉，复于砧上，纵槌之，至锡片呈1.6尺长、6寸宽时，再分为二，继续渗以擂粉，使箔片松解，免于粘并。杭俗名曰"升短腰"，或"腰间工作"。下间的整套工序，萧绍俗称："打麦糕头"、"撕扎伐"、"合四垒"、"间四垒"、"伸短腰"、"伸长腰"、"合长腰"、"扑小块"（扑擂粉）、"砸块"、"合拢"、"打双伐"、"打十分"。

（三）成页子（上间）

将前打好的锡片，再施纵槌。至锡片呈2.5尺×1尺时，放入焙笼，经5小时后，取出而横槌之。至锡片呈3尺×1.25寸时，将锡片裹入皮纸，交给翻揭工人，按张揭之，剔除次者。再交给上间工人，用竹刀分割为二，以皮纸分别包之，置于焙笼，经过一度烘焙，取出而横槌之，上下面衬以特厚之锡片及皮垫。待槌至1.55尺×1.6尺时，将四皮锡片并作一叠，仍如法槌之。至2.1尺×2尺时，用刀裁除周围毛边，并刮之使光。再行翻揭，将不适用者除去。再移交给上间，以刀分锡片为四，并匀分三叠，再加以捶打。至2.15尺×5.6寸时，复并为一叠槌之，至2尺×2.62寸时即槌成。平整槌痕，即成页子。将锡页交给整理页子司，将其三面毛边先行裁除，然后裁为四段，计长 6.8 寸，用纸包裹。上间的整套工序，萧、绍俗称"理十分"、"打十寸"、"犁断"、"打腰间"、"平中锭"、"四边裁光"、"揭中锭"、"对开"、"打大尺六"、"搁焙"、"裁页子"。

自浇打锡片起到成页迄，共需时一个月。杭州箔作，36 斤的锡可打成页子六万余张。萧山衙前箔作，一作锡锭可打成五到七"甲"，一甲 3200 张，共约 16000 到 22400 张不等。绍兴箔作，一作为五甲，一甲为八"顿"，每顿为 500 张左右，则总共是 20000 张。

（四）"劈"——劈纸花

将纸花裁成符合锡页规格的纸胚。

（五）"褙"——褙纸

箔作将制成的锡页配以与之等大的纸胚，分发给褙纸户（一般为家庭妇女）。褙纸的工具为"砑纸板"和"砑头"。"砑纸板"是一块平整的木版，砑头是一小段木头里镶嵌着一块铁条。先将纸胚置于板上，再把锡页挑到纸上，用砑头上镶嵌有铁条的部分在箔页上来回压砑，使两者贴合。箔页如有破洞，还要进行修补。[51]

（六）"砑"——砑光

由箔铺将褙成的锡箔，发给砑纸作，以压力器将箔胚砑光，并随砑随拣每张锡箔的品质优劣，分置定级。砑光的方法是在房梁上设一个架子，地上摆一个墩，墩上置一条砑纸板，由架上伸下一根杆子压在砑纸板条上。杆的顶端为木桩头，里镶嵌一块玉石（如玛瑙）。把已经褙好的锡箔纸放在砑纸的板条上，工人推拉木杆，用玉石来回挤压锡箔纸，使箔页与纸张结合更加牢固，表面更光洁。[52]

（七）"整"——整块头

最后一道工序，即箔铺收回砑光的锡箔，将之整理成"块头"。锡箔为长方形。短方的两头要用板刷把挂出外面的箔页刷干净，露出纸花的黄色。长方的两面则要露出箔页，使其银光闪闪。这叫做块头的"卖相"。反复叠整齐后,要在短方露出的纸花的左边,用洋红水刷上一条红色。然后数纸,每刀100张,共29或30刀不等(故一块含纸有2900、3000张不等)。每刀之间背对背叠放,洋红的条纹左右分开,起到间隔区分的作用,便于清点。如此整齐叠好,用麻皮捆扎好,置于榨机上压实。因每家所出"块头"刀数有定,若块头叠起来高度超高,则说明锡箔疏松,砑纸不善。因此箔庄都竭力压低"块头"的高度。经过一夜压榨后,将硬如石头的箔块重新扎紧。复定以名称,上盖制造牌号印记,上市发售。[53]

锡箔的再加工制品

一、黄箔

锡箔成色像银,另有一种黄箔成色像金,制造方法是在锡箔上刷涂黄水,再晒干而得,俗称"刷黄箔",一般是城乡妇女的副业。[54]

二、纸锭

历来对于锡箔的使用,各地习俗不同,用法也各有差异。有以整块锡箔焚烧的,也有切割成其他形式焚烧的,而江浙一带则要折叠或糊成锭形后焚烧。

清代士人范述祖曾在《杭俗遗风》一书中记载"糊锭"的做法:

> 磨纸收数,取其匀洁光亮者,出卖于锡箔店内。店中以一千张,劈作底面,中间配以粗羔纸糊好,名为"锭儿",即名"冥镪"。糊法:粗羔用木盔、头盔、湾底,加一箔条,面纸打湿,中印圆丝,晒燥,将底糊拢,即成冥镪。然后以苎麻穿挂,每提五百,或一千,有双七分、双八分、双九分之别。[55]

周作人描述得则更加详细：

锡箔纸大小一扎，称为"一作"，不晓得多少张，只知道锡纸两种，大的长约市尺四寸，宽三寸半；小的长宽各一寸半，这里暂称作"甲一"、"甲二"。又黄色毛头纸两种，大的比甲一要窄一寸多，却要长出半寸；小的比甲二周围都缩二分，称作"乙一"、"乙二"。制法第一步先用鬃刷把薄浆糊敷在甲一的背面，在正中间褙上乙一，左右两旁各余剩一部分，交给助手去把那两部分反贴在乙一的那背面，摊在竹筛上去晾干。其次是浆糊刷在乙二上，贴在甲二背面正中，交给助手趁锡纸潮湿的时候，放在刻有螺纹的圆木戳上，举起右掌用力拍下去，让螺纹印在纸上面，揭下后同样的晾干。第二步等甲一干透了，用剪刀铰去上端多余的毛头纸，再三分截断，若干纸为一叠，在长的两端和宽的两边都适宜的向内加以拗折，留存待用。第三步便是糊的一段落了。那拗折过的三分之一的甲一是底，印有螺纹的甲二即是面，糊在一处就成为银锭了。主妇用小鬃刷把浆糊敷在甲二的背面四周，助手接过去复在略如船形的底下，先叫上下两边与底相粘合，再翻转过来用手指拨动左右两边，贴在底下，这就成功了。第四步是将晾干的银锭用棉线穿起来，交互的排列，使得两边的底相向，表面都向着外边，左右各二十五，一串是五十个，上头留着一条长线，六串以上总结起来，称为"一球"。银锭大概起码是三百，多至六百、八百，也有二百一球的，那用在祭祀便要算缺少敬意了。在糊银锭的工作中，小孩所能担任是印螺纹的这一件，其余都要多少练习才行，其中最难的要算拗折底子，因为那是决定式样的，若是深浅不适中糊出来的银锭样子也就不好看了。[56]

三、冥洋

"冥洋",即一种仿造银元的冥币。大约出现于清代道光年间（1821—1850）,仿照的是当时流入中国的墨西哥鹰洋。[57]民国时期又出现了仿"袁大头"的冥洋。[58]"冥洋"的制作也要用到锡页,但来源与锡箔业无关,有专门的"水锡业"供给。

冥洋的制作分为：褙纸（浆糊稿纸）、褙锡（将浆糊好的粗稿纸两面贴上水锡）、敲胚（将贴上水锡的粗稿纸用铁管凿成冥洋圆形）、敲印子（将冥洋两面敲上花纹或袁头）、糊边（将花纹冥洋缘边贴上水锡）、敲花边（将冥洋数成50一条,用刻有齿轮的木板一敲,同时装入纸盒内）六道工序。没有经过糊边和敲花边两道工序的冥洋称假货,又名"白虎",价格较低。这种冥洋一般销于江苏和湖南。江苏境内分江北、江南,据说前者尚假货,后者尚真货。[59]江浙一带仍然以使用锡箔为主（参见表2 锡箔、冥洋、水锡三业的比较）。

表2：1933年杭州市迷信工业统计表

业别	厂或户数	资本（元）	工人	营业年值（元）
锡箔	1140	276000	40530	856000
金银箔	15	3670	104	82750
冥洋	132	12000	432	421800
水锡	12	21000	365	26400
总计	1299	312670	41431	1386950

* 龚骏：《中国都市工业化程度之统计分析》,商务印书馆1933年,第148—149页。

锡箔的制造者:箔工、砑户、贫女

以上介绍的是锡箔制作的基本流程,我们可以看到,从熔锡到最后分包装箱,要经过十几道手续,其工序之繁复如此,确实很难为行外人所知悉。从下面表3的制箔工作中,可以看出制造锡箔所需耗费的人力之巨。

表3:制箔工作表

工作名称	浇锭子	打下间	拍小块	揭十分	揭中锭	打上间	褙纸	砑纸	做光
性别	男	男	童	女	女	男	女	男女	男
锡箔数量	300万块									
工数(工)	667	12000	12000	667	2000	10000	100000	10000	834
说明	此表系依据绍兴出产总额300万块计算,共计男女工148168工,加上本地销额,需要工人总数约计20万人。 浇锭:用点锡22.5斤浇锭子,可得1500块,称为1料。每料制箔5块。每工每日制15块,每年以300日计,可得4500块。 打下间:每六工打成5块,年约250块。 拍小块:此项童工为打下间之辅助人,故工数相等。但如每箔铺中打下间者不止一作,则其数可减。 揭十分:每工每日可揭15块,年约45000块 揭中锭:每工每日可揭5块,年约1500块 打上间:每工每日可打成1块,年约300块 褙纸:每工10日褙成1块,年约30块。按此项妇女日间操作家务,每于夜间为之,或至拂晓。 砑纸:每工每日1块,年约300块 做光:每工每日12块,年约3600块								

* 表格来自赵远夫《锡箔之概观》,《绍兴商报周年纪念特刊》,第51页。

锡箔的制造"藉成于众匠"且"各有行当"。[60]从上表可见,其中最主要的工种是箔工、砑工和褙纸工,所费工数也最多。锡箔制造的特殊工艺流程决定了他们的劳动方式,这种特定的劳动方式形塑了他们的身份认同。反过来,这些群体的特征,又在很大程度上决定了锡箔的生产组织方式。

褙纸工大多是散居城乡的妇女,因此没有固定的组织。箔工和砑工则有自己传统的行会性组织,有头目,有行规,错出一言或错行一事,即有重罚。[61]由工匠自己制定的行规,涵盖了人事(学艺制度)与生产(工价、工期)这两项主要环节。这三种人群的社会角色和生产组织方式各不相同。

一、箔工

绍兴人将箔工称为"打箔司务"。打箔是一种专恃体力的活计,"出货之多寡只在乎人力之勤惰"。箔工的收入取决于每天自己能抡多少下锤子,打出多少张锡箔。由于打制锡箔要避开高温的时候,故箔工每日的工作是从子夜时分开始,过午歇手。三鼓之后,万手雷动,凡是箔坊林立的地方,就可以听到一片叮叮当当的打箔声。[62]由于工作的辛苦,有的箔作中,"用力之人勤者动取惰者为法,多者每以寡者为言。不数月间而勤者皆习为惰,多亦变为寡,而惰与寡者益不可问矣。"[63]

有的锡箔工人是来自乡间的农民,乘农闲时外出打工。一般以清明、七月半为分界,农历清明过后到五六月间,以及七月半后到十月间都是农忙时节,必须回乡务农。[64]

另一方面,打箔又是一门手艺活儿,要将锡页打得又薄又平,用力的轻重与落槌的位置都很有讲究,因此需要专门拜师学艺和反复锤炼。

"间"是打箔工人的技术等级,初学粗打的称"下间司务",熟练精打的称"上间司务"。上间司务每人每月最多可以打八作锡箔,合16万张锡箔。按照二十世纪三十年代绍兴箔业的情况,上间司务每日可得0.5元多。下间司务每日工资0.3元左右。其他箔铺内的工人,一般按件计工,收入比打箔工要低。[65]由此可见,在箔铺之中,工人因技术水平不同在待遇与地位上有着较大的区别,体现出一种鲜明的等级制度。这种制度的形成与箔工的组织有关。

箔工有自己特别的行会组织,称为"扇"。以绍兴城为例,箔工按照自己的箔作、铺所在地区,划分为东、南、西、北四个区域,每区叫做一"扇"。东扇东街、南扇酒务桥、西扇西郭、北扇昌安、中扇鹅行街,每扇各有首领,名"扇头",全行公推一个"总扇头"。乡区归总扇头统管。箔工组织靠行规来维系,而扇头就是行规的执行者。据说,扇头都孔武有力,或强横拽人,或与豪绅官吏勾结而以有势力者当之。扇头代表一扇内的箔工利益,同铺主、官府出面交涉办事。万一扇头因公坐牢或者牺牲了,他家属的生活,由大家出钱维持。[66]

箔工行会的行规森严,扇头又都强势,因此往往"一唱百随,无人敢稍异志"。[67]箔工行规主要有以下几条:

(一)"分茶钱":技术控制

箔工行会对招收徒弟有十分严格的规定。时间上仿照科举考试的安排,只在辰、戌、丑、未乡试之年,才可招收徒弟。徒弟拜师、出师时,也有许多规矩。除了办酒请师傅、铺主和铺中的骨干箔工外,还要请同行吃茶。不过并不是真的请客,而是采取"分茶钱"的形式。一般按照焙笼来分,每人0.05元到0.1元。如光绪十八年(1892)绍兴全县的焙笼是117个,每个焙笼配20人,则一共要向2340人支付茶钱,共计117到234元。[68]可见这笔茶钱的数目相当大。

箔工的学徒时间为三年,期满后充任"下间司务",待打箔技术熟练后才能转成"上间司务",称为"过间"。"过间"时还要再分一次茶钱,叫作"过间分茶"。光绪年间,杭州箔铺的规定则更为严苛,学徒学满以后,要为师家白做三年,才能外就。[69]而在民国时期的绍兴,箔工从一家箔铺转投另一家箔铺时,须向原铺主支付一笔20到50元不等的"过账费"。假设下间箔工的过账费为最低的20元,而上间司务为50元,按"打下间"每日0.3元、"打上间"每日0.05元的工资来算,则相当于一个箔工两到三个月的工资。[70]

这种近乎苛刻的收徒规矩,对箔工人数的增加起到一种限制作用,也控制了打箔技术的传播,是箔工保护自己利益的特殊手段,可以增加自己与箔铺、箔作主人交涉的筹码。

(二)"对数钱":行会经费

缴纳会费是每个箔工的义务,这些费用的名目不少,有所谓"对数钱"、"焙笼钱"和"拆规费"等。"对数钱",就是按照上下间箔工所组之对分,收取工资加一至加五不等的会费。每年在农历三、八两月各收一次。还有按照焙笼收取,则叫"焙笼钱"。"拆规费"就是对违反行规的人的罚金。以全绍兴箔作1000所,每所以15对的数字计算,则共有15000对。每对收银洋两角,则每次得对数钱3000元,年收6000元。焙笼捐,以1000个焙笼计算,每焙1元,则得焙笼钱1000元。拆规费是罚款性质,较难计算。另外,如果旺季生意较好,箔作、铺加工之后,还要按照工资加五六成不等的报酬费。总其收入,一年在10000元左右。[71]

会费的用途主要是做戏与酒肉应酬,每年箔工行会在未收对数钱以前,都要做戏一台,请强有力者吃茶。不过,其余的钱款大都归各扇头平分。

(三)"吃讲茶":行会秩序

除了收取"拆规费"以外,"扇"对于违反行规的人,有自行制裁的权力。一般的做法叫"吃讲茶",即聚众公议,使犯规人认错道歉,随后点烛放炮一番,以示赔罪讨饶。如果犯规人不服,则可能诉诸暴力手段,以示惩戒。[72]

(四)"封石头":抗议行为

在与雇主发生纠纷时,扇头会领导箔工罢工。要罢工时,扇头会在打箔砧上画一个粉圈,叫做"封石头"。工人一见石头封了,便知道要罢工了。如果是总扇罢工,则以"封石头"传递消息的做法不够迅捷,会改用字条通知。[73]

(五)"焙笼菩萨"与"蜓蛐螺":行业习俗

箔工在正月开工前或各种节令,都要请"焙笼菩萨"。一般用鸡鸭鱼肉等三牲福礼,点香烛、烧银锭、放鞭炮,保证工作顺利。另外,如果有人在箔工面前说了"触霉头"的话,如人家不懂事的孩子说"这榔头会不会敲到手指头呀"或"这么打,会不会打成一个饼呀"之类的,一个箔作的箔工就齐行停售,要人家来拜"焙笼菩萨",除却晦气后,才可继续开工。[74]

锡箔工惯例要过端午节。届时,须有箔作、铺主出钱,宴请本作、铺的锡箔工人。菜色须较丰盛,且必有一碗苋菜。所以这一天绍兴城里的苋菜消费量特别大,经常有买断行的现象。如果买不到,主人必须把铜元放在碗内以代苋菜,与其他小菜一直端到桌上,饭后由箔司们平均分掉。端午日下半天,照例得让箔工们休息。[75]许多箔工在酒醉饭饱之后,纷纷涌向府山,袒胸赤膊,躺卧在山坡上晒太阳、休息。从山下远望,宛如蜗牛蜿蜒,形成一道独特的景观,引得民众争相观睹。因此,在绍兴形成了一种端午"上府山看蜓蛐螺"的风俗。[76]

二、砑户

砑户一般设有一个包头,先向箔铺承包工作。一般每甲砑工约0.156元。包头转给砑工时,每甲抽收0.044元。但是包头要提供生产工具、工厂屋舍,及整理、运输锡箔所需的煤灰、麻皮等材料,每甲开支约 0.02 元。因此包头的净利润为每甲 0.02 元左右。而砑工每甲的工资为 0.112 元。砑工在秋夏锡箔淡销季节一般归乡务农或改营他业,也有失业的情况。砑工所使用的工具十分简陋,工作上费时吃力,且工厂房屋破窄潮湿,光线、空气均不充足。不过包头也是贫乏之辈,也无力改善工作环境。1929 年杭州全市砑作有 208 家,砑箔工人有 1356 人,每人每日工资在 0.15 到 0.336 元,平均为 0.3 元,包头从中抽取 0.06 元。[77]

砑工的行会组织、行规与箔工的相似,在此不赘述,仅举一个事例说明。光绪二年(1876)杭州箔市生意清淡,有砑铺为招徕生意而私自减少工价,于是各砑行于年底(1877)齐行订立规条,维持原有工价,"如有私减者,罚戏一台,先于腊月二十日在二圣庙演剧,以整行规"。[78]

三、贫女

锡箔的裱纸、折锭和糊锭都是妇女的工作。砑纸相对裱纸要复杂一些,但如果砑户是家庭作坊式的,则该户的妇女也会参与劳动。[79]虽然这些散居在城乡、"深居简出"的劳动者,并没有自己的行会组织,却是锡箔行业中人数最多的一个群体。光绪初年杭州"倚箔为食者即以城厢内外磨纸之妇女而论,计不下数千"。之所以如此,是因为这些活计"较他业为易学而获利亦较厚",故而"不独贫家小户争为之,即中人之产,其妇女亦多乐此不疲也"。[80]

一般的箔铺都有专门的纸担户。每天清晨,他们将裱纸的材料挑到各家,再收换裱好的锡箔。[81]折锭、糊锭也有专门的锭箔店,规模一般不大,散布在城乡各处。箔锭店从箔铺或箔庄买进锡箔,将其劈成银锭胚子,或是零售,或是分发给各家妇女去糊。(图6)无论是从事裱纸还是折锭、糊锭,都必须向店铺作保,以防原料出

图6 民国时期的一项报纸调查称,绍兴近城四五十里内的农家妇女依靠打锡箔为生,每次收买锡箔的船只到埠,都可见人潮涌动的情形。确切地说,妇女从事的是砑箔的工作,如上图(《图画日报》第203号,第8页)所示。

门,收不回来。比如,三十年代在上海从事折箔者,需先托人向附近的店铺接洽,一般先付存银5元,再陆续取锡箔回家代折。[82]

褙纸的收入并不算高,一般褙一甲纸要三四天的功夫,所得约0.2元。但是如果褙完一甲,有多余的锡页、纸花(多则三四百张,少则几十张),则归"褙纸娘"所有,她们可以转卖给锭箔店,因此这种锡箔纸张又称为"干纸"或"赚钿纸"。[83]这项额外收入与其工价相比颇为不菲。光绪五年(1879),由于箔业普遍不景气,有箔铺抱怨妇女褙纸缺数太多,使之亏折太多,因此公议一例每甲以三十张"干纸"为限,超过此数要令褙纸娘补足后才能收换。[84]

而锭箔店的生意并不算坏。据说,清末杭城大户人家一年要用去几十万枚纸锭。民国以后,绍兴城内锭箔店一年也要用去一万块锡箔,以三十叠一块,一叠三千张计算,则相当于九亿张锡箔。

因此，一个手脚麻利的妇女一日可糊成一两千个纸锭，所得工钱可供一日开销。[85]再如上海的折锭女工，每折一块锡箔收取银洋一角。麻利者每天能折五六块，一般的也能折三四块，因此每天能有几角钱的收入，对家计不无小补。[86]

勤劳持家一直被视为中国妇女的传统美德。在清代浙江一带，妇女以裱纸养家被视为一种德行而得到地方志编纂者的肯定。康熙年间的《钱塘县志·风俗》中就说：

> 城内妇女虽喜出闺门，华服饰不比江东，而间阎之习尚勤率作，每日络丝、褙纸及箴纫履韈之类，日可入钱糊口，虽旧家亦多为之，不安坐贪逸。[87]

乾隆年间（1711—1799），杭州两位题旌册的节妇，都能以裱纸自养、养家。高与彩继妻张氏"适与彩为继室。年二十，夫亡。翁姑既殁，力营丧葬。后家益贫，日夕背箔，以抚故孤必琦。至戚，有欲迎养者悉却之，守节四十五年"。朱以文妻吴氏"年二十九而寡。辛勤背箔以奉翁姑，立侄为子，守节四十五年"。[88]绍兴山阴也有一位胡氏，年二十四丧夫，家贫而能守节，"邀邻家老孀作伴，两人昼夜业锡箔，三更不辍，坚守五十六年"。[89]

对于妇女来说，折锭、糊锭不光是一种工作，有的主妇也会买回锡箔来自己加工，这就成为了祭祀礼仪的一部分。[90]（图7）有信仰佛教的妇女，在折锭时会在每一张锡箔上都念一部金刚经。据说，这样折出的锡箔焚烧后会有一圈金黄色，而没有念过经的锡箔则只是一堆黑色的灰烬。[91]以手工折锭或糊锭本身就带有一种仪式的意味，这种"辛苦手卷然"的过程，赋予了锡箔超出物质本身的价值。[92]

不过有趣的是，据说 1935 年，上海有人发明了一种折制锡箔

图7　1941年上海盂兰盆会盛景。里弄中挂满各式纸衣纸锭（右），甚至有人家门口悬挂"大球纸锭"（左上）。这些纸锭大多出自老年妇女之手（左下）。记者评论道"似入鬼魅世界"。《良友》，1941年第171期，第30—31页。

的机器，并开始在杨树浦通州路地方，设厂专代箔庄折制。因为机器折价低廉又快捷，箔铺纷纷将工作统交机折。这样一来大部分的女工不得不面临惨遭淘汰的命运。[93]

这种机器后来有否普及，不得而知。不过，随着现代工业化时代的到来，人与机器的竞争成为了传统手工业者面临的最大危机。作为一种产业，就必然要追求生产效率。从本文的梳理与分析来看，锡箔并不是一种简单的手工制作，而锡箔业也确实是一种产业。但是在整个二十世纪的进程中，它虽然遭到了这种挑战，却仍然保持了手工作业的形态。事实上，晚清就曾有人建议在锡箔行业中引入机器生产，但因为主政者考虑到此项从业者人数众多，关乎民生，因此未予采纳。[94]这与近代以来保护其他传统行业的理由并无二至。⑮然而，我们还需要考虑的是，对于锡箔这样一种承载着信仰内涵的物品，会否因机器化的生产而失去其内在价值，这是否也构成了保留其手工制作属性的原因，我们不得而知。民国时期的一般消费者是否更倾向于手工折制的锡箔，甚至是拒绝使用机折锡箔。另一方面，我们又无可否认锡箔作为一种商品属性。（图8）购买和使用锡箔，首先是一种消费行为。这种消费行为决定了锡箔必然要进入流通领域，从而获得一种商品的属性，这也是锡箔业在二十世纪上半期依然释放出巨大活力的原因所在。

图8　二十世纪三十年代实业部注册的锡箔商标两例：杭州湖墅陈同泰锡箔庄的"瑞泰牌号"（左），与钱荣春锡箔庄的"佛图"（右）。分别见《注册商标》1934年，第23627号，第29页；《审定商标》1933年，第16223号，第28页。

结　　语

当代关于纸钱的大部分知识都来自民俗学家和人类学家的田野调查，他们的研究向我们展示了纸钱在各种仪式中的使用功能及其象征意义。[96]但是对于纸钱的制造者,我们却所知甚少,更不用说纸钱制造业了。然而,近年来一些从物质文化角度出发的宗教史研究表明,物与文本、仪式一样能够反映特定宗教思想的内涵。[97]纸钱的生产与流通过去鲜少人知,甚至较少引起当代研究者的瞩目,其原因之一在于相关资料的稀少。因应南京国民政府时期的反迷信运动与社会风俗改良,有关锡箔——这一特殊纸钱——的行业的基本情况,引起了政府与舆论界的关注,因而留下了各种社会经济调查报告、税收记录、新闻报道,以及行业内部人士的整理记录等,为我们探索纸钱在历史上的日常生活脉络中的面貌提供了一种可能的路径。本文试图通过发掘锡箔制造的历史,希望揭示以往较少为人关注的民间宗教活动的社会经济面向,以及具体历史场景中的现代社会文化转型的复杂性。作者认为,锡箔业在当地经济中分量颇重,焚烧锡箔的社会习俗之所以难以禁止,除了社会文化、心理层面的因素,经济也是一个不容忽视的方面。

---

① 《首都社会发生迷信恐怖》,《申报》1928年4月19日。有关这一事件的分析,参见郑国《1928年南京拾魂巫术恐慌解析》,《宗教双月刊》2004年第6期。

② 《函复奉交中央执委会交办河北省党整委会转据昌平县指委会呈请专饬通令查禁迷信物品一案已交内政部》,"取缔迷信物品营业"卷,档号2—1033,南京市第二历史档案馆藏。

③ 《破除迷信办法》,《申报》1928年9月6日。根据1930年3月19日国民政府内政部公布的《取缔经营迷信物品业办法》规定:"凡供鬼神所用之锡箔、纸炮、冥镪、钱纸、黄表、符箓、文疏、纸马像生及一切冥器等皆属之。凡制造或贩卖前项迷信物品,即为迷信物品营业者。"见《取缔经营迷信物品业》,《申报》1930年3月24日。

④ 严昌洪:《20世纪中国社会生活变迁史》,人民出版社2007年,第284—285页。

⑤《破除迷信宣传大纲》,《中央周刊》1929年第65期,第20页。

⑥ 严昌洪:《20世纪中国社会生活变迁史》,第284—285页。

⑦《倡办迷信捐者看》,太虚法师编:《海潮音文库》第一编"政治学",新文丰出版公司1985年,第183—185页。

⑧ 有关迷信捐税开征始末、政商博弈,以及民国时期迷信特税的法理探讨,参见潘玮琳《锡箔的社会文化史:以民国江浙地区为中心》第六章,复旦大学历史系博士论文,2010年。有关国民政府初期税制改革与社会抗议风潮,参见 Christian Henriot, Fiscal Modernization and Popular Protest: A Study of Tax Reform and Tax Resistance in Nationalist Shanghai（1927 - 1937）,载《中国现代化论文集》,第507—532页。

⑨ 有关南京国民政府时期的迷信物品,以及政府对其从限制到取缔的过程概述,见 Rebecca Nedostup, *Superstitious Regimes*: *Religion and the Politics of Chinese Modernity*, Cambridge, MA: Harvard University Press, 2009, pp. 199 - 206. 其他涉及反迷信运动中迷信物品的取缔问题,而未对迷信税等加以连贯考察的研究包括:王成、邵雍《从〈申报〉看上海地方政府反迷信措施（1927—1937）》,《淮北煤炭师范学院学报》(哲社版)2009年第2期;严昌洪《20世纪30年代国民政府风俗调查与改良活动论述》,《华中师范大学学报》(人文社科)2002年第6期。

⑩《绍兴箔业概况》,《中行月刊》,1932年。

⑪ 例如:《当代中国的浙江》(下),当代中国出版社2009年,第295—296页;何信恩主编:《辛亥革命与绍兴》,西泠印社出版社2011年,第178页;韩岫岚主编:《中国企业史·现代卷》(上),企业管理出版社2002年,第91—92页,据该书称,绍兴锡箔产量约占全国80%以上。

⑫ 周遐寿:《肥皂》,《鲁迅小说里的人物》,上海出版公司1954年,第177页。

⑬ 如《杭垣之重要手工业》,《中外经济周刊》1927年第217期;《杭州箔业调查》,《工商半月刊》1929年第14期;《绍兴箔业概况》,《中行月刊》,1932

年;《绍兴箔业概况》,《工商半月刊》1932 年第 11 期;《中国实业志(浙江省)》第七编,实业部国际贸易局 1933 年;赵远夫:《锡箔之概观》,《绍兴商报周年纪念特刊》,1934 年;《沪市锡箔业近况调查》,《申时经济情报》1935 年 4 月;张拯亢:《杭州市之箔业概况》,《浙江财政月刊》1936 年第 2 期。

⑭ 戴吾三:《考工记图说》,山东画报出版社 2003 年,第 105 页。

⑮ Ernest Watson, *The Principal Articles of Chinese Commerce (Import and Export)*, China The Maritime Customs II, Special Series No. 38, the Statistical Department of the Inspectorate General of Customs, 1930[中国第二历史档案馆藏,"中国主要的进出口商品"卷,档号 179(2)—188],pp. 285 - 286。[英]季理斐著,曹曾涵译:《论锡》,《大同报》(上海),1908 年第 9 卷第 8 期,第 17 页。

⑯ "镪"通"繦",即串钱之绳。引申为钱,后特指银子、银锭。

⑰ 中国锡矿以云南个旧为最大,二十世纪二三十年代的年产约八千吨,价值 3400 余万元。其次如广西富川、贺县、钟山、河池、南丹,湖南江华、临武、郴县、常宁,江西南部大庾、远安、会昌等处亦有锡。1926 到 1928 年的年度总产量在一万到八千吨左右,其中云南的出产占到 60% 到 90% 左右。见胡渊博《中国矿产之分布及发展矿业办法》,蒋用宏、刘觉民编:《实业讲演集》,1931 年,第 314 页。

⑱ 李国清、陈允敦:《中国历史上锡箔的特殊用途和传统制作工艺》,《自然科学史研究》1988 年第 1 期,第 75 页。该文是在对泉州、福州等地民间工匠和泉州沙圩锡箔厂的调查基础上写成的,反映的是闽粤一带的情况。十九世纪中期来华的美国传教士卢公明(Justus Doolittle)曾详细记录了福州城中的锡箔制造过程,这是笔者所见最早有关锡箔制造工艺的记录。这两则记录相隔百余年,而描述的工艺情况完全吻合,锡箔的传统制造方式至少从清代中期以来几乎没有发生什么变化。另参见 Justus Doolittle, *Social Life of the Chinese, with Some Account of Their Religious, Governmental, Educational, and Business Customs and Opinions, with Special but not Exclusive Reference to Fuhchau*, Vol. 2, London: Sampson Low, Son & Marston, 1866, pp. 275 - 276。

⑲ 曹立瀛:《工业化与中国矿业建设》,商务印书馆 1946 年,第 43—44 页;《中国实业志(浙江省)》第七编"工业",实业部国际贸易局 1933 年,第

500页;《绍兴箔业概况》,《浙省财政厅卷·什项文件》,缩微号31—780,第160—161页,浙江省档案馆藏;赵远夫:《锡箔之概观》,《绍兴商报周年纪念特刊》,1934年,第50页。《绍兴箔业概况》中称"荷兰锡产地荷兰",此说不确。关于锡与锡箔的国际贸易网络,参见潘玮琳《锡箔的社会文化史:以民国江浙地区为中心》第五章,复旦大学历史系博士论文,2010年。为行文减省,以下关于锡的论述,若非另出注者,均来自这些材料。

⑳《沪市锡箔业近况调查》,《申时经济情报》1935年4月,第3页。

㉑《杭垣之重要手工业》,《中外经济周刊》1927年第217期,第1—2页,转引自彭泽益《中国近代手工业史资料(1840—1949)》卷三,中华书局1962年,第249页。

㉒ 据我采访的一位绍兴人士的回忆,"暗的"实际是锑,大概是来自从锑的英文名称 antimony。

㉓ [英]季理斐:《论锡》,《大同报》1908年第9卷第8期,第17页。

㉔ 金巨枏、重圆、张履政:《绍兴锡箔简史》,《浙江文史集粹》第三辑"经济卷"上册,第558—559页;《绍兴箔业概况》,浙江省档案馆藏,第161页。

㉕《杭州箔业调查》,《工商半月刊》1929年第14期,第34页;《绍兴箔业概况》,《工商半月刊》1932年第11期,第3页;《中国实业志》(浙江省)第7编,第501—502页;张拯亢:《杭州市之箔业概况》,《浙江财政月刊》1936年第2期,第108—109页。以上这些调查的详略不一,且说法略有出入。《绍兴箔业概况》说锡箔所用裱纸并不产自绍兴,而是来自金华、衢州、严州及江西省毗邻之区。而《杭州箔业调查》却指出,杭州的纸来自富阳、绍兴。《中国实业志》(浙江省)与《杭州市之箔业概况》的相关记述最为翔实,故此处综合上述调查内容而以后两种为主要依据。《中国实业志》由当时上海商品检验局《国际贸易导报》的主编侯厚培主持编撰。虽然据《中国实业志》的编纂者之一冯和法的回忆,这部蔚为大观的实业志成书草率,数据不尽确实,但仍然受到经济史研究者的重视。据冯介绍在浙江的调查经过,他们只是将事先制定的调查表格下发到杭州、临安等公路沿线的主要县市,随后收回表格再进行分析。见冯和法《回忆〈中国实业志〉编纂经过》,《文史资料选辑》第22辑,中国文史出版社1991年,第107—110页。不过,笔者在比较了关于箔业的其他调查和

回忆录后认为,《实业志》对锡箔业情况的描述大致可靠,虽然缺乏锡箔的具体产值等数据,但对于锡箔的生产工艺、绍兴锡箔产业分布等叙述较为翔实,应该是得益于绍兴县政府提供的数据,因此,仍有相当的参考价值。本文大致在比较的基础上,对这些调查报告尽量谨慎而综合的运用,如有数据互异之处,会特别指出。

㉖ 根据二十世纪三十年代的统计,浙江产纸按原料可分为竹、草、皮纸三种,其中以竹纸为最多,占总产值的70%以上。竹纸之中,鹿鸣纸的年产值为130余万元,位居第五,在"迷信用纸"中仅次于用于制作纸钱的南屏纸(年产值250万元)。见黄公英《浙江之手工造纸业》(续),《工商半月刊》1933年第15期,第57页。

㉗ 黄公英:《浙江之手工造纸业》(续),《工商半月刊》1933年第15期,第55页。

㉘ 还魂纸起源的具体时间尚不清楚,其工艺见载于明末宋应星的《天工开物》(1637年)。现存还魂纸的较早实物样本是北宋乾德五年(967)的写本《救诸众生苦难经》,为麻纸。参见潘吉星《中国造纸技术史稿》,文物出版社1979年,第94页。

㉙ 金巨桪、重圆、张履政:《绍兴锡箔简史》,《浙江文史集粹》第三辑"经济卷"上册,第559—560页。

㉚ 汉以后的各种方志、笔记中记载的就有笙竹、慈竹、苦竹、紫竹、公孙竹等不少种类。早在越王勾践的时代,就已经广泛地应用于房屋和器皿的制造上。尽管自古以来绍兴的竹资源就不断被开发利用,但是由于竹林容易栽培养护,所以历史上这个地区的竹资源一直十分充沛,到清代末叶,会稽一县每年所产竹类尚有4500万斤。见车越乔、陈桥驿《绍兴历史地理》,上海书店出版社,第57、60页。

㉛ 斐启:《斐子语林》,转引自车越乔、陈桥驿《绍兴历史地理》,第170页。

㉜ 《毛颖传》,转引自车越乔、陈桥驿《绍兴历史地理》,第170页。

㉝ 明嘉泰《会稽志》,转引自潘吉星《中国造纸技术史稿》,第90页。

㉞ 米芾:《砑越纸学书》,收入《书史》,转引自潘吉星《中国造纸技术史

稿》，第90页。

㉟ 嘉泰《会稽志》，转引自潘吉星《中国造纸技术史稿》，第90页。

㊱ 万历《绍兴府志》卷十一，转引自车越乔、陈桥驿《绍兴历史地理》，第170页。

㊲ 转引自周作人《小引》，《苦竹杂记》，河北教育出版社2002年，第1页。

㊳ 金巨枏、重圆、张履政：《绍兴锡箔简史》，《浙江文史集粹》第三辑"经济卷"上册，第559—560页。

㊴ 《会稽县劝业所报告》（抄本），转引自车越乔、陈桥驿《绍兴历史地理》，第171页。

㊵ 金巨枏、重圆、张履政：《绍兴锡箔简史》，《浙江文史集粹》第三辑"经济卷"上册，第559—560页。

㊶ 《会稽杜侍郎联公自订年谱》（钞本）："南人信鬼作纸钱以资冥用，其纸出会稽山中，贩于杭城。"转引自车越乔、陈桥驿《绍兴历史地理》，第171页。

㊷ 绍兴县史志办公室编：《品读绍兴》，中华书局2009年，第232页。

㊸ 胡廷玉：《绍兴之锡箔》，《绍兴商报周年纪念特刊》，年份不详，第49页。

㊹ 金巨枏、重圆、张履政：《绍兴锡箔简史》，《浙江文史集粹》第三辑"经济卷"上册，第559—560页。

㊺ 闽、粤一带的制箔工艺不用搥粉，而是通过反复蒸箔叶的办法，借助水蒸气使其发松。见李国清、陈允敦《中国历史上锡箔的特殊用途和传统制作工艺》，第77—79页。

㊻ 绍兴县史志办公室编：《品读绍兴》，第232页。

㊼ 金巨枏、重圆、张履政：《绍兴锡箔简史》，《浙江文史集粹》第三辑"经济卷"上册，第560页。

㊽ 张拯亢：《杭州市之箔业概况》，第109页。

㊾ 以下叙述，除随文出注者外，均根据张拯亢《杭州市之箔业概况》，第109—110页；《衙前镇志》，方志出版社2003年，第497—498页；《绍兴县志》，

第1038—1039页。另关于锡的混合比例,见《杭州箔业调查》,《工商半月刊》1929年第14期,第34页;《中国实业志》(浙江省)第7编,第501页。

(50) 该谚语来自访谈者的口述。

(51) 有关褙纸的工艺,来自访谈者口述。

(52) 砑纸工序系根据访谈者口述。

(53) 有关压榨的具体工艺,来自访谈者口述。范述祖在《杭俗遗风》称之为褙纸的工序,不确。见[清]范述祖《杭俗遗风》“女工类”,收入王国平主编《西湖文献集成》第19册,杭州出版社2004年,第125页。

(54)《绍兴县志》第2册,第十八编“历史名产”,第1040页。

(55) 范述祖:《杭俗遗风》“女工类”,第125—126页。

(56) 周作人:《肥皂》,《鲁迅小说里的人物》,河北教育出版社2002年,第217—218页。

(57) 道光年间,苏州士人钱泳曾记“近人又作纸洋钱,乡城俱有之”。见[清]钱泳《履园丛话》卷四“纸钱”条,清道光十八年述德堂刻本,《续修四库全书》第1139册,第49页。卢公明在《中国人的社会生活》一书中记述过咸丰年间福建盛行的“一种叫做冥洋的纸钱,是一个像银元大小的圆形纸板,两面贴有锡箔。正反两面还刻有粗糙的西班牙银元的纹样”,见Justus Doolittle, *Social Life of the Chinese*, p. 276. 明代万历年间,墨西哥银元就已流入中国,最早为“本洋”,后来是“鹰洋”。至民元以前,流入中国的外国银元有十五种以上,共计流入约十一亿元。清道光年间,中国开始尝试仿铸鹰洋。光绪年间,广东地方正式设立银元局,铸成中国银元“龙洋”,后各省仿而效之。由此推知,道光年间鹰洋在南方流布较广,故而民间开始制作“冥洋”。参见戴逸、汪润元主编《中国近代史通鉴(1840—1949)》第六册“民国初年”,红旗出版社1997年,第96页。

(58)“袁大头”,为1914年北洋军阀政府开铸的银元,因上有袁世凯的头像,故民间俗称如此。

(59) 建设委员会调查浙江经济所编:《杭州市经济调查》,建设委员会调查浙江经济所1932年,第473—474页。

(60)《要挟兴讼》,《申报》1880年1月10日。

㉛ 《要挟兴讼》,《申报》1880 年 1 月 10 日。

㉜ 万历《杭州府志》:"锡薄,出孩儿巷贡院后及万安桥西一带,造者不下万家。三鼓,则万手雷动。"转引自乾隆《杭州府志》,见李格民国《杭州府志》卷八一"财用属",1922 年。

㉝ 《江省箔市情形》,《申报》1876 年 3 月 21 日。

㉞ 金巨枏:《绍兴锡箔》,第 165 页。

㉟ 金巨枏:《绍兴锡箔》,第 172 页。另一说,"上间司务"日薪 1 元,"下间司务"日薪 5 角。但所属年代不明。见金巨枏、重圆、张履政《绍兴锡箔简史》,《绍兴文史资料选辑》第 1 辑,第 84 页。

㊱ 俞全清:《绍兴箔业工运之黑幕及现状》,《工人运动特刊》1927 年第 6 期,第 3 页。

㊲ 《江省箔市情形》,《申报》1876 年 3 月 21 日。

㊳ 黄驾雄:《箔工加价平议》(1938 年),转引自金巨枏、重圆、张履政《绍兴锡箔简史》,《绍兴文史资料选辑》第 1 辑,第 162—163 页。

㊴ 《申报》,1882 年 1 月 30 日。

㊵ 金巨枏:《绍兴锡箔》,第 172 页。

㊶ 俞全清:《绍兴箔业工运之黑幕及现状》,《工人运动特刊》1927 年第 6 期,第 3 页。

㊷ 俞全清:《绍兴箔业工运之黑幕及现状》,《工人运动特刊》1927 年第 6 期,第 3 页。

㊸ 金巨枏、重圆、张履政:《绍兴锡箔简史》,第 163—164 页。

㊹ 关于"焙笼菩萨",来自访问者的讲述。

㊺ 金巨枏、重圆、张履政:《绍兴锡箔简史》,《浙江文史集粹》第三辑"经济卷"上册,第 165 页。

㊻ 王贤芳主编:《今日绍兴》,三联书店上海分店 1990 年,第 52 页。

㊼ 《杭州市十八年全市砑箔坊户数统计表》、《杭州市十八年全市砑箔业工人数统计表》、《杭州市十八年砑箔业工资数统计表》、《杭州市十八年砑箔坊包头榨取工人之汗血银统计表》,《市政月刊》(杭州)1930 年第 5 期,第 9—10 页。

㊅《砑工齐行》,《申报》1877 年 2 月 7 日。

㊆《杭箔开工》,《申报》1877 年 10 月 31 日。

㊇《箔业齐行》,《申报》1879 年 4 月 28 日。

㊈《箔业齐行》,《申报》1879 年 4 月 28 日。

㊂《折箔机器淘汰折箔手工》,《新闻报》1935 年 10 月 7 日,转引自《国际劳动通讯》1935 年第 14 期,第 72—73 页。

㊃ 金巨枏、重圆、张履政:《绍兴锡箔简史》,《绍兴文史资料选辑》第 1 辑,第 172—273 页。

㊄《箔业齐行》,《申报》1879 年 4 月 28 日。

㊅ 金巨枏、重圆、张履政:《绍兴锡箔简史》,《浙江文史集粹》第三辑"经济卷"上册,第 560—561 页;范述祖:《杭俗遗风》"女工类",第 125—126 页。

㊆《折箔机器淘汰折箔手工》,《新闻报》1935 年 10 月 7 日。

㊇ 康熙《钱塘县志》"风俗"。

㊈ 乾隆《杭州府志》卷九九《列女》。

㊉ 乾隆《绍兴府志》卷六六《列女》。

⑩ 周作人:《肥皂》,第 218 页。

⑪ 孙穗芳:《我的祖父孙中山》下册,禾马文化事业有限公司 1995 年,第 277 页。

⑫ 笔者的家庭之中至今保留了化锡箔的习俗。小时候在奶奶的指导下,经常折银锭。据奶奶的说法,小孩子折出的锡箔,到了阴司价值便会翻倍。这种说法反映了民间一般妇女对折锡箔的一种信仰。特记之。

⑬《折箔机器淘汰折箔手工》,《新闻报》1935 年 10 月 7 日。

⑭ 盛宣怀:《愚斋存稿》卷八八电报补遗,"寄京总署李辅相津王制军"。

⑮ 如人力车与电车的共存问题。见 David Strand, *Rickshaw Beijing*: *City People and Politics in the 1920s*, Berkeley: University of California Press, 1989, pp. 121 - 141, 241 - 283。

⑯ 华海燕:《冥币的材质及式样考》,《黑龙江史志》2009 年第 12 期;陆锡兴:《元明以来纸钱的研究》,《南方文物》2008 年第 1 期;陆锡兴:《吐鲁番古墓纸明器研究》,《西域研究》2006 年第 3 期;赵睿才、杨广才:《"纸钱"考略》,

《民俗研究》2005年第1期；杨琳：《漫话冥钱》，《世界宗教文化》1997年第2期；陈启新：《冥纸史考》，《中国造纸》1996年第2期；陆锡兴：《南宋周氏墓纸钱及有关问题考》，《文物》1993年第8期。海外研究，如 G. Seaman, "Spirit money: an interpretation", *Journal of Chinese Religions*, 1985, No. 10. Hill Gates, "Money for the Gods", *Modern China*, July 1987, Vol. 13, No. 3. [美] Fred Blake 著，冉凡译：《纸钱的符号学研究》，《广西民族学院学报》（哲社版）2005年第5期。Janet Lee Scott, *For Gods, Ghosts and Ancestors: The Chinese Tradition of Paper Offerings*, Hong Kong University Press, 2007.

⑰ 柯嘉豪（John Kieschnick）, *The Impact of Buddhism on Chinese Material Culture*, Princeton University Press, 2003, Introduction, p. 16.

自造自用之梦:玻璃制造业在近代中国*

曹南屏

摘要:中国士民在十九世纪下半叶逐渐将"制造"的重心从以坚船利炮为代表的军事工业扩展至民生日用的各个方面,在"挽利权杜漏卮"的关怀下兴起了各种日用品的本土制造。然而,由于"舶来品"大量输入的竞争压力以及近代中国动荡多变的政治局势,中国本土的玻璃制造业一直难以形成大规模、集约化的生产模式,故在产量及质量等环节上难以与进口玻璃相竞争,中国民众消费的玻璃制品依然大半都是进口货。第一次世界大战导致欧洲玻璃货源断绝曾经造成中国本土玻璃制造业一度颇为兴盛的局面,但是,中国本土的玻璃制造业亦未能抓住此次良机而振兴,日本玻璃继而在中国市场崛起。本文主要研究了中国自有玻璃制造业的兴起与发展,分析了其兴起的原因,及其走向衰微的缘由所在。

关键词:玻璃制造业,洋货,舶来品,国货,物质文化,日常生活

曹南屏,复旦大学历史系、中外现代化进程研究中心讲师

---

* 本文为复旦大学亚洲研究中心资助成果。

一、引　言

1915年,在日本讲授中国史的内藤湖南(1866—1934)在关于清朝史的讲课中提到了所谓"乾隆玻璃",并将它列在《外国文化的输入》一章里进行讲述。内藤湖南提及,当时的西洋人十分推崇它,因而这种玻璃不断向西洋出口,在美国的波士顿就有这种玻璃。他确信这是中国造的,但时代"从康熙到乾隆年间的都有",但同时又说自己在中国时打听到这种玻璃其实产自山东博山。内藤湖南始终对于此事"将信将疑",认为"如果不发现有关这方面的文献记载就不能完全确信它",并且内藤氏还曾经就此事询问过当时中国的大学者罗振玉(1866—1940),而罗振玉对此也不甚了了。[①]内藤湖南所提到的所谓"乾隆玻璃",以及他在讲课时同时提及的山东博山这一可能的产地,恰恰可以大体反映出清代中国玻璃制造的主要线索,体现着二十世纪初年的人对于清代中国存在玻璃制造的史实有着一种模糊的历史记忆。这样一个事例同时也表明,在二十世纪初,玻璃在中国所显现出的"洋货"、"舶来品"的意味非常明显,清代中国存在玻璃制造的史实已基本不为人所知。

据一些学者的研究,中国很早就存在玻璃的使用,但是仅限于极小的范围之内。这种局面在明末传教士来华以后一度得到改观,清代还出现了设于北京的御用玻璃制造厂,其中,耶稣会传教士发挥了十分重要的作用。[②]虽然传教士带来了玻璃器以及玻璃制造的技术,并在一定时期内造成了技术上的影响,清宫玻璃厂所制造的玻璃制品却只是昙花一现般地存在于清朝前中期百年左右的时段里。随着传教士不再介入玻璃制造,清廷的玻璃制造在清朝中后期迅速衰落,并没有得到充分的发展。此外,山东博山的玻璃制造起源甚早,在清代形成了以"料器"(又称"料货")为特色的玻璃制造业,使料器成为山东地区的名产之一,产品一度销行宇内,充当中国民众生活中的装饰品与玩具(时人称作"陈设玩具")。广东则由于一口通商的历史原因,最早接触西式的日常生活,也很早出现玻璃制造业。与山东博山相比较,广东的玻璃制造业以制造西式的玻璃器皿为特色,制造的方式多为熔化碎玻璃以进行再度熔制(详见后文)。

由于无论是清宫玻璃厂,还是当时中国各地的玻璃制造业都没有生产平板玻璃的技术,并且,在通商条约签订以前,西式的玻璃制品通常都为宫廷及权贵阶层所使用,所以,晚清的中国人在面对从西方进口的各种玻璃制品——尤其是窗用平板玻璃——之时,一时几乎不知如何指称。晚清的海关统计资料可以展现这种为玻璃"正名"上的困局。在海关贸易统计资料的中译本《通商各关华洋贸易总册》里,将窗用玻璃(Window Glass)译作"玻璃",1885年以后逐渐译作"玻璃片"。中国亦同时对外输出本国生产的玻璃制品,英文版的海关数据统计中,列为"Glassware, Bangles, etc.",在《通商各关华洋贸易总册》里,将此统一译作"各样料器"。自1895年开始,进口货物的统计列入"Glassware"、"Lamps and Lampware"等新的类目,《通商各关华洋贸易总册》分别中译作"料器"(自1903年起,英文版列作"Glass and Glassware",中译作"玻璃及料器")、"灯、灯器"(自1903年起,中译作"灯及灯器")。[③]威妥玛的《语言自迩集》作为一种外国人学习中国官话的读本,选了不少中文例句,也能为我们提供这方面的资料。如,其中有这样一句:

  玻璃是外国来的东西不是? 当初是外国货,近来我们这儿也会做。料货和玻璃有点分别。[④]

简而言之，由于晚清中国本身已有以山东博山为代表的玻璃制品的存在，故已经给这类器物一个"料器"或"料货"的指称，而这种习称"料器"的玻璃制品与西方当时所流行的用作玻璃镜、玻璃盛器等等西式玻璃制品存在品类上的不同，且并不包括窗用平板玻璃，因此晚清海关的工作人员在面对从西方进口的各种玻璃制品时犯了难。在中国民众的日常生活中大量普及窗用平板玻璃及各色西式玻璃器皿之前，中国人通常把本国的玻璃制品称作"料器"或"料货"。由于附着于玻璃制品之上的"洋货/舶来品"的意味十分明显，故在二十世纪初中国开始以仿制西方器物的方式大力发展自有的玻璃制造业之前，"玻璃"一词所指称的基本都是进口玻璃，并且主要是指窗用平板玻璃。也因此，西式玻璃制品在当时的民间还被普遍称为"洋料"、"洋片"（此即西洋镜又名"拉洋片"的原因）。[5]

在晚清以前，除了山东博山的中式玻璃制品销行颇广之外，不管是一度设置于北京的玻璃制造厂，还是广东的玻璃制造业，其生产的西式玻璃制品除了服务于极为有限的人群之外，并没有真正进入中国广大民众的日常生活，带来生活史上的变革，西式玻璃制品真正改变中国民众的日常生活则要到清末民初。[6]十九世纪下半叶，伴随着西力东侵的日渐紧迫，洋货不断地输入中国，贸易逆差的持续扩大促使中国亟思应对之策，在一片"挽利权杜漏卮"的朝野舆情之下，清末中国开始发展仿制西方产品的各种实业，玻璃"自造自有"的计划正是在此情势下被提出。于是，中国自此开始大力发展本国自有的玻璃制造业，却几乎忘却了玻璃在此前时代中国的历史行程。

本文关注的是玻璃制造业在近代中国兴起背景及之后的发展历程。由于晚清时期外国玻璃制品（窗用平板玻璃、玻璃镜及各色玻璃器皿等）大量流入与畅销造成的"利源外溢"局面日益严重，故约在光绪中叶以后,发展本国玻璃制造业的诉求日渐升温,至庚子以后的清末新政时期,在政府的提倡之下,近代中国的玻璃制造业才真正宣告创生,各地开始纷纷兴办从事玻璃制造的实业。从二十世纪初年开始,直至1949年之前,中国本土的玻璃制造业一直在舶来品不断输入中国的市场竞争以及中国本身动荡多变的政治局势之下艰难发展。

二、洋货输入与利源外溢:自造自用诉求兴起的背景

有些学者认为,近代中国人认识与学习西方经历了器物、制度、文化三个循序渐进的阶段,此说源自梁启超的《五十年中国进化概论》,而梁氏所指的器物乃是指洋务运动时期的各种军工制造。[7]在洋务运动的后期,相比于此前所强调的重在强兵的枪炮兵器之制造,随着学理反思的深入,外加如潮般涌入的种种外国器物开始成为中国人日常生活的切身经验,中国的士人菁英群体亦开始将民生日用的种种琐碎面相囊括进对"制造"的关注之中。

早在十九世纪上半叶,洋货的流入与银钱的外溢便已为中国士人所警觉。如,桐城派文人管同(1780—1831)以及与其大略同时的程含章(1763—1832)所撰的《禁用洋货议》与《论洋害》都收于郑振铎所编的《晚清文选》之中,此二人的观点在当时恐怕很具有代表性,即考虑以禁止与外洋贸易的方式杜绝中国之财富外流,并且以洋货为"奇巧而无用者"。[8]然而,大约半个多世纪之后,中国的读书人对待洋货的态度便发生了极大的改变。"光绪间"在洋货输入中国的历史上是一个重要的历史时期,因为仅以进出口数据而言,"光绪初元,海关进出口表,颇足相敌",至此以后,"洋货进口,岁岁增加",土产出口货物与外国进口货物的逆差越来越大,这引起了晚清朝野人士的关注与焦虑。[9]晚清时期最为大宗的

洋货为鸦片(洋药)、洋布、洋纱等。张之洞的《劝学篇》论及鸦片,即认为"中国不贫于通商而贫于吸洋烟",其理由便是鸦片是造成进出口贸易逆差、形成"漏卮"的罪魁祸首。[⑩]除了鸦片之外,晚清中国人心目中最为大宗的洋货则是洋布和洋纱。湖北潜江的读书人甘鹏云(1862—1941)在其《与杨久香学博论织局书》中便言:"近年进口洋货,约值银八千余万两,洋布、洋纱居十之五,故筹国计者斤斤以开织局、兴纱厂为急。"[⑪]故《皇朝续文献通考》归结道,自光绪初元以后,"洋货进口,岁岁增加,考其大宗,则布、纱实占多数"。[⑫]

士人菁英群体对此问题也越来越形成自觉、清晰的体认,所提出的应对之道便在于实现日常生活所用的种种日用品之"自造自用"。一些读书人最早形成自己对此问题的思考和表述,并将各自的思虑形诸著述。如,"商战"一说的积极鼓吹者郑观应(1842—1922),在其《盛世危言》书内的《商战》篇中,除了列举诸如鸦片、洋布、洋纱等最大宗洋货之外,还将与外国人竞争的范围扩展至用物、食物、各种零星货物等等。而事实上,士论中的中西竞争从此前的"兵战"转为"商战",本身体现着"战"之内容发生了明显的更迭,即从坚船利炮等兵器上的竞争与追求,转而关注商业贸易中广泛涉及的、名目繁多的民生日用之物。通过阅读、参研各种时务书籍,士人群体越来越将强国的重心放在"工商"之上,也越来越清晰地意识到针对民生日用各种物品而开展兴工、兴制造的必要性。陈虬(1851—1904)在其《治平通议》中即提倡"工政",提倡"兴制造"、"奖工商",倡导"工创物,商销货"的模式,以"引伸仿制"的方法与洋货争利。[⑬]陈炽则力陈"工者,商之本也",主张"购机仿造"那些"华民喜用之洋货"。[⑭]此外,少数有着游历列国经验的读书人也通过对西方各国的近距离观察了解到了西方人日常生活的种种细节,在加深西方"工商立国"的印象之外,也向中国士民宣传西式生活的种种优点。在1894年追随公使龚照瑗出使欧洲之后，回到国内的宋育仁(1858—1931)撰成《采风记》一书，曾经提出，中国与西方的差距，主要在于"兴工"与否，认为"外国以工商立国,工之制器,待商而行"。在目睹欧洲人的日常生活之后，宋育仁已经留意到民生日用诸器物的制造：

> 泰西之富强，其要领在兴工。无论街衢、桥梁、宫室、车辇、器用、服物，悉出于工；即铁路、电信、火车、轮船、铁船、海堤、炮台、枪炮、鱼雷、鱼艇、快船，凡诸守战之备，无非恃工铸精良。

他还历数泰西与中国在"兴工"上的差距，其中还特别突出了玻璃一物："无窗不用玻璃，车栈、园林多以玻璃为屋，平人之居，每室必有大镜、杯盂、盘盎之属。"[15]此外，在汪康年(1860—1911)写于1896年的《中国自强策》中，在其所给出的一系列筹划之中，亦十分强调劝商及劝工，主张奖励"效法泰西制造各物"、"以新法制器"，[16]并且进一步进言，应当"仿泰西制造各物，本国销售，使财不外溢，并可渐行之各国"。[17]士人群体的这一转变是与"利源外泄"的世局紧密相连的，只是由于通商条约签订之后，贸易的大门打开了便无法合上，清末的时论从禁止贸易的策略转向了与洋货争利的策略。整个十九世纪，洋货固然一直在持续输入中国，但是真正引起洋货广泛流通的原因，还是在于通商条约的签订，因为"通商而后，洋货充斥，既不能禁民之不用，又不能禁彼之不来"。[18]不久之后，在"欧美之族"所携来的"奇巧异工之机"面前，"草率而粗笨"的中国"土制之具"败下阵来，这样的现实逼得中国士民开始承认"彼巧我绌"。[19]此时中国士人菁英群体需要面对的新处境是，洋货销行各地、为人追捧的现状使他们不得不承认洋货之"有用",并且在应对策略上从一种力图自给自足、主张禁止贸易的消极应对之法转向以自造自用的方式与洋货争利的积极进取姿态。

除了读书人群体对中西差距之由有所反思外,日常生活中时时接触的洋货也在一个十分具体的层面上刺激着清末的各界人士。到了清末,有读书人将中国平民的生活空间描述为"三家之村必有烟窟,一哄之市必有赌场",寥寥几笔极显其衰败之象,而此时的中国却已经是"日用物品尽属舶来,工艺制造不求进步"的局面了,作者之忧心忡忡跃然纸上。[20]到了二十世纪初年,有人写到:"现在中国的情形,各城各镇,都有几家专卖洋货的店,各人所用的东西,总有一大半是外国进口的货。"[21]在此危局之下,清末新政(包括戊戌维新和庚子以后新政)对于新办实业以制造民生日用层面种种日用品的重视可以被视作是光绪中叶以来不断升腾的士论的一种反应与实现。

康有为在1895年5月的《上清帝第三书》中详细罗列了种种输入中国的洋货:

> 凡一统之世,必以农立国,可靖民心。并争之世,必以商立国,可俾敌利,易之则困敝矣。……古之灭国以兵,人皆知之;今之灭国以商,人皆忽之。……今外国鸦片之耗我,岁凡三千三百万,此则人尽痛恨之,岂知洋纱、洋布岁耗凡五千三百万。洋布之外,用物如洋绸、洋缎、洋呢、章绒、羽纱、毡毯、手巾、花边、钮扣、针、线、伞、灯、颜料、箱箧、磁器、牙刷、牙粉、胰皂、火油,食物若咖啡、吕宋烟、夏湾拿烟、纸卷烟、鼻烟、洋酒、火腿、洋肉脯、洋饼、洋糖、洋盐、药水、丸粉、洋干果、洋水果,及煤、铁、铅、铜、马口铁、材料、木器、钟表、日规、寒暑针、风雨针、电气灯、自来水、玻璃镜、照相片、玩好淫巧之具,家置户有,人多好之,乃至新疆、西藏亦有销流,耗我以万万计。[22]

此文既秉持着中国士人菁英自十九世纪中叶以降日益清晰的"商战"观念,也列举了清末对中国人影响最巨的洋货名目,并且也清晰勾勒了这些洋货的普及情形,以至于"家置户有,人多好之",并且"新疆、西藏亦有销流"。至二十世纪初年,"商战"的观念已经深入人心,康有为文中所谓的"古之灭国以兵,人皆知之;今之灭国以商,人皆忽之"的警示已经引起越来越多人的注意。商战观念对于晚清朝野上下挽回利权的舆论、兴办实业的举措、重商思想的形成均有着不可忽视的重要作用。㉓在清末士人菁英为国医病时所开的药方里,富国有赖于商务的振兴,而兴商务又与兴制造密不可分。于是,兴商务与兴工艺、兴制造在学理上互为支撑,并迅速蔓延到更为广大的士人群体中,成为一时之思潮。

"利源外溢(或曰利源外漏)"、"利权外溢"、"抵塞漏卮"、"挽利权杜漏卮"等等说法喧腾于清末士人之口,本身体现着清末中国士人群体的深切焦虑。自1901年清廷颁布"预约变法"上谕之后,举国上下"兴学校、废科举、倡工艺、予专利"等一系列新政措施相继出台,其中"倡工艺"、"予专利"等措施所指向的显然是那种深感"利权外溢"的群体焦虑。1903年3月,时任直隶总督的袁世凯派周学熙(1866—1947)赴日本考察工商业,周学熙回国之后写成《东游日记》一书。在周学熙看来:

> 日本维新最注意者,练兵、兴学、制造三事。……学校、工场由于民间之自谋者居多,十数年间,顿增十倍不止。其进步之速,为古今中外所罕见。……其日用所需洋货,几无一非本国所仿造,近且贩运欧美,以争利权。㉔

其时已经成为中国仿效对象的东方邻国在此问题上也给中国人树立了榜样。同一年,清廷设立商部,自此清末新政大办实业的浪潮开始次第兴起。清末种种兴办制造业的努力都是为了与洋货争利,目的即在于缓解"利源"一边倒地向西方列强"外溢"的局面,所提出的策略即为仿造一法。以洋布为例,甘鹏云力主由官方设立织布局,他认为,与土布争利,"妨吾民生计者,洋布也,非官布也",而幸好有少数几家官办的"织局","可稍塞洋布来源,不然则洋布入口愈多,土布滞销必愈甚矣"。面对民生日蹙的局面,甘鹏云在此信函中力主"凡新理、新器可以省力而倍收者,不惮百计求之"。㉕

随着玻璃作为一种洋货的大量流入及民生日用的日渐广泛,晚清中国人士渐渐意识到玻璃自产的必要。光绪二十九年(1903)的商部奏办商会章程折中即提到:

中国地大物博,百货殷阗,特以制造未精,贩运不广,利归外溢,亟待挽回。即如玻璃、纸张、洋蜡、肥皂之类,凡洋货之适于民用者,皆华商力能仿造之货。如能办理得法,逐渐扩充,不徒自造自用,并可详采各国市情,以广销路。㉖

同样,这种仿造各色洋货的策略也影响极广,浙江士子童燮梅在其作于1903年的乡试策论中亦言:"亟设专门学堂,精习艺事,广开工艺各厂,仿造洋货,但可抵制一分之利源,即为吾民留一线之生计,此则保民之下策,犹愈于无策也。"㉗也正是在1903年清廷设立商部以后,各种实业在晚清中国蓬勃而兴,玻璃制造也不能例外。尤其是商部成立工艺官局且在其中设置玻璃科以作各省之表率之后,各省亦开始纷纷设立玻璃制造业。《东方杂志》从创刊的第一期开始,便在"实业"一门之下设有《各省工艺汇志》栏目,专门登载各省在兴办工艺方面的新闻。以创刊第一年的《东方杂志》为例,自1904年第3期开始,《东方杂志》即频频出现关于玻璃制造的实业开办,所涉及的开办相关实业从事玻璃制造的有北京、广东、山东博山、汉口、武昌、直隶等多个地方。㉘仅《东方杂志》这一种刊物显然无法完全搜罗当时各省兴办实业的种种举措,而从《东方杂志》所登载的林林总总的各地创办玻璃制造业的报道来看,玻璃制造业在清末新政过程中愈益受到朝野的重视,而各地看似热闹的玻璃制造业也更多地像是对当时兴办实业思潮的一种追随,清末新政期间开办的各种玻璃制造业真正成规模且持久生产的却并不多。

三、自造自用之实践:近代中国玻璃制造业的发展

山东博山一向以生产料器闻名,"山东的料器"也一度和江苏、浙江的玉工、裱工、雕刻工,云南、湖北的铜工,广东、湖南的绣工,四川、广西的锡器,陕、甘的地毯,蒙古的皮革等等并列为各地之名产。㉙博山一地特产玻璃制品,早在清初孙廷铨(1613—1674)的《颜山杂记》一书中便有博山县产"琉璃"的记载,此后博山的地方文献进一步确认此"琉璃"又称"料货业",即生产各种玻璃制品的行业。㉚博山所生产的传统"料器"门类,大体有玻璃丝(称"拔丝")、玻璃条(称"料条")、鼻烟壶、烟嘴、念珠、串珠、料镯、簪珥(即发簪和耳饰)、棋子、小儿玩物、屏片、匾辐等等,也生产单瓶、花瓶、鱼缸、笔架、墨盒、烟盘等物件,主要属于"陈设玩具"一类。㉛据二十世纪初在中国的西方人的见闻,博山所生产的玻璃几乎销行全国,如有一种高约2英寸(约5厘米)的小玻璃瓶在中国各地的城镇都十分常见,这种瓶子主要用于盛放化妆用的扑面粉。㉜

闭关锁国的政策出台之后,乾隆晚期以迄发生五口通商变局之间很长的一段历史时期,广州始终作为通商之"一口"。一直到上海开埠以后多年,广州作为西方文明"桥头堡"的地位才渐渐为

上海所替代。由于广东人最早接触西式的生活方式,所以广州也很早便出现了制作玻璃制品的行当。据斯当东(Sir George Staunton, 1st Baronet, 1737—1801)的记载,则可知至迟在十八世纪九十年代,即马嘎尔尼来华的时期,广州就已经有用碎玻璃片制作玻璃器的行业。[33]这在留存至今的图像资料上亦有所反映,如《羊城风物》一书内便收有约作于1790年的一幅工匠制作玻璃缸的图片,可见十八世纪末的广州已存在制造玻璃制品的匠人。[34]而1856年的《中国商业指南》(A Chinese Commercial Guide)则为广州的这一行业提供了更多的信息,该书也指出大约在十九世纪初时,广州开始有以进口碎玻璃进行再加工的行业,但是绝大部分的玻璃制品还是依靠进口。[35]追随阿美士德使团来华的克拉克·艾贝尔(Clark Abel,约1780—1826)在1816至1817年的旅行纪录也显示,当时在广州城内的街上已经有不少玻璃店铺,但是所售的除了中国人自己出产的玻璃镜子与少量玻璃制成的小玩意之外,主要是欧洲货;其制造玻璃的技术主要是依靠进口欧洲的碎玻璃进行再熔化,并且所有的玻璃制品售价都极为昂贵。[36]正是由于一口通商的时代影响,广州地区最早拥有玻璃制造行业和贩卖玻璃的店铺。上海开埠以后,有些广东的玻璃技工便在上海开店制售玻璃。葛元煦刊印于1876年的《沪游杂记》一书向我们展现了这一情形:

> 粤人在沪,专收旧碎玻璃,入炉融化,如法制成各式灯罩器皿。精莹夺目,所不及者洋料较细洁耳。年来货此者有三四家,零售发客,门庭如市。[37]

开埠后在上海从事玻璃制造的为"粤人",绝非偶然现象,而是与广州长期以来与西方接触有关。相比上海,广州更早、更广泛地接触到西式日用品及生活方式,因而广州最先培养出能够制售西式玻璃制品的工匠，故十九世纪末二十世纪初至各地开办小型玻璃制造工厂的，多为粤人。如，1899年，粤商集股在杭州回回堂大街设立玻璃厂，所聘的工匠也是来自"粤东"；1902年，还有粤人在扬州设立"制造玻璃器公司"。[38]

由于早在通商条约签订之前，广东和山东博山的工匠已经拥有制造各种玻璃制品的技艺，所以商部于1903年所设的北京工艺官局在创办玻璃科时所延请的工匠便是来自广东和山东博山两地（详后）。然而，相比于通商条约签订后大量进口的外国玻璃制品，当时以广东和山东博山一带为代表的、中国业已存在的玻璃制造业最大的不足在于不具备生产建筑用平板玻璃的能力。广东一带虽能生产日用玻璃器皿，但大多采用碎旧玻璃熔制的方式，且为手工制作，导致玻璃质量欠佳；山东博山所生产的玻璃制品也与西方人所用的玻璃器皿不同，其产品在民众日常生活中更多地充当着"玩物"的角色。1904年许鼎霖奏设耀徐玻璃公司之时，即言"内地工厂，惟广东、香港仅能制造玻璃器皿，此外山东博山亦已间用土法制造另件，若门窗屏镜所用平片玻璃，曾无一厂自制"。[39]同时，在制作其他玻璃制品的工艺上，也必须面临高质量的洋货的竞争。平板玻璃的制造业为此前中国所未有，广州一带虽然早已出现西式玻璃制品的制造，但也只是私人作坊般的经营模式，工艺难称精湛，产出并不算多，影响也有限；山东博山所产的"料器"，则是"土法制造另件"，与西式玻璃制品存在品类上的不同。晚清中国，无论是已有的诸如广州、山东博山等地的玻璃制造业，还是仿制西器、初创未久的玻璃工厂，必须同时面对大量流入的舶来品的竞争，这便是中国玻璃制造业在各地兴起以前所面临的市场形势。

随着十九世纪四十年代以后各沿江沿海城市的逐渐开埠，沿江沿海各城市率先成为洋货的畅销场，也似乎在中国凸显为另一个异质的世界。再则，由于沿海沿江的诸多城市最先接触西式生活方式,故试办玻璃制造业的实业活动也最早。早在1882年,英国平和洋行(W. Birt & Co.)就曾经在上海的杨树浦路试办玻璃厂,制造所需机器及化验师、玻璃吹匠都从英国聘来,并雇用、教授中国工人从事制造,但是并没有产生多大的影响。[40]1899年,当时的报刊曾经提及,四川一省已设有玻璃公司,并且重庆当地还有一家名为广荣安的广东商家经营玻璃制造及售卖,并且还有一家英国商人所设立的、自产自销的玻璃洋行,设立于重庆的陕西街。[41]1901年的新闻报道也指出,上海的本地玻璃制造业进步明显,在该年新增10所制造厂之后,上海一地的玻璃制造厂已经多达191所,工人已达3459名。这则由《同文沪报》登载的新闻译自《大阪每日报》,但是,这份由日本人所作的精确调查也反映出该年新增的10所制造厂只是导致工人人数增加了54人,平均每家6人都不到,可见当时上海的玻璃制造厂的规模存在很大的差异,既有工人数量颇众的大厂,也有工人寥寥无几的小型作坊或者制售店铺。[42]美国人罗斯(Edward Alsworth Ross)在初版于1911年的书中也提及"上海已建立了一些生产玻璃、香烟、肥皂、牙刷、面粉等的民族工业"。[43]尽管有不少资料可以证明,上海一地的玻璃制造业在民国建立之前已经拥有不少工厂及产业工人从事制造,但是,实际上清末上海本地的玻璃制造业并未进入关于上海工业的历史记忆之中。所以,至1947年,《上海工业概览》一书回顾上海的玻璃工业之发展,认为"上海之玻璃工厂,以民国元年(1912)虹江路国人所设仁和玻璃厂为最先",[44]从中亦可见上海的玻璃制造业在民国以前不成规模,未能产生重大的影响。上海一地的例子,几乎成了中国各地玻璃制造业的一个典型和缩影。

1898年,清廷戊戌维新的实际举措之一便是设立农工商局,这是官方层面重视工艺制造的一个象征性事件,而其背后的推动者便是康有为。[45]由于戊戌维新不久即告失败,所设立的农工商局不久即被撤销,故其作用十分有限,清廷在官方层面再次做出奖掖工商的姿态,则要到庚子以后的新政时期。[46]中国本土玻璃制造业的兴起,与清末新政时期对于实业的奖励相伴而起,亦可说是完全是在一片"挽利权"的诉求中兴办起来的。1903年,清廷设立商部,而商部又在奖励实业中扮演了关键作用,并且商部还进行了兴办实业的示范。对近代中国的玻璃制造业而言,商部所设的工艺官局即是讲求工艺制造的先行者。[47]北京的工艺官局由商部所设立,其下设有15科,其中6科为官办,9科为官助商办(即工人由商人派遣至局内工作,薪俸亦由商人支付)。玻璃科位列官办6科之首,可见对试办玻璃制造业的郑重。[48]北京工艺官局制造玻璃所用的原料是就近取材,全部来自京郊的房山县,并且延请了当时国内最富制造经验的"广东及山东博山县之著名工匠来京,选料精制,思挽利权"。[49]商部所设的工艺官局,既在"挽利权"的诉求上给各地的同类实业做了榜样,也在兴办模式上提供了可供取法的经验,此后的中国玻璃制造业大体都遵循着靠近原料产地的设厂模式。以近代中国玻璃制造业最为著名的几个产地为例,山东博山的博山玻璃公司创办于1904年,而江苏宿迁的耀徐玻璃厂创办于1908年,此外,内地稍具规模的重庆鹿嵩玻璃厂则创办于1906年,其生产玻璃的主要原料都是就近取材。

山东博山虽然很早便有生产料器的传统,但是向称"炉料业",具有现代意义的玻璃公司创办于1904年,由山东省农工商务局倡办,由时任山东巡抚的周馥准予开办。同年9月,周馥去任,故等到博山玻璃公司正式开办时已改由新任山东巡抚胡廷干督办。该公司创设于博山县城以北的柳坑(亦称"柳行街"),并聘请德国技师从事玻璃制造。此后江苏宿迁耀徐玻璃厂的创办人张謇、许鼎霖等人也参与了博山玻璃公司的创办,但基本只是挂名而已,真正的主事者为当时在山东任职的顾思远。开办之初,该公司聘有德国技师7人，不久即全数辞退，依靠中国工人从事制造。然而，这家由地方官员倡办的玻璃公司只支持了4年便难以为继，在宣统末年就已经停办。于是，这些原先在玻璃公司工作的工人又自行在该县的西冶街一带设厂制造。山东博山自1904年设立玻璃公司之后才开始有平板玻璃的制造，地方志称其为"邑产板玻璃之始"，此项技艺也被在西冶街设厂的原玻璃公司工人传承下来。民国年间，博山同样以产玻璃制品闻名，而从事生产的便是设厂于西冶街一带的二三十家小厂，在鼎盛期拥有180余座熔炉。[50]

  清末民初另一处著名的玻璃产地是江苏省的宿迁县。1904年，曾经参与博山玻璃公司创办的张謇、许鼎霖等江苏士绅联名上奏，提议发起玻璃公司，同时也恳请清政府给予政策上的照顾，即要求清代官方"予专利"，令宿迁县内所产的砂料在20年内只准售予他们拟创办的玻璃公司。在江苏地方士绅联名上奏之后不久，商部即上奏清廷予以支持，于是清廷下谕旨同意奏请，"予专利"20年，表现出了极力奖掖玻璃制造实业的态度。1908年初，经过数年的筹办、厂房与设备的建造等事宜，宿迁的玻璃厂终于开办，这便是耀徐玻璃有限公司。[51]此外，内地最为著名的玻璃制造企业还有设于重庆的鹿蒿玻璃厂。

  在这些著名的玻璃制造企业设立的过程中，兴办实业时的民族主义因素始终是一条重要的线索，这其实与晚清的商战观念、"挽利权杜漏卮"的思潮一脉相承。在耀徐玻璃公司的主要创办人许鼎霖的表述中，1902年，英国卜内门公司的李德立（Edward Selby Little，1864—1939）曾在宿迁县购买砂地200亩，使得当地人注意到了"数千年来华人无知之"的玻璃原料。在此后许鼎霖等人奏请清廷"予专利"的公呈中，许鼎霖等人愈是塑造出一种外国人对此十分觊觎的情景，文内提到由于宿迁县产玻璃砂料，故"屡有传教之外人前来探险，尤虑未收其利，先受其害"，并且将兴办公司讲求玻璃制造的商业行为与当时朝野上下"挽利权杜漏卮"的舆情相联系起来：

> 因熟察中外通商以来，凡为官室、车舆、器皿所需工业制造消耗之品，以玻璃为最钜。……即此一项，约计中国每岁溢出之银不下二百余万两之多，有损利源非细。[52]

这份公呈上达以后，清廷商部即表示支持，商部上奏光绪皇帝的奏折内，亦是极力凸显此事对于"挽利权"的意义所在：

> 窃惟玻璃一项，由于制造之法中国向未讲求，凡官室、舟车、器用所需，大半来自外洋。……利源外溢，年逾一年。……（平板玻璃）制造之法，中国向不精研，需用浩繁，尽仰舶来之货。

并且这封奏折内还提及了由商部出面创办的北京工艺官局所设的玻璃科，从而将耀徐玻璃公司引为同道，即都是为了"选料精制，思挽利权"。[53]

尽管当时创办玻璃公司的中国商人刻意凸显出与外国商人争利以"挽利权杜漏卮"的一面，然而，在实际设厂从事制造的过程中，无论是技师还是机器、化学原料等等重要环节都不得不仰赖西方国家。博山玻璃公司所聘为德国技师，所购的机器亦是德国机器；耀徐玻璃公司所聘则为英国技师，机器亦都购自英国；鹿蒿玻璃厂的创办人何鹿蒿则赴日本学习了3年玻璃制造，尽管掌握了全部技术，但是仍旧聘请了数名日本技工，并自日本购买了制造玻璃所需的机器。此外，尽管熔制玻璃的砂料可以就地取材，但是生产玻璃所用的化学原料却绝大多数购自外国。其中洋碱的主要生产者为英国的卜内门公司(Brunner Mond & Co)。[54]与耀徐玻璃公司交往甚密的李德立便是卜内门公司在华的总经理,其洋碱当即来自卜内门公司。而直至二十世纪三十年代,山东博山县西冶街一带的玻璃工场所使用的洋碱绝大多数也是来自卜内门公司,以至于卜内门公司居然还在博山县的西冶街设有代理店。[55]青岛地区创办于民国时期的玻璃工厂也是采用卜内门公司的产品。[56]重庆鹿蒿玻璃厂所使用的化学原料则是购自日本大阪。

1933年,商务印书馆的《小学生文库·玻璃》一书出版,此书在告知其目标受众有关玻璃的种种知识的同时,也对当时国内的玻璃制造业有所介绍:

> 我国玻璃原料的生产地,以山东的博山县和江苏省的宿迁县为最著名,所以制造玻璃的工场,也以这两县为最发达,所制成的器皿也很好,不过出品不丰富,不能供全国的需要,因此我们日常所用的玻璃,多数是从外国输入的。[57]

此书将山东博山和江苏宿迁作为当时中国最主要的两个玻璃产地介绍给当时的小学生。而事实上,书中内容所反映的只是当时中国人对于本国玻璃制造业的一个概观般的印象。清末由中国人创办的几家最具规模的玻璃厂其实际运行状况都与兴盛的局面相去甚远。山东省博山县,除了作为一个并不算十分出众的产煤地之外,还承载着作为中国玻璃生产中心的历史记忆,而为人所乐道。同在1933年,国立山东大学曾派人前往博山调查当地的玻璃工业,在此后所撰的调查报告里还在宣扬"博山玻璃名于世者久矣"。[58]一直到民国年间,时人对于山东博山还有着"玻璃业之盛,冠于全国"的印象。[59]尽管博山西冶街一带的玻璃工厂"总和其工厂之数目,不下百数十处",但是博山一带的玻璃制造,始终没能发展至大规模、集约化的生产模式,至二十世纪三十年代初期,依然是数十家小型玻璃作坊分散经营,采取手工制作的方式,且很快便显现出衰败之象:

> 至于博山玻璃工业,由来亦已久,原料润泽,燃料丰富,工价低廉,诸般利点,不一而足。每年出品价格亦不下数十万元,其制品主要者,为玻璃板、拔丝屏及小型玩具等物。特可惜者,政府不加提倡,学者不屑研究,当地陶瓷及玻璃之制造,泥于旧法,专赖传授,不知改良。仅以手工制造,无大工厂之组织,出品粗劣,不能与外货竞争,良可慨也。[60]

与山东博山并称为中国两大玻璃业中心的江苏宿迁的玻璃制造业,实际上在1910年代初期便已没落。由于在生产初期即与英国技师爆发矛盾,英国技师将机器拆去并带外国工匠离开,后又改聘奥地利的技师,并购买奥地利机器,不多久又改聘比利时技师,在经过数次折腾之后,至1913年便难以维持。虽然当时拟采取与比利时商人合办的方式摆脱困境,但却由于一战的爆发而作罢。自此,耀徐玻璃公司停止了玻璃制品的生产,基本宣告倒闭。1931年,全国工商会议上有人提了恢复耀徐玻璃厂的议案,据此议案,当时的耀徐玻璃厂已经只能依靠销售玻璃砂料维持了。然而,此项议案并没有人真正过问,至1935年,据当时报纸所载的参观记,该厂的厂址已经"一片荒芜",至抗日战争期间全部拆除殆尽。[61]因而,1930年代民众印象中,耀徐玻璃公司与山东博山的玻璃制造业并称为两大产地,显然名不副实,山东博山的玻璃制造业充其量只是一些手工作坊,而江苏宿迁的耀徐玻璃公司在民国初年已经基本宣告倒闭了。在这几家相对著名的玻璃厂中,重庆的鹿蒿玻璃厂支持最久,至1948年方告关门歇业。但是除了初期的十年颇为兴盛之外,其余自 1917 年至关门歇业期间,则是"长期处于风雨飘摇之中"。[62]

中国本土玻璃制造业最大的困局在于技术能力有限,一方面是制造规模不大,产品种类不多,质量亦不甚佳,销行地域亦不广;另一方面,即便是面对清末民初建筑用平板玻璃日渐流行和畅销的大好局面,却甚少有能够制造平板玻璃的本土企业。上述北京工艺官局虽然试图专制各种玻璃器皿,实际上至 1907 年仅能制作玻璃水杯而已。[63]重庆的鹿蒿玻璃厂只是出产杯、盘、灯具、花瓶、茶杯等玻璃器皿。[64]创立于 1908 年的厦门广建玻璃制造厂仅能生产玻璃灯罩,主要销场在厦门境内。[65]民国以后,山东的青岛、烟台、济南等地都曾陆续设有玻璃工厂,但都规模不大,且都不具备生产平板玻璃的能力,故影响也十分有限。[66]清末中国人自己创办的玻璃厂中,能够生产平板玻璃的便只有山东博山和江苏宿迁的耀徐玻璃公司,这或许正是这两个玻璃产地为国人所记忆的原因。然而,自从博山玻璃公司歇业之后,创设于西冶街一带的数十个玻璃厂虽然能制作平板玻璃,但是制作时并无可以压制玻璃的打气机和碾压机,而是完全凭借工人手工制作平板玻璃,相较于从国外进口的机器产平板玻璃,其质量显然无法与之抗衡。1925 年,上海的《国货月报》曾对博山的玻璃制造业略作调查:

> 我国玻璃事业,极其幼稚,所用者全为舶来品。惟鲁省博山有玻璃厂,然出产数量不多,且质地脆弱,远不及洋货之通用。……(板玻璃)因质地不纯,故销行不能推广。[67]

第一次世界大战以后,日本制造的玻璃开始充斥市面,博山的玻璃制造业也一蹶不振,到 1933 年,生产平板玻璃的工厂已经仅余 3 家,工人数量很少,产量也很稀少,运销的范围局限在博山县周边的周村(今属淄博市)、济南、潍县(今潍坊市)等地区,连邻近的河南省也极少输出。[68]而耀徐玻璃公司只是在刚刚开办之时能够生产平板玻璃,由于英国技师挂冠而去,至改聘奥地利技师之后,即只能先购取用于制造玻璃器皿的熔炉,而将采购用于制作平板玻璃的熔炉延后。待到1910年,该厂曾经有日产平板玻璃7000块的新闻报道,随着民国二年该厂宣告难以维持,该厂自此便再未出产过平板玻璃。[69]即便零零星星有一些国内厂家能够生产平板玻璃,但是其质量也难以与舶来品相拮抗。以晚清四川成都地区为例,其本地并无玻璃制造业,当地的玻璃片多来自外省,但其质量"总不及广片、洋片之干净"。[70]即便是到了1947年,《上海工业概览》依然在说"平板玻璃国内尚无制造者,来源有限,价格飞腾",而据当时的统计,上海有日产量4吨以上的工厂4家,日产1吨半以上的工厂15家,其他日产量少于1吨的工厂还有14家,所有这些厂家所能制造的玻璃制品只有料瓶、茶杯、器皿、灯罩、热水瓶胆等几种,无一家能出产平板玻璃。[71]

中国本土的玻璃制造业自清末新政时期开始兴办,这些玻璃制造企业星散各地、数量众多,想要统计出一个精确的数字几乎没有可能,然而各地纷然而起的玻璃制造业旋起旋灭,在零星存在的玻璃制造企业中,真正成规模的并没有几家。概言之,从晚清至民国,中国自有的玻璃制造业难称兴盛。而山东博山承载着作为中国玻璃生产中心的历史记忆,本身就足以反映晚清以至民国这一历史时期中国玻璃制造的薄弱和并无足观的境地。在当时人心目中,中国本土的玻璃制造业只有零零星星、规模不大的粗略印象。1935年一位刚刚参观完上海中央化学玻璃厂的人写到:

  近年以来,玻璃工业和其他工业相同,也有相当的进展。天津、北平、上海、广州、福州、长沙、宿迁、唐山等处,都有玻璃工厂,在数量上看来,不可算少,不过出品可和外货相竞争的,还不多见,而能生产化学上和光学上应用的玻璃的,更是寥若晨星。[72]

他的印象既不精确又不完整,但却真实反映了中国当时并无声名远播的大型玻璃企业,故至二十世纪四十年代便有人坦承,中国玻璃制造业"虽云有百年之历史,实则一无真正大规模玻璃工业之可言"。[73]中国本土的玻璃制造业在民国初年之后,既需要面对他国进口玻璃(尤以日本为主)的激烈竞争,还必须面对日本人在华所设玻璃制造企业的竞争,由于一直未能出现大规模、集约化的生产企业,故在与舶来品的竞争之中,始终面临技术(质量)与产量的双重败局。

四、舶来品:从欧洲玻璃到日本玻璃

近代中国民众日常生活中的玻璃消费在货源层面上经历了一个转折,即由消费欧洲玻璃制品转向消费日本玻璃制品,其中的关键原因在于第一次世界大战。1914年爆发的第一次世界大战曾经给中国本土玻璃制造业带来短暂的兴盛期。以山东博山的玻璃制造业为例,该县的方志资料中曾记载:

> 欧战期内,外货几绝,邑玻璃业及时发展,业此者至二三十家,计炉共一百八十余只,每年输出额达一万三千余吨。欧战告终,外货充斥,邑玻璃顿受打击,及东北沦陷,秦皇岛货夺我销路,邑玻璃业遂一蹶不振。[74]

一战使欧洲玻璃输入中国的通路被断绝,由此造成自清末至民初欧洲玻璃占据市场的局面难以为继,"玻璃市价高涨"。制造玻璃所需的洋碱也告断货,于是用国产的皮硝取而代之,玻璃制造的主要环节基本实现国产化。一战的爆发,使得以手工制玻璃作坊为特色的博山玻璃业骤然兴盛,年产量达一万三千余吨,销量大增,"尤以销于天津者为最多"。然而,欧战结束之后,外国货再次充斥中国市场,只不过当时中国玻璃消费市场的"外货"换成了日本玻璃。在日本玻璃的冲击下,二十世纪三十年代初,博山的玻璃工厂只有两三家在断断续续地生产,产量也剧减为每年一千吨左右,销售范围也非常有限(见上文)。[75]"东北沦陷"后,特别是二十世纪三十年代中期以后,由日本人控制的秦皇岛耀华玻璃公司的产品(即"秦皇岛货")进一步抢占了博山玻璃业的市场份额,博山短暂的兴盛局面彻底结束。与之类似,上海地区的玻璃制造业也曾面临一样的境遇:

  欧战之后,玻璃业骤兴,上海一隅不下四十家。自民国十七年以来,原料价日昂,于是多亏损停闭。[76]

中国本土的玻璃制造业未能抓住一战这样一个振兴的契机,在短暂的兴盛表象之后,日本玻璃迅速地代替欧洲玻璃,成了占领中国玻璃消费市场的最主要的货源。

  日本国内对于西式器物的仿制由来已久,1903年周学熙考察日本的时候,便已发现日本"日用所需洋货,几无一非本国所仿造,近且贩运欧美,以争利权"。其实在此之前,日本仿制西式器物便已初见成效。以玻璃一物而言,明治六年(1873)即在东京的品川设有兴业社从事玻璃制造,初设的日本玻璃企业与后来的中国玻璃制造企业一样,聘用英国技师,购买英国机器以及原料,但很快在明治九年(1876)便倒闭了。此后,品川兴业社收归国有,但其经营依然没有起色。经过了国有、民营数易其手之后,日本本国的玻璃制造业在二十世纪之前也一直显得十分低迷,其低迷的关键在于一直无法出现一家可以大量生产质佳价廉的平板玻璃的玻璃企业。[77]由于东京的品川最早设立玻璃制造业,毕竟奠定了该地作为日本早期玻璃制造业中心的地位。即便当地平板玻璃的产量其实相当有限,但却也颇具知名度,至1901年,已有中国人注意到日本的品川玻璃厂所生产的平板玻璃"为他厂所不及",并且即便是将其与"德国及比利时所造者"相比较,亦是"不相上下",但是其价格上的优势却很明显。[78]尽管当时日本的玻璃制造业难称兴盛,但由于日本的玻璃制造业比中国起步早,所以相比中国已经积累起了技术上的优势。因此,重庆鹿蒿玻璃厂的创始人何鹿蒿便于1903年至1906年在日本东京的岩城硝子厂(即玻璃厂)学习玻璃制造技术,可见当时日本的玻璃制造技术已经颇有进步。日本的平板玻璃制造业真正堪称兴盛的局面在明治四十年(1907)之后,其中扮演重要角色的企业是三菱。三菱的玻璃生产始于1907年9月成立的旭硝子株式会社(Asahi Glass),该公司至今依然是日本重要的玻璃生产企业,为全球第二大玻璃制品公司。

  由于日本仿制日用西式器物的实业活动早于中国数十年,尽管其大获成功要到以三菱为代表的日本玻璃制造业崛起之后,但在此之前,中国已经开始大量输入日本的玻璃制品,形成日本玻璃大量充斥中国市场的局面。1904年,身为日本教习的中野孤山在四川成都的四川省劝工总会上看到的日本进口商品内便有玻璃镜一项。[79]1907年,有人已经发现"中国厦门所用玻璃镜,几有全部皆日本制之势",在每年输入的约8000打玻璃镜中,日本所制的产品达到了7700打。[80]1907年之后,以三菱为代表的日本玻璃制造业兴盛局面来临,该公司的产品"输出于中国、印度、南洋者,亦日趋于盛,甚且绕好望角而至英伦也",再加以同时期其他日本玻璃制造企业的成功研制和生产,日本的玻璃消费已经摆脱了依赖进口的局面,而是"更进以谋输出矣"。[81]日本玻璃制造业的振兴,使得日本的玻璃制品向作为邻国的中国大量输出。刘大钧的《中国工业调查报告》曾经回顾中国民众的玻璃消费道:"从前吾国多用比利时产品,嗣后日本品来华,价值低廉,遂多改用日货。"[82]1932年出版的《北平市工商业概况》曾经回顾北京的玻璃业情形:"北平玻璃,初系比、法、英各国产品,由广货庄发售。后有专业,称玻璃庄,集中于南晓市精忠庙一带。"[83]据1919年的一份对北京玻璃工业、商业情形的调查可知,精忠庙便是清末至民初北京玻璃销售的中心,至该年为止,精忠庙一条街上已有10家"玻璃料器行"向北京居民贩卖玻璃制品。北京的例证亦可佐证日本玻璃的崛起及其对中国市场的占据,据1919年的这份调查:

  在大战(案:指第一次世界大战)以前,外国进口之玻璃片,以比国产为主,京师尚少日本之玻璃,大战以后,比国玻璃停,日本玻璃遂起而代之。[84]

而北京市场上日本玻璃的生产厂家便是日本三菱公司,三菱通过在天津、北京的代理商将产品售予精忠庙一带的代销商,进而卖给北京的消费者。从北京居民在一战后大量消费三菱公司所产的玻璃制品,亦可窥知三菱公司的崛起对于日本玻璃制造业的意义。[85]此外,日本商人也通过在中国独资设厂或者与中国人合资开厂等模式介入中国本土的玻璃制造业。据1914年所做的调查,长江流域共有约20家稍具规模的玻璃制造厂,其中除3家为中国人所设之外,其余17家都由日本人主持。[86]1920年代,日本已经"以中国北部为势力范围",在中国的玻璃消费市场上渐显寸土必争之势。1924年,日本人在大连独资办有规模颇大的昌光硝子株式会社,以与中比合资的秦皇岛耀华玻璃公司相竞争。[87]至二十世纪三十年代中后期,日本人在华设立玻璃企业的活动更多,如上海一地"稍大之工厂,多为日商所办",天津、大连、安东(今辽宁丹东)、汉口等地亦多设有日本人所经营的、规模稍小的玻璃制造企业。[88]

日本玻璃占据中国市场最为关键的步骤,是在1936年收购并控制民国年间中国本土最具实力的秦皇岛耀华玻璃公司。一战以后,欧洲各国渐渐从战争中平复,欧洲玻璃开始重新进入中国市场。作为欧洲最为主要的玻璃产地,比利时首先积极谋求与中国企业的合作,在中国合作设厂制造平板玻璃,以应对日本玻璃在中国市场日渐坐大的局面。在此情况下,1922年,由中比合资的耀华玻璃厂设立于河北的秦皇岛,该厂一度号称"东亚最新之玻璃厂"。[89]积极推动秦皇岛耀华创立的中方代表人物为1903年目睹日本仿造洋货之盛况的周学熙。耀华玻璃公司总事务所设于大津,总工厂设于秦皇岛,其中方资本背景主要是周学熙所开创的另一处著名实业——开滦煤矿。只是秦皇岛耀华事实上几乎从来不是纯粹的本土玻璃制造企业,在其创办发展的过程中经历过中比合资(1922—1936)、中日合资(1936—1945)、官商合办(1945—1948)等时期,除了抗日战争胜利之后实现完全本土化之外,其余时期都属于中外合资公司,尤其是抗日战争爆发之后的十年间,几乎完全处于日本人的控制之下。耀华玻璃公司最初的外国合资者是比利时商人,中国、比利时各占一半股份。1937年,刘大钧领衔进行中国工业调查时还提到:

>(耀华玻璃公司)为当今吾国规模最大、设备最新之制造玻璃工厂。自耀华平面玻璃风行国内,他厂皆专制器皿,故此又为我国唯一平面玻璃制造厂。[90]

由于秦皇岛耀华直接采用比利时的设备和制造技术，故自其设立之后，几乎成为国内唯一一家可以与进口玻璃竞争的本土企业。刘大钧的《中国工业调查报告》便言"自耀华有产品后，比、日两国之货，均被屏去不少"。[91]据曾经在耀华工作的张鄂联回忆，耀华玻璃公司所生产的平板玻璃一度曾经占据60%至70%的国内市场销量。日本南满铁路曾经于1924年在大连设有昌光硝子株式会社，但一时也无法撼动当时秦皇岛耀华的地位。[92]但是，据1929年所作的调查，耀华玻璃厂的发展受到国内纷乱时局的影响，"未能就序发展"，而价格低廉的日本玻璃日益成为其"营业之劲敌"。[93]然而，秦皇岛耀华玻璃公司在二十世纪三十年代中期以后也迅速拥有了日本色彩。与日本在中国日益显露的侵略野心相同步，比利时方面于1936年9月将其所拥有的一半股份在巴黎秘密售予日本三菱旗下的旭硝子株式会社，此事距离"七七卢沟桥事变"只有不到一年的时间。[94]没多久，中日战争全面爆发，华北首先被日本军队侵占，事实上秦皇岛耀华已经完全在日本企业的控制之下，徒具合营之虚名而已。秦皇岛的耀华玻璃公司堪称是近代中国玻璃制造业唯一的亮点，由于初创之时即采用比利时工艺制造，故成为当时中国本土的平板玻璃制造商中唯一能够与进口玻璃一较短长的企业。但是，由于秦皇岛耀华自创立伊始便算不得是纯粹的中国厂商，故其始终未能成为"国货"的代表而为人所称道，尤其是在日本商人购买股份、控制工厂之后，更是与"国货"的标签相去甚远。1937年所续修的山东《博山县志》便将"秦皇岛货"与"东北沦陷"这一事件相联系，并将市场所售的"秦皇岛货"与"舶来品"并称，其中可见当时中国人对于秦皇岛耀华玻璃公司的"日货"背景有着清醒的认识。[95]1940年的调查资料亦表示耀华厂所出产品不能计入"国货"之中。[96]

对于近现代中国的玻璃消费而言，自觉的国货运动是伴随着日本玻璃的大量销行以及中日局势的日渐紧张而兴起的。1930年代初,由于"九一八事变"及1932年淞沪抗战的影响,紧邻上海的浙江当地的刊物已经开始将日本玻璃制造业视作"劲敌",并对日本人在中国独资或合资经营的玻璃制造厂做一调查并予以刊布,且声言"如果我们不愿意做亡国奴的话",则对日本进口的玻璃及制造玻璃之原料"非加以抵制不可"。[97]1937年,广州所办的《国货月刊》曾经调查过当地的玻璃制造业,结果发现广东地区的玻璃制造业"制法守旧粗劣,难与舶来品争衡;近年输出货品锐减,业务渐衰弱"。当地的玻璃制造主要以制造玻璃瓶、玻璃樽等器皿,并无平板玻璃的制造。而且,其制造原料需要仰赖国外进口,导致难以控制成本,价格上相比日本玻璃也缺乏优势;此外,广东地区的玻璃制造依然是用碎玻璃再次熔制的方式加以生产,也导致其在质量上也无法与日本玻璃抗衡。于是,当地的从业者只能眼巴巴地看着"某国(案:指日本)玻璃制品年来突飞进猛,出品倾销各地,廉价倾销,本省玻璃品市场,已被其掠夺"。[98]尽管诸如《国货月刊》之类的刊物宣扬"国产才是珠宝,洋货甚于鸦片"之类的民族主义意味极浓的口号,并且也曾宣称本土制造的玻璃制品经过改良后"已驾乎日货之上",但是在产品的功能性和质量面前,中国的绝大多数消费者不会理会这些空洞的口号,依旧在大量购买物美价廉的日本玻璃,故广东一地"仍为舶来品独占市场",而舶来品中占绝大多数的便是《国货月刊》始终念念不忘并想驾乎其上的"日货"。[99]

近代中国玻璃制造业的孱弱,导致了进口玻璃始终占据着大部分的市场,也由此对中国本国的玻璃制造业进一步造成反噬的效果——进口玻璃的大量流入进一步挤压了中国本土玻璃制造业的生存空间。欧战所带来的短暂契机并没有被中国本土玻璃制造企业所抓住,对于近代中国民众对玻璃的消费而言,欧战所造成的重要结果便是促成了日本玻璃在中国市场的强势崛起。除了欧战这几年的短暂兴盛表象之外，中国民众的玻璃消费市场先是被欧洲玻璃所占据，后则由日本玻璃所占据，待欧洲玻璃重新进入中国市场以后，在欧洲玻璃和日本玻璃的两相挤迫之下，中国本国的玻璃制造业始终在艰难中求生，没有能够发展壮大。

五、结　　论

晚清中国朝野上下从讲求坚船利炮的军工制造，转而讲求种种民生日用之物的制造，经历了一个视野转向的过程。此后，在清末新政时期政府的倡导与奖掖之下，如同其他各色实业一样，中国各地的玻璃制造业如雨后春笋般次第兴起。但是，近代中国各种实业都不得不面对两大挑战，即质优价廉的进口货品的大量涌入，以及国内动荡多变的政治局势。在这样的困局之下，绝大多数玻璃制造厂家始终未能形成大规模、集约化的生产模式，除了秦皇岛耀华等极个别的厂家之外，也始终未能生产出质量上足以与进口货相匹敌的玻璃制品，由此造成了进口玻璃始终占据中国玻璃市场绝大部分的份额，清末以来"挽利权杜漏卮"的原初目标事实上始终未能顺利实现。当然，近代中国玻璃制造业的发展，毕竟也自有其成果，至二十世纪四十年代左右，虽然绝大部分平板玻璃依然仰赖进口，但是"日常用品则皆为国货"。[100]不管这种观察是否略显夸张，却也都体现了西式玻璃制品对于中国民众日常生活无微不至地渗透。

早在近代玻璃制造业兴起之前，山东的博山地区便在出产各色料器，但其产品主要被用作玩物及饰品；广东虽然由于受到西方的影响而较早生产西式玻璃制品，但是产品产量有限，流播不广，故在晚清以前，玻璃（尤其是窗用玻璃）对于中国民众日常生活的影响非常有限。事实上,近代中国玻璃制造业的成功与失败,和玻璃在中国的普及与否并无直接关联,在一派"挽利权杜漏卮"的呼吁中兴起的近代中国玻璃制造业更多地体现了中国人不得不追随西方从事种种西式玻璃制品的制造。然而,不管中国本土的玻璃制造业是发达抑或孱弱,它都有效促进了西式玻璃制品在中国的普及,其本身足以体现西方器物、西式日用品在中国的胜利。自光绪以降,当中国朝野人士都开始积极呼吁玻璃的"自造自用",继而各地不断兴起从事玻璃制造的实业,在一派"挽利权杜漏卮"的竞争话语之下,中国本土制造的西式玻璃制品与"舶来品"一起走入了中国的寻常百姓家。从此,中国曾经有过玻璃制造业的历史逐渐被绝大多数中国人忘却,以山东博山为代表的本土料器制造业也日趋衰微,西式的玻璃制品开始不断进入中国民众的日常生活之中,从而深切著明地改变了中国民众的日常生活。

---

① [日]内藤湖南:《清朝史通论》,收于内藤湖南著、钱婉约译《中国史通论》(下册),社会科学文献出版社 2004 年,第 553 页。《清朝史通论》是内藤湖南 1915 年在京都大学讲演的速记稿。

② 参见杨伯达《清代玻璃概述》,《故宫博物院院刊》1983 年第 4 期,第 3—20 页;以及[美]E. B. 库尔提斯著,米辰峰译:《清朝的玻璃制造与耶稣会士在蚕池口的作坊》,《故宫博物院院刊》2003 年第 1 期,第 62—71 页;Benjamin A. Elman, *On Their Own Terms*:*Science in China*,*1550 – 1900*,Cambridge,Massachusetts:Harvard University Press, 2005, pp. 208 – 209.

③ 参见中国第二历史档案馆、中国海关总署办公厅编《中国旧海关史料(1859—1948)》,京华出版社 2001 年。

④ Thomas Francis Wade, *A Progressive Course Designed to Assist the Student of Colloquial Chinese as Spoken in the Capital and the Metropolitan Department*, second edition, vol. 2, Shanghai:Published by the Statistical Department of the Inspectorate General of Customs, 1886, p. 144.

⑤ 二十世纪三十年代,山东大学曾经对山东博山的玻璃业做过数次调查,调查发现,"博山居民称制玻璃,仅指制平玻璃(案:即平板玻璃)而言,其他则统称为料器,或料货"。参见国立山东大学化学社编《山东之农工矿业:科学的山东抽订本》,国立山东大学化学社编印,1935年,第67页。可见晚清中国民众所称的"玻璃"一度是特指平板玻璃,其他玻璃制品则统称为"料器"或"料货"。

⑥ 参见曹南屏《玻璃与清末民初的日常生活》,台湾《中研院近代史研究所集刊》第76期(2012年6月),第81—134页。

⑦ 梁启超:《五十年中国进化概论》,见《饮冰室合集·文集之三十九》第五册,中华书局1989年,第43—45页。

⑧ 管同:《禁用洋货议》,见郑振铎编选《晚清文选》上册,中国社会科学出版社2002年,第40—41页;程含章:《论洋害》,见郑振铎编选《晚清文选》上册,第29页。

⑨ 刘锦藻:《皇朝续文献通考》卷三八四,《续修四库全书》第821册,第56页。

⑩ 张之洞:《劝学篇·去毒第九》,上海书店出版社2002年,第31页。

⑪ 甘鹏云:《与杨久香学博论织局书》,收于甘鹏云《潜庐类稿》,见沈云龙主编《近代中国史料丛刊续编》第34辑,(台北)文海出版社1976年,第497页。

⑫ 刘锦藻:《皇朝续文献通考》卷三八四,《续修四库全书》第821册,第56页。

⑬ 陈虬:《陈虬集》,《温州文史资料》第八辑,浙江人民出版社1992年,第38—41页。

⑭ 陈炽:《庸书·考工》,《陈炽集》,中华书局1997年,第82—83页。

⑮ 宋育仁:《采风记·礼俗》卷三,清光绪二十三年(1897)成都刻本,第6、17—18、20—21页。

⑯ 汪康年:《中国自强策下》,《汪康年文集》上册,浙江古籍出版社2011年,第11页。

⑰ 汪康年:《论中国求富强宜筹易行之法》,《汪康年文集》上册,第

29页。

⑱ 陈炽:《庸书·考工》,第83页。

⑲《汉阳钢铁学堂章程》,《政艺通报》壬寅第14期(1902年9月16日)"艺书通辑",第5页。

⑳ 甘鹏云:《与杨久香学博论织局书》,收于甘鹏云《潜庐类稿》,《近代中国史料丛刊》第二辑,第339册,第498页。

㉑ 三爱(陈独秀):《亡国篇》,《安徽俗话报》第十三期(1904年10月9日),"论说"门,第4页。

㉒ 康有为:《上清帝第三书》(1895年5月29日),此书又名《进士康有为请及时变法富国养民教士治兵呈》,见姜义华、张荣华编校《康有为全集》第二集,中国人民大学出版社2007年,第72页。

㉓ 参见王尔敏《商战观念与重商思想》,收于王尔敏《中国近代思想史论》,中国社会科学文献出版社2003年,第198—322页。

㉔ 周学熙:《东游日记跋》,见虞和平、夏良才编《周学熙集》,华中师范大学出版社1999年,第50页。

㉕ 甘鹏云:《与杨久香学博论织局书》,收于甘鹏云《潜庐类稿》,《近代中国史料丛刊》第二辑,第339册,第497—499页。

㉖ (清)冯煦主修,陈师礼总纂:《皖政辑要》,黄山书社2005年,第848页。

㉗ 童燮梅:《格致之学通诸制器,名理跌出,成器日新,试举新制,阐其理用。自商约有内地制造之条,利权益将不振,欲图补救,宜操何策》,《浙江乡试录》,1903年刻本,第59页。

㉘ 参见《东方杂志》1904年第3期,第42页;1904年第5期,第57页;1904年第6期,第100页;1904年第8期,第130页;1904年第10期,第179、181页。

㉙ 齐如山:《北京三百六十行·序》,宝文堂书店1989年12月,第1—2页。

㉚《民国续修博山县志》卷七,《实业志》,第36—39页。

㉛《山东之农工矿业:科学的山东抽订本》对博山的料器行当有着较为

细致的描述,即大体分为四类:拔丝、料货、料条和小炉,亦罗列了每一类的主要产品,参见国立山东大学化学社编《山东之农工矿业:科学的山东抽订本》,第66—67页;知庸:《博山的"料货"及"陶器"》,《国民杂志》1941年第10期,第85页。

㉜ "Glass in North Kiangsu", *The North China Herald and Supreme Court & Consular Gazette*, May 11st, 1906.

㉝ [英]斯当东著,叶笃义译:《英使谒见乾隆纪实》,上海书店出版社1997年,第371—372、486—487页。

㉞ 英国维多利亚阿伯特博物院、广州市文化局等编:《18—19世纪羊城风物:英国维多利亚阿伯特博物院藏广州外销画》,上海古籍出版社2003年,第169页。

㉟ Samuel Wells Williams, *A Chinese Commercial Guide* (Fourth Edition, Canton: Printed at the Office of the *Chinese Repository*, 1856), p. 151.

㊱ Clark Abel, *Narrative of a Journey in the Interior of China, and of a Voyage to and from That Country, in the Year 1816 and 1817* (London: Printed for Longman, Hurst, Rees, Orme, and Brown, Paternoster-Row, 1818), p. 213.

㊲ 葛元煦:《沪游杂记》卷二,葛氏啸园清光绪二年(1876)刊本,第39页。

㊳ 《创设玻璃厂(五月中外日报)》,《湖北商务报》1899年第10册(1899年7月28日),第13页;《制造玻璃》,《南洋七日报》1902年第27期(1902年4月13日)。

㊴ 叶汉英整理:《宿迁县民族工业耀徐玻璃厂的创办与倒闭》,政协宿迁县文史资料研究委员会编:《宿迁文史资料》第一辑,1982年,第22页。

㊵ 孙毓棠编:《中国近代工业史资料》第一辑上册,科学出版社1957年,第130—131页。

㊶ 《玻璃洋行(九月〈中外日报〉)》,《湖北商务报》,1899年第22册(1899年11月23日),第5页。

㊷ 《玻璃制造业之进步(四月同文沪报)》,《湖北商务报》1901年第75册(1901年6月26日),第3页。

㊸ [美]罗斯著,公茂虹、张皓译:《变化中的中国人》(*The Changing Chi-*

nese, 1911），时事出版社1998年,第119页。

㊹ 蒋乃镛：《上海工业概览》，学者书店1947年,第41页。

㊺ 参见汤志钧《戊戌变法史》，上海社会科学院出版社2003年,第525、539—540、543—544、548—549、551—552页。

㊻ 茅海建：《从甲午到戊戌——康有为〈我史〉鉴注》，生活·读书·新知三联书店2009年,第602、608—614页。

㊼ 北京工艺官局最先为陈璧任顺天府尹时创设，时为1902年。其时商部尚未设立，待商部设立后，该局于1903年下半年即归商部管理。参见张宗平、吕永和译《清末北京志资料》，北京燕山出版社1994年,第371页。案此书为日本人所编，日本著名学者服部宇之吉曾参与其事，此书所记载的内容截止至1907年7月。

㊽ 《清末北京志资料》，第370—371页。

㊾ 刘锦藻：《皇朝续文献通考》卷三八三，《续修四库全书》第821册,第52页。另可参见《东方杂志》1904年第6期,第100页。

㊿ 国立山东大学化学社编：《山东之农工矿业：科学的山东抽订本》，第66页；《民国续修博山县志》卷七，《实业志》，第39—40页；张维用、刘元武等：《博山玻璃公司始末》，淄博市志编纂委员会办公室编：《淄博市志资料》1984年第1辑,第123—125页。

[51] 叶汉英整理：《宿迁县民族工业耀徐玻璃厂的创办与倒闭》，第22—25页。

[52] 此份公呈被照录于《宿迁文史资料》内，见叶汉英整理《宿迁县民族工业耀徐玻璃厂的创办与倒闭》，第22—23页。

[53] 刘锦藻：《皇朝续文献通考》卷三八三，《续修四库全书》第821册,第52页。

[54] 该公司后来发展为如今赫赫有名的英国帝国化学工业集团(ICI, Imperial Chemical Industries)，该公司旗下的多乐士油漆等产品依然畅销世界各地。

[55] 赵幼祥、陈富春：《博山玻璃工业调查报告》，《国立山东大学科学丛刊》第1卷第2期,1933年,第310页。

(56) 国立山东大学化学社编:《山东之农工矿业:科学的山东抽订本》,第70—71页。

(57) 徐应昶:《小学生文库第一集·玻璃》,第33页。

(58) 赵幼祥、陈富春:《博山玻璃工业调查报告》,第303页。

(59) 吴承洛编纂:《今世中国实业通志》下册,商务印书馆1929年,第221页。

(60) 王葆华、曾在因:《博山之陶磁及玻璃原料》,《国立山东大学科学丛刊》第1卷第1期,1933年1月,第90页。

(61) 叶汉英整理:《宿迁县民族工业耀徐玻璃厂的创办与倒闭》,第25—31页。

(62) 何鹿蒿:《记重庆鹿蒿玻璃厂》,中国人民政治协商会议四川省委员会、四川省省志编辑委员会编:《四川文史资料选辑》第15辑,1964年,第105—106页。

(63)《清末北京志资料》,第371页。

(64) 何鹿蒿:《记重庆鹿蒿玻璃厂》,第102页。

(65) 汪敬虞编:《中国近代工业史资料》第二辑下册,科学出版社1957年,第818页。

(66) 国立山东大学化学社编:《山东之农工矿业:科学的山东抽订本》,第70—71页。

(67)《山东博山玻璃业近况》,《国货月报》第1年第10期(1925年),第6页。

(68) 赵幼祥、陈富春:《博山玻璃工业调查报告》,第304—306、312—318页;国立山东大学化学社编:《山东之农工矿业:科学的山东抽订本》,第67页。

(69) 叶汉英整理:《宿迁县民族工业耀徐玻璃厂的创办与倒闭》,第26—29页。汪敬虞编:《中国近代工业史资料》第二辑下册,第817—818页。

(70) 傅崇矩:《成都通览》下册,巴蜀书社1987年,第119页。

(71) 蒋乃镛:《上海工业概览》,第41页。

(72) 娄立斋:《中央化学玻璃厂参观记》,实业部国际贸易局编:《工商半月刊》第7卷第24号(1935年12月15日),第97页。

(73) 孙观汉:《中国玻璃工业之过去与将来》,《科学》第24卷第4期(1940年4月),第305页。

(74)《民国续修博山县志》卷七《实业志》,第39—40页。

(75) 国立山东大学化学社编:《山东之农工矿业:科学的山东抽订本》,第66—67页。

(76)《各省矿业近况·上海玻璃业》,《中国矿业纪要》,1932年,第350页。

(77) 高铦:《日本璃片小史》,《东方杂志》1918年第19期,第151页。

(78)《日本玻璃价贱》,《湖北商务报》第82册,1901年9月3日,第12页。

(79) [日]中野孤山:《横跨中国大陆——游蜀杂俎》,中华书局2007年,第114页。

(80) 竞存:《厦门之日本玻璃镜》,《远东闻见录》第1号(1907年7月19日),第43页。

(81) 高铦:《日本璃片小史》,《东方杂志》1918年第19期,第152—153页。

(82) 刘大钧:《中国工业调查报告》上册第二编,经济统计研究所1937年,第21页。

(83)《北平市工商业概况》,北平市社会局1932年,第444页。

(84)《北京玻璃工业暨商业之状况》,农商部经济调查会编:《经济汇刊》第一期(1919年12月1日),第95—96页。另可参见国立山东大学化学社编:《山东之农工矿业:科学的山东抽订本》,第67页。

(85)《北京玻璃工业暨商业之状况》,第95—98页。

(86)《中国之玻璃工业》,《协和报》第5卷第32期,1914年,第13页。

(87)《东报论天津之玻璃业及洋碱业之将来》,《中外经济周刊》第51号(1924年3月1日),第29页;杨大金编:《现代中国实业志》上册,商务印书馆1938年,第343页。

(88) 杨大金编:《现代中国实业志》上册,第343页;蓝士琳:《我国之玻璃工业》,《浙江省建设月刊》第7卷第3期(1933年9月),第44—45页。

(89)《各省矿业近状·耀华玻璃工厂》,《中国矿业纪要》,1929年,第48—49页。

⑨⓪ 刘大钧:《中国工业调查报告》上册第二编,第 21 页。

⑨① 同上书,第 24 页。

⑨② 张鄂联:《耀华玻璃公司回顾——创办至解放》,秦皇岛市政协文史资料研究委员会编:《秦皇岛文史资料选辑》第四辑,1990 年,第 1—6 页。

⑨③ 《各省矿业近状·耀华玻璃工厂》,第 49 页。

⑨④ 张鄂联:《耀华玻璃公司回顾——创办至解放》,第 6 页;"Chinwangtao Glass Stock Sold Japanese", *The China Press*, Oct. 11, 1936.

⑨⑤ 《民国续修博山县志》卷七《实业志》,第 39—40 页。

⑨⑥ 孙观汉:《中国玻璃工业之过去与将来》,第 307 页。

⑨⑦ 蓝士琳:《我国之玻璃工业》,第 39—45 页。

⑨⑧ 《本省玻璃业调查》,广州市提倡国货委员会编:《国货月刊》第 3 卷第 12 期(1937 年 6 月 15 日),第 18—19 页。

⑨⑨ 此句口号见于广州市提倡国货委员会所编《国货月刊》的封面之上,许多期皆有,应为该刊所倡导的主要口号。

⑩⓪ 孙观汉:《中国玻璃工业之过去与将来》,第 307 页。

西式催生药与近代中国分娩行为转变的初探

赵 婧

摘要: 在中国古代社会,医者通常采用催生药方、胎位回转、符咒仪式等方式救治难产。随着西医妇产科医疗在近代中国的推展,催生西药剂开始被广泛应用于分娩过程。在快速减轻女性难产苦痛的福音背后,催生药的使用更多地代表着一种仪式程序,即怀孕或分娩的身体有必要在医院受到医师或助产士的管理与掌控。在当时的某些医院里,滥用催生针现象屡见不鲜,这不仅给医院带来经济利益,而且强化了药物与手术优先的原则而忽略了对病人的情感支持。女性分娩行为方式主动或被动地发生了转变。

关键词: 催生药,分娩,近代

赵婧,上海社会科学院历史研究所助理研究员

生育是女性生命中的大事,经过十月怀胎,"瓜熟蒂落"被视作最为理想的结局。然而,不确定因素始终伴随着妊娠与分娩过程。分娩事关母儿性命甚或家庭兴衰,如何使产妇快速而顺利地分娩,难产出现时如何救治,乃古今中外共同关注的医学议题。本文拟以催生药为中心,探讨药物催产在中国的发展简史,重点关注催生西药剂在近代中国的利用,试图解答催生药对分娩过程的干

预如何形塑了新的医疗行为。

一、古代的催产法

所谓"催生"或"催产",即用药物或其他方法催促产妇分娩。中国自先秦即有服汤药促进顺产的观念。汉唐之间的一些医者建议妊娠期间服用"当归散"、"丹参膏"、"甘草散"等滑胎助产药方。当然,若妊娠初期服用这类药物,或有堕胎之虞,因此只能于妊娠末期即"入月"后服用。到了分娩(临盆)阶段,倘若顺产,皆大欢喜。反之,分娩时间过长,胎儿不出,则为难产。古代医书中针对难产亦有诸多药方,成分大多包括葵子、瞿麦、当归、牛膝、蒲黄、芎藭、甘草等。或直接以酒服,或以朱膏煎成后以酒服用。此外,又有吞服各种大小豆、鸡子和水银等方法。从秦汉到隋唐的残存医书中,救治难产的本草方药有数十种。[①]

宋代开始,各种催生药多被直接冠以"催生"之名,其中最为典型和常用的就是以兔脑为主要成分制成的"催生丹"(亦称"兔脑丸")。宋代唐慎微编著的《证类本草》中记载了用兔脑和明乳香研磨而成的催生丹。其制作时间通常在腊月,因此也被称为"腊八丸"。由于兔脑中包括脑垂体,而垂体后叶可分泌催产素,经临床验证,用兔脑制成的催生丹确有使子宫收缩之效。当然,古人无法认识到催产素的存在,但却使用了兔脑,其原因很可能与其对兔子生殖力的认识、崇拜,以及道教医学的创造有关。[②]

在无法取得草药或草药不奏效时,医者也建议采取其他类似物理治疗的方式,例如热敷按摩、喷嚏呕吐、胎位回转等。热敷按摩,即用草药涂于产妇腹部、阴部或髋骨等处,或按摩产妇腹部。此外,用各种方法刺激鼻腔令产妇打喷嚏,或令其服下各种味道奇异的液体(比如醋或尿)促其欲呕,这可能有助于刺激腹部肌肉收缩。而就胎位回转而言，有一种是以针刺的方法，令横生逆产或手足先出的胎儿自己回顺，重新生过。③

此外，最令现代人感到匪夷所思的恐怕要属救治难产的各种仪式性行为了。比如"开门户、窗瓮、瓶釜一切有盖之类"，取开启外在事物，有利于开启产门、产户之意。再如产妇阵痛伊始，助产者可能给其抓持各种器物。一方面这些器物使产妇疼痛时有着力之处，另一方面这些器物的名称、形状或特性都带有"快速"的象征意义，如"马衔"（即马勒）、"飞升毛"（即雷鼠的毛）等，这些都显示出彼时人们对物物相感的信仰。有时制药亦被视为仪式行为的一部分，必须以某一方向的流水或在某一朝向的灶台来煎煮草药。此外，仪式行为有时也配合符咒文字。人们相信文字的神秘力量，所写除特殊字符外，也包括"日"、"月"、"千"、"黑"、"可"、"出"等单字，或"速出速出"、"出其胞及其子，无病其母"等文句。写好的符咒或令产妇持之，或吞之，或烧作灰以水服。④宋代陈自明的《妇人大全良方》就记载了兔脑丸与灵符共吞的催生法。⑤

古代的催产法是日积月累总结出来的经验常识，代表着人们战胜产科疾病、完成顺利分娩的愿望与实践。这些催产药物与方法在不同时代、不同地域不尽相同，其中一些在漫长的历史长河中积淀下来，至今仍在使用。二十世纪初催产素被发现，新的催生药剂开始应用于西医产科临床。

二、催生西药剂的产生与利用

1. 催生素之发现与原理

催产素是产科中最常用的内分泌激素。1909年，英国医生布莱尔—贝尔（W. Blair-Bell，1871—1936）发现脑垂体后叶（Pituitary）提取物有促进女性子宫收缩的作用,后来被证实,其中起宫缩作用的是催产素(Oxytocin,亦称缩宫素)。1911年,美国妇产科医生霍夫鲍尔(J. Hofbauer,1878—1961)开始在临床使用催产素治疗滞产。1927年,霍夫鲍尔又将其用于引产。但天然来源的催产素数量少且价格昂贵。1953年,美国生物化学家迪维尼奥(Vincent du Vigneaud,1901—1978)第一次人工合成催产素,并因此获得了1955年诺贝尔化学奖。此后,催产素逐渐被广泛应用于催产、引产、防止产后出血等产科临床方面。⑥由于本文考察的是分娩过程中使用的催生药剂,因此仅就催产素在催产方面的情形加以讨论。

事实上,脑垂体后叶中有两种成分,都属于多肽类物质。一种是催产素,另一种是加压素(亦称抗利尿激素)。这两种成分有三种作用:催产素可以兴奋子宫平滑肌,刺激子宫肌肉活动;加压素使血管和胃肠平滑肌收缩,还能促进肾脏的集合管对水分的再吸收。催产素提取自动物脑垂体后叶,但由于提取分离不易,所以带有少量的加压素,人工合成品则没有这个问题。

由此而论,催产素主要用于低张力性子宫收缩乏力的产妇。妊娠早期孕激素浓度较高时,子宫对催产素几乎没有反应。从妊娠30周开始,子宫对催产素的敏感性越来越高,临产时最为敏感,分娩后逐渐下降。催产素也会产生其他作用,特别是在大剂量使用时,如血管扩张、血压下降与反射性心率加快,胃肠平滑肌兴奋和抗利尿等。目前临床使用主要采用静脉滴注与鼻腔滴入两种用法。但在一些情况下,如产道阻塞、胎位不正、胎儿头部过大与产妇骨盆不对称、前置胎盘、子宫肌易于破裂者等,则禁止使用催产素催生。⑦

二十世纪二十至四十年代,中国医药市场上销售的催生西药剂,有德国拜耳制药的狮牌赫破弗辛(Hypophysin "Hoechst")

与卧褥定（Orasthin）、上海信谊制药的长命牌脑垂体腺注射液（Pituitary ampoules），以及替母弗辛（Thymophysin）、片力丁腺制剂（Pituiterin）等等。不论这些药剂如何贬低竞争对手、标榜自身特效，其主要成分均为催产素。笔者接下来将着重讨论这些催生药剂。

2. 形形色色的"赫破弗辛"

催生西药剂（后文简称催生药）具体何时被引入中国并在产科临床上使用，目前尚不清楚。但可以判定的是，自二十世纪二十年代始，有关舶来之催生药的广告在医药类刊物上出现，并伴有病例记述，此时距1911年霍夫鲍尔使用催产素治疗滞产并不算久，可见中西间医药交流之同步性。

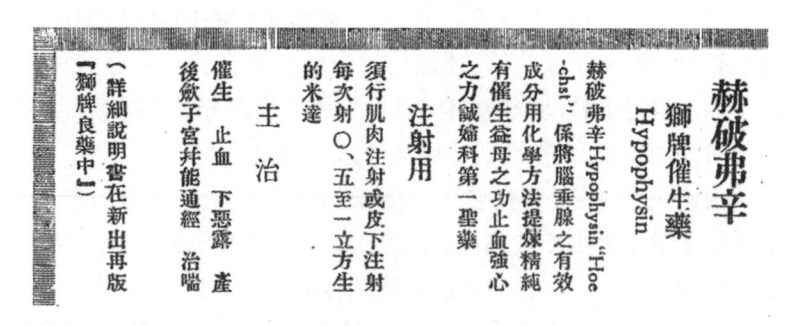

图1 拜耳狮牌赫破弗辛广告
资料来源：《谦信药报》第3期（年份不详），第14页。

"赫破弗辛"即垂体后叶激素 Hypophysin 一词的音译。笔者所见催生药广告中，赫破弗辛是最为常见的一种脑下垂体制剂，由德国拜耳药厂生产，被冠以"第一子宫补药"、"妇科第一圣药"、"催生之灵剂"、"产科特效药"等头衔。赫破弗辛通常以市售片力丁腺制剂为对比，指出后者"成分类皆不纯"，"功力多不准确"；而其自身则自脑垂腺中抽取出最有效之成分,"成分永远一致,功力永远灵准",因此,远胜于其他一切脑垂腺制剂。⑧就药理而言,赫破弗辛自脑垂体后叶提取,而片力丁腺制剂则不分脑垂体前后叶而混合提炼,因此,后者药效理应较弱。

事实上,拜耳药厂亦承认赫破弗辛的副作用及不足之处。由于赫破弗辛并未将脑垂体后叶中的催产素与加压素分离,因此加压素所产生的促起肠蠕动、阻碍排尿、增加血压等副作用,会对产妇造成危害(如患有高血压的产妇)。鉴于此,拜耳将二者分离,专门提取出催产素,制成名为"卧褥定"(Orasthin)的催生剂。Orasthin 即为 Oxytocin 的别名。但如前所述,在人工合成方法发明以前,将催产素与加压素完全分离几乎不可能,因此,卧褥定的药效可能未必如拜耳所宣传的那样"最无害"。⑨

各种催生药不仅药理作用不尽相同,而且作用时间亦有差别(参见表1)。不论赫破弗辛抑或卧褥定,只能在分娩的第二产程(推出期)以后使用,不可用于第一产程(开口期)。因此,有医者从胸腺液中抽出缓解肌肉疲劳作用的物质,与脑垂体后叶抽取物合用,制成"替母弗辛"(Thymophysin)。该药"不独在推出期可用,即在开口期,亦可用之","利用药力以催生,惟此最灵,亦为最快"。⑩

此外,上海信谊药厂生产的长命牌脑垂腺注射液,标榜与拜耳的赫破弗辛药效相同,效果不分伯仲,但价格便宜很多,一些妇产科医生提倡采用,以"减轻国民经济负担,挽回外溢利权"。⑪当时上海的实威药行、慎昌洋行西药部、谦信洋行西药部等,"均有其特制之催产剂",可能是代售舶来品。⑫

表 1：妊娠至产后应用之催生药及其优劣

时间＼药物	替母弗辛	脑下垂体后叶制剂（皮下注射）	脑下垂体后叶制剂（静脉注射）	麦角制剂	镇静剂
小产妊娠至四月之内	——	无效	极佳	子宫全空以后可用	——
五六七月之妊娠	可用	佳	可用	子宫全空以后须用	——
八至十月之妊娠	催生佳	多无效	危险	不用	——
临产开张期	极佳	应忌用	危险	不用	极有良效
临产排出期	可用	极佳（半针）	甚少可用	不用	有时甚效须用麻醉
产后期	——	无效	极佳	子宫全空以后须用	——

资料来源：黄胜白：《催生药之用法（附表）》，《医药学》第 9 卷第 6 期，1932 年，第 8—9 页。这些催生药的用法有注射（皮下、肌肉、静脉）与鼻吸两种。

在医药类刊物上，专业医生利用各种催生药催产以保母婴平安的病例记述，无疑是一种软广告。某地女医师或某妇孺医院院长的身份，似乎可以为这类病例增添真实性。其通常进程是，产妇宫口已开，但阵痛微弱，于是注射赫破弗辛一针，数分钟或十余分钟后阵痛陡剧，胎儿即下。催生之神速，令人不可思议。遇胎盘不下之情形则再注射一针。举例如下：

武昌斗级营郝夫人秀珍二十八岁,分娩时羊水早破,子宫口虽开而阵痛微弱,久延不下,当即用赫破弗辛施行皮下注射,约五分钟阵痛陡剧,胎儿随即产下。儿虽假死,然经手术后复活。若非赫破弗辛之催动早下,则此儿必死于产前矣。诓意胎儿虽已救活,而胎盘亘一时半之久竟不下落,乃复注射赫破弗辛一针,不十分钟即随之而下,母子均庆平安。⑬

有时,为了显示西药与西法接生的神效,稳婆也要在病例中扮演"反方"。她们在产妇难产时慌张而束手无策,因此西医才被紧急请来救治。⑭要之,催生针"诚我辈产科医不可一日或缺之要药也"。⑮催生西药剂与西医一起,成为西方科学福音的明证。尽管如此,中药验方仍在民间流传,亦试图证明自身的有效性。与此同时,催生西药剂并非如广告宣称的那样"百战不殆",使用不当亦会使母婴陷入危险之中。

三、催生药与医疗行为的转变

1. 中药催生验方之延续

在催生药开始应用于产科临床的二十世纪二十年代,产妇大多仍选择居家分娩(特别是社会中下层),且较少能够接触到西医与西药。妊娠与分娩首先被视为"瓜熟蒂落"的过程,生育的女性被认为理应牢记清代亟斋居士《达生编》中"睡、忍痛、慢临盆"的六字箴言,不到万不得已不会借助药物或延请医生。而自古沿用的催生验方或丹方仍是生育知识和习俗的重要组成部分,需要被每个家庭掌握以备不时之需。有时,延续下来的传统也证明了中国医学的有效性,并维护了其尊严。

以兔脑丸为例,有医者从催产素原理角度来解释古代催生方药的有效性,并认为兔脑丸所含药物成分(兔脑、明乳香、母丁香、麝香等)之综合临床效果,比单以催产素为成分的西药制剂更好:

> 兔脑丸的配合,丁香、麝香是兴奋子宫药,乳香是祛瘀镇痛药,那么负担收缩子宫的作用,要算是兔脑的效力了。……当然是应用兔脑下垂体收缩平滑肌的特殊作用而收缩子宫了,和脑下垂体制剂(匹土衣脱林)原理一致,自其配合方剂观察,有麝香强心、兴奋、止痛等混和作用,临床上的成绩或许在单味腺体制剂之上哩。[16]

一些医学杂志刊登读者从医书中抄录的催生丹方或验方,强调其作为家庭医药常识的重要性:"且说明其治病之所以然,用笔浅显,务使家庭妇孺,一目了然。"[17]在这些丹方中,有些是单方药,如:"真乳香,研细末,酒泛为丸,每服一钱五分,温开水下,即产,甚效。"[18]此方被几次转载,在兔脑难以获得的情形下,明乳香则可发挥些许替代作用。还有一些是复方药,如:"益母草四两,焦白术、飞滑石、百草霜各二两,各为细末,混合为剂。临产服四钱,芎归汤送下。"[19]再如:"鬼剑二钱,电丸二钱,降香五分(研末),龙胆草二钱,红花二钱,黄芪二钱,当归三钱,川芎二钱,益母草二钱,龟版半钱,酒炙煅研。右药用水两碗,煎去渣,分温服。"[20]

有些催生方则完全不用草药,只需从日常用品中获取。如食物佐料:"四两麻油一两蜜,银器温煎产妇尝。如无银器用磁器,入银五钱煎莫忘。更加一杯好陈酒,免叫母子见阎王。"[21]又如植物:"不论逆生横生各样难产,以素兰花用开水冲下,或干或鲜均可,无不安然产生,屡试屡验。盖兰气芬芳,有运气提神之功,故无不奏效。"[22]"黄色向日葵花瓣,不拘分量,愈多愈妙,如遇难产,以此物煎浓汁服下即产，屡经实验百余人，功效神速。"㉓甚至有人建议产妇手握海龙（即大海马），不用服食即可催产，可谓"奇验"。㉔此外，针灸亦被用于催产。一位自称商人的作者在潜心研究了相关针灸治疗知识之后，通过针补合谷、太冲，泻三阴交，使三位难产妇人化险为夷。㉕

在二十世纪五十年代以前，采用西法接生的女性少之又少。即使在医疗体系较为发达的上海，市区西法接生普及率尚不到50％。㉖分娩行为可能在很大程度上仍遵循所谓旧法接生的知识与实践，中西医药在不同的场域存续并发挥各自的效力。而在催生西药剂介入的分娩行为中，医患关系与医疗行为都在经历转变。

2. 邹邦元用药催生伤胎案

民国时，医事诉讼常有发生，这些纠纷是窥视医患关系与医疗文化的极佳管道。张默君控告邹邦元用药催生伤胎案则属其中之一，此案当时备受关注，西医与西药的科学性遭到质疑。

1929年3月，著名女活动家张默君（1883—1965）控告南京东南医院助产医生邹邦元用药催生，误杀胎儿。此案大概情形为：1926年4月张默君妊娠至第九个月，妊娠期间全由邹邦元诊治。而邹认为张到期不产，恐将难产，于是五天内两次给服金鸡纳霜催产。其后张仍未分娩，经不同医生几次诊察，最终于服药二十天后（5月2日）在上海人和医院顺产一死婴。赵刘纯、张韵琴两医生称4月19日检查时，孕妇健康，胎儿心音正常。人和医院的张湘纹、李梅龄两位医生则证明胎儿乃死于分娩前十日。㉗

由于张默君与其夫邵元冲（1890—1936）皆为名人，而邹邦元（生卒年不详）则是东南医院院长、清华大学庚款留学生、美国芝加哥大学医学博士，故此案激发不小舆论，沪上各大报纸广为刊载。1929年5月，南京市卫生局批令邹邦元停业，邹不服，遂向卫生部提起行政诉愿。卫生部成立专门审查委员会加以审议，委员为褚民谊（主席）、余岩、颜福庆、牛惠生与周君常，此五人皆当时名医。

在审议期间，一些舆论对邹邦元大加贬斥，指责其乃庸医，妄用催生药误杀婴儿，"即稍有经验的村媪亦知瓜熟自落之理，决不出此孟浪行为"。[28]产科医生瞿绍衡则从医学专业角度为邹邦元提出辩护。他认为，就医学而言，由于张默君实属高龄初产妇，且在脑下垂体制剂发明以前，金鸡纳霜确可为催生之用，故此邹邦元对于张默君在妊娠末期用金鸡纳霜催生这一点并无过误。而至于婴儿是否因金鸡纳霜催促子宫收缩而死亡，或是因金鸡纳霜渗入胎儿血液中而直接致死，这两点都未能获得确切证据而无法断定。且此案自发生至告发，"时逾三年，一切现场证征，早经消灭，无从考稽"。就法律而言，南京市卫生局"未加充分审查，未得科学的证明，且未经部令交付医师会审议"就贸然令邹停止开业，这违反了卫生部所颁布之《医师暂行条例》第二十一条及第二十三条。瞿绍衡最后特别指出："要之，此案问题，在法医学及产科学上，重在张默君是否因金鸡纳霜伤胎，而不重在邹邦元之应用金鸡纳霜于妊娠末期之张默君。"卫生局因此案系"国府委员"（即邵元冲）提出之控告，从而妄加处罚，造成极端不公平的后果。言外之意，恰是本案原告二人的特殊身份导致被告被停业。[29]

经该案审议委员会几次开会后，最终得出结论。其一，就邹邦元所用金鸡纳霜之分量而言，双方各执一词而无法断定，但在子宫口未开前用金鸡纳霜催生则有堕胎之患。其二，关于用金鸡纳霜之目的，张默君说是催生，邹邦元说是治疟。为预防高龄初产的张默君难产而用药催生，也属意料之中，但金鸡纳霜则非最为稳妥的催生药。其三，胎儿究竟何时死亡，死亡时间距服用金鸡纳霜多久

（据此可判断胎儿死亡与金鸡纳霜是否有直接关系），先后对张默君诊察的各医生说法不一，且其证词均系案件发生三年后的1929年4月所书写，亦难作为审议的证据。综合以上各点，审议委员会对案件重审的时效性表示遗憾，最后仅抓住一点，即邹邦元自称以金鸡纳霜治疗孕妇感冒并预防疟疾，此确其疏忽之处，而至于法律上是否应终身停止营业，则并非医学审议委员会权限之内。[30]此后卫生部对邹邦元的毕业文凭与资历进行查验，认为均符合现行《医师暂行条例》，于1929年12月又重新发给邹医师证书，[31]此案最终告结。

催生伤胎案可视为催生药之神效性的反例。如何在成分与药理各异的催生药剂中做出选择，如何根据用药对象掌握用药时机和用药量，都应视具体病情而定。以催生药为代表的新药物是把双刃剑，医生要审慎而行，尽量避免因用药失误而产生医事纠纷。另一方面，经过学院殿堂教育洗礼的西医师们因其专业性以及对知识的独占性成为医疗行为中的主导者，而病人在治疗过程中几乎没有发言权，只有医疗事故发生时才诉诸法律。张默君对其服用金鸡纳霜之分量与用途起初并未有所怀疑，而案发后就这两点与邹邦元产生分歧。但由于案件逾时已久，审查委员会无法判断孰是孰非。

邹邦元最终恢复了医师开业资格，也并未受到处罚。以瞿绍衡为代表的产科医生的力挺，或许还有其他社会名流的斡旋，都可能促成了这一结果。此处姑且不论邹邦元是否真的误用催生药，二十世纪三四十年代，催生药剂的误用与滥用的确代表了医疗市场的某种现状，并在某种程度上促成了分娩医疗行为的转变。

3. 催生针滥用

在西法接生传入中国后，西医师与助产士逐渐成为新的分娩助手,医院则成为新的分娩场所。一些新女性会预约西医至家中接生,或主动入院分娩。倘若遇到难产,催生针则成为施救的"圣药"。但在某些情况下,却被误用、滥用,变成谋利的工具:

> 腹肌与子宫收缩而压迫胎儿外出,阵痛当然是免不了的事,"西医界"能利用药物制成针药,以催进子宫颈之扩张,而减少阵痛的时间,这是科学上的发明、产家的幸福!事实竟出意外,就给今日"产科医院"的老板多了一个竹杠机会,走进产家,老是劝他们打催生针,说得天花满地,他们惯用的以三角多老本的普通赫破弗辛 Hypophysin,强力的运用得很少,不要说其他本钱重大有效药了。他们的效力怎样呢?当"助产士"打针之时,你问她打了针要多少时候就可以生下来?这个问题,她们恐怕始终不能解答你吧?最滑稽的当孩子头已出来的时候,她们还在那里打催生针,四元、六元、八元……甚至十元,以满足她们的欲望。㉜

当时报纸上常见产科医院广告,接生价目标榜便宜,甚至"免费接生",但实际上,"盖虽亦用科学方法接生,然除接生费之外,每多巧立名目欺诈,如向产妇注射催生针、止血针、补血针、强心针等种种费用,结果统计颇巨,对于产妇经济负担极重"。㉝

产科医院或医生滥用催生针除了为谋利以外,其营造的医疗化氛围亦重塑了产妇及其家属的医疗行为。产科医生杨元吉指出,遇到难产时,临时慌张的产妇和家属可能"就要用他一知半解的医学常识来要求医生打催生针了":

> 高明正直的医生,当然会秉着经验来判断催生针是否有打的必要,若是遇着满怀鬼胎的医生,那就要投其所好的来一

次以至二次、三次的打催生针了……如果对于催生针不当打而妄打,当打而屡打,那就犯上一个"滥"字的毛病了,一"滥"就弊生,弊既生,则产妇亦即命多危险,胎儿之命运也跟着不堪设想了。㉞

通常情况下,若有阵痛微弱现象才有打催生针的可能和必要。杨元吉总结了三种催生针滥用情形,即"不当打而妄打"、"当打而屡打"、"妄打而屡打",并提出要根据产妇阵痛的实际情况来判断是否注射、何时注射以及注射多少量的催生针,绝不可为缩短产妇分娩时间而急于注射催生针,否则可能会造成子宫破裂、胎儿窒息或宫内感染等恶果。因此,医者对于催生针、产钳手术等应该谨慎使用。助产士张英谷总结道:

> 总之为医生者,在可能范围内,医治人之生命,方称为医生,故须照医生原则之下,以人之人命为前提,决不可怀生财有道之念,滥施手术,即产家无常识而要求从事,当不为利诱,而不盲从之,则医德昌矣……㉟

这类言论印证了产科医疗实践中滥用催生针的现象。从某种程度上说,催生针的使用代表着一种仪式程序,病者与医者之间基于一定程度的信任与信仰在这类程序上达成共识,医者获得主导地位,病者则看上去获得了安全感。㊱女性主动或被动地成为医疗仪式的参与者,并构建了自身的医疗化行为。然而缺少监控的医疗仪式又不可避免地走向另一个极端,如药物与手术技艺的滥用。现代医学通过生育新技术与新药物的使用宣扬自身的先进性与科学性的同时,亦肆意利用权威使女性身体沦为被宰制、被异化的对象。

自从十八世纪出现了以新的产科知识与新的助产术为标志的"产科革命",分娩的定义即从本质上发生了变化。尽管分娩从根本上来说是生理事件,但由于其间危险重重,所以这些生理事件开始被当作疾病来看待。与此相应,虽然怀孕和分娩都是孕妇经历的事情,而且似乎也是不依赖产科医生或助产士而独立经历的事情,但它们需要得到"管理"和"掌控",即使情况一切正常。[32]催生针之所以能够被滥用,除了利益驱使外,亦可以从其在医疗过程中扮演的仪式与掌控角色上来解释。

四、结　语

在中国古代社会,医者通常采用催生药方、胎位回转、符咒仪式等方式救治难产。随着西医妇产科医疗在近代中国的推展,催生西药剂开始被广泛应用于分娩过程。催生药宣扬其能够快速减轻女性难产苦痛,是妇产科医生必备之圣药。然而,催生药误用与滥用现状打破了圣药的光环。催生针的使用更多地代表着一种仪式程序,即怀孕或分娩的身体有必要在医院受到医师或助产士的管理与掌控。

催生药的效果是有限的。就药物本身而言,其有效性与制药技术的发展密切相关。就药物使用者而言,病情的多变性与复杂性决定了用药的时机与剂量,而医生对专业知识的掌握程度则决定了用药时机与剂量。此外,医生的职业道德也是应该被考虑的因素。简言之,杨元吉称催生药"用之得当是救人的宝筏,用之不当是杀人的利器",可谓一语中的。[33]

催生针的滥用现象代表了药物与手术优先的原则而忽略了对病人的情感支持。颇有趣味的是,作为西医的杨元吉为呼吁不可滥用催生针,竟提倡清代阎纯玺《胎产心法》中记录的符咒催产法。虽然语气调侃、无奈,却也凸显了经验医药常识与科学医药知识的交锋。㊴尽管经验看上去输给了科学,但二者仍并行在不同的场域。这或许可以提示我们重新审视药物、医疗与身体的关系。

---

① 李贞德:《汉唐之间医书中的生产之道》,载李建民主编《生命与医疗》,中国大百科全书出版社2005年,第60—62、73—74、96—99页。进入妊娠的第十个月,宋代以后的医书通称之为"入月"。

② 吴成国:《中国古代的催生药俗》,《史学月刊》1999年第4期,第28—29页。

③ 李贞德:《汉唐之间医书中的生产之道》,第74—75页。古人认为醋能消毒灭菌,且能辟邪,因此附带用作催生药。参见吴成国《中国古代的催生药俗》,第28页。

④ 李贞德:《汉唐之间医书中的生产之道》,第70、75页。

⑤ 吴成国:《中国古代的催生药俗》,第29页。

⑥ 刘超斌、王梅英、李东舫:《催产素的研究进展》,《中华妇产科杂志》1999年第5期,第312—314页。1906年,英国药理学家戴尔(H. Dale,1875—1968)发现了脑下垂体后叶中含有一种物质,可引起妊娠猫子宫收缩。

⑦ 谢惠民、杨秀玉、杨继章主编:《新编妇产科合理用药》,中国协和医科大学出版社2006年,第128—131页。

⑧ 《赫破弗辛催生之伟效》,《医药学》第3卷第11期,1926年,第46页;《催生药赫破弗辛》,《天德医疗新报》第1卷第7期,1927年,第13页。

⑨ 《卧褥定:最新最有力最无害之催生剂》,《天德医疗新报》第7卷第2期,1933年,第41—44页。

⑩ 黄胜白:《用药力催生之新发明》,《医药学》第3卷第10期,1926年,第55页。Thymophysin应来自词根Thymus(胸腺)。分娩的全过程分为三期,亦即三个产程:第一产程为宫口扩张期(初产12—16小时,经产6—8小时),第二产程为胎儿娩出期(1—2小时),第三产程为胎盘娩出期(不超过0.5小时)。

⑪ 何慧珍:《长名牌脑垂腺注射液(催生针)经验谈》,《医药导报》第2卷

第 5 期,1936 年,第(临)147 页。

⑫《广济医刊》第 7 卷第 10 期,1930 年,"问答"第 1 页。

⑬ 王莲漪:《赫破弗辛催生之特效的经验》,《天德医疗新报》第 7 卷第 2 期,1933 年,第 63—64 页。

⑭ 蔡惠生:《赫破弗辛》,《天德医疗新报》第 8 卷第 2 期,1934 年,第 68 页;张镇华:《赫破弗辛之神效谈》,《天德医疗新报》第 8 卷第 7 期,1934 年,第 235 页;唐庆涛:《长寿牌催生针的伟效》,《医药导报》第 2 卷第 6 期,1936 年,第(临)162—163 页。

⑮ 何慧珍:《长名牌脑垂腺注射液(催生针)经验谈》,第(临)147 页。

⑯ 李克蕙:《催生丹:兔脑丸和脑下垂体》,《光华医药杂志》第 4 卷第 6 期,1937 年,第 6 页。此方出自明代武之望的《济阴纲目》。"匹土衣脱林"即 Pituitary 的音译。

⑰ 沈仲圭:《催生丹(陆定圃家传秘方)》,《卫生报》第 20 期,1928 年,第 156 页。陆定圃(1802—1865),桐乡人,清代名医。

⑱ 王南山:《女科简效方·难产催生方》,《妇女医学杂志》第 8 期,1929 年,第 16 页。此方另载于《医药常识报》第 32 期,1930 年,第 3 页;以及《家庭医药》创刊号,1939 年,第 16—17 页。

⑲ 沈仲圭:《催生丹(陆定圃家传秘方)》。

⑳ 田亚军:《催生方》,《丹方汇报》第 22 期,1936 年。

㉑《催生简效方》,《卫生公报》第 38 期,1919 年,第 4 版。此方取自《萧山竹林寺妇科秘方》及《钱氏秘传产科方书名试验录》。吞服麻油可能取其滑溜之状,希望能滑胎助产。

㉒ 瀛峤:《素兰催生记》,《绍兴医药学报》第 10 卷第 4 号,1920 年,"药物研究录"第 3 页。但也有人认为须对素兰作干燥处理后保存,方能催产。见《治难产的催生方》,《丹方汇报》第 14 期,1936 年。

㉓ 王聘贤:《催生丹方》,《丹方汇报》第 4 期,1935 年。

㉔《奇验之催生方》,《丹方汇报》第 18 期,1936 年。

㉕ 薛广兴:《针能催生,不让西医注射》,《针灸杂志》第 1 卷第 5 期,1934 年,第 140 页。

㉖ 荒砂、孟燕堃主编:《上海妇女志》,上海社会科学院出版社2000年,第481页。

㉗ 仁者:《邹邦元的催生法》,《妇女共鸣》第7期,1929年,第1—2页。

㉘ 同上书,第2页。

㉙ 瞿绍衡于1929年7月呈文卫生部。瞿绍衡:《瞿绍衡医师为张默君控告首都东南医院邹邦元医师用药催生上卫生部书(转录华北医院虞心炎抄寄)》,《广济医刊》第6卷第9期,1929年,"专件"第3—7页。瞿绍衡(1888—1960),曾赴日本学医,回国后先后在北京、上海创办产科医院及助产学校。

㉚ 《张默君控邹邦元案审议终结》,《医药评论》第16期,1929年,第22—24页。

㉛ 《卫生公报》第2卷第1期,1930年,"训令",第41—42页。

㉜ 顾寿椿:《上海产科医院的黑幕》,《光华医药杂志》第1卷第4期,1934年,第30页。

㉝ 《卫生局将举办产妇登记》,《妇女月报》第1卷第8期,1935年,第30—31页。

㉞ 杨元吉:《催生针不可滥用》,《妇婴卫生》第1卷第3期,1945年,第7页。

㉟ 张英谷:《施行产科手术之疑问》,《上海市助产士公会一周年纪念特刊》,1947年,第3页。

㊱ Tina Philips, "Building the Nation Through Women's Health: Modern Midwifery in Early Twentieth-century China", Ph. D. Dissertation, University of Pittsburgh, 2006, p.23. 或者如安·奥克利(Ann Oakley)所论,医生想方设法说服甚至强制孕妇进行产前检查,这与医生期望获得职业主导地位、从而"对妇女的身体行为进行控制"的职业企图有关系。参见 Ann Oakley, *The Captured Womb: The History of Medical Care of Pregnant Women*, Oxford: Blackwell, 1984, p.252.

㊲ 这是贯穿于美国产科领域权威教科书《威廉姆斯产科学》各个版本的基本观点。参见[美]罗伯特·汉著、禾木译《疾病与治疗:人类学怎么看》,东

方出版中心2010年,第271—279页。

㊳ 杨元吉:《催生针不可滥用》,《妇婴卫生》第1卷第3期,1945年,第7页。

㊴ 同上书,第8页。

时尚、衣着与社会变迁：
基督教与近代都市日常着装

黄 薇

摘要：近代中国发生的社会变革，影响遍及人们生活的方方面面。日常着装作为一种综合了意识、观念、文化礼仪和交流方式的重要现象，深刻地反映了中国人生活方式的变迁。清朝覆亡之后，所谓的"华夷之辨"被迅速打破，西式服装很快为"上层华人"崇尚和接受，并直接导致其在中国的流行。尤其是在上海这样的大型都市，西式服装的输入与融合成为近代中国人理解西方文化的重要构成，也在相当长的时间内成为上海这座城市的时尚风向标。本文通过梳理西方来华传教士的书信、日记、口述资料，以及教会机构在华出版的中英文报纸期刊、广告等资料文献，关注晚清、民初以及二十世纪三十年代等不同社会时期在教会中出现的有关着装、时尚的相关讨论，探究在华传教士以及教会内外的中国人等不同群体的着装选择与时尚观念变迁。

关键词：西服东渐，清末民初服制变革，基督教

黄薇，上海图书馆历史文献中心研究人员，上海大学历史系博士生

1913年8月3日,《纽约时报》上刊登了一篇专门介绍中国时尚服饰变化的长文,并配发了七幅着各种新式服装的中国女性的照片。文章极其细致地描摹了都市"时尚先锋"们的着装变化,从服装鞋帽到女性发式,甚至脚上穿的长短袜子,事无巨细,面面俱到。在作者的笔下,上海的南京路俨然已经成为了远东的纽约第五大道,中国女性也以其特有的灵性,将东方与西方、新式与传统做了完美的结合,形成了自己的时尚着装风格。

图1 《中国时尚之变与此间无异》,《纽约时报》1913年8月3日。

文章通篇都在回应开篇时作者所提出的问题:"在中国有时尚么?如果它从未出现在你面前,也许,它就并不存在。"① 这个语气略显夸张的问题代表了当时大部分西方人的思维模式,那就是"时尚"这个词语是无法在非西方语境下展开的。② 即便是在今天,时尚研究依然烙上了深刻的西方现代性的痕迹,如何在中国的语境下展现中国"时尚"历史依旧值得探讨和尝试。③

近代中国发生的社会变革,影响遍及人们生活的方方面面。日常着装作为一种综合了意识、观念、文化礼仪和交流方式的重要现象,深刻地反映了中国人生活方式的变迁。着装是人们通过服装改变或修饰自己的外观以取得预期社会效果的活动。时尚与着装又有着密不可分的关系,时尚为着装提供了各种参数,赋予着装行动以意义;而日常衣着是构成时尚的原材料,时尚要通过服装表现出来,只有被相当数量的人穿上身之后,才可以说是一种款式或风格成了时尚。④一般来说,一个社会的衣着方式和服饰习俗,在社会稳定时期往往具有较强的稳定性,但作为一种持久存在却可以经常变换倾向的系统,在社会剧烈变动的时期则会随之发生较大的变化。⑤在近代中国,清朝覆亡之后,所谓的"华夷之辨"被迅速打破,西式服装很快为"上层华人"所崇尚和接受,并直接导致其在中国的流行。尤其是在上海这样的大型都市,西式服装的输入与融合成为近代中国人理解西方文化的重要构成,也在相当长的时间内成为上海这座城市的时尚风向标。

在以往的中国服饰研究中,大多数学者更偏重于对服饰流行过程的梳理,也有部分研究者开始关注着装时尚与政治制度间的互动和关联。毫无疑问,近代中国的服饰变革,受到了西方的巨大影响。在具体讨论西方人与中国都市着装风尚变迁的关系时,不仅需要注意到他们的国别、行业和身份,也不应忽视不同的宗教信仰给着装理念、行为模式所带来的影响。本文无意于像很多既有的研究那样从编年学的角度入手,梳理服装样式的变化,而是从传教士及中国教会的维度出发,对近代都市着装时尚的变化给出一个历史的考量:通过梳理西方来华传教士的书信、日记、口述资料,以及教会机构在华出版的中英文报纸期刊、广告等资料文献,关注晚清、民初以及二十世纪三十年代等不同社会时期在教会中出现的有关着装、时尚的相关讨论,探究在华传教士以及教会内外的中国人等不同群体的着装选择与时尚观念变迁。

一、华人还是夷人:西式服装与身份认同

在传统的中国社会里,并不存在今天我们所讨论的"时尚"着装。历代统治者都非常重视服饰的社会政治作用,改朝换代之后

的首要举措就包括"易正朔,定服色",藉此宣示统治权威,规范上下尊卑的等级秩序,具有非常强烈的象征意义。最为突显的例子,即满清入关后强制汉民剃发易服以表顺服。清代对服制的规定可谓细密严格到极致,自上而下不同等级的冠服样式、质料、颜色、饰物、纹样、绣品均有区分,甚至服饰镶边用什么颜色的布料和线都有明文规定。不仅贵族官员,普通百姓也被细分为士绅、庶民、商贾和仆役。本应最为多彩的女性服饰也必须跟随丈夫的身份,有严格的限制,其苛细程度令人咋舌。以妇女头饰为例,士绅的妻子可以佩戴金银冠簪、耳环、珠宝花各一件,但不能使用珍珠串成的龙凤、螭虎和花枝围冠;庶民和商贾家的女性只许用金耳环及金花一件,冠簪、钏镯等只能用银且不得全部贴金;仆役妇女则只能用银耳环、簪,戴绸、帛、线、纱、竹布做的冠。⑥

只有到了近代以后,随着上海等通商口岸城市的开放,租界等地方不再受到地方官的约束,流动人口不断增多,传统社会舆论、村社监督机制减弱,使得服式制度渐渐松弛,服式僭越和混穿的情形越来越多。⑦当时的报纸也不禁发出感慨:"上海地方,忘八着官服色,污闺准捐前程。每逢冬令,貂皮马褂满街乱走,那分贵贱乎?"⑧也只有到了这个时候,对于普通的中国百姓来说,追求现代意义上的"时髦"、"时尚"才成为了一种可能。如果说僭越和混穿是对旧的社会等级制度和权力结构的挑战,那么西式服装的出现则与卫生、健康甚至社会文明相关联。"自道咸间,泰西各国以通商入中土,始获睹其官商士庶服饰之不同"。⑨大批西方政客、商人和传教士的到来,使得中国人看到了与宽袍大袖的传统中国服饰完全不同的新样式:男式西服短衣长裤,短小紧窄,便于活动;女式西服则窄衣长裙,更能勾勒出女子的身材曲线。尽管一些开明人士已经意识到了西式服装拥有"裳无绊足,举动步履间轻捷便利"的诸般好处,但在情感上依然倾向于认为西服"大略尚质不尚文,

图2 《遇丈人》,《点石斋画报》1866年12月21日。

取适体而不尚观瞻",始终难以真正地接受。⑩

除了所谓的"有碍观瞻",更重要的是,服饰还涉及"华夷之辨"这样的议题。即便是在上海这样较为西化的大都市,官商百姓或许可以轻轻松松去餐馆吃一顿美味的西餐,却决不敢公然着西服招摇过市。偶尔出现留洋回来的华人着西装出现在马路上,不仅会引起普通民众的围观,甚至还能登上报纸新闻的版面。1872年3月3日,《上海新报》上刊登了《长人着西人服色》的文章,描绘了安徽长人詹五穿着西装,并带着同样穿着西式服装的外国妻子,在上海街头与友人对话的新闻。直到十四年后的1886年12月21日,《点石斋画报》依然以此为题刊出《遇丈人》的图文,可见此事给人留下了不可磨灭的印象,在配发的题文中批评道:"惜乎仅能食粟,徒为西人揶揄之,并使西人赖以衣食之,虽长亦奚以为。"可见,服装不仅仅是穿在身体上各种具体可以看见的、有形的物件,同时也是身份的区别和象征。

中国人"着西式服装"不仅被视为是违背祖制的大逆行为,还会和违法犯罪发生联想。1869年第18期《教会新报》上刊登了题为"异服"的文章,讲到了当时社会上有人穿着西人服装,在通商口岸"或于夜间结党滋事,或乘船坐马至乡间,抢劫败坏外国人声名,且中国地方官碍难缉获,而亦难免有不良之西人,乘间取事,亦难分辨"。根据作者的推理,"外国衣履价甚昂贵,中国衣履价素贱,检而中国人久经衣之服之,因何以弃贱就贵,弃旧就新,定不怀好意之无疑也",大有华人着西服者非奸即盗之嫌。作者也由此提出建议:"何不各归服色以分真伪,以免借衣图赖。"文中甚至搬出了英国驻京公使正在讨论的一项条款做参照,那就是"英属之人如香港、希腊、新家(土具)等处之人不准穿中国服色,一可所辖之官易于保护;二可别国官府易分淆混。"当然这种绝对化的政策会招致非议,以致反对者提出干脆"欲照明朝服色穿着"的申请。可见,无论是在中国华人着西服,还是在殖民地华人着中装,在当时日常着装问题始终逃不开更深层次的政治含义。

作为一本教会刊物,《教会新报》除了宣传宗教外,大量介绍西方先进的天文、地理、物理、化学知识,图文并茂地呈现声、光、电等各种新式发明,影响甚大。只是,一旦涉及普通人日常衣着问题,却显得有所禁忌,非常审慎。不知是否为避嫌疑,在"异服"这篇文章的末尾,编者还特地注明着装一事"不关教会之事",刊登出来纯粹为了"以达同好"。[11]那么,果真如此,教会与此事毫无相关么?实际上,晚清的教会期刊如《万国公报》、《益闻录》等,不时会刊出类似《中西服饰论》、《改历变服平议》的文章,表面上看来是介绍西方最新的服饰样式、西式缝衣器材等内容,其实则是不断向中国民众灌输西式服装的优势。还有不少文章采取将东西方服饰文化进行类比的方法,委婉批评中国服装的缺点。只不过当时清政府尚存,服饰一事攸关"华夷之辨",公开探讨如此"先锋"的问题只能适可而止。总之,与西式大餐、西式用品已经逐步流行的情形不同,在十九世纪七八十年代末的上海,对西式服装的探究依然带有猎奇的性质,相关的讨论也属半遮半掩,欲说还休。

二、西服还是中装:在华传教士的着装选择

尽管,在媒体上探讨西式服装的文章必须谨慎、小心不触犯红线,但在各大通商口岸城市,活生生的西方政客、商人和传教士却成为展示西式服装的模特。客观来说,所有来华的西方人都对西式服装的引入有所贡献。那么,作为一个相对特殊的群体,传教士在这一过程中又有哪些作用呢?

首先,与一般的政客和商人相比,传教士的活动范围更加广泛,不仅在大都市的租界里,也遍布全国各地甚至偏远山村和少数民族地区。接触到的民众也不局限在某些特定阶层,从贩夫走卒到朝廷高官,甚至王公贵族都一网打尽。其次,大部分来华的西方官员、商人并无意于在中国推广西方的生活方式,他们或出于自身的生活习惯,或需要满足贸易往来的要求,又或者只是因为人际交往的需要,才尽可能在异乡维持原本的生活模式。传教士来华的最终目的自然是为了传播基督宗教,因而在他们的眼中,即便是衣食住行这样的生活琐事,也必须适度展现出西方文明的先进性和现代性,藉此吸引更多的教徒入教。而对于普通的教徒来说,传教士的一言一行是他们模仿和追逐的对象,有时甚至达到了盲目崇拜的地步。其实,大部分的传教士出身非常普通,甚至有不少是农家子弟,即便是在自己的母国,他们的衣食住行方式也不可能成为潮流跟随的对象。但在近代中国特殊的大背景下,他们却在无意间助力西式服装成为都市的流行时尚,这恐怕也是意料之外的收

获吧。

　　传教士在远赴海外之前,需要接受一定的培训,不仅在物质上也要在心理上做足各种准备。对于衣着选择这样的大问题,无外乎两大要点:一是务必保障健康和卫生,满足基本的生存需要;二是必须适应环境,不触犯当地习俗,满足工作需要。对于前者,在中国工作的医药传教士和像中华医学传教会(China Medical Missionary Association)这样的机构,都曾出版过相关的指导手册或专业书籍,详细列明了在中国吃穿住行的注意事项。例如,为了应对中国北方和中部的寒冷大气,传教团体建议传教士在出发前准备好的必需品有:厚外套、有毛内衬的斗篷、粗花呢和毛哔叽的厚套装、毛衣、厚靴子、皮鞋和胶鞋等。而且由于潮湿和蛀虫,传教士们被建议无须携带太多东西,且最好选择衬锡的衣箱而非容易开裂的皮箱。[12]

　　物质准备只是其中的一个部分,如何穿用这些物品才是重中之重,前辈们不厌其烦地叮嘱道:

> 出汗后必须立即更换内衣以防感冒;最好长期佩戴法兰绒或者羊毛的腹带,尤其是在热天,穿戴衣服较少的情况下。最好日夜都佩戴有子母扣的皮带;护帽和伞可以有效防止日光照射,因为西方人的皮肤缺乏可以屏障阳光中的某种射线,如果不这样做容易得病等等。[13]

　　1863年,在上海工作的医药传教士韩德森(James Henderson)出版的《上海卫生学》中更是以自身的经验,详细解释了如何避免痢疾、霍乱、黄疸、肠胃病、消化功能紊乱等常见疾病,其中最为简单易行的方法还是通过着装进行调节。韩德森不仅详细分析了亚麻布、羊毛制品、法兰绒等不同材质的衣着与气候变化间的关系,建议来自欧洲的传教士们最好放弃自己所钟爱的羊毛制品。而本地人保证身体健康的两件利器:阻挡太阳紫外光的长头巾和预防重要脏腑器官受凉的腹带最值得推荐。他还通过翔实的数据和具体的实验得出结论,看上去单薄的亚麻布在同等情况下比法兰绒和棉布更能保持温度。由此可以看出,来华的传教士们在经过一段时间的摸索之后,意识到了选择适合当地气候的材质来穿戴,远比坚持所谓的得体服饰更重要,而这恰恰是初来乍到的传教士们容易犯下的既可笑又可怜的错误。[14]

除了从健康角度考虑,在现实层面上来说,要想维持穿着体面的西式服装也绝非易事。1863年一位名叫约翰·嘉文(John Gavin)的苏格兰城市工程师,因为躲避太平天国之乱离开上海,溯江而上来到汉口这个刚刚开埠不久的内河港口城市。结果,他发现自己根本无法买到合适的衣履,只能写信给远在苏格兰的母亲求助:

> 两双用于紧身长裤外的光皮长靴(长度不要过膝盖);两双系带皮鞋;两双有松紧带的窄靴;三双法式窄口皮鞋;一套厚粗花呢(或同色法兰绒)外套;一套薄粗花呢(或同色法兰绒)外套;一条粗花呢(或同色法兰绒)裤子;一件黑色驼毛编织的上衣,口袋采用普通外套的样式不要衬里。衣服不要做得太,大袖子也不要太长;……

在这份长长的清单中,衣服和鞋子占了很大比重,尤其是各种质地的套装,可见无论是在较早开埠的上海,还是在新开埠的武汉,不要说买到成衣,就是想要寻找到合适的为外国人服务的裁缝都不是易事。[15]尽管在1896年,中国人经营的第一家西装店——"和昌西服店"就已经在上海的北四川路开张,但经过了二十多年的发展,居住在租界里的西方人要想穿上合身的西服依旧并不容易。1917年8月的《上海泰晤士报》就曾经刊登过这样一件事情：打算在上海举行婚礼的哈里斯（Harris）先生，在婚礼的四周前就将母国购得的衣料送往一位中国裁缝处订制蜜月礼服。结果，直到婚期迫近也未能拿到衣服。最终因为尺寸不合，哈里斯只能支付十美元，将衣服送往别处修改。⑯

与一般的在华西方人不同，传教士在着装选择上不仅要考虑自身的习惯和舒适程度，还要考虑到开展传教工作的需求。基督教会入华有关服饰问题最早也最知名的经验，来自晚明的耶稣会士。罗明坚（Michele Ruggieri）和利玛窦（Matteo Ricci）为了赢得中国人的认同，表明自己的宗教身份，最初是剃了光头，穿着和尚的法衣进入中国。随后，当他们发现佛教的地位并不高，占据主流地位的是儒家文化时，又转为穿着儒冠儒服，从"西僧"乃至"番僧"转变为"西儒"。这一经验也为两百年后再度来华的西方传教士树立了一个成功的榜样。例如，第一个到达中国的传教士马礼逊（Robert Morrison），就曾经"犹如中国人那样任由指甲生长，留起了一束发辫，并且娴熟地使用筷子。他穿着僧袍和厚底中式靴子在商行四处行走"。⑰在对服饰的主观选择上，西方传教士也因所属教派不同而产生了更为多样化的选择。例如，由英国牧师戴德生（James Hudson Taylor）在1865年创办的超宗派、跨国家的基督教差会组织——中国内地会，就十分注重适应中国当地的文化和社会习俗，要求传教士在生活、语言、起居和衣着上尽量中国化，与中国人打成一片。由于其严厉的着装策略，甚至得到了"猪尾巴差会"（Pigtail Mission）的诨名。

循道会传教士柏格理（Samuel Pollard），在1887年第一次到达上海时，立即被三位热情的中国内地会传教士接到了一家理发店，随即又被送到中国人开设的裁缝铺。走出铺子时，柏格理和同伴的装束从头到脚豁然一变，从发型到装束看起来完全和中国人一样：头戴小圆帽，上穿长袖上衣，下着肥大长裤，脚蹬缎子鞋，他们甚至还在脑后拖了一条假辫子。柏格理和同伴看着彼此的样子，忍不住开心大笑不止。虽然这新衣服穿在身上很不舒服，但他们知道这是他们向中国人民表达对中国文化尊重的一种方式。[18]

可是，当柏格理离开城市，转向凉山彝族地区传教时，服饰的选择又有了新的改变。由于听说彝族人特别仇恨汉人，柏格理脱下了身上的汉族服装，换上在箱底压了十几年的黑色西装。然而，这身着装却几乎再度要了他的命。柏格理在一个山谷里与彝族土司惹黑的队伍不期而遇，在看到柏格理的西装打扮后，惹黑在惊奇之余放声大笑："黑熊！简直是黑人熊！幸好是在这里碰见。若是在森林里，我肯定会把他当成一头熊，毫不犹豫地扣动扳机。"[19]

传教士对着装的选择在多大程度上是出自"工作需要"，今人很难去判定，但从其家人的着装选择上或可见端倪。1860年11月20日，内地会创建者戴德生携带妻子和孩子回到英国探亲，当

图3 戴德生牧师一家与中国牧师王南正在英国的合影，http://blog.sina.com.cn/s/blog_4423cedf0100mpn2.html

这一家人在伦敦的时尚街区新邦德街上亮相时,引起了不小的骚动和揣测。戴德生完全是中式的打扮,黑色棉布中国长袍,脚上穿着厚底靴,脑袋后头拖着一条长长的辫子。在他的怀里抱着一个穿西式裙装十六个月大的女婴,跟随在他身侧的妻子,则穿着略显老土的刺绣无边帽和撑裙箍带裙。这样的组合自然引发了人们各种猜测:"这个英国女子嫁给了一个中国人?""这个孩子一定不是他的,明明就是一个白人的孩子么。"事实上,这样的着装选择只是因为戴德生早年带到中国的西式服装已经不再合身,不得已而为之。[20] 尽管内地会有着严厉地着装政策,但在内地会的不少照片上,依然可以看到当画面上没有出现中国人时,部分传教士依然会选择穿着自己习惯的西式服装。

尤其是在中国长大的传教士小孩,家人们总是尽可能的让他们接受西式教育,在条件许可的情况下,平时的日常着装也努力保持西方的样式。这也使得他们和身边一起玩耍的中国小伙伴有了明显的区别。二十世纪在云南传教的瑞典宣教士卡尔·安士普(Carl Asp-Odlander)的女儿路得·安士普·奥德兰德(Ruth Asp-Odlander)就曾因为自己的西式裙装,而妨碍了和小伙伴们的玩耍,多年后她回忆道:"我的裙子当然不是为了这种野外活动设计的,但这难不倒我。别的小孩都穿着短裤或是在腰间缠着一块长布,我则干脆把裙子塞进我的衬裤里,脱去鞋和长袜,这样看起来就和我的朋友们差不多。我们爬到树上,尽情地采摘水果和野莓吃。"[21]

十九世纪八十年代来到中国,在山东地区传教的安娜·普鲁伊特(Anna Seward Pruitt)和女儿艾达·普鲁伊特(Ida Pruitt)在自己的回忆录里细致描绘过不少生活场景。艾达曾充满深情的回忆过传教士的家庭生活:"在房屋角落身处,有一个放着煤油灯的圆桌子,在夜晚妈妈读书给我们听的时候,那里是我们的中心。随着

时尚、衣着与社会变迁：基督教与近代都市日常着装　　　111

图4　生活在中国山东地区的传教士普鲁伊特一家合影。转引自《往日琐事：一位美国女传教士的中国记忆》，山东画报出版社2010年。

我们的长大，她一边织着我们常穿的长筒黑毛袜，一边读狄更斯、司各特的一些小说，以及爱德迦·爱伦坡的故事等。而当她织到袜根的部分，开始数针并停止阅读的时候，我们曾多么地不情愿！"[22]对于在乡村地区传教的家庭来说，孩子们的衣饰只能由母亲因地制宜的亲手制作。虽然他们在剪裁上始终坚持按照西方的样式来制作，在用料上有时却不得不因地制宜采用中国产的蓝土布。对此，爱美的小女孩难免心生抱怨："虽然我也知道那布料很漂亮，可我讨厌它，因为我的衣服老是用它来制作，样式也总是一样。"

与住在乡村的传教士不同，住在都市里的传教士们显然更有条件让自己的子女穿着入时。例如，艾达·普鲁伊特就曾经非常羡慕住在蓬莱的同龄伙伴珍妮，因为她总是拥有漂亮的衣服。只有当珍妮的衣服显得小了时,她的父母才会把这些衣服赠送给艾达。对此,童年的艾达总是非常兴奋:"她又把一件在白色领子与袖口上交叉绣着石榴花和牡丹花的红色衣服送给了我。我很希望哪天能够穿着那件衣服。"㉓

作为一个在中国人中间长大的西方人,因为着装习惯的不同,有时候还不得不忍受周围人各种不甚礼貌的评头论足。艾达有一次跟随家里的厨师去同村的一个中等富裕人家的内宅作客。一照面,女主人就惊讶的嚷道:"她们不刮脸。"因为当时中国小女孩离发际线一英寸前的头发也应该像男人一样全部剃掉,直到女孩们的青春期。然后,女主人还掀起了她的裙子,以此来确认她是否像传说中的西方女人那样不穿裤子。对于这样的事情,艾达已经习惯了:"女人们总是掀起我的裙子,看看我是否穿着裤子。她们自己在正式裙子下面总要穿裤子(她们只是有时候穿裙子)。她们的裤子长到她们的踝骨。"㉔

传教士对自身着装的选择,还是与其所处的环境有关。如果深入乡村,多半会因地制宜穿着当地服饰,方便工作。如果生活在都市中,即便是和王公贵族、朝廷大员交往,传教士们也完全可以穿着自己习惯的西式衣裙。在美国驻华大使夫人萨拉·康格(Sarah Pike Conger)的笔下,无论是深受京城权贵喜爱的医药传教士何德兰夫人(Mrs. Headland),还是其他帮助她接待宫廷内眷的女传教士们,都穿着西式裙装用西式餐饮来招待中国贵宾。㉕用实际行动,向中国的上流社会展示西方文明的优越性,并引导包括贵族、教会学校的学生以及普通教徒开始学会欣赏和尝试包括西式餐饮、服饰、家居生活在内的西方时尚文化。

三、长衣还是短衫：教会学校的学生装

进入十九世纪后期，尤其是甲午战败之后，传统的华夷之见与排斥心理发生了根本性的改变。迫于国内外的严峻形势，清廷对原本严苛的辫服体制也有所变通。为实行西法练兵，允许湘、淮军和部分经制军改易仿西式军服，允许派赴国外的军事留学生改易西式军装。㉖至戊戌维新的高潮时，康有为甚至大胆向光绪帝提出了"断发易服"这一触动清廷祖制的建议，此举招致以慈禧为首的保守势力的激烈反对。戊戌政变失败后，清廷的辫服制度反而更趋严厉，甚至强令已经改换西式军服的军队换回旧装。

尽管如此，社会上有关断发易服的讨论却并未由此消失，相反还更加活跃。康、梁等人在海外积极谋划武力勤王的同时，依旧在国内宣传断发易服，澳门的《知新报》、上海的《采风报》等等均对此有所讨论。相较之下，具有教会背景的刊物如《教会新报》、《万国公报》、《益闻录》等，则较为温和，小心绕过了敏感的"断发"，而专注在"易服"之上。例如，1900年《万国公报》上刊登的《改历变服刍议》一文中，将"融界限"列为"变服"的第一大好处，认为此前传教士宣教或西方人在华游历时遭到中国人的伤害杀戮，原因就在于其冠服式样与中国人不同，导致"彼我之界遂立，而杀机于是生焉"，为了解决这个问题就需要"变服以融其意见，或亦弥釁之一助也"。需要指出的是，这里所说的变服不是指传教士着中国服装，而是指中国人穿西式服装。㉗除此之外，文章还列举了西式服装利于使用机械、便于军事操练和外出游历等各种好处，并建议仿照日本明治变法，"先从官始，庶民听之"，避免"草野之间，不至趋生骇异"。

不过，随着新政再度实施，尤其是慈禧对西方事物的态度发生

转变之后。清廷高层在辫、服问题上也有了松动的迹象。各种媒体上以"断发易服"为主题的讨论越来越多。1903、1904、1906年天津《大公报》先后三次发起以"剪辫易服"为中心的征文大讨论，发表了数篇关于"剪辫易服"的文章。在舆论界讨论得热火朝天之时，清廷也主动对辫服制度进行了部分改革，主要涉及军、警、学界，也由此渐次影响到社会大众，不惜仿冒军、学服者有之，坚决抵制态度强烈者有之，变与不变互相交织在一起，成为近代社会生活转型的特殊风景线。而基督教会影响下的教会学校学生便是这场服制改革的先驱性力量。

晚清学生中的易服剪辫行为，最初是部分留学生的个人行为。他们大多与教会关系密切，受西方影响较深。如曾任民国外交总长的颜惠庆，父兄都因教会关系留美学习，也都曾在美国剪辫易服，但回国后仍留辫改回中装。[28]1854年，跟随传教士留学美国的广东中山人容闳从耶鲁大学毕业，身着西服自纽约启程回国。十八年后容闳又作为七十二名官派留美幼童的留学监督重回美国，开启了一个新的时代。这些在冲龄之年远渡重洋的孩子，甫到美国首先面临的就是服饰差异导致的尴尬，长衫马褂、布鞋布袜、小瓜皮帽加上长长的辫子，让他们每每被讥笑为女孩。在容闳的默许之下，留美幼童纷纷换上了西洋着装，不少人还剪去了辫子，这种行为被人以叛君背祖、大逆不道而上告朝廷，最终使得清廷将留学还未期满的幼童就强行撤回。当时已经卸任的驻美大使伍廷芳专门为海外华人请命朝廷，叙述了海外华人因为辫子"被外人讪笑，甚且加以种种不美之名，有时竟为妇孺所谑弄"的遭遇，希望朝廷能"明降谕旨任官商士庶得截去长发，改易西装，与各国人民一律，俾免歧视，且使将来归国，故乡父老不敢责其异己而有所为难"。[29]

在国内，朝野上下兴起了仿效西方兴学育才的热潮。张之洞等人在湖北等地兴办文武大、中、小学堂及方言、农、工等新式学堂,在文人士子中提倡尚武精神。为了适应新式学堂设体操、兵操乃至乘骑的课程,学生们必须抛弃传统的长衫,穿着便于活动的西式操衣,此举为以后学界易服埋下伏笔。而本就与西方渊源颇深的教会学校,对着装的规定和选择也与时代变化互相呼应,颇可玩味。

一般而言,教会学校多崇尚质朴的生活风气,要求学生穿着儒雅素洁的衣服。以天主教徐汇公学为例,在服饰方面,修士们着修士服,色彩沉稳,款式庄重;学生们则穿着中式服装,颜色素雅。即便是到了民国年间的汇学校园,"至若西装革履,穿得阔气非凡的,这里极其少见"。[30]新教的教会学校中,风气更为开放,也更强调让学生接触和适应西方的生活方式。所以在着装的选择上,学生也较为大胆。从留存的多帧教会大学照片中,今人或许可以一探究竟。在1899年的上海圣约翰书院,无论是在教室中学习,还是在化学实验室中做实验,学生们基本上都中规中矩着中式长袍(或外加马褂),留长辫,戴瓜皮帽,没有人穿着西式服装。从另一张该校

图5—6 均拍摄于1899年的上海圣约翰书院课堂上。图5—14均来自上海图书馆"上海年华·图片上海"网站 http://memoire.digilib.sh.cn/SHNH/

图7　上海圣约翰书院1899级教员合影。

图8—11　上海圣约翰书院鼓乐队合影(上左),唱诗班合影(上右),足球队合影(下左),田径队合影(下右)。

1899级教员的合影上,我们可以看到,中西教员的着装可谓泾渭分明,洋人着西装,华人着中装,毫无混穿的情况出现。即便是校内的鼓乐队、唱诗班、田径队和足球队,在服装上也基本以中式为主,只是为了方便行动才舍弃长袍采用改良的中式短衣。

时尚、衣着与社会变迁：基督教与近代都市日常着装　　117

　　比较有意思的是一帧摄于1900年的同学合影，画面上有七位男同学，其中三位已经换上了全套的西式服装，剪去辫子；另外四位则仍是传统的长袍马褂，但其中有一位应该已经剪去了发辫，将多余长发直接披垂在两肩上，正是当时由留日学生带回国内的非常"时尚"的发型。这种颇具"混搭"之风的造型出现，与当时的社会风潮有关。戊戌变法虽然失败，但断发易服的风气并未因此终止，甚至成为学生中的"时尚"。尽管，进入1900年后，清廷的政策不断趋严，学生们仍愿意亲身实践易服，尤其是那些准备出国的留学生，在行前都会换上西式服装。1910年，胡适、赵元任、竺可桢等七十名考取了庚款的留学生，在上海作行前准备时，不但换上了西装，还一刀剪去了发辫。[31]

　　不过，这种"踩界"的着装行为，显然并未得到校方的鼓励。除了这一帧照片外，其余1903、1904、1906等年级的学生合影，甚或运动队、戏剧俱乐部的合影中都难觅学生着西服的身影。直到民国成立之后，孙中山的南京临时政府颁布了剪辫易服令："满虏窃国，易于冠裳，强行编发之制，悉从腥膻之俗……今者满廷已覆，民国成功，凡我同胞，允宜涤旧污之染，作新国之民。"[32]改装易服，在彼时已不仅仅是习俗和风尚，更包含着政治鼎革、新旧更易的价

图12—13　上海圣约翰书院1900级学生合影、1904级学生合影。

值内涵。教会学校的校园内,才真正转变成以西式服饰为学生日常着装。

从甲午战败至晚清覆亡的十多年间,无论清政府是有意引导还是强烈禁止,剪发易服从报章纸笔间的讨论,渐次走向由新式学堂与学生以及开明人士的实践行动。与教会学校的谨慎小心相比,社会上的新式学校和自发团体对于剪发易服的态度倒是更为直接和激进。如1902年11月,南洋公学退学学生成立爱国学社,社员改换操服,练德式兵操。㉝翌年春,黄炎培等人在南汇境内创办的讲学会上,也在宣传维新思想的时候鼓励人们改换西式装束。1903年春节,马君武等人在东京的留学生新年恳亲会上的一场激进演说,就使留日学生纷纷"以去辫不去辫为尊王、革命两党之一大标识"。这股风潮也由校园内影响到了一些社会团体中,二十世纪初的上海城外,每个周日都有"无数人短衣西制",聚在一起练习体操。㉞1906年之后,上海商人还相继组成了华商体操会、商业体操会等,不仅制定西式操服,也制定西式常服。㉟

正如前文所述,着装作为一种固有的生活习俗,绝非如此轻易就可以接受和改变,大部分的普通百姓对此仍然采取排拒的姿态。鲁迅在日本剪去辫子后回乡探亲,就曾遇到过这种尴尬的境地。据周建人记载,当时周围的人得知鲁迅从国外回来,"第一要紧的事,便是来围观他的头发,好像看稀奇的动物,那眼神里真有说不出的味道"。次日出门时,鲁迅穿上衣衫,戴上假辫。台门里的族人或是碰到的路人,"便都首先研究这辫子,发现它是假的,就一声冷笑",更有人喊着告官去。鲁迅索性废了假辫子,重穿回西装,走在街上,"一路便是笑骂的声音:'这冒失鬼'、'假洋鬼子'"。㊱在较为发达的沿海港口城市天津,虽然身为社会名流,但剪发易服之后的英敛之同样遭遇到了周围人的嘲弄。㊲

民元之后,随着国民政府颁布《服制条约》,西服得到了官方的正式认可,中国城镇服装也呈现出多元化的发展。时尚女性的着装日趋华丽繁复,有人还开始模仿西洋女子束腰提臀,巴黎、伦敦的新式服装也不断通过报章杂志介绍进来。在普通市民的眼中,追逐城市里西方的生活方式也逐渐成为时髦,穿西装、吃西餐、坐马车、抽雪茄、打弹子、喝咖啡作为一种炫耀型消费而盛行一时,并成为上海这个城市最重要的时尚标签之一。

四、时髦还是简朴:基督教会的着装理念

民国建立后的十年间,虽然官方已经认可了西式服饰,但对于一般的百姓来说,改变固有的穿着习惯仍待时日。但是,天性爱美又生活在大都市里的女性,已经敏感地捕捉到时尚的气息,并勇敢地付诸实施了。随着上海等地女子学堂的广泛开办,女学生的打扮日渐引人注目,成为一种别样的时尚。无论是教会女学还是中国人开办的女子学堂,大都明确提出不缠足和衣饰整洁的要求,予人以清新纯朴的形象。有意思的是,女学生的装扮迅速引来人们的瞩目,无论良家妇女还是青楼妓女竟然都争相仿效。正如时人徐珂总结的那样:"自女学堂大兴,而女学生无不淡妆雅服,洗尽铅华,无复当年涂粉抹脂之恶态,北里亦效之。故女子服饰,初由北里而传至良家,后则由良家而传至北里,此其变迁之迹,极端相反者也。"[38]无论是谁仿效谁,自民国开始,大都市里的女子日常着装已经有了时尚与流行的观念。就像《纽约时报》上所刊登的女子照片那样,即便一下子还不敢"全盘西化",当时的摩登女性们也尽量融合东西服饰的特色,将自己装扮起来。比如中式的裙袄配上西式的马夹,中式的鞋子配上西式的阳伞,甚或选上一块花色最新的洋布做中式的衣服,总之绝不能落于人后。

在这股风潮之中,基督教会乃从推广西式服装的科学、健康、

文明的角度，在各种期刊，尤其是面对女性的期刊中，给出了切实而诚恳的建议。比如，1912年，广学会在美以美会女传教士亮乐月（Laura M. White）的主持下，出版了一本面向女基督徒的中文家庭刊物《女铎》，该刊提倡女子教育、女子经济独立、发展妇女手工业，每期还以较多的篇幅介绍科学的生活、育儿知识，其中就有不少涉及服装问题。该刊在1912年7月的第四期上，就非常应景地刊登了题为《服式改良议》的文章，作者是一位寓居福建的英国女士周莹珠。

在这篇仅四百字的短文中，作者首先针对社会上兴起的穿着西式服装的风潮亮出了观点："近今华人变更服式者比比，且多喜仿效西国服式，以余观之，何如于华衣中式之良者存留之，不良者裁汰之，以求合乎西衣之良者，其未良者亦舍之可也"。随后，她又指出了中式服装最大的弊端："夫华衣之当亟除者，莫如右襟之衣，右襟之衣右倍于左，如冬时左六重者右则十二重矣。"右襟的最大问题，不在外观而在与"要知胸前左右均属肺部，过暖转令肺弱"，

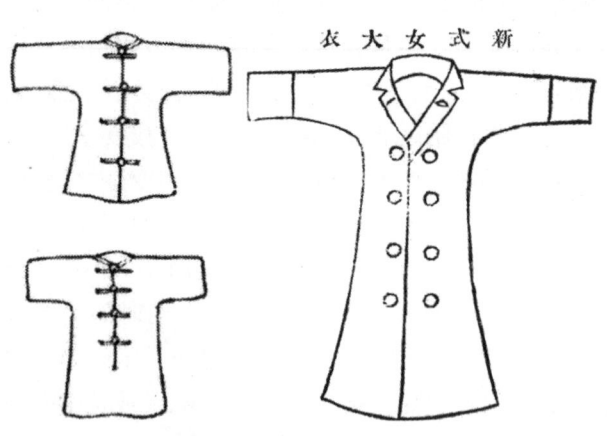

图14—15　女新式衣服样式。女新式大衣，均见《女铎》第四期，1912年7月。

尤其是对于哺乳期的妇女,右襟导致妇女育儿时往往只"仅开右面,据泰西医生研究云,左右宜平开,若仅开右面,不惟乳妇有损,婴儿亦无大益。此右襟之衣之,尤不可不改也"。

作者特地画了两幅图画,提供了自己的改良建议:"上半对开,下半全合,由头穿入,然极妙之术,内外均是对开,而裏面则可全开,始虽不便习惯即成自然矣。"有一些类似今天的T恤套衫。在袖子方面,作者认为"内外衣袖长短不及肘,因臂无软弱,何必过于珍惜,而短则尤便作事,并令其手臂活动"。[39]这种颇为新奇的设计,即便今日看来依然有其科学性与合理性。

在流行的女装中,西式大衣因脱卸方便又十分保暖,且能自如搭配中西女装,也迅速取代斗篷,成为时尚女性钟爱的单品。只是西式的大衣"皆用泰西呢绒等料所制,式样甚多,然价极昂贵。有余之家,尚可制备,无力者则购制不易。若用旧式披风又未免俗陋难看,不合女学生之用",于是,《女铎》杂志特别刊登出了"简便新式女大衣"的文章,画出图样,教女学生制作"雅而不俗,朴而不陋,价亦低廉"的棉大衣。除了用料上采用廉价的国产材料,更重要的是剪裁上的简化,西式大衣剪裁的难点在于袖子和肩胛的连接,这种简便新式女大衣则近似中国棉袍的制作方法,将袖子与衣身连为一体,但正面不用传统大襟而是采用西式对开,并镶上五颗纽扣,衣服两侧不开叉,在衣服后面开叉,袖口和口袋仿西式制作,衣料则完全国产,样式又时尚大方,实为创举。[40]

基督教徒和教会学校学生,可能是普通的华人里较早也较多接触西方人的群体,对于社会上流行的西装风潮,却并未表现出应有的热情,大多十分冷静甚至多有批评。究其根源,乃同其宗教信仰有相当之关系。基督教会对于教徒的衣着与佩饰等问题,虽然不至于有诸多强制性的法条,但基于教义诚朴的原则,也有相应的约束和规则,并且不同的教会和教派也有不同的立场和观点。如

果稍加归纳的话,大致可以分为以下几个方面:

其一,在衣着装饰上不可男女颠倒。这主要是指男女在穿着上必须各守本分,比如男人也不可留女人那样的长发,而女人也不可留男人式的短发。妇女以长发为美,男人以短发为美。如果女人剃光头或超短发,男人则留长发,则与《圣经》中的教诲"你们的本性不也指示你们,男人若有长头发,便是他的羞辱吗?但女人有长头发,乃是她的荣耀,因为这头发是给她作盖头的"(歌前11:14)有所违背。同理,男子也不应该穿女装,女子不穿男装,因为《圣经》中还有"妇女不可穿戴男子所穿戴的,男子也不可穿妇女的衣服。因为这样行都是耶和华你神所憎恶的"(申22:5)一语。在当时,这一条款主要是针对女子穿着裤装这一现象。在当时西方的语境下,固然是一个值得探讨的问题,但在中国汉族女子多在裙装下着裤子,所以反倒不成其为问题。但就是这个小小的差别,还曾经帮助传教士在边疆地区获得少数民族同胞的认同,为传教打开局面。

二十世纪初,循道会传教士柏格理前往云南彝族地区传教。他的妻子没有穿中国服饰,而是穿着西方的裙装,引起了当地人的注意。彝族土司询问柏格理:"柏,我们听说你的夫人不像汉族女人裹着小脚,而是生着一双大脚。是不是?""不错!"柏格理用刚学的彝语回答,开怀大笑。"柏,我还听说她不穿汉人那样的长裤,经常穿着一件长裙?""对的对的,完全正确。"于是,惹黑土司立刻得出结论,柏格理肯定不是汉人,因此一定是彝族。一个长着大脚又穿长裙的女人的男人不是彝族还能是哪个?根据这一推论,他们认为柏格理是他们民族失散在其他地方的兄弟。柏格理过江来的目的是为了看望他的兄弟们生活得如何,并给他们带来神奇的消息。虽然听上去有些不可思议,但事情的确就是这样发生了。[41]正如后人的描述那样:当柏格理穿上他们的衣服,学着他们的样子,在院子里迈开八字步,摇头晃脑地吹着芦笙,跳起少数民族的

图16　吹奏芦笙的柏格理与就诊的苗族民众。转引自周永健《柏格理：在未知的中国（二）》，《中国民族报》2012年9月14日，第7版"理论周刊·时空"。

舞蹈时，他们从心底相信柏格理和他们就是一家人。[42]

直到二十世纪中期，较为保守的美国卫斯理女子学院依然规定学生不得穿着裤装。毕业于该校的民国第一夫人宋美龄，在1945年访美时还特地换下旗袍穿着长裤返回母校，算是小小的"反叛"了一下。可见这条教义在西方世界中的影响有多深远。当然，随着时间的推移，是否需要死守圣经教条，也成为了一个可以探讨的问题。1940年3月的《女铎》上，一位署名M.C.的作者以《衣服与健康》为题，专门探讨了"女子是否应该穿着裤子"，希望教徒不要死守律条，随时而动。[43]

其二，不要将金钱花费在昂贵的服饰上，盲目追求时髦。无论天主教还是新教，在衣饰诚朴的问题上，是非常一致的。《圣经》中有"又愿女人廉耻、自守，以正派衣裳为妆饰，不以编发、黄金、珍珠，和贵价的衣裳为妆饰"的教训，其根源不在于穿着者能否负担得起，而是这样做的用意与世人一样是要令人注意，这与基督徒所应具备的忘我舍己精神不相符(提前2:9)。更甚者,教会学校对学生的衣着有较为严格的规定,并且也会在课堂上反复教育,如曾以"论人生不须忧虑衣食"为题,要求学生撰写作文。[44]民初教会学校一名叫李贤贞的女学生,还专门编写了一个故事,刊登在杂志上来点醒追逐时髦衣着的女同学。在这个故事里一个名叫连枝的女学生,因为自持美貌而不满意自己的"乡村俚鄙之服",并将没有亲密的朋友交往也归咎于此。恰在此时,收到母亲寄自乡间的包裹,打开一看居然是一件土气的红布新衣,顿时怒不可遏,弃如敝履,丢弃在脚下。随后,不觉间昏睡了过去,梦中见母亲白天种田,晚间为自己缝衣,眼花手颤,十分辛苦。醒来觉悟自己不该,随将新衣服收起,并提笔写信向母亲诉说悔恨之意。[45]徐汇公学学生张志行也撰文探讨学生衣饰问题:"学生衣饰,以积极言之:当朴素、当庄重、当视家道;以消极言之:戒奢华、戒轻佻、戒女子化。"他还进一步批评学生间的攀比心理:"学生之家道不一,有富者,有贫者,负者于衣饰上,自能稍善,然贫者不必学步。每有贫寒之学生,见己之衣衫褴褛,即颜有怩怩;富贵之学生,见彼鹑衣百结,辄露藐视之态,呜呼,岂不谬哉!"[46]教会杂志上,反复告诫教徒穿着需要清洁、卫生、质朴纯一,显出雅致、美丽与合宜来。[47]

除了教会学校,教会团体也同样关注服饰问题。1925年中华基督教节制会季刊刊登了教徒蔡文印的《服饰的节制》一文,从三个方面论述服饰节制原则:

> 要朴素,穿着华丽不但耗费钱财、消磨志气还会遭人轻视;要适体,露着半截臂膀或高吊裤腿均为不巧当的行为,盲目追逐流行既不雅观也不卫生;整齐和清洁,此项则被认为是中国人尤其是下层民众易犯的错误,从而遭到外国人耻笑。

作者将衣服着装与道德联系在一起，一再提醒民众不可小觑。[48]

二十世纪二十年代后期，尤其是新生活运动开展之后，教会对于着装问题的探讨，逐渐集中到探讨"服饰与时髦"的关系之上。《基督教育》、《时兆月报》、《节制月刊》、《女青年》以及《墨梯》、《凤藻》等教会学校刊物纷纷刊登《服饰》、《服饰的原理》、《服饰与奢侈》、《上海的时髦妇女》、《衣服》、《Changing Styles》、《谈谈服装的色素》、《中服与西服的谈话》、《服饰与风化》等文章，劝诫青年人不要将时光和脑力消耗在追逐时尚之上，穿着华丽、追赶时髦被认为与基督教"穿着正派"的教诲相违背，是被各种思欲引诱的结果和虚荣心的表现。[49]那些努力成为"时髦"的美人，其实才是最值得"悲悯"的人群。

不过，既然爱美是女人的天性，那么既要保持简朴的准则，又不致太过落伍，实际操作起来可谓难度不小。对此，教会出版的女性指导手册中，有着相当灵活多变的政策：

若家里的钱不富足，每逢起了什么新样子，断不可把那旧衣裳全送于人，另作新的。但若必须作一件新衣裳，不如随时兴的样子作才上算。旧样子虽现在还有人穿，但这件新衣裳还没有穿破了的时候，恐怕这旧样子令人笑话。

那么，怎样才算是跟上了时尚？又如何判断眼前的衣服是否是一个快要过去的"新样"呢？手册中的回答说：

无论什么时派推倒极处，就是快要过去。比方袖子太宽不方便，因为费布，作营生吃饭时常挂东西。但作太窄太长也不方便，作营生容易裂开，也常掳袖子费事。不如随从时兴，

但不要随那太过的地方,也常察这作法与那衣裳的正用处,相合不相合。㊾

如此精打细算,却又不失潮流的做法,不知道算不算是中国最早的女子时尚宝典了。

其三,衣裳要正派端庄。正派的衣饰有雅观吸引的意思。换句话说,基督徒应该衣履整洁。"正派"在希腊文里含有很整齐、适中、端正和整理得很适当的意思。正派的标准是指社会上所公认为合宜的服饰。"衣裳"是服装、衣服,指不带金银、珍珠、宝石、水晶、头饰和昂贵衣服为装饰,也不以设计各种发型为装饰,也不用高档化妆品为装饰,更不以外表虚浮的美为妆饰。

天主教会在1930年专门出版了题为《妇女时髦问题:天主教神长摈斥不端服装训谕汇编》的小册子。天主教会主张女子必须摈绝"过于透露的,紧厌而惹人犯罪的衣服;严禁袒胸露肘,长不蔽膝盖"的衣服。在书中,教会指出修女们管辖的教会女校中走读女生的不良着装,因此严令教会学校不得收录着装不良的青年女子。校内如有学生违反此规定则会被赶出学校,修女劝导学生的方法尽可温和但态度必须坚决。为了便于操作,1929年9月24日教宗代牧公署还作出了细致的操作规定:

倘使一件衣裳的领口,在颈下面露出胸膛比两只指头还阔,那就不能算端正。一件衣裳的袖头,短得还遮不住臂弯子;旗袍裙或者裤脚管短得刚好遮没膝盖,也不能算端正。还有薄纱做的衣服,同肉色的袜子看来似乎没有穿的一样,也是一样的不端正。

除了教会,女教徒的父母、高等学校的校长和普通教师也负有同样的责任，不能允许儿女、学生着不端正的衣服。衣着还会影响到女教徒是否能加入教内的妇女热心善会等组织，甚至不准领圣体，严重的还会被禁止入堂。[51]

1940年《圣心报》上刊登了一位神父的来信，也非常有意思，其中说道：

> 现在生活艰难，衣料飞涨，本堂神父，一如旁人，对于这点，也非常明了。看到若干青年女子，在她们的婚礼日，只穿得半件长袍，以致袒胸露臂，心中颇觉不安。为此特以重价，购置精美白鹅绒披肩一袭，藏在更衣所内，凡来教堂领婚配圣事的女子，若或衣衫不足，皆得无条件备用，藉免寒气侵入。区区爱护之忱，望当事者，善为体谅！[52]

但究竟怎样才能做到端正、适中与合宜，除了选择合适的质料，制作大小合宜的服装外，颜色的搭配也是重中之重。早在1908年美华书馆出版的《女子须知》上就专门有"论衣服何色悦人目"的篇章，从人的视觉系统如何分辨颜色，到如何界定颜色的美恶，层层递进，教导人们颜色的搭配是需要后天的培养和训练的，并以亲身经历告诉读者搭配的重要："一位妇人穿的衣服，我很欢乐，到如今不忘，不是因他的衣服材料贵重，是因颜色配得合式那衣服的颜色一件是卤虾色，一件是青色，两件相衬，这件更显出那件的颜色鲜明。"反之，"一小姑娘穿着绿裤、藕色夹袄，袄上有五色绦子，穿着蓝坎肩，头上戴着玫瑰紫和粉红花，辫根扎红头绳，脚上穿粉红鞋，我一看就觉着很丑"。[53]1935年《女青年》上刊登了一篇长达三千字的长文《谈谈服装的色素》，分色彩与衣服样式、年龄服色与服装颜色的关系、人格心情和色彩的关系三大板块，从美学角度深入剖析了服装搭配中的颜色选择要诀，今人熟悉诸如浅色上衣搭配深色裙装、对比色的使用,甚至衣服使用途径不同也应该选择不同的颜色等时尚基本原则几乎都被囊括其中,非常的时尚又实用。㊵

五、结　　论

西式服装在近代中国的出现和流行,乃因租界开辟、西人东来。着装变迁作为社会生活变迁的一个重要部分,很难厘清究竟在哪一时刻、哪一地点发生了质的改变。西方人和西式服装是一个十分庞杂的概念,传教士和基督教会作为其中的一个部分,或许可以为我们提供更多的细节去解读服饰潮流的更替。

传教士和其他西方人一样,他们的一言一行都会对与他们接触的中国人造成一种冲击和影响。晚清时,西服和西餐、西方生活方式、西方科技一样作为先进、卫生的代表被引入中国,并被诸多新式学堂的学子、洋务运动人士所推崇。然而,仅仅数十年之后,当民国政府不再对穿着西服加以禁止时,面对日益兴起的西化服饰潮流,教会反倒日渐保守起来。其种种细节规定,丝毫不逊色于传统士人对女子服饰的限制,甚至将此与道德、品格联系在一起,成为判定一个教徒是否合格的标准。这种变化除了宗教信仰的原因外,其实也是对上世纪二三十年代都市时髦着装问题作出的即时反应,从一个侧面折射出中国人百年生活巨变的影响。

---

① "The fashion change in China just as they do here", *New York Times*, August 3, 1913.

② 关于"时尚"的定义,国内外的学者众说纷纭,且有广义与狭义之分。广义的时尚可以泛指时下流行的风尚,或者说是特定时期流行的着装和行为方式。在这里,时尚不仅指人们对某种时髦物品或者特定人物的模仿和追随,

也包含对某种行为方式,如工作方式、娱乐方式、运动方式的仿效,甚至包括大众的思维方式、感受方式以及新观念等为内容的时尚现象。狭义的时尚则特指特殊的衣着系统。首先,它出现于十四世纪欧洲宫廷特别是路易十四时代的法国皇室,伴随着资本主义的兴起而获得巨大的发展,因而被理解为在生产与组织方面都带有历史和地域色彩的特殊衣着系统。其次,作为社会变迁的产物,在欧洲走向资本主义社会以及资产阶级兴起的过程中,时尚是新兴资产阶级用来挑战贵族权威与社会名流的工具之一。变动不居、转瞬即逝被认为是时尚最重要的特征。同时,时尚不仅与消费领域有关,也涉及生产、营销等多个方面。参见孙沛东《时尚与政治:广东民众日常着装时尚(1966—1976)》,人民出版社 2013 年,第 10 页。[英]乔安妮·恩特维斯特尔:《时髦的身体:时尚、衣着和现代社会理论》,广西师范大学出版社 2005 年,第 49—54 页。

③ Antonia Finnane, *Changing Clothes in China: Fashion, History, Nation*, New York: Columbia University Press, 2008, p. 6.

④ 孙沛东:《时尚与政治:广东民众日常着装时尚(1966—1976)》,第 12 页。

⑤ [英]乔安妮·恩特维斯特尔:《时髦的身体:时尚、衣着和现代社会理论》,第 39 页。

⑥ 《洪洞县志》(清同治十一年补刻本),《中国地方志民俗资料汇编》(华北卷),北京图书馆出版社 1997 年,第 670 页。

⑦ 参见李长莉《中国人的生活方式:从传统到近代》,四川人民出版社 2008 年,第 283 页。

⑧ 《上海新报》1869 年 6 月 24 日。

⑨ 《中西服饰论》,《益闻录》1879 年第 27 期。

⑩ 同上。

⑪ 《异服》,《教会新报》1869 年第 18 期。

⑫ H. W. Boone, M. D., P. B. Cousland, M. B., C. M, C. J. Davenports, F. R. C. S, *Health Hints for Missionaries to China*, Medical Missionary Association of China, 1889, p. 14.

⑬ 同上书,p. 16.

⑭ James Hederson, *Shanghai Hygiene or Hits for the Preservation of Health in China*, Shanghai Presbyterian Mission Press, 1863, pp. 37 – 41.

⑮ John Gavin, Letterbook, British Library: two accounts of the trip are given, to his mother, on 2 June 1863. 转引自 Frances Wood, *No Dogs and Not Many Chinese: Treaty Port Life in China 1843 – 1943*, The Guernsey Press, pp. 111 – 115.

⑯ "A going away dress", *Shanghai Times*, 1917 – 08 – 08.

⑰ 蔺志强：《英国人在澳门的生活空间变迁——以马礼逊时代为中心》，转引自周湘、李爱丽著《蠔镜映西潮——屏蔽与缓冲中的清代澳门中西交流》，社会科学文献出版社 2013，第 114 页。

⑱ 阿信：《用生命爱中国——柏格理传》，大象出版社 2009 年，第 14 页。

⑲ 同上书，第 77 页。

⑳ Alvyn Austin, *China's Millions: The China Inland Mission and Late Qing Society, 1832 – 1905*, William B. Eerdmans Publishing Company, 2007.

㉑ [瑞典] 路得·安士普·奥德兰德：《客旅——瑞典宣教士在中国西部的生死传奇》，团结出版社 2013 年，第 120 页。

㉒ [美] 安娜·普鲁伊特、艾达·普鲁伊特著：《美国母女中国情：一个传教士家族的山东记忆》，中国文史出版社 2011 年，第 146—147 页。

㉓ 同上书，第 146—147 页。

㉔ 同上书，第 258 页。

㉕ 参见 [美] 萨拉·康格著，沈春蕾等译：《北京信札——特别是关于慈禧太后和中国妇女》，南京出版社 2006 年。

㉖ 樊学庆：《辫服风云：剪发易服与清季社会变革》，生活·读书·新知三联书店 2014 年，第 57 页。

㉗ 西学室主稿：《改历变服平议》，《万国公报》1900 年第 138 期。

㉘ 颜惠庆著，吴建雍译：《颜惠庆自传》，商务印书馆 2003 年，第 65 页。

㉙ 《前使美大臣伍廷芳奏请剪发不易服折》，《广益丛报》1910 年第 246 期，第 1—2 页。

㉚ 《监学游息》，《徐汇公学章程》，1913 年。

㉛ 转引自丁三《在中国，服装也是政治》，唐建光主编：《解禁：中国风尚

百年》，金城出版社2011年，第69页。

㉜ 《令内务部晓示人民一律剪辫文》，南京大总统府印铸局：《临时政府公报》二十九号令，1912年。

㉝ 樊学庆：《张之洞与清末学堂冠服政策》，《河南师范大学学报》（哲学社会科学版）2007年5月。

㉞ 孙宝瑄：《忘山庐日记》上册，上海古籍出版社1989年，第592页。

㉟ 《续上海南市体操会试办章程》，《申报》1906年8月24日。

㊱ 转引自丁三《在中国，服装也是政治》，唐建光主编：《解禁：中国风尚百年》，第70页。

㊲ 转引自樊学庆《张之洞与清末学堂冠服政策》，第163页。

㊳ 徐珂：《清稗类钞》第十三册"服饰类"，中华书局1984年，第6149页。

㊴ 周莹珠：《服式改良议》，《女铎》1912年7月，第1卷第4期。

㊵ 梨丽(仰)：《简便新式女大衣》，《女铎》1917年2月，第5卷第11期。

㊶ 阿信：《用生命爱中国——柏格理传》，第77页。

㊷ 同上书，第96页。

㊸ M.C.：《衣服与健康》，《女铎》1940年3月，第28卷第10期。

㊹ 《论人生不须忧虑衣食》，《女铎》1919年8月，第8卷第5期。

㊺ 李贤贞：《不耻恶衣》，《女铎》1913年9月，第2卷第6期。

㊻ 张志行：《对于学生衣饰之商榷》，《汇学杂志》乙种第3年第6期，第4—5页，档案号：72—1—11，上海徐汇区档案馆藏。

㊼ 怀爱伦：《服饰的原理》，《基督教育》1928年第9卷第11号，第41、48页。

㊽ 蔡文印：《服饰的节制》，《中华基督教节制会季刊》1925年第4卷第3期，第23—28页。

㊾ 参见Tsih Zoen Shang, "Changing Styles",《墨梯》1923年6月第6期；克仁：《服饰》，《基督教育》1928年第11号第9卷，第25—26页；怀爱伦：《服饰的原理》，《基督教育》1928年第11号第9卷，第41、48页；《服饰与奢侈》，《时兆月报》1929年第24卷第2期，第9页；微风：《上海的时髦女》，《节制月刊》1929年第8卷第4期，第17页。

(50) 狄文氏:《女子须知》,美华书馆 1908 年,第 24 页。

(51)《妇女时髦问题:天主教神长摒斥不端服装训谕汇集》,土山湾印书馆 1930 年。

(52) 江秋:《信友起居服饰的诚朴》,《圣心报》1940 年 54 期。

(53) 狄文氏:《女子须知》,美华书馆 1908 年。

(54) 虹弗:《谈谈服装的色素》,《女青年》1935 年第 14 卷第 2 期,第 34—40 页。

姹紫嫣红:明清牡丹花文化的建构与论述

陈建守

摘要:中西学界关于花文化的研究成果尚称不上丰富,花的历史还值得继续发掘。本文拟以"牡丹"这一花"物"为切入点,探究它在明清的文化脉络里所展现出来的多样面貌。一种物品的意义常常因时因地而变,要了解该物品的社会意义,必须先厘清当时社会如何看待及使用它。本文依循这一思路,首先对牡丹花的性质及生命史进行叙述,继而论及它在当时社会中所扮演的角色。

关键词:牡丹,明清,花文化,物的生命史

陈建守,"国立"台湾大学历史学研究所博士生

一、前　　言

当代西方史学在研究方向、历史思想和研究方法论上,呈现越趋纷繁复杂的面貌。近二十年来,研究领域的扩张,以及研究课题的日益增广,均为值得重视的变化。西方新史学家彼得·柏克(Peter Burke)总结近年来西方史学的发展指出,新史学家当前戮力研究的课题可分为五个方面,其中一类便是以"物"(objects)为

主题的物质文化史。①从事物质文化史研究的史家,主要关注的是与日常生活密切相关的一些具体事物。生活中习以为常的琐碎对象,在物质文化史的视野下,都能显现出其中特殊的文化意义。研究者正是要将这些形形色色"物"的历史置回到历史的范畴里,探寻"物"在历史脉络中的文化意义。物质文化史家所要做的就是解读和诠释其中的意义。②

关于花文化的研究成果,中西学界的著作还称不上丰富,足见花的历史还值得后继研究者继续加以挖掘。西方学界的研究成果以英国人类学家杰克·古迪(Jack Goody)的《花的文化史》(The Culture of Flowers)为翘楚,古迪在书中探讨了不同文化中对于花的使用的实际与象征意义,从文化类型学的角度出发观看世界各地的花文化,提供了一个比较文明的视角来理解花卉在人们生活中所扮演的角色。该书也有专章讨论中国花文化的演变,③但古迪只将视野放在明清两代的花文化传统上,并以花中四君子"梅兰竹菊"作为中国花文化的整体样貌,不但流于片面,也突显古迪对史料的认知不足。古迪是以清代王概兄弟三人所编绘的画册《芥子园画谱》为证据,④说明清人将梅兰竹菊的画法进行汇整,供初学者临摹参考,所以画谱流传甚广的结果,是这四种花文化发展到极致的表现。先不论画家对于绘画的搜罗有自身文化品味的主观意识,花中四君子的"竹"是否可以纳入花"物"的分类范畴就值得讨论一番。明人王象晋花费十多年时间编纂而成的《群芳谱》,内中载有植物达四百余种,每一种植物分列种植、制用、疗治、典故、丽藻等项目,就将"竹谱"与"花谱"分为两类,可见花卉与竹的知识体系是两种类型,不可混为一谈。⑤而古迪关于明清花文化的论述也只是中国花文化的一个注脚而已。

至于中文世界的花文化与历史研究,台湾明史学者邱仲麟则是这方面出色当行的研究者,他曾为文讨论明清江南花卉种植与园艺市场发展的概况,以及种种因花而生的物质性设施、技法。抑有进者,邱仲麟更从社会物质结构往文化面向开展,先从明清江浙地区文人时相唱和的赏花活动入手,而后扩及明清文人对于室内瓶花盆景摆设赏玩的眼鼻之娱,如何成为社会地位的表征。[6]近年来中国学者亦有系统地汇集资料,分析中国的花文化。这当中以何小颜的成果较显著,出版了《花与中国文化》、《花的档案》两本著作。[7]但这两本书实际上是名异实同,集中在谈花的人格化象征,以诗文、书画证史,并且依时序和花种讲述人花相融的境界。何书讨论的面向很广,但深度却略显不足。书末附有中国历代花卉名著的一览表,是极富参考价值的书目。除此之外,亦有集众编纂的花文化辞典,按照学术性、文学性与资料性的分类来讨论花文化。本书在体例上学术性不足,偏向讲述一些花的实用面向(如食物、烹饪),当作工具书查询花文化的关键词则较为适宜。[8]综观这几本著作,一个共通的弱点就是忽略了花文化在社会、文化和经济方面的密切关联,而流于铺陈花的俗谚、花语和人格化的象征。

因此,本文拟以"牡丹"这一种花"物"为切入点,探究它在明清的文化脉络里所展现出来的多样面貌。在物质文化史的研究里,一种物品的意义常会随着时间、地点而改变,如果想要了解该物品在当时社会所扮演的角色,就必须先厘清当时社会如何看待及使用它。本文依循这样的思考路数进行研究,先对牡丹花的性质及生命史进行叙述,之后才论及它在当时社会所扮演的角色。换言之,牡丹花的历史并不纯然是花的历史,是作为当时社会活动主体的人,观赏牡丹的历史。历史是人活动的轨迹,牡丹若要拥有历史,当然得和人发生联系;而本文意欲探讨的牡丹花文化,其实应该说成是人和牡丹的"交往史"。

二、牡丹生命简史与研究面向

关于牡丹，明代李汝珍的作品是很能道出牡丹的生命史，《镜花缘》第五回《俏宫娥戏嘲枇皮树·武太后怒贬牡丹花》云：

> 昨朕赏雪，偶尔高兴，欲赴上苑赏花，曾降敕旨，令百花于来晨黎明齐放，以供玩赏。牡丹乃花中之王，理应遵旨先放，今开在群花之后，明系玩误。本应尽绝其种，姑念素列药品，尚属有用之材，着贬去洛阳。所有大内牡丹四千株，俟朕宴过群臣，即命兵部派人解赴洛阳，着该处节度使章更每岁委员采贡丹皮若干石，以备药料之用。此旨下过，后来纷纷解往，日渐滋生，所以天下牡丹，至今惟有洛阳最盛。⑨

这段情节，说明牡丹与先民社会生活间的诸多面向。首先，武则天怒贬牡丹至洛阳的传说并非空穴来风，武则天有诗作一首："明朝游上苑，火急报春知。花须连夜发，莫待晓风吹。"显见李汝珍作品中的叙述，乃确有其故事原型(prototype)。

其次，小说中赋予牡丹傲骨，在花神催促百花齐放之时，唯独牡丹不奉诏绽放。这是一种时人以牡丹为贵，刻意打造的牡丹传奇故事。但需要注意的是，这个文本并非全然托古假造之词，因为唐宋洛阳牡丹冠于天下是确有其事的。⑩唐朝文豪刘禹锡以洛阳在地人的身份，亲见亲闻牡丹之盛，也有《赏牡丹》诗云："庭前芍药妖无格，池上芙蓉静少情。唯有牡丹真国色，花开时节动京城。"这里有个重点需留意的是，刘禹锡文中已将牡丹与其他两种花物（芍药、芙蓉）相比，以突显牡丹的高贵之处，更有甚者牡丹是以"国色"自居的花物意义。芍药、芙蓉和牡丹之间的联想关系，间接勾勒出牡丹的珍品形象。本文也将关注有关明清牡丹的这类记述,牡丹之所以为贵是在其他花物的衬托下有以致之。从唐人白居易的《秦中吟·买花》中道出牡丹是"一丛深色花,十户中人赋"的高贵话语开始,牡丹便有寖寖然成为花王的姿态;⑪中间迭经文人多手打造,到北宋欧阳修集大成的《洛阳牡丹记》将洛阳牡丹的历史、栽培、品种,作了详尽的考察,写就第一部牡丹专著。⑫此外,谱录性质的文本史料也是观察牡丹社会/文化象征意义的切入点。宋人陆游著有《天彭牡丹谱》,这是陆游在蜀中做官,亲往游赏牡丹的田野调查纪录。⑬明清两代牡丹栽培中心由洛阳转移到亳州(安徽省亳县)、曹州(山东荷泽),因此牡丹谱录是以这两地为名。究竟牡丹与其他花种的区别从何而来?这些表述牡丹特出之处的特定人士的心曲,从这一类以牡丹为主题泛称为"牡丹谱"的著作,应该是透露得最为清晰。

最后,小说情节则是谈到牡丹的药用性,牡丹皮可以备药,这是先民生活中的实用价值取向。其实,牡丹并不只是"洛阳地脉花最宜,牡丹尤为天下奇"的花物而已。当牡丹成为人们的关注对象之后,种种因人而发的设想,就会成为围绕这花物而生的课题。

三、牡丹的花物形象

唐宋两代世人热爱牡丹,以牡丹为富贵的象征,竞相争夺牡丹异种,直至散尽家财方休。这样的情况惹得宋代理学家周敦颐出面呼吁世人莫以牡丹为贵,并搬出其他花物与牡丹相抗衡,他的一首《爱莲说》至今仍被传颂不绝,其实是作为牡丹花物形象的绝佳范例。

水陆草木之花,可爱者甚蕃。晋陶渊明独爱菊;自李唐来,世人盛爱牡丹;予独爱莲之出淤泥而不染……予谓菊,花之隐逸者也;牡丹,花之富贵者也;莲,花之君子者也。噫!菊之爱,陶后鲜有闻;莲之爱,同予者何人;牡丹之爱,宜乎众矣。

这段文字可从几个方面来讨论,其一,周敦颐自知身处牡丹兴盛的时代氛围,因此搬出在牡丹之前就已经发展的花物传统来与牡丹相比,意欲构成对牡丹花文化的"反论述"(counter-discourse)。菊花的传统是以隐士精神为代表,⑭而莲花的传统则是来自于佛教,两汉时期相传在屋檐挂上莲花可避免火厄。⑮从此处可以看出周敦颐是以复古主义的形式,来寻求对抗唐宋牡丹的奥援。其二,经由两种花物的侧写,更可点出牡丹特殊之处。这点大概是当时周敦颐没有料想到的事。时人并没有因为周敦颐鸿文一出,便遏止好异赏玩牡丹的习气。牡丹之贵,更因菊、莲的衬托而显得突出许多。

诚然,明清两代的牡丹花物形象,如同前代是标榜牡丹为贵,这是经由花物对比而来的结果。然则,唐代牡丹经过历史演变来到明清,原本"名花一朵值千金"的形象却有所改变,甚至开始"变质"。牡丹文化在主、客观条件的改变下,原本高贵的花物形象乃随之愈趋近于世俗、平庸文化。这是明清牡丹花文化的两个交互面向,下文先就牡丹花物形象的高贵面略作追溯。

(一)独立人间第一香

同样地,明清的牡丹花物形象建立在这种花物相较的机制之上。我们可以先从一段记述花种的文字开始:

唐人名为木芍药。芍药著于三代,流传风雅。牡丹初无名,以花相类,故依芍药为名。……崔豹《古今注》云:芍药有草、有木,木者花大而色深,俗呼为牡,非也。⑯

这段文字是薛凤翔分辨芍药与牡丹花种不同的叙述,牡丹是灌木种植物,芍药是草本植物,因此牡丹有"木芍药"之称。但从中可以看出原本无名的牡丹,已经开始在时人心中产生印象。虽然薛凤翔认为"木芍药"根本是错误的辨认,但"俗呼为牡"的印象却是牡丹与芍药两种花物比较的结果,且牡丹较芍药"花大而色深",终究脱颖而出博得众人瞩目。明人张瀚在记述自己居室的花卉种植情况时,即谈到牡丹与芍药之间的差别,他认为牡丹是"花王",芍药则较牡丹差小而居次;但就外貌而言,其实两种植物极为相近:

> 惟牡丹名曰花王……次芍药,草本,红、紫、白三色,较牡丹差小,而叶亦相类。昔人谓牡丹为木芍药,盖富丽芬芳,可当伯仲。⑰

文震亨则是进一步将牡丹指称作"花王",而芍药则为"花相"。⑱这可看出两种花物虽都是文震亨所说的"花中贵裔",但也是两种植物开始相比,进而分途的实例。

对牡丹的珍品化过程有了概略的认识后,要去理解牡丹的珍物形象如何进入人们心中,其实还可从另一个面向切入。在牡丹开始普及市面以后,同样都是牡丹,究系何种品种才是特异的花物?"颜色"或可提供一个思考的空间。关于此点,我们需先从牡丹谱录的花品记载开始。薛凤翔的著作卷一《本纪·花之品》就说明了花种的品类分别。他以班固、钟嵘对古今人物、诗歌作品的品评为前提,认为"物"也必定有"巨细精粗"之分。由此推论,"神花"(指牡丹)也有其品下高低。在薛凤翔的分类里,牡丹共有"神品"、"名品"、"灵品"、"逸品"、"能品"和"具品"这六个分类。在每个分类底下又有若干花种,以"神品"而言,底下就有名为"天香一品"、"娇容三变"、"无上红"、"赤朱衣"、"夺锦"、"大黄"、"小黄"等几类。[19]从字面上来看,在分类里是以红、黄两色为主流论述,这两种颜色的牡丹位居"神品"这个首要分类的前段位置,譬如"天香一品"与"娇容三变"就是强调牡丹颜色的红。"天香一品"的颜色是"色如猩血欲流";而"娇容三变"则是花苞初绽时为紫色,接着会转为桃红,又渐渐转为梅红,到落叶时乃变为深红。这与其他花种的自然习性相反,一般花龄越逼近凋谢之期,颜色渐褪为浅,但"娇容三变"则是愈加色深,故曰三变。[20]纽琇的《亳州牡丹述》则是以"姓氏"、"颜色"、"人名"、"地名"、"数名"、"事名"和"品名"作为牡丹来历的分别,在各个大的分类底下又可以分为"正品"、"次品"、"次品一"等品第高下。[21]从分类上还看不出颜色上的区别,但随后纽琇的一段记述文字,则可以得出颜色上的高下。纽琇认为他所记载的这些花种都是异种,其中最为特异者为支家大红。

    以上皆异种。其尤异者,支家大红。……明霞鲜艳夺目,殊非深紫可比。新大红色亦如之。绽叶结绣,蜷曲下垂,二红并妍,难第甲乙。……无支红则健红固一时之冠也。[22]

当然纽琇也不是只谈论红色牡丹而已,他也提到了其他色种牡丹的情况。例如黄色牡丹是以"小金轮"品种为第一,甚至还胜过古代姚黄花种。而紫色牡丹则可与红色并称花王,纽琇认为:"支家新紫,娇赋无俗韵,固宜与大红、新红,名甲海内。"[23]综上所述,牡丹谱录里所显现的名贵颜色是以红、黄、紫三色为主。[24]但需要注意的是,牡丹谱录里记载的花种是"异种"居多,亦即这些花种就意义上而言全是名贵品种,只是在一众名贵品种中尤以红、黄、紫三色为贵。

牡丹谱录里所显现的名花颜色,在明清各色牡丹争妍竞艳的文化脉络底下,是否真能放诸四海皆准？或许可从这段文字说起:

> 黄牡丹,今亳州、曹县皆有之,荷花则未闻有黄色者。《墨庄漫录》云:"京师五岳观凝祥池有黄莲花甚奇,仅见于此。"[25]

这是清人王士禛笔下的花种叙述。由此看来,黄牡丹比起黄莲花、黄荷花来说其实寻常不已,没有想象中那么名贵。明人陆容于《菽园杂记》中记道:

> 江南自钱氏以来,及宋元盛时,习尚繁华。富贵之家,于楼前种树,接各色牡丹于其杪。花时登楼赏玩,近在栏槛间,名楼子牡丹。今人以花瓣多者名楼子,未知其实故也。[26]

陆容这段记述有两个重点,其一,时人以牡丹花瓣多者称为"楼子牡丹",其实是对前朝典故认知不足所致;其二,当时的牡丹花种繁多,富贵之家已能将"各色"牡丹接枝于树枝末端,供观赏之用。清人姚元之在其著作中录有散逸的《曹南牡丹谱》,他认为此谱的价值可与薛凤翔的牡丹史著作并称。《曹南牡丹谱》如此记述牡丹花况:

> 逮宋洛阳之花,又为天下冠。至明而曹南牡丹甲于海内……牡丹盛开,余乘款段遍游名园……不止于姚黄魏紫而已也。多至一二千株,少至数百株,即古之长安、洛阳恐未过也。[27]

从以上记载来看,明清牡丹的新花异种纷纷出炉。但是从颜色的区别上来看,牡丹花物中还是有奇异的例子。《扬州画舫录》中有文字述此情况:

> 崔豹《古今注》谓芍药有草、木二种,俗呼牡丹。可知牡丹亦郡中所宜木,而特不知接法,遂不得不资于洛种耳。郡中影园黄牡丹称于世,其次只赤、粉二色。若汾州众香寺白牡丹、唐裴给士宅紫牡丹、曹州青绿黑楼子牡丹,则未之见矣。[28]

清人王士禛有载:

> 曹州牡丹,品类甚多,先祭酒府君尝往购得黄、白、绿数种。长山李氏独得黑牡丹一从,云曹州止诸牛某氏有之,亦不多得也。[29]

同类的记载在王士禛书中还有提到在江苏高淳县的某处花山,开有白牡丹数支,并非人为所种,奇异之处则在于采花者必定生病。[30]而梁章钜则是将黑牡丹与福建惠安的青山王信仰结合在一起,记述当地黑牡丹花季之时,皆面向青山王神像开花。倘若移动神像位置,牡丹也会随之转向。[31]"异色"牡丹于此与神怪论述绾合在一起,更可看出其特异不凡之处。

凡此,具体可见,以牡丹谱录为中心所形成的牡丹论述,与牡丹谱录外的另一股牡丹论述,其实是两套论述,在明清牡丹花文化中并行不悖。因此,当双方下笔记述牡丹时就会从不同甚至相反的方向去思考。笔者不敢断言牡丹谱录是一种知识分子的专属著作,因为其他为文记述牡丹者,彼辈的文化素养与书写能力也绝不亚于这些牡丹谱录作者。或许,这些与谱录记载相异的牡丹论述,

是一种出自日常生活,并带有实用取向而发的议论。清人金埴的一段话可知其中梗概:

> 草木之为功于世有补于人者,多在衣食间。若牡丹一花,只供赏玩,虽大无成。翻不若微小之春桑秋枣,结实成丝,以资衣食之用……毫无裨济,而终淹落无闻者,皆牡丹类也。[32]

金埴的这段记述,以牡丹取譬反映了当时社会的某些侧面,和他对国家时政的看法。可以看出他对牡丹的想法是以国计民生的角度出发,而非从赏玩者的角度。陆容在记录江南各地的风俗民情时也说:

> 江南名郡,苏杭并称,然苏城及各县富家,多有亭馆花木之胜,今杭城无之,是杭俗之俭朴愈于苏也。湖州人家绝不种牡丹,以花时有事蚕桑,亲朋不相往来,无暇及此也。[33]

至此,我们或可这么说,这些为文记述牡丹谱录、花种的爱花人,是一种继承前代牡丹花文化传统而来的作者。因为,出现在前代谱录里的记载对这些作者来说,是熟悉且亲近的,但对其他人而言却显得陌生不已。

(二) 珍物形象何所在?

陈元朋对荔枝历史的研究告诉我们,荔枝之所以为贵是因为这种果物近乎难产的物种特性,以及有效应对策略在古代的难产,致使这种水果的生鲜芳泽,对于绝大部分的古人来说,根本就是难以亲近的。从适生环境到繁殖方式,再到果实的性状,使得荔枝的为人珍视,简直可说是天生注定的。[34]前面提过,牡丹到了明清的发展已趋近于成熟,种种限制牡丹培植的物种特性都已经发展出对应之道。这些情况使得明清的牡丹花不似陈元朋笔下的荔枝如此难产,这是明清牡丹文化发展的另一面向,其实也需要加以讨论。

牡丹的寻常花物形象,可以从花物的物种特性、栽培技术,以及为了符应牡丹生长环境的应对策略等面向来讨论。就牡丹的栽培环境而言,薛凤翔在《亳州牡丹史》里就说这种花物是"不宜干燥,亦最恶污下",所以江南、江北的栽种方法有别。江北因为风大土质较硬,所以需栽种在平地;江南由于地势低洼,因此种植牡丹需建筑高台,但高台最多只能在二尺左右,太高则牡丹无法吸收地气,也栽种不成。㉟牡丹当然也有一般花物所忌的物种特性,薛凤翔的书中就有"花忌"这个门类,这能看出牡丹适宜的生长环境:

> 栽花忌本老……忌久雨,溽暑蒸熏,根渐朽坏。忌生粪醎水灌溉,粪生则黄,醎水则败。忌盐灰土地,花不能活。忌生粪烂草之所,多能生虫。忌植树下,树根穿花不旺。忌春时连土动移,即有活者花必薄弱。忌花开折长,恐损明岁花眼。牡丹记云,乌贼鱼骨入花,树肤辄死。此皆花忌。㊱

从这段叙述来看,牡丹所忌者主要有"生粪"和"醎水"两端。种植场所则不可选在盐灰土地与树下,就连移植牡丹也得要依从时令。㊲经由生长环境这个面向开展,牡丹的种植技术也是需要注意的环节,所谓的种植技术其实包括取子、栽种、移接、灌溉,甚至是牡丹生病时的医花之道,在当时皆有详细记载。取得牡丹种子的方法是在每年六月,俟花上结子颜色转黑,将成熟蹦出的种子放在风下吹晾一日,再以瓦盆拌土覆盖,到八月时才取出浸水,挑选沉在水底者开畦种植,约莫每三寸种植一颗种子。㊳前面提过牡丹因生长环境的不同,需要不同的应对策略。但栽种牡丹的方法,却是万变不离其宗。栽种牡丹需要以根部的长短为准则,覆盖以"软肥净土",切莫杂用"砖石粪秽之物"。[39]且根据栽种的时节还需施以不同的灌溉方法,大抵是立秋至秋分栽种者,只需以湿土覆之;而重阳以后栽者,就需要用大水浇灌。但浇水也不是一门简单的学问,最初刚种植时需要充足水分,之后每半个月浇灌一次。若是遇到旱热天气,则要缩短为十天(旬日)一次。秋天时不宜浇水,理由是浇水会促使嫩芽生长,则来年难以开花。[40]施加肥料则需以猪秽为上,人粪居次,施肥多寡仍须依时令分别而有轻重。立冬之时只需施肥一次,水分与肥料的比例是七三比;冬至则是水肥五五比;腊月则纯施肥一次,不需加水混合;立春过后,则以三分肥加水,每四五日浇灌一次,直至花凋谢以后,再施以一次纯肥。[41]

牡丹的普及情况是因为牡丹突破自然界限的藩篱,而使得牡丹能够在原本不应该出现的时地出现。这涉及以人工方式令牡丹的物种特性与生长环境发生变异。根据记载,牡丹开花是在清明过后五日,花期是在每年五月间,[42]而为了让牡丹能突破自然限制提早开花,种花业者发展出温火暄花的策略,可使牡丹提早到每年十月中开花。[43]至于牡丹的生长范围,据明人谢肇淛《五杂组》所载,牡丹生长的范围是在闽地以北的地方,其中以山东、河南栽种特别多。[44]不过在书中也同样谈到有好事者已经将牡丹引进福建,只是开出的花朵较为瘦小,花期也没有那么长。[45]清代牡丹的栽种地拓展到广州地区,屈大均记述广州牡丹生长情况时谈到,若想要每岁皆见牡丹花开,则需以河南之土种植,"乃得岁岁有花"。[46]至于牡丹的繁殖方式,则主要是关乎牡丹的移种与接枝方式。人们因为高贵品种的考虑,会使牡丹跨越空间距离移种到各处,其实这正是人类克服时空环境的门路,亦即人们如何透过驯化(domesticate)牡丹而使之成为以人为主的花物。[47]明清牡丹移植分种是在每年秋分半月内之后,将优良品种(壮而嫩者)的好枝(母枝)劈开,再用上品花钗(花茎)嫁接插入母枝,外面缠上麻松;之后再以肥沃湿土加以包裹,其上覆盖瓦片以避雨水。母枝若发出新芽,一定要将新芽割掉,原则是"一本之气不宣泄于牙蘖"。[48]清人计楠《牡丹谱》则更进一步指出,在秋分前后内接种成功的牡丹,其开缸日期迟速有别。在秋分当日接种者,需经过四十九日才得以开缸(掀开瓦片);秋分后接种者,则需六十三日才可以开缸见天。此时长出的嫩芽长度已三四吋,还是要覆以松细泥并移栽到盆内,等到节气"谷雨"前后,才能移到户外接受风、日的洗礼。[49]而接枝移栽的情况在隆庆年间,分栽牡丹尚以芍药为本,但万历以后就开始以一般的牡丹接枝名贵品种,进行大量繁殖。[50]这种情况可以看出牡丹栽培技术的进化革新,同样也显示牡丹品种高贵低劣的划分没那么壁垒森严。此外,移栽的过程中难免会有伤害出现,这时如何医治受伤的牡丹也是人类驯化牡丹的方法之一:

> 花或自远路携归,或初分老本,视其根黑,必是朽烂,即以大盆盛水刷洗极净,必至白骨然后已,仍以酒润之,本闰易活。谚曰,牡丹洗脚,正谓此也。间有土蚕能蚀花根,蝼蛄能啮根皮。大概白花根甘多虫。白舞青猊与大黄更甚。凡花叶渐黄,或开花渐小,即知为蠹所损。旧方以白蔹、砒霜、芫花为末,撒其根下,近只以生柑油入土寸许,虫即死。粪壤太过,亦有虫病,或病即连根掘出,有黑烂粗皮,如前洗净,另易佳土,过一年方盛。此医花之要。[51]

从生长环境到繁殖方式,再到牡丹花物的性状,牡丹在明清其实已经发展出一套完备的知识体系。这促使牡丹脱离原生的产地,成为一种为人所熟知的花物,甚至可说是寻常花物。谢肇淛路过濮州曹南一带,远在百里之外就有香气扑鼻而来,他后来才知道是私人园邸种植牡丹所致。他如此形容当地牡丹生长的情况:"盖家家圃畦中俱种之,若蔬菜然。缙绅朱门高宅,空锁其中,自开自落而已。"[52]牡丹的普及性格从各地向朝廷的进贡过程亦可窥知一二。明人沈德符在《岁朝牡丹》中有言:

> 京师极重非时之物,如严冬之白扁荳、生黄瓜。……弇州谓上初年元旦即进牡丹,而江陵相与冯珰亦各一花,以为异……姚魏已盛行于时,豪贵园圃在在有之,始知弇州语信然。比年入京,赴一友社文。时才过长至三日,案头插半开紫牡丹二三朵,方骇诧叹羡间,乃曰:"此寻常物,每花只值百钱耳。"予携其一归,以温水贮瓶中,亦留数夕始萎。[53]

沈德符这段话叙述了牡丹普及于世的过程,从这里可以看到牡丹非但普及,就连颜色特异的紫牡丹都变成了寻常花物,价值百钱而已。方浚师在《停进牡丹》亦有载:

> 东坡《荔支叹》云:"洛阳相君忠孝家,可怜亦进姚黄花。"洛中贡牡丹,自钱惟演始。乾隆二十九年军机处行知山东巡抚崔应阶,奉上谕:"山东巡抚向来有岁进牡丹之例,此等花卉,京师皆能莳植,何必远道进献。嗣后着停止。钦此!"[54]

由本段讨论可以看出牡丹在时代发展过程中,其花物性质也随之流转的情况。牡丹不但具有珍贵的花物形象,甚至在乾隆年间还曾经成为"国花";[55]不过牡丹也同时拥有寻常花物的面貌。然而回归到现实面上,栽植牡丹的种种天然限制都并非难题,甚至已经发展出一套改变牡丹颜色、习性的办法。[56]所谓"花忌"所忌之事已然成为一种纯粹的文化论述,并不具有任何现实功效可言。

四、"牡丹谱"——牡丹文化意义的个案研究

倘若我们承认在单纯的赏玩之娱以外,牡丹对于观看者具有赏玩之外的内涵,那如何研究牡丹便不是那么单纯的一件事了。要去观察一种花物是否具有社会/文化象征方面的意义,所要考虑的面相很广,本节将试图去回答这个问题。牡丹与其他花物的区别究竟是从何得来的?这个问题无法从视觉感官所得到的浮面印象中寻得答案,这些为文判定牡丹高下的文化人的想法,或许才是关键所在。

以牡丹为主题的著作,可以泛称为"牡丹谱"。明清两代这样的文类,根据笔者的搜罗,约莫有五种。由薛凤翔执笔的《亳州牡丹史》是当中最早出版的一本,薛凤翔本人是安徽亳州人,生于万历年间,曾官至鸿胪寺少卿,本书就是他仕途不顺返乡沉潜所完成的作品。由书前所题献的序言来看,本书至少在万历四十一年(1613)即告完竣。[57]《亳州牡丹志》的作者不详,书后的附语提到本书在千顷堂书目中,名列朱统鐕《牡丹志》之后,所以作者可能也是朱统鐕本人。但本书在内容上与薛凤翔相较则极为简略,只罗列亳州牡丹名品、简略栽法及牡丹杂事数条。而且其中有四条是与亳州毫不相关的事件,也不知道辑书者为何会将其载入书中。从版本上来看,本书是据中国科学院图书馆藏明万历新安汪氏刻山居杂志本影印,所以出版时间也应在明代。[58]接下来的三种谱录都是清代的作品。纽琇《亳州牡丹述》是在康熙癸亥年(1683)完成,是清代牡丹谱中最早的作品。[59]余鹏年执笔的《曹州牡丹谱》是乾隆五十七年(1792)年完稿,计楠则是在嘉庆十四年(1809)写就《牡丹谱》。[60]

那到底这群爱花人创作"牡丹谱"的心曲为何,先就明人薛凤翔的《亳州牡丹史》谈起。薛凤翔在书前《凡例》提到:"亳郡昔时牡丹种数不多,即有高下,不甚相远,遂以一色分为一类。今则奇种繁夥,一色之间姿态色泽迥乎殊异。若止以色论,恐未能尽。"面对为数众多的牡丹花种,薛凤翔的挑选标准是:"花种品第不同,或因名相类,或因色相类,传中皆总收一处,使按图者便于稽考。"另一个收录的标准则是:"旧谱所载,今无其种,不敢虚列。"[61]文末,薛还提到编纂本书的重点,是因为欧阳修的《洛阳牡丹记》独厚洛阳而忽视亳州,这是他要为文记述亳州牡丹之因:

> 欧阳永叔《牡丹记》亦谓洛阳天下第一。今亳州牡丹更甲洛阳,其他不足言也。独怪永叔尝知亳州,记中无一言及之,岂当时亳无牡丹耶。……亳中相尚成风,有称大家者,有称名家者,有称鉴赏家者,有称作家者,有称羽翼家者,日新月盛,不知将来变何状。盖余尝论之,在正嘉间花品淳朴,尚类诗家汉魏;隆万以来,则冶丽繁衍如六朝矣。岂物理循环,亦有天运耶。[62]

薛凤翔的例子代表的是明代牡丹谱录的编纂事业,清代的例子则可从计楠《牡丹谱》的自序谈起:

> 莺花风月,本无常主,好者便是主人。牡丹客也,我主也。……众种之贵贱,花之性情,培植既久,品量乃定,而谱可作矣。……则牡丹之客于我家,我为牡丹之主人者,不可不为之谱以传于后,是重花之意也。[63]

而与计楠同代的余鹏年创作牡丹谱录的心路历程,则是认为曹州牡丹由来已久，但史书记载语焉不详，牡丹品种散载于史籍。因此，余鹏年趁着在曹州寓居的机会，集众弟子中懂花之人与善于栽花的园丁，草成《曹州牡丹谱》。[64]在河南陈州府（项城）任官的纽琇，则是为了赏牡丹不辞路途遥远，他的这段寻幽访花体验，在《亳州牡丹述》中被记述如下：

> 余官陈之项城，去洛阳不五百里而遥，访所谓姚魏者，[65]寂焉无闻。鄢陵、通许及山左曹县，间有异种，惟亳州所产最称烂漫。……项与亳接壤，余日踬于簿书，不能一往。阅三载复以忧归，游览之怀，竟未获遂。余之不幸，甚于花也，而终不忘于心。[66]

从这四段夫子自道的文字中，我们可以从两个方面来理解"牡丹谱"的产制过程。第一个可能的因素是撰著者个人的爱花情怀。薛凤翔本身就是亳州人，生于牡丹花乡的他，对生于斯、长于斯的亳州牡丹，总免不了有记上几笔的情怀可言。薛凤翔甚至以牡丹取譬，把正德、嘉靖年间的牡丹品格，比作汉魏时代的诗风；而隆庆、万历年间的牡丹品格，则是倾向于六朝文风，强调多加雕琢用典，徒流于形式。[67]在这个层面上，薛凤翔与纽琇在文中则是更进一步比较当时牡丹产地的花种高下。纽琇任官河南项城，与亳州相邻，自己也曾亲见亲闻山东牡丹之美（异种）。两人在文中更是流露出十足的个人主观意识，认为他们所执笔的亳州牡丹冠于当时，等于是间接"菲薄"其他产地牡丹的美艳。[68]薛凤翔是出身于当时牡丹盛产地的作者，纽琇、余鹏年等人则曾经步履牡丹花乡，他们所蕴含的地域意识（认同）其实是打造牡丹文化的重点所在。

第二个可能的因素，则是涉及古代知识分子的"博物传统"。众所周知的是，古代知识人的知识内容，本来就不限于儒家经典一端。所谓的"博洽",还意味着对其他知识型态的掌握,以及对于若干稀有事物的闻见。牡丹是一方特产,培植园艺上又处处讲究,出身或游历于牡丹产地的人士之所以会谱录其详细,当然也有彰显己身学养识见的心态。[69]例如为《曹州牡丹谱》作序的安奎文就有提及士大夫"博雅稽古者,又或言之而不切时地"。[70]而计楠在谈到自家园圃中虽未能按前人牡丹谱记加以种植,但却已经身拥百种牡丹,足堪赏玩。计楠在字里行间也显现出对牡丹多样品种的掌握度,更可嗅出他以拥有百种牡丹为傲的情绪。[71]

各家牡丹谱录对前人相关言论的征引,是另一个需要解释的面向。到底有哪些文献被反复征引?这些谱录的作者群究竟引述了哪些前人的言论?这些被征引的文献资料,彼此间是否存有相当程度的同质性?前面提过薛凤翔的《亳州牡丹史》是以欧阳修《洛阳牡丹记》的体例为本,进而增加条目推广记载。那后于薛著的清代牡丹谱录在内容特点上,则是不约而同地指向引用薛凤翔编纂的这个本子,甚至还出现与其相较高下的情况。这可见诸纽琇《亳州牡丹述》的跋语:

> 亳州牡丹甲天下,前明州人薛凤翔著有牡丹史,极其扬诩……至文笔之雅洁明净,则如老树着花,别饶神韵。较诸薛史固自后来居上也。[72]

这是时代居后的作者引用前朝相关书目的文化惯习。倘若将这个传统放置到明清两代牡丹谱录的内容,值得注意的是,在各种记述牡丹文本的内容构成方面,有两点同质之处是需要留意的。首先,这些谱录对于牡丹品种(花品)、牡丹栽培(园艺)这些实际门类上有相当程度的相似性;另外一点则是这些牡丹谱录的作者们,通常都会上溯前人的同类著述,而与牡丹相关的著名诗文、典故也都是作者们所共通援引的对象。

我们可以从明清两代最早的牡丹谱录记载开始，明人薛凤翔《亳州牡丹史》的《本纪》和《艺文志》是很好的切入视角。《本纪》所载者乃是作者上溯关于牡丹的典故、史实与历史事件；《艺文志》书写的重点则是前人歌咏牡丹的著名文学作品，以及观赏者自身的牡丹经验，又或者是对牡丹这种花物所抱持观感的抒发。[73]在《本纪》部分，薛著所记者计有：

（1）南朝宋谢康乐（谢灵运），记载了永嘉水际竹间多种牡丹。

（2）北齐画家杨子华，有牡丹画本传世，世人始有识牡丹者。

（3）东汉以来的图经传统。

（4）安期生《服炼法》中提到，芍药有金、木二样品种。金者，色白多脂；木者，色紫多脉，品种分别是根据根部检验得知。

（5）晋崔豹撰有《古今注》，分别芍药与牡丹的异同。

（6）大文豪李白有《清平调词三首》，把牡丹与杨贵妃相互比拟。[74]

（7）北宋著名诗僧仲殊与《越州牡丹志》。

（8）陆放翁（陆游）与《天彭牡丹谱》。

（9）欧阳修与《洛阳牡丹记》。[75]

拿薛凤翔的著作与清代牡丹谱录进一步作对照，其实可以发现这些谱录的作者们，在内容组成上与薛著作同质性很高。凡是涉及前朝牡丹文本者，必会提及崔豹的《古今注》、欧阳修的《洛阳牡丹记》与陆游的《天彭牡丹谱》；凡言历史掌故者，多会引用武则天朝牡丹盛行于洛阳，及唐明皇与杨贵妃赏牡丹这两件花间韵事；而凡有叙及诗赋之处者，亦多不遗漏大文豪李白的《清平调词》。

然而，问题的重点在于为何这些作者要重复地去征引这些东西？而非到底有多少作品、史事被这些作者所征引。倘若我们一一开列被征引的名单,那恐怕并非本文篇幅所能负荷。陈元朋对于荔枝谱的研究告诉我们,可以从"知名度"的脉络中寻找答案。[76]挪用到本文的牡丹谱录上,也是可以充分理解的。换句话说,牡丹谱录的作者群,其实是要藉由一些与牡丹相关的历史事件、言论,来打造一种专属于这种花物的文化感觉。在这个层面上来看,这些镇日与牡丹为伍的人,所发表的情思与看法,的确是要比将牡丹视为寻常花物的人士,更能标志出这个文化感觉的存在。崔豹的《古今注》是首次记载牡丹与其他花物的对比结果,牡丹较芍药花大而色深,奠定了牡丹作为花王的基础。欧阳修的《洛阳牡丹记》是第一部总结牡丹花种的著作,这等于是明清牡丹谱录的先行者。陆放翁的《天彭牡丹谱》则是进一步开发洛阳以外的牡丹论述。这对于牡丹产地转移的明清两代,同样具有指标性的意义。就连非牡丹谱录作者的王士祯提到牡丹时,也不能免俗地会引上一段:

> 欧阳公牡丹谱云,牡丹出丹州、延州,东出青州,南出越州,而洛阳为天下第一。陆务观作续谱,谓在中州洛阳第一,在蜀天彭第一,今河南惟许州、山东惟曹州最盛。洛阳、青州绝不闻矣。[77]

至于武则天怒贬牡丹的花间韵事,则毋庸笔者多事赘言,早已成为牡丹身份的文化记号。[78]而贵妃赏牡丹与李白创作《清平调词》可以合而观之,前面已有提及,此处不赘。附带一提的是,有名为"一捻红"的花种,相传即是杨贵妃以面脂捻印花上,此后花瓣即有指印红迹,故名为"一捻红"。[79]

从上述的讨论来看,牡丹这种花物所具备的文化意义,其实在牡丹谱录内容的讨论中,可说是被诠释得相当清楚。对于这些认为牡丹并非寻常花物的人来说,对牡丹自然会有不同的想法与见解。而对于牡丹谱录成书动机与内容特征的理解，可以让我们知道牡丹并非仅是一种观赏的花物而已，其中还杂糅了文化性的认同。计楠在《牡丹谱》中的一段话，就是例证：

> 牡丹之客于我家，我为牡丹之主人者，不可不为之谱以传于后。是重花之意也。[80]

这里的"重花"就是一个文化性的认同。而牡丹既是如此非比寻常的花物，自然不该出现污蔑牡丹灵性的作法。而他谈到栽植牡丹的种种限制时，则是将牡丹花忌进一步延伸到物质层面以外的观点，这其实是将牡丹的观赏面向提升至文化层面的例证。他认为：

> 牡丹有五忌：忌尼姑、不洁妇女观看，忌冰麝焚香、油漆气，忌热手抚捏，忌俗客对花喷烟，忌酒徒秽气熏蒸。犯此五忌，花即易萎，颜色顿变。爱花者，俱宜慎之禁之。[81]

当计楠谈到时人如何以色汁浇花的方式进而改变牡丹花色时，他认为这虽是人工栽植技术的巧法，却让花朵失去灵性，是真正的鉴赏家轻视之事：

> 古法有以紫草汁浇白花则变紫色，红花汁则变红色。……虽极人工之巧，殊失花之性灵，赏鉴家所不屑为也。[82]

一句"赏鉴家所不屑为也"，明显标示出牡丹谱录作者有别于常人的心态。此处所透露的差异，在于世人是以庸俗的面向一味追求牡丹花色的多样。对计楠来说,"花之性灵"才是他们这群人品玩牡丹的方式。薛凤翔用来形容"神品"的牡丹花种,不也就是"譬巫娥出峡,宓女凌波"如此深邃的境界吗?[83]这涉及时人针对牡丹进行文化想象的一面,而非牡丹真实的物质属性。牡丹谱录的例子告诉我们,当现实情况是牡丹蓬勃发展于各地的同时,牡丹谱录作者们意欲造就牡丹的独特身价,依赖的就是铸造在牡丹身上的各种文化认同。这些为文作谱的文人,便是依赖对于牡丹的癖好,造就出与其他不识牡丹之美的凡夫俗子之间的"文化边界"。

最后,从明清两代的谱录内容来看,牡丹花文化的知识构成体系,相较于前代并无任何创新,甚至是增加分类范畴的地方。明清牡丹花只是经由人工培植技术的进步,扩展到曹州、亳州及广州等地,在文化上并无独创一格之处。后出的谱录引用前人的"一家之言",但在征引对象的累积上,却看不出有逐渐积累的趋势。这与陈元朋研究的荔枝谱大相径庭,他认为自宋代蔡襄以降,各荔枝谱的"一家之言",不仅同样也是常见的征引对象,并且有逐代层累的倾向。清代道光年间吴应逵的《岭南荔枝谱》可称得上是集大成之作,吴谱虽名为"岭南",但对宋明间那些以荔枝为主题的各种荔谱论述,却都有相当程度的征引。[84]照这样看来,清代的牡丹谱录理应集众家牡丹论述于大成,但与薛凤翔著作相比,无论是在内容、篇幅和体例上,反倒是更显简略。在我看来,薛著反而在对于相关史实或前人言论的采撷上更形完备,征引的有关牡丹的"一家之言"不胜枚举,不似清代谱录只有寥寥数句而已。而薛著又是本于欧阳修的牡丹书写基础所完成,或许可以这么说,明清牡丹花文化的知识体系始终在欧阳修创立的典范上打转,甚至可说是走不出欧著论述的巨大身影。明清牡丹花文化的形构与论述,极有可能只是唐宋牡丹花文化的复制与流衍罢了。

五、结　语

本文以牡丹这种花物为例,试图探究其在明清历史脉络中的文化意义。当花成为一种文化性的产品,意味着背后有一套社会运作的逻辑以及物质性的设施。根据我的观察,牡丹在明清两代并非一种独特、高贵的花物,而是以两种相异的面貌在文本中交互出现。明清两代的牡丹栽种技法已趋成熟,应运而生的栽培技法,以及各色改变牡丹天然特性的人工方式纷纷出笼,这使得牡丹在现实面上要成为珍贵花物有其窒碍难行之处。牡丹的珍贵花物形象是体现在一群爱花人的作品上,统称为"牡丹谱"。牡丹花谱的出现,意味着赏玩牡丹的举措有了更进一步的发展,也意味着花文化的地域分殊化。这中间有个重点不可不知,有关牡丹娇贵的论述其实是掌握在为文作谱的人物身上,从前述薛凤翔与计楠的言论就可窥知一二。薛凤翔所举出的牡丹花忌,是着眼在实际层面上,譬如土壤、种地的选择。但计楠则是进一步将牡丹花忌衍生到精神层面,好似牡丹有灵性一般。这些牡丹花谱的出版品作者,意图成为赏玩者消费花文化的门径与指南。抑有进者,这些为文作谱的花间君子,其实是宰制牡丹特殊品味的文化再生产者。这些谱录作者对于牡丹的赏玩,有其主观能动性存在,牡丹花种的高下是依据其主观区判(distinction)而定。诚如计楠在《牡丹谱》所云:"莺花风月,本无常主,好者便是主人。牡丹客也,我主也。……众种之贵贱,花之性情,培植既久,品量乃定,而谱可作矣。"[65]另外需要注意的是,牡丹的普及性并非由人们不珍视牡丹所致,而是牡丹栽种知识发展成熟的结果。人们对于牡丹的生长繁殖有一套固定的栽培模式,而这套模式对于牡丹的生长发挥了极大的作用。这使得牡丹突破"空间距离"和"生长环境"挺立于世,向世人展现它的翩翩风姿。

---

① 杨豫、李霞、舒小昀:《新文化史学的兴起——与剑桥大学彼得·伯克教授座谈侧记》,《史学理论研究》2000年第1期,第144页。

② 譬如法国年鉴史家Daniel Roche以服饰的角度切入,试图表明人们如何透过选择特定的服装来表达他们的身份认同。他相信从服装的制作、交易、穿着、品味等方面进行考察,可以比其他任何一种单样的商品,更能全面、深刻地认识一个社会的文化和价值取向。Daniel Roche, *The Culture of Clothing: Dress and Fashion in the "Ancien Régime"*, Cambridge; New York: Cambridge University Press, 1994.

③ Jack Goody, *The Culture of Flowers*, Cambridge; New York: Cambridge University Press, 1993, Ch. 12, 13.

④ Jack Goody, *The Culture of Flowers*, pp. 357, 360–366.《芥子园画谱》亦可称为《芥子园画传》,为中国画技法图谱,共三集。初集为山水谱,二集为兰、竹、梅、菊四谱,三集为花卉、草虫及花木、禽鸟两谱。此三集系李渔婿沈心友请王氏兄弟编绘,刻于李渔在南京之别墅"芥子园",故名之。介绍中国画基本技法较为系统,虽间有舛误,但浅显明了,便于初学参考,故在清代甚为风行。见文化图书公司编《芥子园画谱全集》,(台北)文化图书公司1972年。

⑤ (明)王象晋纂辑,伊钦恒诠释:《群芳谱诠释》,农业出版社1985年。

⑥ 邱仲麟:《花园子与花树店——明清江南的花卉种植与园艺市场》,《中央研究院历史语言研究所集刊》第78本第3期(2007年9月),第473—552页;《宜目宜鼻——明清文人对于盆景与瓶花之赏玩》,《九州岛学林》第5卷第4期(2007年12月),第120—166页;《明清江浙文人的看花局与访花活动》,《淡江史学》第18期(2007年9月),第75—108页。

⑦ 何小颜:《花与中国文化》,人民出版社1999年;何小颜:《花的档案》,(台北)台湾商务印书馆2001年。

⑧ 闻铭、周武忠、高永青主编:《中国花文化辞典》,黄山书社2000年。

⑨ (清)李汝珍:《镜花缘》,上海古籍出版社1991年,第16页。

⑩ 宋人高承《事物纪原》卷一〇《牡丹》有载："故今言牡丹者,以西洛为冠首。"参见(宋)高承《事物纪原》,《丛书集成新编》第39册,(台北)新文丰出版公司1985年,第299页。

⑪ 关于唐代牡丹的盛况,可参见李树桐《唐人喜爱牡丹考》,收载李树桐《唐史新论》,(台湾)中华书局1972年,第212—281页。翁俊雄:《唐代牡丹》,收载荣新江主编《唐研究》第五卷,北京大学出版社1999年,第81—92页。李雄、李富轩:《国色天香话牡丹》,《历史月刊》206期(2005年3月),第16—19页。

⑫ 宋人周师厚的《洛阳牡丹记》即是本于欧阳修立下的撰写范围与体例。明人薛凤翔的《亳州牡丹史》,也是本于欧阳修的"牡丹谱"体例,进而增加条目推广记载。参见(明)薛凤翔《亳州牡丹史》(《四库全书存目丛书》子80,庄严文化事业有限公司1995年,附录《四库全书总目·牡丹史四卷提要》,第453页)。

⑬ 陆游《天彭牡丹谱》云:"牡丹在中州,洛阳为第一;在蜀,天彭为第一。"见(宋)陆游《天彭牡丹谱》,《丛书集成续编》第83册,(台北)新文丰出版公司1989年,第473—476页。

⑭ Jack Goody, *The Culture of Flowers*, p. 364。陶渊明有《饮酒诗》一首:"结庐在人境,而无车马喧。问君何能尔,心远地自偏。采菊东篱下,悠然见南山。山气日夕佳,飞鸟相与还。此中有真意,欲辨已忘言。"

⑮ Jack Goody, *The Culture of Flowers*, pp. 368-369, 381.

⑯ (明)薛凤翔:《亳州牡丹史》卷一《本纪》,第396页。这段文字传抄到清代的牡丹谱录反而成为:"崔豹古今注,芍药有草、木两种,花大而色深者为牡丹。"见(清)余鹏年《曹州牡丹谱·自序》,《丛书集成续编》第1355册,商务印书馆1937年,第1页。我以为这是后人以牡丹为贵,反而不理会薛凤翔的本意,径自抄写的结果。

⑰ (明)张瀚:《松窗梦语》卷五《花木纪》,中华书局1985年,第101—102页。

⑱ (明)文震亨撰,海军、田军注释:《长物志图说》卷二《花木》,第37页。

⑲ (明)薛凤翔:《亳州牡丹史》卷一《表一·花之品》,第397—399页。

⑳ 同上书,第 407 页。

㉑ (清)纽琇:《亳州牡丹述》,《丛书集成续编》第 79 册,上海书店 1994 年,第 551—553 页。

㉒ 同上书,第 553 页。

㉓ 同上。

㉔ 这在插花艺术上也可以窥知一二,袁中郎《瓶史》对于花之欣赏就列有诸种条目,其中"品第"一条即谈到牡丹颜色以"黄楼子"、"玉蝴蝶"、"西瓜瓤"和"大红舞青猊"为上。参见(明)袁宏道《瓶史》卷下《品第》,《丛书集成初编》第 1559 册,商务印书馆 1937 年,第 5 页。

㉕ (清)王士禛:《分甘余话》卷一《黄莲花》,中华书局 1989 年,第 6—7 页。

㉖ (明)陆容:《菽园杂记》卷一二,中华书局 1985 年,第 152 页。

㉗ (清)姚元之:《竹叶亭杂记》卷八《四十一则》,中华书局 1982 年,第 160 页。

㉘ (清)李斗:《扬州画舫录》卷一六《蜀冈录》,中华书局 1960 年,第 380—381 页。

㉙ (清)王士禛:《池北偶谈》卷二四《谈异五·黑牡丹》,中华书局 1982 年,第 577—578 页。

㉚ (清)王士禛:《池北偶谈》卷二六《谈异七·白牡丹》,第 632 页。

㉛ (清)梁章钜:《浪迹三谈》卷六《新齐谐摘录》,中华书局 1981 年,第 502 页。

㉜ (清)金埴:《不下带编》卷五《杂缀兼诗话》,中华书局 1982 年,第 88 页。

㉝ (明)陆容:《菽园杂记》卷一三,第 156 页。

㉞ 陈元朋:《荔枝的历史》,《新史学》第一四卷 2 期(2003 年 6 月),第 146 页。

㉟ (明)薛凤翔:《亳州牡丹史》卷一《表二·花之年·栽二》,第 404 页。

㊱ 同上书,第 406 页。

㊲ 这些种植论述到了清代牡丹谱录的作者身上出现变异,以生粪搅拌水

来浇灌是寻常作法。譬如余鹏年在他的园中即以粪当作肥料,并论及前人以牡丹性瘦不喜粪的说法为“此殊不然”。参见(清)余鹏年《曹州牡丹谱·附记七则》,第12页。此后甚至还出现埋死鼠与羊肠胃种花的情形,理由是“牡丹最喜肥”且“根总宜于暖”,如此作法可使牡丹“开花鲜茂”。参见(清)姚元之《竹叶亭杂记》卷八《四十一则》,第165页。可见牡丹性喜瘦这个概念,已经为清人牡丹知识体系所排除,而改用最为符合现实情况的“性喜肥”栽植方法。

㊳ (明)高濂:《遵生八笺·牡丹花谱》,甘肃文化出版社2003年,第428页。

㊴ (明)薛凤翔:《亳州牡丹史》卷一《表二·花之年·栽二》,第404页。

㊵ 同上书,第405页。

㊶ (清)计楠:《牡丹谱》,第559页。

㊷ 清人李斗在其作有云:“画舫有市有会,春为梅花、桃花二市,夏为牡丹、芍药、荷花三市。”由此可见牡丹花期之一斑。见(清)李斗《扬州画舫录》卷一一《虹桥录下》,第251页。

㊸ (清)余鹏年:《曹州牡丹谱·附记七则》,第13页。

㊹ (明)谢肇淛撰,郭熙途校点:《五杂组》卷一〇,辽宁教育出版2001年,第209页。

㊺ 这段话是这么讲的:“牡丹、芍药之不入闽,亦如荔枝、龙眼之不过浙也。此两者政足相当。近来闽中好事者多方致之,一二年间,亦开花如常,但微觉瘦小,过三年不复生,又数年则萎矣。”参见(明)谢肇淛撰,郭熙途校点《五杂组》卷一〇,第210页。

㊻ (清)屈大均:《广东新语》卷二五《牡丹》,中华书局1985年,第642页。

㊼ 根据基斯·托马斯(Keith Thomas)的看法,“人类中心主义”的起萌和转变的形式,就在于人类之于自然界万事万物是置居于食物链伦理体系的中心。人类对于动植物的猎捕、驯化和食用等行为,都表明人类对于自然的态度是以人为中心的。见 Keith Thomas, *Man and the Natural World: Changing Attitudes in England, 1500 - 1800* (New York: Oxford University Press, 1996), pp. 17 -21, 30, 41。中译本可见宋丽丽译《人类与自然世界:1500—1800年间英国观念的变化》,译林出版社2008年。

㊽ (明)薛凤翔:《亳州牡丹史》卷一《表二·花之年·接四》,第405页。这样的种植论述不仅止于移栽牡丹而已,新栽种的牡丹花芽,若是根下抽出白芽,种植者也会将其削去,谓之“打剥”。参见(明)薛凤翔《亳州牡丹史》卷一《表二·花之年·养六》,第406页。

㊾ (清)计楠:《牡丹谱》,第560页。

㊿ (明)薛凤翔:《亳州牡丹史》卷一《表二·花之年·接四》,第405页。

(51) 同上书,第406页。

(52) (明)谢肇淛撰,郭熙途校点:《五杂组》卷一〇,第210页。

(53) (明)沈德符:《万历野获编》卷二九《岁朝牡丹》,中华书局1959年,第733页。

(54) (清)方浚师:《蕉轩续录》卷七《停进牡丹》,中华书局1995年,第277页。

(55) (清)刘声木:《苌楚斋续笔》卷二《牡丹为国花》,中华书局1998年,第277页。

(56) (清)计楠:《牡丹谱》,第559页。(明)谢肇淛撰,郭熙途校点:《五杂组》卷一〇,第210页。

(57) (明)薛凤翔:《亳州牡丹史》,第392—393页。

(58) 《亳州牡丹志》(《四库全书存目丛书》子80,庄严文化事业有限公司1995年,附录《四库全书总目·亳州牡丹志一卷》,第385页。著作者不详)。

(59) (清)纽琇:《亳州牡丹述》,第554页。

(60) (清)余鹏年:《曹州牡丹谱·自序》,第2页;(清)计楠:《牡丹谱·牡丹谱自序》,第555页。

(61) (明)薛凤翔:《亳州牡丹史·凡例》,第394页。

(62) 同上书,第397页。

(63) (清)计楠:《牡丹谱·牡丹谱自序》,第555页。

(64) (清)余鹏年:《曹州牡丹谱·自序》,第1—2页。

(65) “姚黄魏紫”、“魏紫姚黄”的省称,泛指牡丹花。宋代洛阳两种名贵的牡丹品种。魏紫,千叶肉红花,出于五代魏仁溥家;姚黄,千叶黄花,出于民间姚氏家,见(宋)欧阳修《洛阳牡丹记·花释名》。后为牡丹的通称或泛指名贵的花卉。(元)吴昌龄《东坡梦》第四折:"你素魄儿十分媚,慧心儿百和香,更压着魏紫姚黄。"孤本元明杂剧《八仙过海》头折:"牡丹似锦灿朝霞,魏紫姚黄足可夸。"

⑯(清)纽琇:《亳州牡丹述》,第551页。

⑰(明)薛凤翔:《亳州牡丹史·本纪》,第397页。拙意以为这是薛凤翔以牡丹取譬朝政的一个面向,关于牡丹与政治之间的牵连关系,也是一个值得探究的课题。

⑱(明)薛凤翔:《亳州牡丹史·本纪》,第397页。(清)纽琇:《亳州牡丹述》,第551页。

⑲陈元朋:《荔枝的历史》,第154页。

⑳参见《曹州牡丹谱》书前安奎文之序言。

㉑(清)计楠:《牡丹谱·牡丹谱自序》,第555页。

㉒(清)纽琇:《亳州牡丹述·亳州牡丹述跋》,第554页。

㉓(明)薛凤翔:《亳州牡丹史》卷四《艺文志》,第434—451页。惟《艺文志》的部分,无法进行比对,理由是其他谱录并无开辟《艺文志》这个门类,只能从书前自序判定作者到底引用了多少文学作品。

㉔李白的《清平调词》三首原文如下:"云想衣裳花相容,春风拂槛露华浓。若非群玉山头见,会向瑶台月下逢。""一枝秾艳露凝香,云雨巫山枉断肠。借问汉宫谁得似,可怜飞燕倚新妆。""名花倾国两相欢,长得君王带笑看。解释春风无限恨,沉香亭北倚阑干。"

㉕以上参见(明)薛凤翔《亳州牡丹史·本纪》,第396—397页。

㉖陈元朋:《荔枝的历史》,第156页。

㉗(清)王士禛:《池北偶谈》卷二五《谈异六·牡丹》,第611页。

㉘同样的论述还可见于非牡丹谱录作者的作品,参见(清)王有光《吴下谚联》卷二《牡丹不带娘家土》,中华书局1982年,第40页。

㉙(清)余鹏年:《曹州牡丹谱·花间色》,第9页。

㉚(清)计楠:《牡丹谱·牡丹谱自序》,第555页。

㉛ 同上书,第 560 页。
㉜ 同上书,第 559 页。
㉝ (明)薛凤翔:《亳州牡丹史》卷一《表一·花之品》,第 397 页。
㉞ 陈元朋:《荔枝的历史》,第 155—156 页。
㉟ (清)计楠:《牡丹谱·牡丹谱自序》,第 555 页。

惜花有情存雅道
——宋以降花谱编纂的嬗变与士人的品鉴文化

林秋云

摘要：品鉴文本"花谱"中的"花"，在宋代指的是植物学意义上的花卉，然而到了晚明和清代，却被用以指称当时的名妓与名伶。花的拟人传统和人的物化趋势让"美人"和花出现了"同化"现象，"花"的用法随之发生了迁移。由于采用了和宋人写花一样的"谱录"体例，继承了宋人写花的手法与品评的框架，明清时期品鉴妓女和伶人的文本亦被称之为"花谱"。作为一种品鉴文本，"花谱"的主观性很强，在品鉴的语境下，被品鉴的"花"无法为自己发声，他们在"花谱"中呈现的多是通过士人的审美品味建构出来的形象。"花谱"指称范围的扩大反映的是品鉴传统的延续，然而，由于社会变迁所带来的士人与"花"的关系的改变，品鉴文化在明清也呈现出了不同的样貌。

关键词：名花，名妓，名伶，品鉴

林秋云，复旦大学历史学系博士生

《辞海》中的"花"指的是"被子植物特有的生殖器官"，同时，"能开花供欣赏的植物"也被称为"花"。[①]不过，这两条解释都是针对"花"的植物学意义而言的,除了本意,"花"还有丰富的社会性意涵。杰克·古迪(Jack Goody)曾在《花的文化》(*The Culture of Flowers*)一书中,通过比较花卉在世界不同地区世俗生活及宗教礼仪等场合中的象征性与事务性的运用,探讨各地社会心态的不同特点。在该书的第十二章中,他还专门针对中国的"花中四君子"进行了历史回溯与阐释。② 中国学者对花卉的关注,一是讨论花作为一种文学意象在历朝诗歌中的呈现,尤其是所谓的"咏花诗词"。研究者多从诗词创作者的"情"与"志"出发,分析作者借助"花"这一书写对象,想要抒发与表达的价值、理想与情感。③ 此外,亦有从园艺学的角度出发,利用宋以后系统记载花卉的谱籍(即本文即将要讨论到的"花谱"),探讨花卉的分类、栽培技术、园艺知识的传承等。④

无论是古迪对花中四君子的探讨,抑或是其他围绕着咏花诗展开的分析,这些研究关注的重点并非完全在于"物",对花卉在传统文化书写中作为一种"物"的象征意义也缺乏解释。⑤ 园艺学则是个晚近的概念,用今人之眼观察彼时之花,对于理解花在当时社会上的意义,还是会失之偏颇,毕竟古人之看花、写花与种花,古人对花的认识,与今日园艺系百科全书式的纯植物学介绍,还是有很大的不同。

本文并不是想对"花"的多样化意涵进行全面探讨,笔者在这里试图讨论的,是在宋、明、清大量出现的一类被称为"花谱"的文本。谱,籍录也,有别于其他文献,它的写作依循着某个系统或者事物类别进行。所谓"花谱",顾名思义,指的是专门记载"花"的书籍。不过,这种记载并不只是对"花"进行纯粹的、客观性的知识介绍,它还涉及对"花"的品鉴:为什么样的"花"修谱,挑选什么样的"花"入谱,如何为谱中之"花"分品列类或评定高下,这些都是"花谱"作者所要解决的问题。此外,虽然"花谱"的写作对象都是"花",但自宋至清,"花"的指涉对象却出现了由植物及人物的变化趋势。宋代"花谱"中的"花"大多就其植物学意义的"花"而言,然而到了明代,尤其是晚明时期,大量花谱中的"花"却成为了名妓的代名词。到了清中期,"花"的指称范围进一步扩大,那些在京城唱戏的男伶,也纷纷被冠之以花名。无论是晚明品鉴名妓的文本,抑或是清代品鉴男伶的文本,都被习以称之为"花谱"。[6]

为什么"花"会出现这样的新用法?为什么原本用于品鉴植物学意义上之花卉的体例、文本,最后会被用以品鉴妓女和伶人?这种转变的背后又关涉怎样的社会文化变迁?人与花的关系,是否发生了变化,发生了怎样的变化?本文力图通过以下四个部分的考察来解决这些疑问。

一、"谁修花谱续欧阳":花谱的滥觞

> 前身应是紫薇郎,化作名花擅国香。
> 初讶晓烟笼黲幄,忽疑甘露沁霞觞。
> 灵根浅映兰芽嫩,秾艳微涵歙砚光。
> 世代只今怜间色,谁修花谱续欧阳。

这首诗是明代曾任刑部尚书的何乔新在赏牡丹之后写下的,其中的"花谱"指的是欧阳修的《洛阳牡丹记》。[7]《洛阳牡丹记》为牡丹花之专谱,全书一卷,首为"花品叙",将二十四种牡丹花次第叙之,次为"花释名",详述花之特点与花名之所自来,最后是"风俗记",简叙"游宴及接植栽灌之事"。[8]因为宋人习惯直接称牡丹为花,[9]欧阳修的《洛阳牡丹记》又被惯称为"花谱"。[10]据陈振孙的《直斋书录解题》,此谱为"蔡君谟(蔡襄)书之,盛行于世"。[11]在《洛阳牡丹记》之后,又有《冀王宫花品》、《吴中花品》、《花谱》等

牡丹花谱问世，内容亦不出记载牡丹花之品种并分等品评之。[12]

古人对花卉的关注很早，先秦时期即有以花为写作对象的诗歌，[13]然而真正将花作为一种赏鉴对象，并为之撰写系统的谱录，而不只是将其作为抒发情感的媒介，却是比较晚近的现象。宋人陈思《海棠谱》中有："唐相贾元靖著《百花谱》，以海棠为花中神仙。"[14]虽然《百花谱》已佚，但从这条记载来看，它应当是一本品评花卉的专著。

现存的以花卉为专门描述、记载、品评对象的文本在宋代开始大量出现。这类文本大多采取谱录的形式，以花名或花的品种为纲，首次第之，继以释花之名，描摹其形、色、味、态，再附以咏花诗、花之相关掌故，偶亦会兼及花之栽种之法。[15]从王毓珊《中国农学书录》中花卉类的书目提要来看，这类著作数量不少，除了之前提到的欧阳修的《洛阳牡丹记》等牡丹花谱，类似的还有刘攽《芍药谱》、王观《扬州芍药谱》、刘蒙《刘氏菊谱》、陆游《天彭牡丹谱》、范成大《范村梅谱》和《范村菊谱》、赵时庚《金漳兰谱》等。

起初，只有牡丹花谱被称之为"花谱"，但逐渐地，无论是何种花，只要是以谱录形式出现、具有品花性质的文本，在宋人的诗词文集中均习称为"花谱"。如姜夔《侧犯·咏芍药》中"后日西园，绿阴无数，寂寞刘郎，自修花谱"一句，[16]即以"花谱"称刘攽之《芍药谱》。又如杨冠卿的《腊梅四绝》中的"嚼蜡我今忘世味，羞将花谱细平章"，[17]此"花谱"指的乃是梅花谱。辛弃疾《和洪莘之通判〈丹桂词〉》中"我评花谱，便应推此为杰"，[18]"此"指的是丹桂，"花谱"很显然在这里应该是桂花谱。

宋代花谱多为某一花卉之专谱，如王观的《扬州芍药谱》，乃为芍药之专书，全书只有两个部分，首先为芍药定品，描摹每一种品类之形状、颜色，附以后论，相当于后序，略述前人芍药谱中之品种以及自己发现的新品种。大部分花谱都注重搜罗各色品种,并按照一定的原则,评判其高下。如张峋的《花谱》,以牡丹有千叶、多叶、黄、红、紫、白之别,类以为谱,"凡千叶五十八品,多叶六十二品"。[19]已佚《冀王宫花品》,亦是按照颜色,将所记之五十种牡丹分为三等九品。[20]王观的《扬州芍药谱》,兼顾形状及颜色,将所得三十四品芍药,分成上之上、上之下、中之上、中之下、下之上、下之中、下之下七等。[21]刘蒙的《刘氏菊谱》,按照"先色与香而后态","色又以黄为正,白次之,紫又次之以白,红又次之以紫"的原则,对三十五品菊花排列榜单。[22]《金漳兰谱》亦按照颜色,将所品之兰分为紫花和白花两大类,每类又分为上品、中品、下品、奇品四类。[23]

这种为花卉修谱的风气一直延续到了明清。与宋代专以品花为务的花谱相比,明清出现的此类著作虽然也有将内容重心放在将花分品,并且按品分等第一一加以品题的文本,如《诚斋牡丹谱并百咏》、《菊谱》、《问秋馆菊谱》、《海天秋色谱》等,[24]但更多著作却是主要围绕着某种花卉的栽培"奥诀"进行详细介绍。以高濂《遵生八笺》中的《牡丹花谱》、《芍药谱》、《菊谱》、《兰谱》为例,[25]这四个文本同样分别以牡丹、芍药、兰花、菊花为记载对象,文本中同样收录有各花之品种,但是文本的结构、文本所要强调的重点,却与宋代有很大的不同。

比如,其《牡丹花谱》,首先详细叙述了牡丹花的各种种植方法、宜忌、浇灌与治疗,其次按照颜色附录了牡丹花的品目,每个品种之后作者只是用诸如"千叶"、"难开"、"宜阳"等寥寥数字点明与种植相关之事项,不品评也不描述。《芍药谱》的文本结构与《牡丹花谱》相差不大,只是在描述栽培方法之前,作者引用明以前文献中与芍药相关的记载对此花作了个简单的考证与说明。第三部分"芍药名考",实际上并未涉及"考",作者只是简单地罗列了刘攽、孔武仲等人撰修的《扬州芍药谱》中的芍药品种,以此突出芍药的花品之盛。《菊谱》和《兰谱》几乎延用了同样的结构安排,虽然在《兰谱》中,高濂用了一小节的文字专门叙兰之"容质"并"品兰高下",但相对于后面大段对种兰、养兰奥诀的讨论,"品兰"便显得有些微不足道。

清代的情况与明代类似,不少与花卉相关的谱录多为作者种植某花之经验分享。[26]如果说宋代花谱强调的是作者的观感与评价,那么明清的这类花卉之谱却是在竭力排除这种因素。尽管如此,宋代花谱中这种品鉴"物"的传统并没有中断或者消亡。实际上,这种传统在明清时期另两类亦被称之为"花谱"的文本中得到了很好的诠释,只不过,此二种文本所品鉴之"物",已经由"植物"转换成了"人物",一为名妓,一为名伶。

二、"欲谱名花费剪裁":由植物及人物

生活在明万历年间的文化名士沈守正在一首赠予名妓郝云娘的诗前小序中这样写道:[27]

> 予友沈千秋作花谱,以郝云娘为冠,评曰"不知秋色落谁家",又评"粗服乱头亦好",予见而慕之。复闻朱公朗述其艳美事,益令色飞,传已从人,自分此生缘断矣。[28]

沈守正并未说明其好友沈千秋所作的"花谱"到底是一本什么样的书,不过,从其提到的评"郝云娘为冠"一句来看,很显然,这里的"花谱"已经不是宋代品评花卉的植物之谱。笔者发现,永华梅史所作品评万历年间京城女妓的《燕都妓品》中,同样有以郝云娘为冠的说法,且评语亦颇为相似。[29]此书跋语中有"或云梅史

借名耳,浙东名士沈郎所编",[30]可见沈千秋很有可能就是《燕都妓品》的作者,而沈守正所言其友沈千秋所作的花谱很有可能就是《燕都妓品》,这类品评妓女的著作,在当时亦多被惯称为"花谱"。据沈守正描述,"沈郎花谱近十年,云娘倾国人人传",[31]可见此类作品在当时颇为流通。

用"花谱"来指称品评女色之书的传统或可追溯至宋代。宋人翁元广有咏"碧蝉儿"花一首,诗云:"露洗芳容别样清,墙头微弄晓风轻。不须强入群芳社,花谱初无汝姓名。"[32]表面上,这是一首咏花诗,实际上,这却是翁元广吟咏一位名为"詹雅"的妓女的诗作。据金盈之的《醉翁谈录》载:"丘郎中守建安日,招置翁元广于门馆,凡有宴会,翁必预焉。"每宴,皆会有"诸妓佐樽","翁得熟谙其姿貌妍丑,技艺高下,因各指一花以寓品藻之意,其词轻重,各当其实,人竞传之"。[33]翁元广以姿色、技艺为标准,共为五十五位妓女评定了高下,这种品评的表现方式是各人取一花比之,并附诗赞其风致。"詹雅"因籍籍无名,翁元广以"碧蝉儿"花配之。"花谱初无汝姓名"反映的其实是詹雅的排名情况,此花谱已非原来植物学意义上品评花卉的著作。

或许囿于史料的保存情况,宋代这类品鉴女色的专书十分罕见。直到明代中晚期,此类作品才大量出现。曹大章在其所作品鉴秦淮妓女之著作《秦淮士女表》的序言中这样写道:

> 国初女伎尚列乐官,缙绅大夫不废歌宴……当时胭脂粉黛,翡翠鸳央,二十四楼分列秦淮之市……曾见《金陵名姬分花谱》,自王宝奴以下凡若,而人各缀一词,切而不雅。《十二钗女校书录》差强人意,未尽当家。余子纷纷,蛙鸣蝉噪,刻画无盐,唐突西子,殊为可恨。[34]

嘉靖间，金陵诸姬著名者，"前则刘、董、罗、葛、段、赵，后则何、蒋、王、杨、马、褚，青楼所称'十二钗'也"，㉟显而易见，《金陵名姬分花谱》《十二钗女校书录》皆为当时的品妓之书，品藻对象为南京诸名妓。曹大章乃南直隶金坛人（今江苏常州），嘉靖三十二年（1553）进士，曾任翰林院编修，"擅才能文"，后"以废疾罢"。㊱尽管曹认为这两本著作内容差强人意，二书作成后，还是"余子纷纷，蛙鸣蝉噪"，㊲品鉴女色之书络绎出版。仅目前可见的晚明的作品，除了刚才提及的《燕都妓品》，曹大章本人就有《莲台仙会品》、《秦淮士女表》两种，此外，还有杨慎的《江花品藻》，㊳萍乡花史的《广陵女士殿最》，潘之恒的《曲中志》、《金陵妓品》、《曲艳品》、《后艳品》、《绝艳品》，㊴宛瑜子《吴姬百媚》，㊵李为霖《金陵百媚》等。㊶

考谱中所载诸姬，除《江花品藻》品评的是西蜀女妓，《燕都妓品》记载的是"燕赵佳人"以外，其余大部分均活跃在江南地区，而这其中又以苏杭和南京为最。金陵乃古称"佳丽之地"，洪武初年此地曾建十六楼以处官妓。虽在宣德年间顾佐曾奏禁官妓，但因江南地区"经济条件优厚，声色事业易于发展，政治上又因为远离权力中心"，很快便"成为突破官妓禁令的始作俑者"。㊷正德以后吴地已有官员狎妓之例。㊸嘉靖年间，无锡甚至有卸任回乡的官员与当地举人一起造楼，"招致吴越名艳，聚处其中，结肆情之社，日夕游娱"。㊹苏州、杭州、扬州、南京等地更是妓馆林立，㊺"妓家分别门户，争妍献媚，斗胜夸奇"。㊻

士人与妓女的交往一直是士人社会交往的重要方面。明中叶以后，江南地区的士人与妓女的交往愈加频繁。钱谦益曾在《金陵社集诸诗人》中追忆嘉靖至万历年间南京地区文人结社的盛况，开篇即写陪都佳丽，让仕宦者夸此地为仙都，游谈者指此地为乐土。"江山妍淑，士女清华，才俊翕集，风流弘长"，"秦淮一曲,烟水竞其风化;桃叶诸姬,梅柳滋其妍翠",[47]这些女妓除了有曼妙的身姿,更重要的是她们都通文墨、工书画、善词曲,在文人的结社交往中,妓女成为了不可缺少的陪伴,她们不但于文人雅集时佐酒、弹唱,甚至还亲自作诗参与文人的酬答。在这种氛围的熏染下,士人与妓女交往逐渐成为一种社会风尚。[48]士人品鉴其所览之美色,不但不会遭受道德的诘难,相反,还会被认为是一种风雅之事。

明的覆亡与满族的入主中原,让不少文人的生活形态与文化活动发生了变化,对个人道德修养的重视取代了过去"浮嚣奔竞"的习气。[49]加之清初几位帝王对简约质朴生活方式的崇尚,以及在这种舆论导向下地方官员开展的对江南奢靡风气的治理,[50]导致公开品评妓女、征逐女色的活动曾一度沉寂。[51]清初律法对挟妓的惩罚尤为严格:"僧道官、僧人、道士,有犯挟妓饮酒者,俱杖一百,发原籍为民","官吏宿娼,凡文武官吏宿娼者,杖六十,挟妓饮酒亦坐此律","官员子孙应袭宿娼者罪亦如之",[52]"生员犯居丧娶妻及挟妓饮酒者例应充军"。[53]在这样的情况下,挟妓成了一件冒险与逾矩的事。除非身在体制之外,否则这些文士不可能再如从前那样频繁与妓女接触,并为之公开撰写花谱。[54]

禁妓之外,顺康时期,朝廷还裁撤教坊女乐,并且严厉禁止女性演员的活动。虽然禁令无法全面而彻底地推行,清中期的北京城还是因禁制女演员而造成了纯男性的舞台。[55]"杯酒之场,尤不可以无狎客",[56]"大欲难防,流风易散,制之于此,则趋之于彼",[57]在禁妓与禁女优的影响下,活跃在梨园舞台上的男伶,尤其是扮演女性的旦角,自然逐渐进入了士人的视野。

起初,旦角每部多不过三四人,自有昆腔,洋洋盈耳。乾隆年间,魏长生与徽班的进京,更使得人浮于剧,在京中形成了不重伶之曲艺而重伶之美色,不重生角而重旦角的氛围。[58]在北京大大小小的戏园演出之外,⁵⁹伶人们还可以应召至会馆或私人宅第出演堂会戏。不过,这些营生对伶人而言都不是最重要的,等待被叫局,到各大酒馆饭庄侑酒佐觞、陪伴出游,或者在自己的寓所里等待着顾客造访,陪伴他们品茗、聊天、游戏,似乎才是伶人的正业。⁶⁰和晚明的妓女一样,清代也有部分时伶善弈、善弹琴、能书画、嗜文墨,"或工画,或知书,或谈时事,或熟掌故,各有一长","学士文人皆乐于之游,不仅以顾曲为赏音也"。⁶¹

关于清代士人与男伶的交往风气,笔记中多有记载,或曰"京师梨园中有色艺者,士大夫往往与相狎",⁶²"京师宴集,非优伶不欢,而甚鄙女妓,士有出入妓馆者,众皆讪之",⁶³"京师风尚,延宾会友往往进雏伶侑酒",⁶⁴"酒楼雅集,知己相逢,必招歌伶以监觞政"。⁶⁵可以看出,在北京城中,妓女在士人交游圈中的地位已经完全被男伶所取代。这些来自南方,尤其是江南地区的士人,也开始采用花谱这种文本形式品评其所寓目的伶人。⁶⁶

一般认为,成书于乾隆五十年(1785)的《燕兰小谱》是现存最早的品伶花谱。⁶⁷虽然该谱未直接以"花谱"二字命名,但书名中已隐含此意:燕地指北京,兰是一种花卉,且该书以"谱"为名。尽管题名为兰谱,该书品评的对象并不是真正作为花卉的兰,而是六十四位活跃在京中梨园的男伶,这些男伶皆为当时"都中旦色之得名者"。⁶⁸《日下看花记》亦为另一部品伶专书,成书于嘉庆八年(1803)。作者小铁笛道人在叙其写作之缘起时,有"客夏,偶阅各种花谱,均为惬心"一语,⁶⁹由此可见至晚在嘉庆初年,已有将"花谱"用于指称品伶专书的情况。反映乾嘉时期京城梨园生活的小说——《品花宝鉴》中也有不少将品伶文本直呼为"花谱"的资料。⁷⁰

《燕兰小谱》的出版开启了嘉道年间的花谱热,⁷¹笔者管窥所及,《燕兰小谱》之后,同类题材的作品就有《瑞云录》、《消寒新咏》

两部刊出,《瑞云录》一书,乃"好事者"以"续《燕兰小谱》"之为。[72]嘉庆年间,又有《评花新案》、《燕台校花录》、《梦华外录》、《再续燕兰小谱》、《日下看花记》、《长安品艳》、《片羽集》、《花月旦》、《听春新咏》、《评花》、《莺花小谱》等二十部著作问世。播花居士在道光三年(1823)创作《燕台集艳》时,已经忍不住要感叹:"都中伶人之盛,由来久矣,而文人学士为之作花谱、花榜者,亦复汗牛充栋。"[73]这股花谱热一直持续到光绪末年,尽管其中太平天国运动和第二次鸦片战争曾经短暂地影响花谱的写作。庚子事变以后,花谱的数量逐渐减少,科举制度废除之后,花谱的撰写活动更是遭遇重大挫折。[74]清朝覆亡民国建立后严禁狎优,品伶花谱几乎绝迹。

表1:清代中后期的品伶花谱

	品伶花谱	成书时间	作者署名	籍贯
乾隆年间(2种)	燕兰小谱	乾隆乙巳年(1785)	安乐山樵	浙江仁和
	消寒新咏	乾隆六十年(1795)	铁桥山人 问津渔者 石坪居士	问津为宝塘人
嘉庆年间(7种)	梦华小录	嘉庆年间[75]	南湖渔者	不详
	日下看花记	嘉庆癸亥年(1803)	小铁笛道人	姑苏
	片羽集	嘉庆丙寅年(1806)	来青阁主人	金匮(即今江苏无锡)
	众香国	嘉庆丁卯年(1807)	众香主人	不详
	听春新咏	嘉庆十五年(1810)	留春阁小史	不详
	评花	嘉庆二十一年(1816)	辑香氏	南洲人[76]
	莺花小谱	嘉庆己卯年(1819)	半标子	不详

(续表)

	品伶花谱	成书时间	作者署名	籍贯
道光年间 (11种)	燕台集艳	道光癸未年(1823)	播花居士	不详
	金台残泪记	道光戊子年(1828)	华胥大夫	福建建宁
	燕台鸿爪集	道光壬辰年(1832)	粟海庵居士	福建侯官
	长安看花记	道光十六年(1836)	蕊珠旧史	广东梅县
	辛壬癸甲录	道光丁酉年(1837)		
	凤城花史	道光戊戌年(1838)	种芝山馆主人	不详
	评花韵语	道光戊戌年(1838)		
	丁年玉笋志	道光二十二年(1842)	蕊珠旧史	广东梅县
	梦华琐簿	道光壬寅年(1842)		
	续评花韵语	道光丙午年(1846)	种芝山馆主人	不详
	呓语丛记	道光丙午年(1846)		
咸丰年间 (4种)	昙波	咸丰壬子年(1852)	四不头陀	不详
	法婴秘笈	咸丰乙卯年(1855)	双影庵生	江苏无锡
	燕台花史	咸丰己未年(1859)	蜃桥逸客 兜率宫侍者 寄斋寄生	不详
	明僮小录	咸丰丙辰年(1856)	余不钓徒	浙江人
同治年间 (6种)	明僮续录	同治丙寅年(1866)	殿春生	古歙人
	群芳小集	同治辛未年(1871)	麋月楼主	浙江仁和
	评花新谱	同治壬申年(1872)	艺兰生	浙江湖州
	菊部群英	同治十二年(1873)	邗江小游仙客	浙江仁和
	瑶花梦影录	同治癸酉年(1873)	笙月词人等	不详
	群英续集	同治甲戌年(1874)	麋月楼主	浙江仁和

(续表)

	品伶花谱	成书时间	作者署名	籍贯
光绪年间 (15种)	宣南杂俎	光绪元年(1875)	艺兰生	浙江湖州
	凤城品花记	光绪二年(1876)之前	香溪渔隐	浙江湖州
	撷华小录	光绪二年(1876)	沅浦痴渔	湖南武陵
	燕台花事录	光绪丙子年(1876)	蜀西樵也	四川华阳
	怀芳记	光绪丙子年(1876)	萝摩庵老人	不详
	侧帽余谭	光绪戊寅年(1878)	艺兰生	浙江湖州
	鞠台集秀录	光绪十二年(1886)	佚名	不详
	粉墨丛谈	光绪十三年(1887)	申左梦畹生	江苏南汇
	瑶台小咏	光绪十六年(1890)	嫒嫒轩主人撰,王韬整理	王韬为苏州人
	绘图情天外史	光绪乙未年(1895)	情天外史	不详
	鞠部明僮选胜录	光绪二十四年(1898)	了然先生	江苏扬州
	新刊鞠台集秀录	光绪二十四年(1898)	佚名	不详
	莲湖花榜	光绪二十五年(1899)	龙湖诗隐	云南石屏
	杏林撷秀	光绪甲辰年(1904)	谢素声	余姚
	燕兰续谱	清末(具体年份不详)	菊佣笔述	不详
宣统年间 (1种)	新情天外史	宣统三年(1911)	天恨生	不详

说明:此表仅列出现存的品伶花谱,未见传本的暂不列出。有关作者真实身份及籍贯的考证,参见拙文《清代北京梨园花谱:文本、性质与演变》(复旦大学历史学系硕士论文,2014年,第93—102页)。

品伶花谱几乎都是围绕着北京地区的伶人进行品评,作者也无一例外都有在京留寓的经历。这类花谱完成创作后亦会以抄本或印本的形式进行流通。[77]虽然笔者目前找到的此类花谱仅有四十三种,[78]在当时,这类著作却都是热销读物,"坊肆所陈,触目皆是",[79]且"年年岁岁出新编"。[80]

从以上的梳理可以看出,时至明清,"花谱"文本的指称范围已发生很大变化。宋代的"花谱"乃就植物花卉之谱而言,明清时期的"花谱"除了包含这一类文本之外,还包括品评妓女和男伶的文本。为什么品鉴人物的文本也会被惯以"花谱"称之?以下笔者将从三类文本的品鉴客体(即品鉴对象)与品鉴主体(作者及其同好)两个方面进行分析。

三、"美人名花,香光照映":物的拟人传统与人的物化趋势

表面上看,名花与名妓、名伶分别为植物和人物,性质不同;然而,在文化的语境中,他们却又彼此互相关联。首先,花也好,妓女与男伶也罢,在被观看的时候,他们都是同质的,他们都是沉默的、不能发声的、需要被表达的"物"。明人王象晋在其编纂的《花谱》序言中曾写道:"大抵造化清淑精粹之气,不钟于人,即钟于物。钟于人,则为丽质。钟于物,则为繁英。"[81]在品鉴者看来,花与美人,都是"美"的象征物与承载物。

试看《金漳兰谱》,在这部兰谱中,赵时庚对二十二种不同品种的兰花进行了赏鉴,其中以"陈梦良"为紫花上品之甲:

> 陈梦良,色紫,每干十二萼,花头极大,为众花之魁。至若照晖微烘,晓露暗湿,则灼然腾秀,亭然露奇,敛肤傍干,团圆

四向,婉媚娇绰,伫立凝思,如不胜情。花三片,尾如带彻,青叶三尺,颇觉弱,黯然而绿。背虽似剑,脊至尾棱,则软薄斜撒,粒许带镏……㉒

"色紫"、"黯然而绿"写的是兰花与兰叶的颜色,"每干十二萼,花头极大"、"花三片,尾如带彻"则是写兰花之形状,除了状物,作者还花费了大量的笔墨描摹此种兰花在"照晖微烘,晓露暗湿"时的情状,"灼然腾秀,亭然露奇,敛肤傍干,团圆四向",仿佛一女子,"婉媚娇绰,伫立凝思"。

同时代的其他花谱呈现所赏鉴之花的方式与赵时庚的品兰并无二致。如王观的《扬州芍药谱》,在描述"上之上"等的"冠群芳"这一品种时,亦先写其花蕊形状为"大旋心冠子",接着写其花瓣,"顶分四五旋,其英密簇,广可及半尺,高可及六寸",而后写其颜色为"深红","艳色绝妙",最后补充其"枝条硬,叶疏大"。㉓刘蒙的《刘氏菊谱》,注重的也是花的形状、花色、情态、风致等细节的描写,如其在描写第一名"龙脑菊"时,先写其花之形状"类金万铃",继而写其颜色"类人间染郁金",接着以"大人君子"之态,写龙脑菊的"雍容淡雅"。㉔花之美通过这些具体的细部得以一一呈现。

明清时期对女妓和男伶的观看,亦注重从细部呈现人物的外貌、姿容与气质。曹大章曾在其《秦淮士女表》的序言写到赏"花"之要点:

向传江左六朝佳丽,宛在秦淮朱雀桥头,南引狭邪之路,乌衣巷口,曲通游冶之场……有仙貌非凡,原居天上,俗缘为断,暂谪人间。杨柳腰枝,步尘则□,芙蓉脂肉,出水不濡,吹气如兰,灌肌似玉。口朱未传,依然夜语闻香,□药无施,自尔

□眠知莹。横拖秋水,却厌金篦;澹扫春山,何须石黛;杏黄衫子,偏宜翡翠文裙;耳后珠珰,雅映眉间宝靥……[85]

虽然金篦、石黛、纹裙、珠珰等这些装饰可以增添女子之美,作为观看者,曹大章提醒其他的赏鉴者,应该要穿过这些表面的饰物,看到饰物之后的腰、足、肤、唇、眼、眉等面容体态的本原呈现,亦即所谓的"色"。

这种对女性身体细部的描述在品妓花谱中比比皆是。如永华梅史《燕都妓品》中的榜眼陈桂,作者谓其"貌瘦身长,眉目清扬,而面色稍黑,手爪自好";[86]又如对《曲中志》里的王赛玉,潘之恒看到的是"肌丰而骨柔,服藕丝履仅三寸,纤若钩月,轻若凌波";同样,在描摹杨璆姬时,作者强调的是她的"(肌)皙而上鬈,星眸善睐,美靥辅齿如编贝"。[87]清初的《板桥杂记》和《海沤小谱》也不例外。如《板桥杂记》中的李十娘,余怀首先写到的,便是她"娉婷娟好,肌肤玉雪,既含睇兮又宜笑";又如写顾媚,开篇即是"庄妍靓雅,风度超群,鬓发如云,桃花满面,弓弯纤小,腰支轻亚"。《海沤小谱》中的玉素,赵秋谷介绍完她的小名和籍贯之后,提笔便写:"小身常貌,色颇鲜好,至于手足柔纤,肤肌莹腻,时盖罕其辈矣。"又如仙姿,作者开门见山便道:"貌(仅)中上,而修眉稚齿,风韵体态,近是上流。"[88]

从这些描述中,我们可以窥见这些女妓的身材、皮肤、眉、目、唇、齿,甚至是比较隐私的脚等身体的各个细部。这种观看方式甚至越过了性别的界限,被用于对男伶的赏鉴中。如《燕兰小谱》中的王桂官,除了列出他隶属于萃庆部,名桂山,又名湘云,湖北沔阳州人之外,吴长元重点铺陈的是他的形容和气质:"横波流睇,柔媚动人。""丰韵嫣然,常有出于浓艳凝香之外。"[89]又如刘二官,作者称其"长身玉立,逸致翩翩",为了突出他的特点,作者后又将其与王湘云进行了对比:"刘之美不似王之易见,《硕人》之二章曰:'手如柔荑,肤如凝脂,领如蝤蛴。'非善咏美人者,不能细心体会,而刘郎兼有之。"⑨⁰其他品伶花谱,尤其是嘉道年间的文本,对伶人身体的"观看"同样甚于对其演技的注意,如《日下看花记》中的王桂林,作者小铁笛道人在简略交代其年龄籍贯及所属戏班之后,重点铺陈的是他所欣赏到的"美容":

媚脸潮红,修眉横翠,清言屑玉,雅步生香。纵使玉树为屏,琼枝绕坐,王郎入户,自有一种华贵气。海棠舒艳,妍胜朝霞,定须金屋贮之。桃李漫山,与侩属矣……⑨¹

尽管王桂山、刘二官、王桂林皆为男儿身,然而在看客们的眼里,性别却成了可以被忽略的要素,男伶和女妓的身体一样,都可以成为被观赏的对象。这种对身体的观看,与宋代对花卉的观看一样,归结到底,其实都是对"物"的凝视。⑨²品鉴主体并不关心品鉴对象的"感受",而是与之保持一定的距离,将其视为一种客观物进行观赏与价值的评价。是故,无论是花卉,还是妓女,甚至男伶,他们在花谱里共同呈现出来的都是通过作者之眼看到的"美色"。

因为花与人皆为"美好之物",古人写花,善以人拟之,而写美人,又特喜以花喻之,是所谓"名花美女,气味相同,有国色者必有天香",⑨³"美人名花,香光照映"。⑨⁴生活在晚明的清芍逸史编著过一套《品花笺》,这套丛书一共分为"名姬品第"、"名姬藻饰"、"名花谱系"、"品花燕赏",内容分别为前所提及的《秦淮士女表》、《曲中志》等品妓专书,历代品藻女子的诗文,《牡丹志》、《芍药谱》等宋代花谱以及品茗、焚香、玩古、看月等雅事。表面上,第一、第二和第四部分都与青楼名姬相关,而第三部分"名花谱系"则与此无关,将宋代花谱与品第名姬之书收录在一起,其实已经暗喻了"美人"与"名花"的关系。⑮

以《吴姬百媚》中的状元"冯乙"条为例。作者首先列出"名目":

> 冯乙,讳月贞,字幼兰,号湘皇,苏州人,榜眼、会元俱其嫡妹。二名会魁系其嫡甥。久居秣陵,今暂移居姑苏小邾巷内,翩鸿南哥皆依之。

在列出所要介绍的"物"(冯乙)后,作者即介绍其"产地"(苏州人)以及其他一些相关的客观情况。关于此"物"之"形容",作者并没有像潘之恒等人那样直接进行描摹,相反,他间接地以水仙花比拟之。

> 品水仙花:此花不比人间种,开落应知朵朵仙。予为转一语曰:落日不如开日媚,须知落日是开时。

作者将冯乙品为水仙,只评水仙而不评人,然而通篇字字句句却都是在写冯乙。冯乙为苏州名妓,在当时乃与秦淮之马湘兰齐名,客至吴下以不见冯乙为憾,为了突出如冯乙这样的名姬世间少有,作者选择以水仙花为喻,并说"此花不比人间种"。冯乙是以老鼎甲之状元的排名附录在《吴姬百媚》中的,是故作者又说"落日不如开日媚"。不过,因其虽"年犹四十","风情不减二八佳人",⑯作者话锋一转,又称"须知落日是开时"。表面上是在写水仙花,实际上处处都在写照冯乙。

品鉴完毕之后,作者又以七言绝句诗一首、谱曲和吴歌各一支以咏之。在此条目最后,作者又以"总评"的形式概括冯乙在诸多名姬之中的位置，兼谈与其相关的逸闻趣事以突出冯乙之"不凡"。《吴姬百媚》一共品评了苏州、南京、扬州等地妓女三十九名，其余三十八名妓女的书写形式与"冯乙"条基本一致。除了文字，该谱还附录了王赛、冯喜、蒋五等二十五位妓女的画像。画像中的妓女或置身于庭院、书房、闺阁之中，或置身于山中、郊野、湖畔之上，姿势或凭栏、或下棋、或稽古、或抚琴、或望月、或绘图等。值得一提的是，每一幅写真都配上了相应的花卉，这些花卉都是作者在之前的条目中用以"品"配女妓的，比如榜眼冯仙，品为红梅，在《弹棋图》中，作者在冯仙身后的屏风旁绘上了红梅；又如元魁四名冯翩鸿，品为杏花，在《春游图》中，作者在她的身边安排了一位丫鬟，丫鬟手中捧着一盆杏花。另一部馆藏于日本内阁文库中的《金陵百媚》形式亦与之相仿，据称乃为《吴姬百媚》之姐妹篇。[97]

与《吴姬百媚》一样，《莲台仙会品》亦用了紫薇、莲花、杏花、桃花、西府海棠、梅花、芍药、绣球、桂花、芙蓉、葵花、蕙草、芝草等花来写妓。与这几个文本相比，《广陵女士殿最》更为特殊。据作者萍乡女史的序，其"旅寓白门，情耽雪月之场，意惬风骚之侣"，"甫阅两月，目成众伎不下百人"。作者决定对这些女妓"爰量品而注出身之资，高卑斯在，兼采诗而点缀题评之语，褒贬用章，是使女士者流，颇著殿最之等"。[98]作者所要品的是女妓，然而，通篇却只见花容而不见女妓之身影。如"异香牡丹"条：

花史云：牡丹为王，今姚家黄为王，魏家紫为后。张敏叔、丁二客中称为赏客。殿最曰：国色天香，揉蕊尘而作粉。美肌腻体，剪霞艳以成妆。一捻娇姿，百花魁首。[99]

"花史云"的内容出自宋代花谱周师厚的《洛阳牡丹记》，姚黄和魏紫是宋代洛阳城中两种最为名贵的牡丹品种，如果说牡丹是花中之王,姚黄和魏紫便可称之为牡丹之冠。⁽¹⁰⁰⁾萍乡花史首先引用花谱中的内容为其所要品评的这位妓女"定品","殿最曰"则是建立在此基础上,半写牡丹(国色天香,揉蕊尘而作粉)而实写女妓(美肌腻体,剪霞艳以成妆)。牡丹和这位女妓,都是"一捻娇姿,百花魁首"。

在接下去的条目中,作者用同样的方法,分别用了"温香芍药"、"国香兰"、"天香桂"、"暗香梅"、"冷香菊"、"韵香荼縻"、"妙香薔蕾"等十七种不同品类、具有不同香味的花品评了其他十七位女妓。用作者的话说,他是"谱名花而俪色,庶艳曲以成声,呕尽闲心,刊为豪举"。⁽¹⁰¹⁾

再看品伶花谱。前已提及的开山之作《燕兰小谱》,题名中的"兰",其实指的就是谱中提到的名伶王湘云。王湘云善画墨兰,作者也提到自己作《燕兰小谱》乃始于一场同人题咏王湘云画兰扇的活动,作者逸兴未已,更征诸伶之佳者,为之一一品题。⁽¹⁰²⁾在品题的过程中,作者亦使用了各种花卉来比拟诸伶。例如,王湘云在当时"声价与陈(银官)埒",⁽¹⁰³⁾不过陈银官"明艳韶美",而王湘云则"丰韵嫣然,常有出于浓艳凝香之外",是故作者称"银儿如芍药,桂儿似海棠"。⁽¹⁰⁴⁾

再如《评花韵语》与《续评花韵语》。这两部成书于道光年间的品伶著作与《吴姬百媚》等品妓文本的风格极像,皆以"花"贯穿全篇。《评花韵语》分为上下两编,上编又名《名花二十四品》,作者以二十四种花比拟二十四位名伶,并以一首咏花诗咏赞所品评的伶人。下编又名《众芳汇品》,同样以花喻人,共用四十种花形容四十位伶人,并说明比拟之缘由,附以历代的咏花诗。续编的形式与正编相同,共收录了五十八位优伶,皆以花喻伶。试看《评花韵语》中的张金麟:

> 牡丹花　张金麟，字侍云，丽春堂。苏州人。
> 朝酣国色，夜染天香。太平楼阁，富贵花王。
> 阑干倦倚，云想衣裳。春城第一，艳冠群芳。[105]

张金麟在清道光年间曾名噪一时，"走马帝城者，几不欲作第二人位置矣"，[106]是故作者以牡丹花拟之，并称其"春城第一，艳冠群芳"。"朝酣国色，夜染天香"，既是写牡丹花，亦是写金麟之"大家风范"。"阑干倦倚，云想衣裳"则是借用了李白《清平调》中以牡丹写杨贵妃，以此含蓄地写金麟之美。《评花韵语》中的"花"，既是指用以品配诸伶之"花"，更是指诸伶本人。

清代以"花"直接命名的书并不在少数，如《燕台校花录》、《日下看花记》、《判花小咏》、《名花十友》、《莺花小谱》、《评花新谱》、《长安看花记》、《凤城花史》等，题中之"花"，皆指男伶。用来咏赠伶人的诗多被称之为"咏花诗"，悼念已逝伶人的诗则称之为"悼花诗"，诸如"谑语未妨供巧笑，好花难得共佳辰"，[107]"难除少日嬉游习，日选名花办酒筵"、[108]"欲谱名花费剪裁，牡丹春傍紫阑开"等诗句中的"花"，或指具体某伶，或为男伶群体之代名词，皆非实指植物学意义的花卉。一些作者及其同好甚至会使用"花"来作为自己的笔名，如梦华楼主人、餐花小史、惜花老人、护花尉等等，这里的"花"，显然亦别有深意。他们将品鉴男伶的活动称之为"看花"，[109]将同人小集时诸伶环侍描写为"群花毕至"、"每饮必拥群花"。[110]

无论是屈原时代的以香草暗喻君子，或者是后来的梅兰竹菊四君子，抑或是前文中提到的宋代花谱中描摹花的情态时以女子或君子比拟之，皆是移情于物，赋予"物"人的品格，将"物"拟人化。明清花谱中，尽管写"美人"的时候亦喜欢提及"名花"，但这种比附在很大程度上却不再是简单的"引类连情"，[111]而是"美人"

本身出现的"物化"趋势。这种"物化"趋势还可以从品妓文本与品伶文本所采用的文本类型而得以说明。

宋代品评花卉的文本与明清品评妓女和男伶的文本之所以会被称之为"花谱"很重要的一点原因在于,这三类文本采用的都是"谱录"的形式。"谱录"出现得很早,一般说来,这类书籍多以记物为主,内容涵盖了诸如草、木、鸟、兽、虫、鱼等生物和各种器物,甚至是食物等。"谱录"以"物"为纲,多记载某"物"之产地、形态、类别、特性、逸闻趣事及与之相关的文学作品,间附精美插图。虽然"谱录"这种形式出现得很早,但在目录学中,真正明确设立"谱录类"的是南宋尤袤编定的《遂初堂书目》。[112]

"谱录"最大的特点,就是将所要记的"物"一条一条地"登记在册"。宋代的花谱,作者都是按照花的品种,一一记录其名称、产地来源、形态色泽、生长时序等,并对其进行品第高下。与"谱录"很相似的是"谱牒",在目录学中,"谱录"多用于记物,隶属子部,而"谱牒"多用于记人,隶属史部。[113]"谱录"虽然与"谱牒"一样都是按照一定系统编撰而成,它却不像"谱牒"那样涉及体系的建构。与"谱录"相比,"谱牒"除了注重重要人物的事迹记录之外,更侧重于呈现记录在册的"条目"之间的关系网络,如家族起源、世系繁衍等。

很显然,明清的品妓与品伶文本所采用的都是记物的"谱录"形式,被收录入谱的女妓和男伶,彼此之间除了存在名次高下的关系之外,并没有太多的血缘关系,作者也无意于建构一个用于追溯源起或者流传的谱系结构。与宋代的花谱形式一样,晚明以来这些品妓和品伶的作者们,也只是在一一列出每位女妓和男伶的姓名之后,略论其籍贯、住所等客观信息,而后重点摹其身材、容貌、姿色、气质、性情等,并用诗词曲等歌咏品题之,对于伶妓之往事,谱中着墨并不多。

之所以放弃记人的"谱牒"形式，部分与品鉴者对品鉴对象的认识有关，在品妓与品伶的作者群体看来，他们所要搜集是"美色"而不是具体的"美人"，显然这种大百科全书式的"谱录"形式更有利于"美色"的书写。此外，"谱录"还便于向其他读者展示作者的审美品味和志趣，作者对"美"的理解正是通过对"谱录"中所品鉴之"物"的排名而得以体现的，这关系到下文即将讨论到的品鉴主体书写"花谱"的动机，而这也是品鉴对象不同的三类文本皆被称之为"花谱"的又一重要缘由。

四、品鉴与士人文化

如前所言，"花谱"的本质在于品鉴。所谓品鉴，讲求的乃是主体对客体的一种欣赏、玩味，以及对客体价值意义的评判衡量，以定其高下。[114]品鉴是一种主观性的活动，品鉴主体的品味和志趣，通过决定哪些"花"入谱以及在谱中如何编排次序得以一一呈现。

如《刘氏菊谱》，刘蒙之所以要选择以"菊"为观赏、书写对象，并为之定谱，乃因菊与其他"浮冶而易坏"之花不同，"凡花皆以春盛，而实者以秋成"，"而菊独以秋花悦茂于风霜摇落之时"，[115]这种偏好实是作者自己理想的一种投射。又如他为"菊"定品的"先色与香而后态"的原则，又是因为他认为君子不可以以态悦人，故"龙脑菊"虽然态不足，但因具香色而被他列为菊品中之第一。范成大修《范村菊谱》，亦多因"名胜之士，未有不爱菊者"，又"菊有黄华"，"以其正色，独立不伍众草"，定菊品时，范成大以黄胜白，以"胜金黄"为第一。[116]

曹大章《莲台仙会品》、《秦淮士女表》与潘之恒《曲中志》的对象都是活跃在秦淮河畔的女妓，曹的两部作品中所收录的女妓以及诸妓之次序几乎完全一致，《曲中志》虽然也部分收录了曹大章谱中提到的女妓，但次序却与之有较大的差别。曹谱中的品第先后依次为王赛玉、杨璆姬、蒋兰玉、齐爱春、姜宾竹、徐琼英、王玉娟、赵莲城、陈玉英、陈文姝、张如英、蒋文仙、陈琼姬、王芷梅，潘谱的次序则为杨玉香、徐姬、张小娥、张楚屿、罗桂林、王小奕、葛余芳、王赛玉、杨璆姬、蒋兰玉、齐爱春、姜宾竹、王玉娟、赵莲城、陈文姝、陈玉英、张如英、陈琼姬、王芷梅、徐飞卿、王少君、崔嫣然、陈□儿、朱无暇、董重楼、李文玉、徐远音。除了增加杨玉香等十五名品题对象，潘之恒对原来曹谱中的次序也略微进行了调整。与曹大章相比，潘之恒虽然也重"色"，但他似乎更欣赏具有文士之气、喜读书、不与凡女同调的女妓。[117]

　　品伶花谱的例子更多。小铁笛道人在修《日下看花记》时，为了避免出现前人"专凭耳学，取择冗泛"、"偶尔目成，因偏护短"的弊端，他请来好友第园居士、餐花小史"互证旁参"，将原先所撰《判花偶录》"详加参改"之后，又录成一稿，《日下看花记》始成。[118]然而，即便如此，时隔仅三年，[119]来青阁主人在撰写《片羽集》时，所采用的诸伶次序便与之大相径庭。《日下看花记》中被安排到卷二第十二位出场的蒋云谷，在《片羽集》中却位列第一，而在《日下看花记》中卷一第三位出场的鲁云卿，却在《片羽集》中被排到了第二十一位。时下名旦刘朗玉、顾长松、陶柳溪、陆阆仙、蒋韵兰、蔡莲舫、刘琴浦、章喜林等皆为二谱所收录，但在谱中的位置却出现了很大的差别。导致这种排名差异的最重要的因素，仍在于作者的品评标准。小铁笛道人的品第原则为先录"以艳胜"者，次录"以秀胜"者，再录"介乎艳秀之间"，最后录"艺浮于色"者。[120]来青阁主人则称"非敢私自扬抑"，是故"次序半采诸舆诵"。[121]

　　宋代花谱中，以"品"或"评"为花谱之名的很少，而到了明清，品妓花谱和品伶花谱却丝毫不讳言文本中的"品鉴"特性。为了突出这种特性，不少品妓和品伶文本甚至直接以"品"或"评"为名，如《江花品藻》、《莲台仙会品》、《燕都妓品》、《金陵妓品》、《评花新案》、《评花韵语》、《凤城品花记》等。因为涉及审美判断，看"花"不再停留于单纯地观察和欣赏，看"花"变成了富有竞争性的品"花"活动。品"花"之前，"看花客"多会批驳前人品题为"俗子之品题"，而自己的品评能够"一洗挽近之陋"。[122]

作为品"花"后的产物，"花谱"的写作主要以两种方式进行。一种是基于个人的游历经验，品赏对象均经撰写者"寓目"，或者为撰写者所熟稔。无论宋或明清，大部分的花谱著作都属于此类。比如欧阳修的《洛阳牡丹记》，谱中三十许种皆为其"所经见而今人多称者"。[123]史正志的《史氏菊谱》亦是"姑以所见为之"，是故在序言中他写道："若夫耳目之未接、品类之未备，更俟博雅君子与我同志者续之。"[124]品妓类花谱，如潘之恒的《金陵妓品》等几部著作，都是他侨寓金陵之时"流连曲中，征歌度曲"后写就的。[125]又如李为霖写《金陵百媚》，乃其于万历年间"铩羽金陵旅中，甚寥寂"，吴中友人偕其"游诸院，遍阅丽人"后，"不觉走笔之下，随花品题，阒然成帙"。[126]品伶类花谱所品评的伶人，大多都是作者与同好在歌馆茶楼观剧时所见，也有部分是在友人席上招伶侑酒时所识，只有少数人是未曾亲见，从好友处听闻。[127]

另一种写作则是在公开举行选美集会之后再将评选结果行诸文字的。明嘉隆年间，曹大章与毗陵吴伯高、玉峰梁伯龙等人就曾结客秦淮，举行莲台之会品藻诸姬，堪称"一时之盛，嗣后绝响"。[128]《莲台仙会品》与《秦淮士女表》实际上就是在这场大型的品评盛会活动的产物。余怀《板桥杂记》中亦记载了明崇祯年间一次大型的选美活动，"己卯岁（1639）牛女渡河之夕，（桐城孙武公）大集诸姬于方密之侨居水阁"，"四方贤豪，车骑盈闾巷，梨园子弟，三班骈演，水阁外环列舟航如堵墙，品藻花案，设立层台，以坐状元"。

盛会持续到"天明始罢酒",不仅如此,次日还"各赋诗纪其事"。[129]清代这种活动的记录比较少见,据《旧京琐记》中载,京中"好事者每于春闱放榜之先,品评梨园子弟而定其甲乙,谓之菊榜,优劣固由色艺"。[130]菊榜的评定和花案一样,也是需要举行集会才能进行的。[131]有些品伶花谱所品评的伶人,就是各年花榜的入选者。[132]

然而,并不是所有人都有能力举行这种大型的公开选美活动,定一次花案,所费可能千金。[133]倘若不将所看之"花"写下来并作为一种文本进行呈现,那么赏"花"始终只能作为一种作者个人的行为,其审美趣味将无从体现,这也是诸多士人会热衷于"花谱"创作的原因。自宋至清,"花谱"所体现的是一以贯之的品鉴传统。

其实,品鉴的风气并不是宋代才兴起的,这种传统可以追溯到《汉书·古今人表》,彼时已有依据道德与才性,"分人为上、中、下三品,每品又各分上、中、下,共九品"。[134]人物品评风气在魏晋之际发挥到了极致,除刘劭的《人物志》外,《世说新语》中亦多相关记载。《世说新语》中的人物品鉴,已抛开了月旦人物以选官用人,而是带着一种欣赏玩味的态度。[135]

唐宋时期,品鉴的对象逐渐由人扩大到了诗、画、植物、古玩等,尤其是宋人,"赏玩审美趣味多向负载着文化及智力活动的物象倾斜"。[136]形诸文字的品鉴专书除了花谱之外,还有各种诗谱、画谱、砚谱、墨经、茶经、金石录、考古图等。[137]这些被品赏的物体,诸如琴、棋、书、画、笔、墨、纸、砚、金石、印章、书法、绘画等,也频繁地出现在宋词里。大概是此类著作实在太多,尤袤才创了"谱录类",把原来散乱在农家类、杂艺类等类目中,以记物为主、按事物类别或系统撰就而成的图书收归此类。

收藏、赏玩、鉴别器物在宋代已被视为士人的一种雅好,到了明中叶,这种品赏活动更蔚为风潮,伍绍棠在为《长物志》所写的后跋中写道:

有明中叶，天下承平，士大夫以儒雅相尚，若评书品画、瀹茗焚香、弹琴选石等事，无一不精。而当时骚人墨客，亦皆工鉴别、善品题，玉敦珠盘，辉映坛坫。若启美此书，亦庶几卓卓可传者；盖贵介风流，雅人深致，均于此见之。[138]

《长物志》为长洲人文震亨所作，文震亨乃文徵明曾孙，崇祯年间曾官武英殿中书舍人，是编分"室庐"、"花木"、"水石"、"禽鱼"、"书画"、"几榻"、"器具"、"衣饰"、"舟车"、"位置"、"蔬菜"、"香茗"十二卷。文震亨将此书命名为"长物志"，乃因书中所载之物皆"日用寒不可衣，饥不可食之器"，[139]《四库全书总目》亦称此书"凡闲适玩好之事，纤悉毕具"。[140]除《长物志》，有明一代，类似这种收录"闲赏用物"的书籍还有很多，[141]屠隆的《考槃余事》和高濂的《遵生八笺》在当时都流传颇广。此外，收录在清人黄虞稷《千顷堂书目》卷十五"艺术类"下的著作还有五十多种，用《墨娥小录》序言中的话概括，这些书的内容"自文艺、种植、服食、治生以至诸般怡玩，一切不废"。[142]

擅于鉴别、品题玩好之物在晚明几已成为"儒雅"之象征，无论是"贵介风流"，抑或是"雅人深致"，均于此而见之。故而文震亨的好友沈春泽在《长物志》序言中写道，当时有不少"富贵家儿与一二庸奴钝汉，沾沾以好事自命"，[143]对赏鉴活动亦十分热衷。《万历野获编》中对这种风气的蔓延亦有所描绘，据沈德符观察，这种爱好"始于一二雅人，赏识摩挲"，后"滥觞于江南好事缙绅，波靡于新安耳食"。[144]品鉴活动的大众化导致了两种结果，一种是令沈春泽深恶痛绝的，凡"物"每经这些俗子赏鉴，"出口便俗，入手便粗，纵极其摩挲护持之情状，其污辱弥甚，遂使真韵真才真情之士，相戒不谈风雅"；[145]另一种则是沈德符注意到的，原本"玩好之物，以古为贵"的标准到了明朝却发生了改变，不仅"古物"昂贵,永乐、宣德、成化年间的物件"动辄倾囊相酬,真赝不可复辨"。[146]

如果说宋人的品赏活动还带有一点稽古以补经证史之味道,[147]明人对物的赏玩更多是与俗世生命紧密相联系的,他们重视"物","观物、用物、论物到不厌精细的地步"。[148]对晚明士人而言,"物"不是"身外之物",而是被纳入了他们的生活范围之中,变成了他们"韵、才、情"的寄托。[149]这些"物"不仅有助于他们营造另一种有别于俗世的生命情境,[150]甚至与日常的养生有莫大的关联。高濂《遵生八笺》中所有与美学相关的鉴赏活动,无不指向"悦心养性、怡生安寿",[151]品赏已经构成了士人的一套生活文化。

很显然,晚明的这些士人对于缙绅乃至商人的模仿很是反感,在士人看来,这些人只是附庸风雅,他们只看到了表面的、浅层的"象",却缺乏深层次的文化体验,品鉴活动由于他们的参与而被庸俗化了。然而,士人却无法规范这些人的行为,在晚明,尤其在江南地区,有钱的人,无论士庶,都可以通过市场轻而易举地获得对"物"的占有权,收藏"物"甚至变成了一种积聚和夸耀财富的方式。在这样的情况下,品鉴很自然地成为士人的"武器",能否熟练地掌握这一套话语,拥有正确地鉴定"物"的价值,并将这些"物"进行合适合理地定位,便成为定义一个"货真价实"的士人的标志。[152]

同样在这一时期出现的,对女色的品鉴活动与对各种"长物"的玩赏本质是一样的。钱谦益的《牧斋初学集》有一段对晚明士人闲居生活的描述:

> 士大夫闲居无事,相与轻衣缓带,留连文酒。而其子弟之佳者,往往荫藉高华,寄托旷达,居处则园林池馆、泉石花药,鉴赏则法书名画、钟鼎彝器。又以其闲征歌选伎,博簺蹴鞠,

无朝非花,靡夕不月。……[153]

可以看到,美色与园林池馆、泉石花药、书法名画、钟鼎彝器一样,是士人闲雅生活的组成部分。士人将女色纳入品鉴的物类范畴,并非出于生理需求,更多的是一种审美的需要。美色与花鸟鱼虫等"长物",皆能在士人的审美经验中引发美感,女子在品鉴者看来,不过一件"物件",他们以观"物"的态度对待之,在"观看"之中揣摩、发现其色艺之美,[154]是故在刊于明万历四十八年(1620)的《重订欣赏编》中,编纂者除了"琴棋书画、笔墨纸砚、奇器花草、茶经酒具、气功游戏"等书,还收录了成书于嘉靖、万历年间的《江花品藻》《秦淮士女表》《燕都妓品》等品妓花谱。[155]

除了品妓花谱这类专门描写女子容色的文本,晚明有不少士人的笔记中也有相关描述,其中卫泳的《悦容编》,更是为如何品鉴女子提供了系统的方法上的指导。在此书的序言中,卫泳直言不讳道,自己写的这本书乃"为闺中清玩之书",品鉴女子乃为人生之乐事,"不必讳言帷房"。[156]不过,在传统社会中,恪守妇德的"大家闺秀"显然是不会轻易踏出闺阁的,对士人而言,最容易接触到的美色当属青楼女子,是故晚明大部分的品妓花谱品评的都是江南地区的妓女。

当然,美色不只是女子才有。《世说新语》中不少对容貌的品赏,都是针对美男子而言的。[157]有明一代亦有这样的例子,如《墨余录》载:

明隆庆间,有名甫英者举于乡,始迁郡城,其子与从子家允、家泰登贤书,积赀素厚,为郡中富室。有孙字慧珠,颇豪放,以赀郎为武英中书。生二子,次颇轻薄,好词曲,戏以郡之美少,次其等第,各作小传,以花配之,系以论赞,名曰《南花小史》,传播一时。[158]

《南花小史》的体例与当时的品妓花谱十分类似,所谓"次其等第,各作小传,以花配之,系以论赞"。不同的是,品评对象已经由妓女转变为"郡之美少"。此书在当时颇为流行,后来甚至"闻于郡守方公"。虽然方公"以事关风化,逮之甚急",慧珠"匿迹于杭之西溪,虽破其家,终不敢归,未几客死"。[159]撰此男色之书的依旧大有人在,吴长元在《燕兰小谱》的弁言中提到的明代陈泰交的《优童志》,就是另外一部类似的著作。《优童志》所载皆倡优之流,但作者陈泰交却是万历丁丑进士,官至礼部精膳司员外郎,曾著有《尚书注考》,修有《秀水志》。[160]《优童志》虽遭清人非议,作者殁后,其后代却将此作品连同他的其他诗文一起结集刻印出版,说明时人并不以此为"放诞"言论。

清代中后期对男伶的品赏,某种程度上可以视为晚明品鉴风气之延续。只不过与晚明将品鉴美色视为营造美感生活,建构属于士人闲赏文化生活模式的性质不同,清代对男伶的鉴赏更多地带有一种身份上的焦虑。[161]这种焦虑可以从品鉴文本中第三方形象的出现得到证明。晚明的品妓花谱中,品鉴主体是隐而不见的,作者也很少会谈及他自己或者品花同好与品鉴客体之间的关系。清代的品伶花谱则不然,有些花谱在相应的伶人条目下,作者不但会品评其色艺,有时甚至还会谈及自己对他的喜好、与他的交往情况等。此外,除了品鉴主体(花谱作者及其同好)与品鉴客体(伶人),花谱中还出现了一类经常被作者称之为"豪客"、"老斗"的人群:"茶园楼上最消魂,老斗钱多气象混。"[162]豪客也好,老斗也罢,在花谱作者的描述中,他们最大的特点一是钱多,二是贪恋美色。他们不仅可以为伶人一掷千金,更可以携巨金为伶人脱籍。[163]在戏园子看戏的时候,他们会选择坐在楼上最靠近戏台的"官座",这是戏园子中价格最昂贵的上座,因为这里最方便伶人"搴帘将入时""掷心卖眼",[164]一旦遇有所欢,豪客即携之同车入酒楼,是故演员登场后不久,歌管未终"豪客未交大轴子已去"。[165]

虽然花谱作者与"豪客"皆爱美色,但是他们还是会强调,二者之间存在很大区别。在花谱作者看来,他们"好色",乃在一"情"字,此情乃"任天而动,与生俱来",[166]正因为有"情",所以会"见色而动",会"惧美人之迟暮",所以才试图"藉(撰写花谱)以稍留颜色",[167]"一片惜花心,独不为后来者竖一护花幡乎"?[168]伶人对于他们而言,乃天地间之"尤物",[169]而"大凡物之尤者,未尝不流连于心"。[170]在花谱作者看来,"豪客"对美色的沉溺,是建立在"淫欲"基础上的。他们不是真正地欣赏伶人之"美",只是渴望满足生理之欲,是故"豪客"所求之色,是表面的、肤浅的,那些面方不媚、不趋时好作妖媚之状的伶人,豪客未之赏焉。[171]只有遇到像花谱作者这样的伯乐,才能发现其别样的"美"。当然,作者也声称,这种"美"非粗浮者、伧父所能领略,[172]非独具慧眼者,不能道此。[173]

品鉴文化在清代会出现这样的"质变",与晚明以来士商地位的竞合,以及由此带来的士人与伶人关系的改变有很大的关系。何炳棣、范金民、梁其姿、巫仁恕等人的研究都表明,入清以后,士人地位远不如晚明时期,[174]虽然晚明新兴的商人阶层取得了部分属于士人的功能,社会角色日益重要,但是晚明士人,尤其是上层士人,依旧在地方上拥有不小的社会影响力,[175]他们还可以从容地应对这种挑战。晚明的名妓以能结交士人为荣,晚明的男伶亦多隶属于士人,并且"作为一种奢侈品,乃与精美陶瓷、书画、古铜器物一道,在文人士子间交换流通"。[176]有清一代则不然,且不论科举之途的壅塞,清初几大案对士人地位的打击是显而易见的。在社会地位不见提升,经济地位又远远比不上那些大商人的情况下,焦虑是可想而知的。清廷对蓄养优伶的禁止也彻底改变了士人与伶人的关系。[177]伶人卖身于戏班或私寓,与戏班或私寓堂主签订契约,在契约期内,伶人要为戏班或者师傅挣钱,等到契约期满,伶人可以选择自立门户,也可以选择从事其他的行业。这样的契约关系无疑给予伶人更大的独立性与自主性,与此同时也使得伶人越来越像"生意人"。清代的北京城中,想要欣赏伶人的演出,或者是享受他们提供的服务,士人都需要支付一定的费用。[178]

很显然,无论作者如何吹嘘自己的品评可以"长伶身价",[179]进入市场中的伶人更亲睐的顾客是"豪客"而不会是士人:散套演毕,"诸伶无事,各归家梳掠薰衣,或假寐片时,以待豪客之召",[180]"每值令节,必具衣冠,袖芳版,乘车往老斗家敬贺"。[181]不少伶人"非金夫不得通一笑",[182]寒士之游京师者,"招之每托故不赴"。[183]

不仅如此,与晚明的妓女不同,清代的伶人似乎也不太需要花谱作者所描述的所谓士人提供的保护,通过从事梨园行,他们累计的财富和名望,一点也不在士人之下。他们中有"登场未久,而缠臂之金已辉映衣袖间矣",[184]有"不数年间,博取几致万金"者,[185]甚至有"稍一料理数千金可立致"者。[186]伶人出行,"皆轩车骏马,襜帷穴晶,引马前导,几与京官车骑无辨"。伶人服饰,亦皆僭拟,其仆从外服,亦同书吏、皂隶等,着青色。[187]还有伶人冒籍考试,甚至有"入赀为县令"者。[188]身负盛名的伶人,士人争愿结交致门下,但伶却常以白眼待人,[189]经常是"红笺飞去,非亲昵不至,非权贵不至。即至矣,而略叙寒暄,匆匆告去",[190]是故若有向作者及其同好表示亲近好感者,常令其欣喜若狂,以为"独厚"于己。[191]对于那些"殊无赖俗"、"无抹脂障袖之风"、"不肯委曲媚人"的伶人,作者一定会大书特书。[192]

传统士人很看重他们与倡优的关系,士人给自己定位为护花人的角色时,并不只是出于道义,更是士人传统权力的一种体现,有着极强的文化象征意义。[193]"仆护花无力,惜花有情",[194]这是"小铁笛道人"的友人"餐花小史"在面对某客诘问其为何"既以兰为贵,又以兰比伶,以兰字之"时的回答。这句话在无意中道出了无数品花客的心声,亦点明了正在变化中的士优关系。花谱作者对伶人的品鉴,以及对伶人形象的塑造,从某种程度上来说,只是自我理想的一种投射罢了。

品味与格调可以用来区分社会地位,成为社会身份分化的象征。通过发展某一特定的文化,并以此建构身份认同,以区别于其他的社会阶层。[105]士人撰写花谱有着复杂而深刻的历史背景,他们的写作动机,落实到具体个人也许不尽相同,但有一点或许是一样的:"狂澜既倒,雅道宜存",[106]"一片婆心,欲挽淫靡而归于雅正",[107]即通过撰写花谱,品鉴伶人,强调士人的品味,引领社会风尚,重建士人的社会文化地位,找回失落的士人文化价值。

五、结　　论

本文虽然探讨的是"花谱"中"花"一词涵义的演变情况,分析的是为什么品妓文本和品伶文本会被称之为"花谱"的问题,但关注的焦点在于品鉴活动中品鉴者与"花"的关系,以及这种用法转变背后所涉及的文化变迁的问题。

"花"的用法之所以出现这么大的迁移,除了传统诗词意象中喜将花拟人化的传统之外,很重要的一点还在于,晚明时期出现的人被"物化"的趋势。在品鉴主体看来,妓女也好,伶人也罢,他们更像是一种"美的表征物",对妓女和伶人身体的观看方式,与宋人对花卉的观看方式并无二致,归结到底,都是对"物"的凝视。他们的"美色"与"花"一样,都是可以进行仔细摩挲与玩味的,在这种语境之下,身份与性别变得不再重要,花卉与人的界限也变得模糊不清。

这种"物化"的趋势可以从两个方面得到证明,一是在书写所品鉴的妓女与伶人时,沿用了记物的文本类型"谱录";二是在品妓与品伶时,品鉴者以特定的花卉来品配相关的妓女与伶人,或采用隐喻的方式,直接通过描摹花卉来品评其人。无论是晚明的品妓花谱,抑或是清代的品妓花谱,在描写品评对象时,他们往往会依据其特质将其比喻成某种花。名花与美人具有天然的联系,是故清嘉庆时期与杨芳灿齐名的陈文述在其《颐道堂集》中写道,其"游众香国美人如名花",其"读《群芳谱》名花如美人"。[198]

不管是何种"花",在"花谱"中,"花"始终是处于被观看、被品评的地位。"看的权力就是使事物可现、可见的权力,更是一种主宰的权力",[199]作为被品鉴的客体,他们只能通过品鉴主体才能得以被呈现。呈现哪一部分,如何呈现,都取决于作者之眼,这一特性使得品鉴文本与传记产生了很大的不同。传记力图呈现写作对象的真实状况,写作目的是为写作对象而服务的,然而品鉴文本无法呈现这种真实,写作的动机更多是出于品鉴主体的需要,品鉴客体不过是主体借以自我表达的介质。

所以,从表面上看,"花谱"延续的是自宋至清的"品鉴文化",实际上,这套由士人建构的"品鉴文化"一直处于不断变动中。宋人的品鉴带有一种"补经证史"的味道,而明人的品鉴更多是与他们追求美感生活、营造闲赏的文化生活模式息息相关。清人的品鉴则少了前人的几许从容,在他们看来,这一套繁复精致的品鉴话语是他们用来区分我群与他群的重要工具,也是他们应对挑战与变化时用来确认自己身份地位的标志。

---

① 《辞海》,上海辞书出版社 2009 年,第 926 页。

② Jack Goody, *The Culture of Flowers*, Cambridge: Cambridge University

Press, 1993.

③ 叶嘉莹:《几首咏花的诗和一些有关诗歌的话》,刘守宜主编:《中国文学评论》,(台北)联经出版事业公司1977年,第27—49页。类似的研究还可以参见黄丹妹《汉魏六朝咏花诗研究》,首都师范大学中国古代文学硕士论文,2011年;刘红娟:《明末清初的咏花诗与士人心态变迁》,《郑州大学学报》2012年第4期。

④ 这一类的研究有:阎婷婷《四本古代花谱研究》(天津大学建筑环境艺术系2012年硕士论文)、黄雯《中国古代花卉文献研究》(西北农林科技大学科学技术史2003年硕士论文)、王子凡《中国古代菊花谱录的园艺学研究》(北京林业大学园林植物与观赏园艺2010年博士论文)、李娜娜等《中国古代牡丹谱录研究》(《自然科学史研究》2012年第1期)等。久保辉幸《宋代牡丹谱考释》(《自然科学史研究》2010年第1期)、张文娟《宋代花卉文献研究》(华中师范大学历史文献学2012年硕士论文)、符奎《〈群芳谱〉的农学价值和地位》(郑州大学中国古代史2009年硕士论文)则是从历史文献学、历史学的角度出发,探讨特定时期内花卉文献繁盛的原因、文献的学术价值及现实意义,文本背后所体现的作者的哲学思考、农业思想以及所反映的当时的农业科学技术知识等。

⑤ 西方关于"物质文化"的研究与对消费行为的研究密切相关,在他们看来,"物"具有经济性和象征性的双重意义。详见[英]彼得·伯克《什么是文化史》,北京大学出版社2009年;[法]达尼埃尔·罗什《平常事情的历史:消费自传统社会中的诞生》,百花文艺出版社2005年。目前笔者查找的真正从物质文化史的角度对"花"进行研究的论文有:汪圣铎:《宋代种花、赏花、簪花与鲜花生意》,《文史知识》2003年07期;邱仲麟:《花园子与花树店:明清江南的花卉种植与园艺市场》,《"中央研究院"历史语言研究所集刊》2007年第3分(期),总第78本(期)。

⑥ 张远、吴存存都注意到了这一现象。详见张远《清中期北京梨园花谱中的性别特质想象》,(新北)花木兰文化出版社2011年,第22—24页;吴存存:《清代梨园花谱流行状况考略》,《汉学研究》2002年第26卷第2期,第163页。值得一提的是,吴存存认为,当花谱用来指称品评名妓的文体时,它

的植物学本意往往退居次要位置,而实际上,《四库全书总目提要》中的"花谱",皆就记载花卉类的花谱而言,详见(清)纪昀等《四库全书总目提要》,河北人民出版社 2000 年,第 1888、2053、2940、2981、3021 页。

⑦ 何乔新:《椒邱文集》卷二四,《景印文渊阁四库全书·集部》第 188 册别集类,台湾商务印书馆 1986 年,第 387 页。

⑧ 欧阳修:《洛阳牡丹记》,《景印文渊阁四库全书·子部》第 151 册谱录类,台湾商务印书馆 1986 年,第 1 页。

⑨《洛阳牡丹记》中,有"至牡丹则不名,直曰'花',其意谓天下真花,独牡丹其名之著"的记载。详见欧阳修《洛阳牡丹记》,《景印文渊阁四库全书·子部》第 151 册谱录类,第 3 页。

⑩ 南宋人朱胜非在记牡丹花时曾引欧阳修的《洛阳牡丹记》,其载"欧阳永叔花谱云,洛中花极多",此"花谱"就是指《洛阳牡丹记》,"洛中花"即指洛阳的牡丹。详见朱胜非《绀珠集》,卷十三《诸集拾遗》,《景印文渊阁四库全书·子部》第 178 册杂家类,第 531 页。

⑪ 陈振孙:《直斋书录解题》卷一〇《农家类》,中华书局 1985 年,第 289 页。

⑫ 同上。

⑬《诗经》中就有不少以花为写作对象的作品,其中以花喻人、以花喻事、借花抒情的大概有三十篇。

⑭ 陈思:《海棠谱》,中华书局 1985 年,第 1 页。

⑮ 专讲某种花之栽种、灌溉、除虫等栽培养护之法,类似于今天园艺学著作的书在宋代较少见,目前仅存的只有《兰谱奥法》,该书详细描写了兰花的栽培之法。详见王毓瑚《中国农学书录》,农业出版社 1964 年,第 158—159 页。

⑯ 陈景沂:《全芳备祖》前集《花部卷》之三《芍药》,农业出版社 1982 年,第 211 页。

⑰ 杨冠卿:《客亭类稿》卷一三《古律编》三,《景印文渊阁四库全书·集部》第 104 册别集类,台湾商务印书馆 1986 年,第 542 页。

⑱ 徐汉明校注:《辛弃疾全集校注》,华中科技大学出版社 2012 年,第

73页。

⑲ 陈振孙:《直斋书录解题》卷一〇《农家类》,第289页。

⑳ 王毓瑚:《中国农学书录》,第67页。

㉑ 王观:《扬州芍药谱》,中华书局1985年,第2页。

㉒ 刘蒙:《刘氏菊谱》,《景印文渊阁四库全书·子部》第151册谱录类,第19页。

㉓ 赵时庚:《金漳兰谱》,《景印文渊阁四库全书·子部》第151册谱录类,第23页。

㉔ 关于这些花谱的作者及内容提要,详见王毓瑚《中国农学书录》,第128、225、284、263页。

㉕ 这几本花谱均收录于《遵生八笺》中的《燕闲清赏笺》。详见高濂《遵生八笺》,巴蜀书社1988年,第605—642页。

㉖ 清代以品花为务的花谱主要有《东篱品汇》,在书中,作者一共记录了一百三十一种菊花,并一一进行品题;又如秋明主人的《菊谱》,该谱菊花一百种,后面附有菊表,将谱中之菊列为九等,并品评高下;竹西菊隐翁的《问秋馆菊录》将其书中所记八十一个品种分别评为绝品、逸品、上品、中品、下品、次品,该谱亦为品菊之作。其他花谱,如张光照《兴兰谱略》、刘文淇《艺兰记》、张汉超《菊谱》、萧清泰《艺菊新编》、陈葆善《艺菊琐言》、叶天培《菊谱》、吴升《九华新谱》等在书中着重讲述的都是养兰或者种菊的方法、心得。详见王毓瑚《中国农学书录》,第237、225—226、284、247、265、251、295、233—234、248页。

㉗ 沈守正,字无回,与胡胤嘉、卓尔康被钱谦益誉为"杭州三士",曾任都察院司务。钱谦益为其撰写有《都察院司务无回沈君墓志铭》。详见钱谦益《牧斋初学集》卷五四,上海古籍出版社2009年,第1353—1355页。

㉘ 沈守正:《雪堂集》卷之一,《四库禁毁书丛刊·集部》第70册,北京出版社2000年,第571页。

㉙ 《燕都妓品》一名状元作"郝筠",评语为"不知秋思(色)在谁家",古人同音字借用的情况较为普遍,从评语的内容以及郝云娘生活的年代推测,《燕都妓品》的"郝筠"应该就是《雪堂集》中的"郝云娘"。

㉚ 永华梅史:《燕都妓品》,《续修四库全书·子部》第1192册,上海古籍出版社1996年,第303页。

㉛ 沈守正:《雪堂集》卷之一,《四库禁毁书丛刊·集部》第70册,第572页。

㉜ 罗烨:《新编醉翁谈录》戊集卷之二《烟花诗集》,《续修四库全书·子部》第1266册,上海古籍出版社2002年,第427页。

㉝ 同上书,第430页。

㉞ 曹大章:《秦淮士女表》,《续修四库全书·子部》第1192册,第309页。

㉟ 冯梦龙:《情史》卷七《情痴类》,中国戏剧出版社第111页。

㊱ 《四库全书总目》卷一七八集部三十一,中华书局1965年,第1599页。

㊲ 曹大章:《秦淮士女表》,《续修四库全书·子部》第1192册,第309页。

㊳ 杨慎:《江花品藻》,清同治八年刻本。

㊴ 《燕都妓品》等数种品妓之书均收录于陶珽的《说郛续》卷四四中,详见《续修四库全书·子部》第1192册,第295—322页。

㊵ 宛瑜子:《吴姬百媚》,国家图书馆出版社2002年(据明万历贮花斋刻本)影印本。

㊶ 《金陵百媚》于国内不见著录,目前仅存于日本内阁文库中。作者李为霖是冯梦龙的友人,此书卷后还有冯梦龙所写的跋一篇。高洪钧的《〈金陵百媚〉与冯梦龙跋》一文、大木康的《风月秦淮:中国的游里空间》一书中对此书的内容有简单的介绍,详见高洪钧《冯梦龙集笺注》,天津古籍出版社2006年,第321—324页;[日]大木康《风月秦淮:中国的游里空间》,(台北)联经出版事业公司2007年,第217—223页。

㊷ 王鸿泰:《流动与互动——由明清间城市生活的特性探测公众场域的开展》,台湾大学历史研究所博士论文,1998年,第264页。

㊸ 沈德符:《万历野获编》卷二八"守土吏狎妓"条,中华书局1959年,第713页。

㊹ 黄印:《锡金识小录》卷一〇,载《无锡文库》第二辑,凤凰出版社2012

年，第 6 页。

㊺ 关于江南青楼的分布情况，可参见冯贤亮《明清中国：青楼女子、两性交往及社会变迁》，《学术月刊》2006 年第 9 期。

㊻ 余怀：《板桥杂记》，南京出版社 2006 年，第 9 页。

㊼ 钱谦益：《列朝诗集小传》丁集上，上海古籍出版社 2008 年，第 462 页。

㊽ 王鸿泰对晚明士人与妓女之间的交往活动有着较为深入的研究，具体可参见其博士论文《流动与互动——由明清间城市生活的特性探测公众场域的开展》第三章《青楼名妓与情艺生活——明清间的妓女与文人》。

㊾ 详见王汎森《日谱与明末清初思想家》，《"中央研究院"历史语言研究所集刊》1998 年第 2 分(期)，总第 69 本(期)。

㊿ 详见杨念群《何处是"江南"：清朝正统观的确立与士林精神世界的变异》，生活·读书·新知三联书店 2010 年，第 196—229 页。

(51) 据吴翌凤《逊志堂杂钞》载，顺治丙申秋，云间沈某与下保金又文"致两郡名姝五十余人，选虎丘梅花楼为花场，品定高下，取朱云为状元，钱端为榜眼，余华为探花，某某等为二十八宿。彩旗绣幰，自胥门迎至虎丘，画舫兰桡，倾城游宴"，结果此事被"李森先闻而究治"，"沈、金荷枷敲掠，诸姬亦皆受杖"。详见吴翌凤《逊志堂杂钞·葵集》，中华书局 2006 年，第 143 页。

(52) 马建石等主编：《大清律例通考校注》卷三三《刑律犯奸》，中国政法大学出版社 1992 年，第 199 页。

(53) 沈家本：《历代刑法考·律令九》，中华书局 1985 年，第 1147 页。

(54) 目前笔者见到的，创作于此时期的品妓女谱只有两部，一部是赵执信的《海鸥小谱》，在其因观《长生殿》被革职后，客居津门与妓狎游所作，另外一部为余怀的《板桥杂记》，此作乃作者借记明末秦淮旧院诸姬之事迹寄托其怀旧之感。余怀终生为一介布衣，赵执信亦是在革职之后才创作《海鸥小谱》。

(55) 详见张远《清中期北京梨园花谱中的性别特质想象》，第 19 页。

(56) 麋月楼主：《燕市群芳小集》，《京剧历史文献汇编》(清代卷·专书上)，凤凰出版社 2011 年，第 723 页。

(57) 华胥大夫：《金台残泪记》，《京剧历史文献汇编》(清代卷·专书上)，第 440 页。

(58) 小铁笛道人:《日下看花记》,《京剧历史文献汇编》(清代卷·专书上),第159页。道咸年间开始,随着京剧的形成,以及以程长庚为首的“前三鼎甲”的影响,北京戏剧的发展逐渐转向以须生为中心。详见张远《清中期北京梨园花谱中的性别特质想象》,第3页。

(59) 据乾隆五十年位于崇文门外精忠庙侧《重修喜神祖师庙碑志》记,除宫廷戏班外,当时活跃在京城戏园中的民间班社共有萃庆班、保和班等三十五个,时隔十年之后,当铁桥山人、问津渔者、石坪居士三人写作《消寒新咏》时,新进京的戏班又有十二个之多。详见陈芳《乾隆时期北京剧坛研究》,(台北)学海出版社2000年,第135、138页。清朝灭亡之前,北京戏班的数量在最多时曾达到一百五十六个。详见范丽敏《清代北京戏曲演出研究》,人民文学出版社2007年,第244页。

(60) 费用明细详见注释176。

(61) 何刚德:《春明梦录》,北京古籍出版社1995年,第140页。

(62) 赵翼:《檐曝杂记》卷二,上海古籍出版社2012年,第33页。

(63) 黄均宰:《金壶七墨》第三册《金壶遯墨》卷二“伶人”条,上海进步书局民国石印本,总第107页。

(64) 艺兰生:《宣南杂俎》,《京剧历史文献汇编》(清代卷·专书上),第828页。

(65) 种芝山馆主人:《呓语丛记》,《京剧历史文献汇编》(清代卷·专书上),第588页。

(66) 在现存的四十二部品伶花谱中,能够考证出作者籍贯的二十三人中,有十五人为江南人士,详见附表一。

(67) 品伶花谱因为品评的对象“伶人”与梨园相关,这一类文献也常常被称为梨园花谱。傅谨、吴存存、张远皆将此次文本称之为梨园花谱。详见载《京剧历史文献汇编》(清代卷·专书上),第17页;吴存存:《清代梨园花谱流行状况考略》,《汉学研究》2008年第26卷第2期,第164页;张远:《清中期北京梨园花谱中的性别特质想象》,第24页。

(68) 安乐山樵:《燕兰小谱》,《京剧历史文献汇编》(清代卷·专书上),29页。

㊻ 小铁笛道人:《日下看花记》,《京剧历史文献汇编》(清代卷·专书上),第159页。

㊼ 第一回"史南湘制谱选名,花梅子玉闻香惊绝艳",史南湘将其所做品伶之书题名为《曲台花谱》,在第十七回"祝芳年琼筵集词客,评花谱国色冠群香",第二十四回"说新闻传来新戏,定情品跳出情关"中,此类文本皆被称为"花谱"。详见陈森《品花宝鉴》,中国戏剧出版社2000年,第2、116、156页。

㊽ 么书仪:《杨掌生和他的〈京尘杂录〉——兼谈嘉、道年间的"花谱"热》,《戏曲艺术》2004年第1期。

㊾ 戴璐:《藤阴杂记》卷五,上海古籍出版社1985年,第64页。

㊿ 播花居士:《燕台集艳》,《京剧历史文献汇编》(清代卷·专书上),第416页。

○74 品伶花谱与科举文化关系密切,北京是顺天乡试、全国会试的重要考场,要进一步获取功名,需前往此地参加科考。根据齐如山的回忆,光绪以前,"北平戏剧虽然极为兴盛,但看戏总算是不规矩的行为","男子看戏虽不在禁例,然够一个学者资格的人,他自动就不会看戏,官员更不敢再戏馆子中请客看戏","唯独来会试的举人,则无拘无束,行动诸处自由,没人敢管"。这些应试的举人不仅热衷于狎优,更乐于评骘花事,"恒以鼎甲目伶人"。夏仁虎《旧京琐记》、萝摩庵老人《怀芳记》、李慈铭《越缦堂菊话》里也记,"每于春闱放榜之先,品评梨园子弟而定其甲乙",乡试和会试一般每三年在京举行一次,而"燕台花案,大抵亦阅三年而一为论定","恩科偶开,亦同斯例"。虽然应试举子的流动性较强,但规模却不可小觑,据有关学者统计,每次考试"人数各在数千至一万数千人之间",他们涌入京师,居住于宣南地区,每三年中,这里就有两次士人大规模的聚集,他们构成了花谱作者的主体。详见齐如山《齐如山回忆录》,中国戏剧出版社1998年,第338页;萝摩庵老人:《怀芳记》,《京剧历史文献汇编》(清代卷·专书上),第882、885页;夏仁虎:《旧京琐记》,北京古籍出版社1986年,第105页;李慈铭:《越缦堂菊话》,收录于张次溪编纂《清代燕都梨园史料》,中国戏剧出版社1988年,第710页;侯仁之主编:《北京城市历史地理》,北京燕山出版社2000年,第483页。

○75 《日下看花记》后跋中有"是记也,未知于《燕兰小谱》、《梦华外录》、

《凤城花史》、《燕台校花录》何如",据此可知此谱成书时间当在《日下看花记》之前。详见小铁笛道人《日下看花记》,《京剧历史文献汇编》(清代卷·专书上),第213页。

⑯ 据《中国历史地名大辞典》,历史上曾设多个南州,不过清代并没有南州这一行政区划。南州还可以用来泛指南方地区,这里的南州采用此解更为合适。详见史为乐等编《中国历史地名大辞典》,中国社会科学出版社2005年,第1794页。

⑰ 么书仪:《晚清戏曲的变革》,人民文学出版社2008年,第327—344页。

⑱ 张次溪编纂的《清代燕都梨园史料》(中国戏剧出版社1988年)中收录了三十五种,傅谨主编的《京剧历史文献汇编》中收录了张次溪书中未收集的品伶花谱十种,《梦华外录》皆未被收录,馆藏于国家图书馆。这四十六种花谱中,只有三种(《瑶花梦影录》、《粉墨丛谈》、《莲湖花榜》)是以其他地区的伶人为书写对象。

⑲ 张次溪编纂:《清代燕都梨园史料·黄复序》,第8页。

⑳ 张次溪辑:《北京梨园竹枝词荟编》,张次溪编纂:《清代燕都梨园史料》,第1173页。

㉑ 王象晋纂辑:《花谱小序》,《群芳谱》,农业出版社1985年,第224页。

㉒ 赵时庚:《金漳兰谱》,《景印文渊阁四库全书·子部》第151册谱录类,第123页。

㉓ 王观:《扬州芍药谱》,第2页。

㉔ 刘蒙:《刘氏菊谱》,《景印文渊阁四库全书·子部》第151册谱录类,第20页。

㉕ 曹大章:《秦淮士女表》,《续修四库全书·子部》第1192册,第309—310页。

㉖ 永华梅史:《燕都妓品》,《续修四库全书·子部》第1192册,第296页。

㉗ 潘之恒:《曲中志》,第313页。

㉘ 秋谷老人:《海沤小谱》,清乾隆五十年刻本。

㉘ 安乐山樵：《燕兰小谱》，《京剧历史文献汇编》（清代卷·专书上），第30页。

㉙ 同上书，第31页。

㉑ 类似的身体描写在其他品伶花谱中还有很多，由于篇幅的关系，在此不再赘述。张远曾经就清代中期品伶花谱对伶人的描写系统地做过梳理，具体可参见他著作后的附录。

㉒ "凝视"是二十世纪后半叶以来西方文化研究中的热词。"凝视"是一种具体的观看方式，但这种"观看"又带有"权力运作和欲望纠结以及身份意识的观看方法"。例如，当女性呈现在男性面前时，男性的"凝视"使得女性存在被客观化和对象化的趋势，女性成为一种"物"，一种景观，作为观看者的男性并非通过此种视觉行为与被观看的女性建立真实的人际关系，而是构建了一个自我与"他者"的关系，在此关系中建构出观看者的主体地位与视觉权力。关于"凝视"理论渊源和学术语境，详见朱晓兰《文化研究关键词：凝视》，南京大学出版社2013年。

㉓ 李渔：《闲情偶寄》卷三《声容部·薰陶篇》，杭州古籍出版社2011年，第65页。

㉔ 蕊珠旧史：《京尘杂录》，傅谨主编：《京剧历史文献汇编》（清代卷·专书上），第362页。

㉕ 毛文芳在其《物·性别·观看——明末清初文化书写新探》一书中最先提到这套丛书，由于此书馆藏于台湾，在大陆尚未见藏本，笔者未能亲见。董康《东游日记》中对这套丛书的介绍，详见（清）董康著、王君南整理《董康东游日记》，河北教育出版社2000年，第228—229页。黄裳在其《来燕榭书跋》中提到崇祯年间刻《绿窗小史》前有秦淮墨客序，亦分为"名姬品第"、"名姬藻饰"、"名花谱系"、"名花燕赏"四类，笔者疑《品花笺》与《绿窗小史》为同一套丛书，详见黄裳《来燕榭书跋》，中华书局2011年，第211—212页。

㉖ 宛瑜子：《吴姬百媚》，第1页。

㉗ 二书体例相仿，都是序言之后附录所要品评的妓女的名次，继之以妓女的写真，最后是品评文字。品评文字部分先是对妓女的姓名、字号、住址等进行简短介绍，后将人与对应的花卉进行"品"配，接着附以数首诗、词、曲对

其进行题咏,最后再以“总评”作结。关于此书的结构,可以参见[日]大木康《风月秦淮:中国的游里空间》,第217—218页。

(98) 萍乡花史:《广陵女士殿最》,《续修四库全书·子部》第1192册,第305页。

(99) 同上。

(100) 周师厚:《洛阳牡丹记》,《丛书集成续编》第83册,(台北)新文丰出版公司1988年,第465页。

(101) 萍乡花史:《广陵女士殿最》,《续修四库全书·子部》第1192册,305页。

(102) 安乐山樵:《燕兰小谱·弁言》,《京剧历史文献汇编》(清代卷·专书上),第19页。

(103) 孙原湘:《天真阁集》卷三〇诗三十《今昔辞》,《清代诗文集汇编》第464册,上海古籍出版社2010年,第345页。

(104) 安乐山樵:《燕兰小谱》,《京剧历史文献汇编》(清代卷·专书上),第30页。

(105) 种芝山馆主人:《花天尘梦录》卷五《评花韵语》,《京剧历史文献汇编》(清代卷·专书上),第609页。

(106) 蕊珠旧史:《京尘杂录》,《京剧历史文献汇编》(清代卷·专书上),第487页;萝摩庵老人的《怀芳记》亦有金麟的传,第874页。

(107) 这两句诗出自一笔名为“醉琴外史”的文人赠给伶人徐雪琴七言律诗。雪琴与另一伶人倚云对弈负,甸农山人有“徐不如王”之谑,故诗中有“谑语未妨供巧笑,好花难得共佳辰”一句,“好花”乃指徐学琴。详见留春阁小史《听春新咏》,《京剧历史文献汇编》(清代卷·专书上),第327页。

(108) 粟海庵居士:《燕台鸿爪集·题词》,《京剧历史文献汇编》(清代卷·专书上),第527页。

(109) 在餐花小史为小铁笛道人的《日下看花记》所写的后记中,餐花小史自称,其与作者小铁笛道人乃“同游日下,同看花所记之人,又同相品题”,“作记、序记,亦看花之事也”。详见小铁笛道人《日下看花记》,《京剧历史文献汇编》(清代卷·专书上),第213页。

⑩ 芳草词人与同人小集,招诸伶侑酒,留春阁小史不称诸伶毕至,而称"群花毕至";又如珠江泛月,客游京师久,每饮必招伶,艺兰生称其"花天酒地,每饮必拥群花"。详见留春阁小史《听春新咏》,第324页;艺兰生:《侧帽余谭》,《京剧历史文献汇编》(清代卷·专书下),第13页。

⑪ "引类连情"是晚明的陈继儒在讨论案头瓶花的插放时提出来的。毛文芳认为,引类连情就是就是以情系花,以花连情,简单地说,就是"利用相似原则发挥串联物情的联想活动,使得物与文化情境之间巧妙地接缝起来,将物带入文化层次"。详见氏著《物·性别·观看——明末清初文化书写新探》,(台北)学生书局2001年,第440页。

⑫ 《四库全书总目·谱录类》序言回顾了"谱录"作为一类图书形成与发展的过程,按其记,《隋书·经籍志》已有"谱",但此谱多为"族姓"谱,《新唐书·艺文志》中有钱谱、相马经、相鹤经等谱,但却杂列于农家类下,《文献统考》亦将《香谱》放入农家,以其无类可归。至尤袤《遂初堂书目》创立谱录一门,"于是别类殊名,咸归统摄"。详见《四库全书总目》卷一一五子部二十五,第981页。关于这个问题的讨论,还可以参见毛文芳《晚明"闲赏"美学在中国学术史上的范畴定位与源流发展——目录学角度的探讨》,载于毛文芳《晚明闲赏美学》,(台北)台湾学生书局2000年,第65—86页。

⑬ 关于谱录与谱牒的区别,可以参见李志远《谱录考略》,苏州大学文学文献学专业硕士论文,2003年。毛文芳认为,"谱录就像物的传记与族谱,透过史传的书写模式,勾稽来源系脉,为物建构起知识的体系"。她还援引了福柯《尼采、谱系学、历史》一文中的观点,提出谱录类著作正符合福柯所说的谱系学的精神,即希冀在断裂与隙缝中梳理重建物的历史。很显然,毛文芳在这里将谱录与谱牒这两个不同的概念混淆了,福柯所说的更符合谱系学精神的显然是谱牒。详见毛文芳《物·性别·观看——明末清初文化书写新探》,第448页。

⑭ 钱穆:《品与味》,《钱宾四先生全集》第45册,(台北)联经出版事业公司1998年,第243页。

⑮ 刘蒙:《刘氏菊谱》,《景印文渊阁四库全书·子部》第151册谱录类,第18页。

⑯ 范成大:《范村菊谱》,《景印文渊阁四库全书·子部》第 151 册谱录类,第 37 页。

⑰ 《曲中志》中有很多这样的例子,位列谱中第一位的是"色艺绝群,性喜读书,不与俗人偶"的杨玉香,第二位则是"善属诗"的徐姬,详见潘之恒《曲中志》,第 312 页。

⑱ 小铁笛道人:《日下看花记》,《京剧历史文献汇编》(清代卷·专书上),第 159 页。

⑲ 据二人卷首自序,《日下看花记》成于嘉庆癸亥年(1803),《片羽集》成书于嘉庆丙寅年(1806)。详见《日下看花记》,《京剧历史文献汇编》(清代卷·专书上),第 159 页;来青阁主人:《片羽集》,《京剧历史文献汇编》(清代卷·专书上),第 219 页。

⑳ 小铁笛道人:《日下看花记》,《京剧历史文献汇编》(清代卷·专书上),第 213 页。

㉑ 来青阁主人:《片羽集》,《京剧历史文献汇编》(清代卷·专书上),第 220 页。

㉒ 例如,《燕都妓品》的作者永华梅史就毫不讳言地在序言中说道,"好色非真",自己之所以对燕赵佳人"分品计功过",乃因之前品评实在失当。《秦淮士女表》的作者曹大章也批评道,昔日女伎之书,"所褒不免雷同,而所贬过于荼毒",曹宣称,自己作此谱"所表才伎独详,多寡长短,彰彰较著","一洗挽近之陋"。李为霖写《金陵百媚》,亦是为了"以洗近日之陋于见闻者"。详见陶珽《说郛续》卷四四,《续修四库全书·子部》第 1192 册,第 295、309 页。高洪钧:《冯梦龙集笺注》,第 321 页。

㉓ 欧阳修:《洛阳牡丹记》,第 4 页。

㉔ 史正志:《史氏菊谱》,第 29 页。

㉕ 钱谦益:《列朝诗集小传》丁集下,第 630 页。

㉖ 高洪钧:《〈金陵百媚〉与冯梦龙跋》,第 321 页。

㉗ 嘉道年间品伶花谱中的伶人多为作者在观剧时所见,随着私寓制度的形成和完善,士人与伶人交往的日益深入,道光以后所品评的伶人多为士人在舞台下接触、交流而认识的。

⑱ 曹大章:《莲台仙会品》,《续修四库全书·子部》第1192册,第303页。

⑲ 余怀:《板桥杂记》卷下《轶事》,南京出版社2006年,第22页。

⑳ 夏仁虎:《旧京琐记》,北京古籍出版社1986年,第105页。

㉑ 王照玙:《清代中后期北京"品优"文化研究》,台湾暨南大学中国语文学系硕士论文,2008年,第63页。

㉒ 如《瑶台小咏》该谱所载名伶大部分都是庚辰(1880)、癸未(1883)、丙戌(1886)年花榜的入选者,其中朱荣贵、李丽秋两人还保留有花榜的评语。《新刊鞠台集秀录》、《鞠台集秀录》、《燕兰续谱》中也有不少伶人入选了各年花榜。

㉓ 余怀:《板桥杂记》卷下《轶事》,第23页。

㉔ 钱穆:《品与味》,《钱宾四先生全集》第45册,第246页。

㉕ 详见赵振兴《论清中期优伶品鉴与优伶呈现之意义》,新加坡国立大学中文系硕士论文,2009年,第25页。

㉖ 刘畅:《文官政治·书卷风流·人文气象——宋代文学的社会文化背景分析》,《史料还原与思辨索原:中国古代思想与文学丛稿》,南开大学出版社2006年,第219页。

㉗ 诗谱有司空图《二十四诗品》,画谱有《宣和画谱》,砚谱有李之彦《砚谱》、洪景伯《歙砚谱》,墨谱有晁说之《墨经》,香谱有洪刍《香谱》,金石考古有王黼《宣和博古图》、吕大临《考古图》等。

㉘ 文震亨著,陈植校注:《长物志校注·跋》,江苏科学技术出版社1984年,第423页。

㉙ 文震亨著,陈植校注:《长物志校注·序》,第10页。

㉚ 《四库全书总目》卷一二三子部三十三,第1059页。

㉛ 毛文芳曾撰专文讨论晚明这类文献的情况,详见氏著《晚明闲赏文献之盛况、分类与分析》,《晚明闲赏美学》,第139—159页。

㉜ 佚名:《墨娥小录》,中国书店1959年(据明隆庆五年吴氏聚好堂刻本)影印本。

㉝ 文震亨著,陈植校注:《长物志校注·序》,第10页。

⑭ 沈德符:《万历野获编》卷二十六"时玩"条,第653页。

⑮ 文震亨著,陈植校注:《长物志校注·序》,第10页。

⑯ 沈德符:《万历野获编》卷二十六"时玩"条,第653页。

⑰ 详见夏超雄《宋代金石学的主要贡献及其兴起的原因》,《北京大学学报》(哲学社会科学版)1982年第1期。

⑱ 毛文芳:《养护与装饰——晚明文人对俗世生命的美感经营》,《汉学研究》1997年第15卷第2期。

⑲ 在《长物志》的序中,沈春泽是这样解释士人对品题与收藏一类"闲事"的热衷的:"品人者,于此观韵焉,才与情焉。""罗天地琐杂碎细之物于几席之上……以寄我之慷慨不平,非有真韵、真才与真情以胜之,其调弗同也。"详见文震亨著,陈植校注《长物志校注·序》,10页。

⑳ 王鸿泰:《闲情雅致——明清间文人的生活经营与品赏文化》,《故宫学术季刊》2004年第1期。毛文芳则将这种品赏文化称之为"闲赏美学",详见氏著《闲赏:晚明美学之风格意涵析论》,《中正大学中文学术年刊》1999年第2期。

㉑ 毛文芳认为,"尊生"与"审美"是晚明美学中的两大重要课题,对器物的审美可资养生,高濂的《遵生八笺》正是这一观念最好的体现。详见氏著《尊生与审美——晚明美学之两大课题》。

㉒ 柯律格就这一问题在他的著作《长物志:早期现代中国的物质文化与社会地位》中有详细的讨论。详见 Craig Clunas, *Superfluous Things: Material Culture and Social Status in Early Modern China*, Honolulu: University of Hwaii Press, 2004.

㉓ 钱谦益:《牧斋初学集》卷七八《瞿少潜哀辞》,上海古籍出版社1985年,1690页。

㉔ 毛文芳和王鸿泰都曾注意到,晚明士人特别注重日常生活中的美感经营,他们喜欢可以唤引美感的各种事物,用以装点日常的起居生活,这样的事物除了琴棋、书画、鼎彝等器具,山光水色、草木鱼虫、美人情态等,亦被纳入品鉴的物类范畴中。详见毛文芳《养护与装饰——晚明文人对俗世生命的美感经营》,《汉学研究》1997年第15卷第2期;王鸿泰:《闲情雅致——明清间文

人的生活经营与品赏文化》,《故宫学术季刊》2004 年第 1 期。

⑮ 详见寒冬虹编《文物要籍解题》,书目文献出版社 1996 年,第 9—11 页。

⑯《笔记小说大观》五编,(台北)新兴书局有限公司 1980 年,第 2771 页。

⑰ 毛文芳:《晚明闲赏美学》,第 238 页。

⑱ 毛祥麟:《墨余录》卷一〇,上海古籍出版社 1985 年,第 159 页。

⑲ 同上。

⑳《丛书集成新编》第 107 册,(台北)新文丰出版股份有限公司 1985 年,第 631 页。

㉑ 这种焦虑可能在晚明已经出现,只不过入清以后,对于品鉴的这些士人而言,这种焦虑感更加突出。

㉒ 张次溪辑:《北京梨园竹枝词荟编》,第 1172 页。

㉓ 根据《品花宝鉴》中的记载,伶人出师一般需要三千五千吊,折合白银约一千五百两。详见陈森《品花宝鉴》第十八回"狎客楼中教箋片,妖娼门口唱杨枝",中国戏剧出版社 2000 年,第 117 页。

㉔ 蕊珠旧史:《京尘杂录》,《京剧历史文献汇编》(清代卷·专书上),第 501 页。

㉕《金台残泪记》,京师乐部登场,先散演三四出,始接演三四出,曰"中轴子",又散演一二出,复接演三四出,曰"大轴子"。不同身份的人前往和离开戏场的时间皆不相同,"贵人于交中轴子始来,豪客未交大轴子已去"。详见华胥大夫:《金台残泪记》,第 438 页。

㉖ 情天外史:《绘图情天外史》,《京剧历史文献汇编》(清代卷·图录上),第 4 页。

㉗ 蜀西樵也:《燕台花事录》,《京剧历史文献汇编》(清代卷·专书上),第 843 页。

㉘ 种芝山馆主人:《花天尘梦录》,第 553 页。

㉙ 不少花谱作者都将男伶称之为"尤物",如《燕兰小谱》写"京伶冯三儿",作者夸他乃"且中尤物,以声技蓄厚赀";又如《日下看花记》,作者辛酉夏初,偕友人赴园,见于三元《连相》、《摇会》,"笑谑情态不异当年,姿容亦娇好

如故，亦不可谓非尤物"；《消寒新咏》中，当作者忽闻集秀扬的李桂龄遽逝，发出了"岂尤物为造物所忌耶"的长叹。详见《燕兰小谱》，《京剧历史文献汇编》（清代卷·专书上），第54页；《日下看花记》，《京剧历史文献汇编》（清代卷·专书上），第208、149页。

⑰ 来青阁主人：《片羽集》，《景印文渊阁全书·子部》第151册谱录类，第217页。

⑰ 张莲官、小周四官、王元林等伶皆因不事艳冶，貌仅中人而豪客未之齿及。相反，诸如罗荣官、施兴儿、张喜儿、杨宝儿、高全林等明艳妖娆、善于逢迎之伶，豪客则于焉瞩目。详见《京剧历史文献汇编》（清代卷·专书上），第33、42、50、311页。

⑰ 详见《京剧历史文献汇编》（清代卷·专书上），第300、377页。

⑰ 留春阁小史：《听春新咏》，第314页。

⑰ 详见何炳棣《明清社会史论》，（台北）联经出版事业股份有限公司2013年；巫仁恕：《品味奢华》，中华书局2008年；梁其姿：《施善与教化：明清的慈善组织》，河北教育出版社2001年；范金民：《鼎革与变迁：明清之际江南士人行为方式的转变》，《清华大学学报》（哲学社会科学版）2010年第2期。

⑰ 详见范金民《鼎革与变迁：明清之际江南士人行为方式的转变》，《清华大学学报》（哲学社会科学版）2010年第2期。

⑰ 袁书菲：《如食橄榄——十七世纪中国对男伶的文学消受》，陈平原等主编：《晚明与晚清：历史传承与文化创新》，湖北教育出版社2002年，第291页。

⑰ 雍正、乾隆、嘉庆年间，此类禁令屡次颁布。详见丁淑梅《清代禁毁戏曲史料编年》，四川大学出版社2010年，第52、108、148页。

⑰ 《品花宝鉴》中反映的是道光年间的情况，一位伶人的侑酒费大概需要六吊钱，普通的酒菜钱需要五六吊，如果是较为有名的馆子可能会贵至五六十吊。见陈森《品花宝鉴》第八回"偷复偷戏园失银两，乐中乐酒馆闹皮杯"，第53页。《侧帽余谭》中记载的同光年间招伶侑酒的规矩还要麻烦，伶人"香车一至，即须出京贴二千，掷酒保转付，名曰'车饭钱'，侑酒费，例取八千"。艺兰生：《侧帽余谭》，第8页。如果是就饮伶宅，需给下走十千，酒钱给京票

四十千。何德刚:《春明梦录》,第139页。在清代北京,大部分商品和劳务的价格是以京钱为单位的,京钱一吊一千,折合成制钱有五百文。邵义:《过去的钱值多少钱》,上海人民出版社2010年,第173页。按同光年间的标准,在酒馆召伶侑酒,一次至少需要十吊(如果算是酒菜钱,则需要十五六吊),就饮伶宅,总共需要五十八吊。

[179] 在品评之前,作者会这样强调,"一经品题,(伶人)顿增声价,吹嘘送上,端赖文人",入花谱者,可以"益增价于登龙"。详见小铁笛道人《日下看花记》,《景印文渊阁全书·子部》第151册谱录类,第181页。在《众香国》、《评花》、《花天尘梦录》、《明僮合录》、《法婴秘笈》、《评花新谱》等谱的序跋、题词、正文中均能找到类似表达。详见《京剧历史文献汇编》(清代卷·专书上),第252—254、374、585、683、738、711页。

[180] 蕊珠旧史:《京尘杂录》,《京剧历史文献汇编》(清代卷·专书上),第502页。

[181] 艺兰生:《侧帽余谭》,第21页。

[182] 华胥大夫:《金台残泪记》,第430页。

[183] 艺兰生:《侧帽余谭》,第6页。

[184] 小铁笛道人:《日下看花记》,《景印文渊阁全书·子部》第151册谱录类,第199页。

[185] 众香主人:《众香国》,《京剧历史文献汇编》(清代卷·专书上),第269页。

[186] 萝摩庵老人:《怀芳记》,第878页。

[187] 蕊珠旧史:《京尘杂录》,《京剧历史文献汇编》(清代卷·专书上),第514页。

[188] 详见《燕兰小谱》,《京剧历史文献汇编》(清代卷·专书上),第50页;《金台残泪记》,第432页。

[189] 徐珂:《清稗类钞》第十一册,中华书局2010年,第5107页。

[190] 艺兰生:《侧帽余谭》,第6页。

[191] 袁枚也有这样的心路经历,乾隆年间,他在京师戏园观剧时曾与名冠一时的许云亭有一面之缘,次日清晨,许竟亲自上门,"情叹绸缪",袁枚即"喜

过望"。详见氏著《随园诗话》，人民文学出版社 1980 年，第 116 页。

⑫ 详见辑香氏《评花》、留春阁小史《听春新咏》、四不头陀《昙波》，《京剧历史文献汇编》(清代卷·专书上)，第 381、316、675 页。

⑬ 叶凯蒂：《文化记忆的负担——晚清上海文人对晚明理想的建构》，陈平原等主编：《晚明与晚清：历史传承与文化创新》，第 53—62 页。

⑭ 小铁笛道人：《日下看花记》，《京剧历史文献汇编》(清代卷·专书上)，第 164 页。

⑮ 详见巫仁恕《品味奢华》，中华书局 2008 年。巫仁恕在书中强调的是通过消费所塑造的士人的品味，在笔者看来，这种品味与通过品鉴所展示的品味并没有太大的区别。

⑯ 四不头陀：《昙波》，第 666 页。

⑰ 安乐山樵：《燕兰小谱》，《京剧历史文献汇编》(清代卷·专书上)，第 63 页。

⑱ 陈文述：《颐道堂集诗选》卷二四，《清代诗文集汇编》第 504 册，上海古籍出版社 2010 年。《群芳谱》为王象晋所编，谱中皆为花草树木之属。

⑲ 曾庆香：《大众传播符号：幻象与巫术》，中国广播电视出版社 2012 年，第 202 页。

· 域外专论 ·

近代中国的物质文化

冯　客著　潘玮琳　章　可译

摘要：从十九世纪中期到1949年以前，中国日常生活的物质景观发生了方方面面的变化。我们可以看到，迄于十九世纪末，许许多多中国人的物质文化，远非本来所固有，已不可避免地与全球潮流紧密交织在一起。如果说舶来品往往被现代化的精英拿来作社会地位象征的话，那么，许多物品实际上也进入了寻常百姓的日常生活。精英作为社会中的主导群体，因其对外国事物更为熟悉，早在清末就十分明显地开始对舶来品进行"适用"；而最终，普通百姓由于远离权力中心，能够无所顾忌地获取他们认为有用的物品。正是那些工薪阶层的男男女女，逐渐改变了现代中国的物质面貌。物质现代性，不是一套由外国人强加给中国的施予物，而是一系列新的机遇，一套可以用各种充满想象力的方式灵活适用的工具。文化适应而非同化，才是对民国时期中国在文化与物质各方面所发生变化的合理描述。

关键词：物质文化，日常生活史，现代性

冯客（Frank Dikötter），香港大学历史系讲座教授

导　言

1928 年在中国旅行的瑞典考古学家安特生（Johan Gunnar Andersson）曾这样写道："中国人迫不及待地获取外国人的一切技术发明：机关枪和迫击炮，飞机和无线电报，热水瓶和电影放映机，电推剪和自来水笔。"[①]比安特生的这番话更早几年，一位中国观察者的形容更是有过之而无不及，他指出，在自己的国家，"民居与公共建筑都造成最时新的欧洲式样，里面的装潢与家具也尽皆现代。洋食、洋酒、洋消遣、洋服、洋习惯——几乎所有的洋玩意儿都成了时尚"。[②]而 1943 年到访中国的牛津汉学家修中诚（Ernest Richard Hughes）在分析中欧互动时则总结道："像自行车、热水瓶和手电筒这样的东西在许多农村都能看到，还有肥皂、火柴、香烟和一些罐头食品……人们认为有用的就拿来；认为没用的便不屑一顾。"[③]

从十九世纪中期到 1949 年以前，中国日常生活的物质景观发生了方方面面的变化。我们可以看到，迄于十九世纪末，许许多多中国人的物质生活，远非本来所固有，已不可避免地与全球潮流紧密交织在一起——无论是他们衣服上的纱线、制作工具用的铁，还是他们点的灯和灯里的油。如果说舶来品往往被现代化的精英拿来作为社会地位象征的话，那么，许多物品实际上也进入了寻常百姓的日常生活——从宫廷里的电扇和照相器材，到农舍里的橡胶套鞋和搪瓷脸盆。

从中世纪欧洲的异域香料到巴布亚新几内亚偏远的特罗布里恩德群岛（Trobriand Islands）上的工业产品，"洋（外来的）"通常意

味着"高级(优越的)",其中一个原因是异国货物来自远方且价值高昂。然而,当全世界的精英纷纷将欧洲视为现代性的源头时,本土物品逐渐被当作落后的能指而遭到拒斥。同时,从法国、英国或德国进口的物品作为尊贵的象征被人们欣然接受。于是,亚洲、非洲和南美洲的主导性群体相信,现代性必须被带回本土,以此推动自己的国家进入"文明"国家的世界,加入一个迈向更好未来的普遍进程。"洋"就代表了"现代",因为欧洲被看作一个进步新世界的源头。在南美洲,共和体制的精英钟意于来自巴黎的优雅得体的衬衫、羊毛长裤和双排扣长礼服。与此同时,葡萄美酒、时尚书籍和画报杂志源源不断地从欧洲进口而来,三角钢琴驮在驴背上,沿着陡峭的山间小路运送上来。④在日本,和服和阳伞换来了圆顶窄沿礼帽和牛角框眼镜,人们不亦乐乎地模仿英格兰生活的调调,于是,啤酒与棒球的组合,成为清酒加相扑的有力竞争者。⑤这些潮流绝不仅仅出现在亚洲、非洲与南美洲,类似崇洋的风气也出现在欧洲的部分地区,这一事实完全被一些研究殖民主义的历史学家所忽略。在意大利,人们从英国进口维多利亚瓷器——其中包括克拉普先生(Mr. Crapper)发明的新式 U 形管抽水马桶,以及整套的四轮马车和车厢,紧随其后而来的还有英国保姆。白色法兰绒、英国马鞍和骑手服——在法国被降格为长大衣(redingote),在热衷于标榜自己与进步力量为伍的欧洲精英们中间得以普及。在德国,直至纳粹统治下的空袭警报拉响之前,许多人已习惯将自己的英国衬衫送到伦敦洗涤、熨烫。整个欧洲,"人们要求最好的[东西],而最好的[东西]都是英国制造"。⑥欧洲内外,舶来品不再仅仅是异域风情的载体,购买舶来品本身就是一种现代的表现(to be modern)。

尽管如此,人们对舶来品崇拜,也未尝不满含矛盾纠结的心理。比如,在中国,二十世纪头十年间,政治精英逐渐将"外国的"

等同于"帝国主义的"。然而,另一方面,诚如何杰尧(Virgil Ho)对民国广州个案研究所示,不少普通民众则具有相当实用主义的心态,来区分实际上不妨一借的洋货与口头上对帝国主义强权的谴责。⑦一般而言,对于已经习惯与一个自己不得不对之输诚纳贡的政治核心比邻而居的地区来说,它们所受的限制往往使其更容易在外国事物方面进行调整、适应与接纳。这一点在日本人身上表现得很明显,日本人借鉴了不少中国的物品和社会惯习。无独有偶,暹罗(Siam,泰国旧称)在十九世纪下半期突然转向崇欧以前,曾经历了一场佛教革命,并表现出对印度事物的欢迎态度。⑧社会中的主导群体,因其对外国事物更为熟悉,早在清末就十分明显地开始对舶来品进行"适用"(appropriate);而最终,普通百姓由于远离权力中心,能够无所顾忌地获取他们认为有用的物品。工薪阶层的男男女女,虽然无法随心所欲地支配他们可怜的一点辛苦钱,却逐渐改变了现代中国的物质面貌。从买一盏煤油灯到用上便宜的水泥,当越来越多的人使物质文化发生一点一点的微小改变,经过一个世纪(1842—1949年)的日积月累,它所产生的效果是巨大的。

一、"本真性"、"杂交"和"同化"的虚构

清末民初的政坛耆宿许世英(1872—1964)在晚年曾回忆道,小时候照明还用油灯,出行还坐轿子;但今天用的已是核电厂发的电,而飞机大大缩短了地区与地区之间的距离。出生在晚清安徽省的一个小村庄,近一个世纪后逝世于熙熙攘攘的大都市台北,他敏锐地察觉到撼动现代中国的、发生在物质生活领域内的重大转变。⑨然而,反感于人们的文化拼凑倾向的外国人,往往忽视了这些广泛的变化。美国内地会牧师孔美格(J. G. Cormack)所著《中

国的日常习惯》(Everyday Customs in China)一书,尽管一直再版到1935年,其中完全没有任何现代性的痕迹。[10]伊丽莎白·恩德斯(Elisabeth Enders)写了一系列有关现代中国的书,她相信外来影响只是"表层上可以忽略不计的一道抓痕"。[11]她在二十世纪二十年代早期,也走过了格雷琴·菲特金(Gretchen Fitkin)曾到访过的长江沿岸各地,后者看到了浓烟滚滚的工厂烟囱、兴荣的工业和模范市镇,前者却将现代的事物排除在自己的叙述之外,专注于"多少世纪以来一成不变"的"中国内地"。[12]直至今日,我们仍能发现与之类似的态度。卢汉超细致入微地描绘了现代上海的日常生活,然而,他以娴熟精妙的文笔,将从香烟到工厂的一干"现代"事物,从历史中抹去,从而绘就了一幅看似完整无缺的"霓虹灯外"的市井图画,而这幅图画被当作了"原汁原味的本地"生活。他对于城市历史的复原集中在民居方面,完全忽视了工业建筑:他的上海连来料加工的作坊(sweatshop)也没有,更不用提工厂和车间,而这些地方才是在普通人"日常生活"中占比最大的地方。[13]到二十世纪三十年代早期,在工人的家中,闹钟、搪瓷脸盆、橡胶套鞋和煤油灯,已经改变了物质文化和社会习惯,然而,这些都因为历史学家自己对"西方入侵前"历史的怀旧情结而完全被忽视了。而且,在上海,究竟何处才是"霓虹灯之外"?这个城市对电力的热情是如此高涨,太多地方都笼罩在霓虹广告牌与从路灯、万家灯火,到轿车、电车车前灯、轮船桅灯的人工照明的光明之下。[14]

拒绝接触一切现代的表征,已成为追求浪漫情调的旅行者与感染怀旧情绪的历史学家,用来维持其所谓发现一个更加"本真的"中国故事的办法。以下是外科医生阿尔伯特·热尔韦(Albert Gervais)的旅伴初到上海时的反应:

> 我们可以看到,在我们面前是近处一座座大楼那高耸的、

四四方方的轮廓,上面镶满了星星点点的灯光。从附近房子里传来留声机播放的音乐,是黑人舞曲特有的切分节奏。繁忙大都市的嗡嗡闷哼,时不时地被刺耳的电车喇叭声穿破。莫雷尔(Morel)站着不动,但我看到他凝视的目光穿过了城市的万千灯火,陷入了令幻想落空的世界的另一半黑暗中。过了许久,他开口道:"中国,和我想的不一样……"[15]

新闻记者阿本德(Hallett Abend),后来成为了一名资深中国观察家,当他在1925年初来到中国,迎面看到一大片平坦的滩涂和一块高高竖立的口香糖广告牌时,感到了深深的厌恶——没有期待中的宝塔、寺庙的钟声,空气里也嗅不到各种佐料混杂的味道。[16]宣扬禁酒的传教士克莉丝汀·丁灵(Christine Tinling)也把上海视为"真实中国"之外的"门户"之地:

  人们必须穿过这里,先把陈设雅致的商店、街头的有轨电车和汽车,一股脑儿抛却,才能一窥真正的中国,或者说,被她那悠久的古国精神所吸引。

尽管如此,她还是抱怨广州街头汽车、有轨电车和无轨电车的川流不息。[17]换句话说,只要是有所改变的,就不是"中国的"。同样在寻找"真实中国"的杰拉德·约克(Gerald Yorke),甚至津津有味地嘲讽本地中国人的新装。他遇到一位穿着摩登时装的道路工程师,后者抱怨西服是如何热不可耐,并一个劲儿向他描绘穿中式绸衫是多么凉快。[18]当然,一些保守的地方精英也同样排斥外来事物。豫师,一位在清同光年间(1870年代)出任西北都护的学者,醉心于宋儒之学,并公开表示自己"生平最恶洋字",家中无一物来自泰西,甚至坑垫、椅垫等,都不用洋布而只用北京土布制作。

与他同时代的刘恩溥,是一位在十九世纪末颇为活跃的官员,同样"痛恶洋字"。不过,他家中有一个帽架是由欧洲进口的马口铁所制。由此可见,欧风美雨的浸染是无孔不入的,哪怕是最保守的士大夫的深宅内院也无法幸免。⑲

对此,美国长老会传教士丁韪良(William Martin)的看法则完全不同。他没有致力于在霓虹灯外寻找所谓真实,而是把包括上海南京路在内的事物都描述为"完全中国的",尽管那里有写着洋文字母的金字招牌、乙炔灯和高分贝的扩音器。⑳英国记者傅勒铭(Peter Fleming)又换了一种说法,认为"上海并不中国;广州才是"。他觉得,作为南方最繁华城市的广州,它所显露出的现代性氛围才是十分值得重视的,因为那是完全土生土长的。㉑他们两位都认识到,现代性既非帝国主义强加给中国的,也非没有深远影响的表面现象,而是一个新的聚合体,其中蕴涵的各种可能性,被许多不同的本土因素调动起来,并发生变型。

随着一个全球经济体的到来,物品被永无休止地传播、本土化和回收利用,不断挑动文化卫道者们的神经——"杂交性"的概念已被人们用来穿破"本真性"的幻象。美国远东问题专家裴斐(Nathaniel Peffer)在其1931年出版的《中国:一个文明的崩溃》(China: The Collapse of a Civilization)一书中注意到,当一个农民去"电灯照明的市镇,看到机器抛光的大米,逛一逛摆满罐头食品、自行车、机器零部件、进口肥皂、袜子、牙膏的店铺,他的人生的再造过程就开始了——不仅是他自己的生活,也是他生活其中的社会"。诚然,裴斐说中了全球流动重塑民国日常生活的速度,却不明就里地将这些变化视为一种使这位农民"不再中国化"的"杂交"过程。㉒裴斐在其对家具的观察中最为准确地把握了"杂交"(hybridity)的概念:两种文化不加区别地混合在一起,造就了一种"样式杂糅(mongreloid)的家具,它不体现任何一方的特色,而是双方最丑陋部分的杂烩"。他的这一说法,成为了对文化交叉地带(cultural twilight zone)所潜藏的某种社会混乱和道德失范的具体表达。㉓对他而言,现代性是一种异质性元素,它破坏了一个脆弱而勉强维持平衡的体系。他也用过"杂种"(hybridism)一词来描述留洋学生,认为他们对"西方"教育一知半解,而其中国文化又毫无根基:"他们是杂种——不中又不洋。"㉔葛雷森(A. E. Grantham)在其《京畿笔谈》(Pencil Speakings from Peking)一书中也贬斥这种不加区别的混杂,他说道:

    如今有这么一种穿着风格,把丑陋的羊毛帽子、可怕的洋靴子、劣质的美国大衣,和尽管已失去昔日色泽但依然保留旧时风范的中式绸衫,配在一起穿戴;而所谓欧式建筑,是把西方所有庸俗的东西加到东方的本土风格之上;穿着卡其色制服的军官与自己完全不相称的佩剑磕磕绊绊,一副萎靡不振的样子,那些剑显然是某些贩卖报废装备的奸商从国外弄来的;凡此种种,皆显示出迷失于各种矛盾对立倾向中的徒劳摸索,以及面对震动世界的快速变革时彻底的茫然无措。㉕

然而,在地球上人与物无休无止的漂泊过程中,基因和货物的交换一直是常态,"纯种"(purity)不过是等同于"相对晚近的古董"之意的一种发明。尽管种族理论的信誉已经一落千丈,"杂交性"的概念仍然不断被今天的文化研究大肆采用。㉖这个术语首先为十九世纪的体质人类学家使用,他们热衷于把"纯种"与"纯种"的"混合"(mixture)描述为低等的、血统不纯的"杂种"(hybrids)。㉗巴赫金(Michael Bakhtin)是最早将其由生物学引入文化研究的人之一,他把两种社会语言的"混合"描述为"杂交"(hybridisation)。1971年,语言学家基斯·威诺姆(Keith Whinnom)提出,这是可以接受的,因为"生物学和语言学上的杂交过程,即便不说其在机制上相像,也可以说具有很强的可比性"。[28]如此刻意的类比并不令人奇怪,因为生物学和语言学这两个领域在十九世纪出现之时就互有重叠。在达尔文的时代,种族和语言在事实上就是同义词,在"雅利安"(Aryan)一词的使用中就可见一斑。[29]但是,当"杂种"一词出现在语言学中并指向词义借用时,就不再被认为是对个体建构其语言的复杂而多样的方式的恰当描述了。尽管,"杂交性"概念的可信度首先在生物学、继而在语言学领域趋于式微,不少文化研究的践行者还是频频采用这个概念,以延续对人类交往的本质主义理解。如我们在下文中将要看到的,"杂交性"复制了一种简单化的二元对立,而且,更为重要的是,它凌驾于历史行动者的视角之上,而后者未必一定在不同物品的并置中感到冲突——与豫师和刘恩溥拒斥一切洋货的态度相反,在其他人的家中,新与旧常常混在一起,且并不会引发人们矛盾纠结的心态。比如说,英国华裔饮食文化专家罗孝建(Kenneth Lo),在民国时期的福建长大,他就回忆道:"在罗家的宅子里,新与旧自然而然地混在一起,我们并没有感觉到什么文化冲突。"[30]显然,从强烈抵制到热情接纳,对待进口物品的社会心态千差万别,但是许多普通人更为关心的是特定商品的实用性,而非它们被认定的来源。

更晚近一些,"同化"(acculturation)的概念被用来描绘由经济全球化引起的完全负面的变化。批判"西方侵略"的社会科学家,把商品的全球流通视为一个无视于地方人口需求的市场体系形成的结果。塞尔日·拉图什(Serge Latouche)在《世界的西方化》(*The Westernization of the World*)一书中辩称,西方崛起为世界的主宰,因其伴随着"被压迫人民"对欧洲中心主义发展模式的拒斥,故而带来了影响极广的社会、文化和物质上的破坏——全球化导致了同化,因为接续一个稳定的、为传统所约束的生产政体(regime of production)的,是一种对新的全球生产模式的不知所措的反应。㉛西奥多·冯·劳(Theodore von Laue)在《西方化的世界革命》(The World Revolution of Westernization)一书中认为,无论是三角钢琴还是上等烈酒,正是这些进口玩意毁掉了"传统俄罗斯"。㉜认为经济全球化是不可避免的这一想法,导致了地方认同的毁灭,因为一种同质的消费文化,其所到之处粗暴地取代了原先的自发性文化经验,这种文化对那些把全球化等同于西方化的人来说,具有巨大的吸引力。但是,正如弗雷德里克·埃灵顿(Frederick Errington)和黛博拉·格沃茨(Deborah Gewertz)在关于巴布亚新几内亚(Paua New Guinea)的案例研究中所展示的那样,本地民众总是创造性地把产品和各种社会形态结合起来,从而使产品的实际用途偏离了生产者原来的设想。㉝马歇尔·萨林斯(Marshall Sahlins)也注意到,在快速变迁的冲击下,本地文化未必会消失,相反,全球同质性和地方差异化在同时发展,他将这一过程称为"现代性的本地化"(indigenisation of modernity)。他的这一想法借助"罗谷亚"(logua)引人瞩目的形象展开的,这是一种生活在礁石丛生的潮汐池里的小鱼,潮汐池在退潮时与大海隔绝,但海水会周期性地灌入。㉞

从有关现代中国物质生活的实证研究数据出发,我们可以质疑那些强调本地文化被异化的全球化理论。我想在关于中国的研究中,用"适用"这一概念来解释物质现代性的出现:普通人的行动受制于他们所处的社会环境,而在这一环境中,物品的使用和流通有其特定的文化方式。物质现代性,不是一套由外国人强加给中国的施予物,而是一系列新的机遇,一套可以用各种充满想象力的方式灵活适用的工具。在文化拼凑的过程中,本地性所发生的转变,并不亚于全球性在面对既定条件时被迫进行的调整:文化适应而非同化,才是对民国时期中国在文化与物质各方面所发生变化的合理描述。一系列因素的影响,使各种社会群体在这一适用过程中做出了各自不同的选择——品味、价格、猎奇、实用,抑或品质、可获得性和市场营销。对于贫苦的人力车夫而言,那些来自外国的机器,使一个人就可以完成两个轿夫才能做到的工作;他们用医用注射器"吸食"通过各种现代化学工具配制的新型鸦片制剂;他们在上海棚户区的家,是用标准石油公司(Standard Oil)罐体的铁皮盖起来的。正如十七世纪时被当作"外来"物品的土豆和烟草,在晚清成为"传统"的一部分那样,一整批进口物品,不可避免地被织进了从富人公寓到穷人棚屋的民国日常生活的经纬中。有关中国个案的实证研究,可以丰富我们对于物质文化的比较分析,特别是在突出本地人口对全球化商品的创造性适用方面。

德塞图(Michel de Certeau)在其研究日常生活实践的颇有影响的著作中指出,"大众文化"或许倾向于同质化,但是"普通人的文化"在情景、兴趣和语境等方面展现出了根本性的差异化,尽管他们所使用的物品是如此的千篇一律——他指出,多元化诞生自日用。[35]他的文章主张,由一种支配性经济秩序强行导入的产品,也会因为普通人使用的方法不同而发生无数种转变。南美洲的印第安人或许无法对抗殖民者的征服,但他们往往会把征服者施予的礼仪、表述形式与法律更改成超乎设计者想象的另一种东西:"他们破坏这些东西的方式,并非通过直接的拒斥或变更,而是在对于这一他们不得不接受的体系来说全然异国的目的和参照下运用它们。"[36]他把福柯(Michel Foucault)的理论翻了个个儿,展现了在日常生活的层面,普通民众并非那么受制于一种潜在形式的规训,而是有能力通过适用的日常举动来反抗它。为此,德塞图分析了消费者创造出一种反规训网络的方式。尽管他的方法非常有价值,他在案例中却夸大了"反抗"某一"主导型社会秩序"的概念——这个世界很少能截然地分为一个自上而下的压制性"体系"和一种自下而上的"反抗",即使是非洲的殖民主义,在此引用哲学家凯姆·阿皮亚(Kwame Appiah)的说法:"在殖民文化的这个阶段,使用'反抗'的提法,已是夸大了殖民国家的侵略程度。"㊲不仅如此,当德塞图指出物品的使用者从不是被动的时候,他关注的却是时刻、实践、策略或行动,而非特定社会情景中的人——被赋予促成变化的力量的,是用途(uses)而非使用者(users)。

因此,对于"本真性"、"杂交"、"同化"想象的批判,促使我们更加强调文化间的商品流通,以及使用者在各种急速变化的社会语境中对商品的创造性适用。正如阿皮亚发现的那样,并没有一个完全土生土长的、地地道道的非洲文化等待人们去抢救,预设一个单一的非洲与一个自成一体的"西方"之间的二元对立,是我们必须学会摒弃的现代主义教条中的最后一条。阿皮亚在书中解释了为什么泛非洲主义与后现代理论无法很好地处理文化拼凑和文化的无休止流通。他在分析一座表现一个约鲁巴族(Yoruba)男子与一辆自行车的雕塑时强调,这位非洲雕塑家并不在意自行车是白人发明的这件事:"它之所以在那里,是因为有人在乎它的固体性;它在那里,是因为它会带我们去比仅凭我们的双脚能去到的更远的地方;它在那里,是因为如今,机器与小说家一样都是非洲的——与内肯姆王国(kingdom of Nakem)一样是虚构的。"㊳与之相似地,我通过研究想要展现的是,并没有一个完全的中国物质文化——在1949年之前的中国历史中,我们不可能把"本土的"与"外国的"完全区分开来。

二、"效仿"、"消费"和"表现"的限制

"适用"、"驯化"(domestication)、"同化"等概念,削弱了扩散理论,或者说星云假说(cloud-to-dust theory),即把宣称自己最早接

受某一物品或做法,再使之沿着社会等级下渗的精英作为唯一的中介者(agency)。如我们在上面提到的亚洲与南美精英的案例中所见,无可否认的是,不同社会背景的个人可能试图通过模仿的方式来彼此赶超,"效仿"(emulation)的概念的确可能潜藏其中——我们不仅可以在社会科学中,也可以在原始资料中发现,而后者常常是由受过教育的精英生产的,他们把底层民众视为没头脑的机械执行者。十九世纪批判"外洋奇巧之物"的士人梁章钜就说过:

> 如世风见异思迁,一人非之,不敌众人慕之。其始达官贵人尚之,浸假而至于仆隶舆台;浸假而至于倡优婢媵。㊴

特定社会群体在一个效仿的等级体系中通过炫耀性消费来确认自己的地位,于是穷人总是模仿富人,这一观点由凡勃伦(Thorstein Veblen)在其1899年出版的经典著作《有闲阶级论》(*The Theory of the Leisure Class*)中明确提出,㊵尽管只有社会精英才是历史行动的主体这一臆断在当时颇为普遍,这在梁章钜的笔记中俯首即是。"效仿"是一个流行的概念,因为它提供了一个整合性的分析框架。与所有的总体性解释一样,它把复杂的人类行动和历史简化为一个单一的变量——为什么货物会增加并沿着社会等级向下和在全球范围内传播? 它给出了原因背后的一个明确动机。在效仿型消费的模式中,穷人不断希望提升自己的社会等级,因此,他们永远跟随着富人带动的潮流并适用他们的物品,这一模式甚至已经被应用到发展理论对国际秩序的解释中:发展中国家扩张中的资产阶级能够方便地获得外国货品,他们努力效仿那些更加富裕的社会的购买习惯。㊶伯利兹城(Belize)贫穷的克里奥人(Creole)手拿蓝眼睛娃娃的照片,被用来说明社会模仿的全球体系中的异化现象——地方文化被扫除,给全球资本主义秩序让道。㊷

然而,在适用现代物品的过程中,没有哪种特定的社会形态占据主导,因为物质文化是在社会领域内的许多点上构建起来的,并且与各种不同的文化定位绑定。不同的个体在对特定物品的实际使用上显然也是千差万别,有时甚至颠覆了生产者所设想的用途。举例来说,民国时期镜子的大规模生产,实际上巩固而非取代了原来关于灵力的自然秩序观念,因为,我们可以看到,便宜的镜子被放在门外,来阻挡恶灵进入屋内。不仅如此,并非所有的物品都是自上而下地流动的。我们可以在烟草史中找到反映沿着社会等级向上流动的绝佳例证:最早吸烟的是水手,然后烟草才在中等阶级间流行开来。即使某种社会习惯或物品用途更可能向上流动而非向下渗透,对我们来说至关重要的一点仍然是,要去理解重新释义和差别化用途的重要性,即同一个物品可以被不同的社会群体赋予不同的意义并以不同的方式加以利用,即便这一物品本身的可能用途被严格限定在一个有限的范围内。比方说,注射器在民国时期广受欢迎,它被上海的富人当作时髦的保健手段,而穷人则在无法负担鸦片高昂的黑市价格时,用它来注射便宜的吗啡。[43]正如柯林·坎贝尔(Colin Campbell)对效仿的概念进行的中肯批评所示,不同的社会群体渴望获得某些物品,有时是为了自身的利益而非物品可能带来的附加尊荣。最后一点,有的行为看上去是出于模仿,但其性质并非一定是为了效仿:一个农民的妻子可能会采用和她在贵族家里看到的一样的窗帘,但这并不意味着她想藉此成为一位贵妇,或通过时尚品味来显示自己的优越社会地位。[44]劳娜·韦泽利尔(Lorna Weatherill)在谈到十八世纪的英格兰时曾补充道:"没有证据表明,大多数的中等阶级希望变得像士绅那样,尽管他们可能出于自己的目的想要得到某些新物品。"[45]梁章钜的评论反映出,社会地位较高的人当然害怕自己被下等社会阶层取而代之,特别是在社会流动性和经济机会增加的时代。因此,历史学家们必须当心,不要简单地复制他关于动机和意义的一套假设,而忽略了特定的情景与人们的需求。更为重要的是,过去两个世纪,欧洲社会分析家作出的经济解释,我们几乎都能从中看到,社会理论的冷静表面下所潜藏的原罪的幽灵——嫉妒,这一基督教关怀中最重要的主题,是潜藏在所谓对他者社会优越性模仿的驱动力背后的常态,无论是在明确指出这一点的凡博伦的《有闲阶级论》中,还是在暗含此意的内尔·麦肯德里克(Neil McKendrick)的《消费社会的诞生》(*The Birth of a Consumer Society*)中。[46]我们要问的是,这样一种富含宗教意味的理论对分析基督教世界之外的问题是否具有价值。

　　正如乔伊·帕尔(Joy Parr)指出的,"消费"(consumption)这个术语本身,在十四世纪进入英语之初,就被宗教权威赋予了挥霍与令人讨厌的内涵:消费意味着浪费、贪婪与竭尽所有。直至今日的政治经济学辩论中,这一早期的涵义变形仍在继续发挥作用。不仅如此,"消费"这一术语,引入了一种在范式上与"生产"(production)截然不同的概念,就像人们对"需求"(demand)与"供给"(supply)的二元对立认识。然而,对于关注物品的社会用途的历史学家来说,生产与消费往往是重叠的:工厂的纺织机"消费了"纱线,就像厨房里的砍刀"生产了"一块肉那样。[47]性别渗透到有关消费的讨论中,至少始于亚当的失乐园——生产是男性的美德,而消费是女性的恶习。阿曼达·维克瑞(Amanda Vickery)向我们展示了,社会评论家长期以来把男性归为精神属性,女性归为物质属性,由此,对于女性消费的偏见逐步在基督教世界流传开来。社会主义和女性主义的分析,继承了这种清教徒作风,要么摈弃消费,将其视为阴性的、寄生的和无意义的,与具有创造力的、有用的生产文化形成强烈反差;要么谴责时尚是女性在父权制牢笼中依附地位的象征。[48]我在研究中则将消费者放在与生产者同等的地位来考察——使用者为他们所挪用的许多物品创造了意义并生产了诠释。[49]消费就是适用,换句话说,通过这一社会活动,本来是别人生产的东西,变成了某人自己的所有,使物服从于他的私人性意义和差异化的使用方式。

　　文化研究中另一种颇为流行的方法——它对学术界做出过贡献,但现在已过了它的高峰期——不太关注使用者和用法,而是聚焦于"表现"(representation)。然而,物是多义的,其中注入了来自人的多元诠释和个人经验。把物质文化当回事儿的历史学家,超越了话语分析的层面,试图弄清特定社会语境中的实际使用者,理解和挪用物品的复杂且往往充满矛盾的方式。物本身并没有生命,却被它们的使用者赋予了生命,而它们的生命轨迹往往从此沿着与其生产者意图不同的方向延伸下去。广告,是追寻现代性的文化史研究者钟爱的材料,[50]它们反映了生产者实行的营销策略,而研究物质文化的历史学家面临的挑战是,要尽可能地靠近使用者——他们通过自己的社会实践赋予了物意义。广告的臆想与消费者的经验之间存在距离,比如,今天的英国广告要表现一个舒适的厨房,投年轻人所好往往都是现代主义形式的,而针对老年人口味的总是怀旧风的,尽管在现实中,大量使用橡木的怀旧风才是新的、年轻人最喜爱和买得最多的;而二十世纪五十年代最早出现的厨房形式一般是现代主义的,而且仍然更受老年人青睐。[51]当文化研究日益陷入语言上的死胡同时,文化史可以在研究资料与主题上转向考察认知图像与社会功用间的复杂交互作用,并从中受益。

　　许多近期发表的文化研究,试图通过分析若干经典作家生产的为数不多的文本,去捕捉"现代性经验",或曰一种"现代人类意识"的出现,而恰恰忽略上述这种交互作用。他们所谓的"现代性"完全是思想上的事儿,因而要通过一些文字巨匠的作品来探寻:从马歇尔·伯曼(Marshall Berman)的《一切坚固的东西都烟消云散了》(*All that Is Solid Melts into Air*)这样的经典著作,到不怎么有名的汉学家作品,比如吴叡芳(Janet Ng)题目宏达的《现代性经验》(*Experience of Modernity*),几十个伟大的头脑,似乎足以构建一个用来推导数以百万计的不怎么伟大的头脑的基础。[52]波德莱尔(Charles Baudelaire),是从本雅明(Benjamin)到乌尔里希·贝尔(Ulrich Baer)的欧洲研究所热衷的一个研究对象;而在中国研究的领域内,鲁迅似乎是一个可以不断被拿来分析的人物。然而,如果说社会史教会了我们什么的话,尽管它有许多的限制,那一定就是一部"关于伟人的历史",其解释力是有限的。常识告诉我们,对于数以亿计的普通中国农民来说,获取一盏煤油灯来战胜黑暗与获取一块廉价的玻璃镜来驱赶恶灵,相比于一批自娱自乐的作家对时空本质的沉思,前者才是更具广泛性的"现代性经验"。不仅如此,正如"物质文化"一词所娓娓道出的那样,物(客体,objects)在文化之外将不再存在。因此,人与事物互相依存的共生关系是我们所处的现代世界的核心——抛弃物质就是错过人本身。文化并不关乎伟大的思想,而是使主客体关系得以构建的黏合剂,用保罗·格雷福斯-布朗(Paul Graves-Brown)的话来说,亦即"文化是从人与事物的关系中产生出的新特性(emergent property)"。[53]

三、"事物"与"人"

像"效仿"和"消费"这样的概念,都能被赋予宗教性的含义,在分析欧洲以外的物质文化时,其价值相当有限,甚至那些看起来中性的词汇,如"商品"(commodity)、"礼物"(gift)、"物品"(object),都可能受到基督教理念的影响,而无法恰当地传达我们的意图。伊戈尔·科普托夫(Igor Kopytoff)已经论证过这一点。他向我们揭示了,并非所有的物品都能被交易。科普托夫将"商品"定义为：一种具有使用价值且能被出售或与对应物交换的东西。人脑通过对内容进行分类，给一个无序的世界按上认知次序：一个个物品源源不断地涌现，它们之所以能被人们理解，是因为人脑通过鉴别和分类，将同质的物品归入相应独立的领域。但其中也存在着两种极端的看法：一个认为事物各个独特，以致于交换无法发生；而另一个则主张极度同质化，世上万物皆可交换。在这两极之间，不可避免地形成了张力。而商品化（commoditisation）是一个过程，它把事物变为可与其他物品进行交换。物品也可以从商品化转向独特化（singularisation），这更多地发生在复杂社会（complex societies），[54]因为，复杂社会中的个人或群体设计了各种价值评估方案，它们与被更多人认可的商品化发生冲突。比如一双旧拖鞋会与一种私密感紧密相连，以致于无法割舍；旧的啤酒罐和漫画书突然成为了收藏的对象，因而"从毫无价值的一类转移到昂贵单品类"。[55]

然而科普托夫的核心论点在于，在欧洲和美国，"人"的世界和"物"的世界在概念上是截然分离的，因为前者被定义为独特性的专属领地，而后者则属于商品化的范畴。如下文所示，在中国没有这种区分，因为甚至是孩童的劳动力都可能被父母出卖。举例来说，在近代欧洲，"奴役"逐渐成为一个尖锐的道德问题，但在世界其他地方几乎并非如此。有关堕胎的冲突可能是非常基督教本位的问题，因为这关系到"人"与"物"之间界限的精确位置。[56]人所特有的东西，如劳动力、智力、创造力、人体器官、女性生育能力和卵子等等，能否被商品化，也是欧洲人长期以来纠结的道德问题。从马克思（Marx）到罗马教宗，人们对人力资本的定义从未局限于简单的商品，因此，一切独属于人的事物的非法交易，会遭到格外强烈的谴责。而今日生育技术的进步，不断引发新的争论——社会究竟应如何划定人与商品的界限。

"独特化"的概念还会破坏"礼物"和"商品"之间的区分,而这种区分对许多人类学家来说至关重要。莫斯(Marcel Mauss)首先提出这种区分。在他看来,礼物是不可转让的,因为它包含了某人精神实质的一部分;而商品则是可转让的,因为它只是购买得来,仍处于一种无名的状态,可以反复易手。在现代社会中,经济关系(生产)和社会关系(市场)已经被剥离开来,这令那些无法超越其所成长的宗教环境的社会思想家们深深地感到焦虑:从马克思到莫斯,到马尔库塞(Herbert Marcuse),以至于鲍德里亚(Jean Baudrillard),无不如此。尽管这种焦虑在大多数普通民众,亦即这些著名理论家们口中的"大众消费者"的身上表现得并不明显。"礼物"在某种程度上包含着赠予者的"精神实质",这一概念在一个文化上的"局外人"看来是带有特定宗教指向的,因此,"礼物"完全不适合作为有关物质文化的全球性理论的基础。然而,大多数商品在被购买的同时,也已被独特化了:适用这一行为本身,就为标准化的制成品注入了私人特质。[57]举例而言,买一把新座椅,不但这个行为本身是经过慎重计划的,而且在感情和物理两方面都给座椅打上了买主的印记。[58]我们可以进一步地说,"适用"这种创造性的行为本身,模糊了"物"与"人"之间的边界:用唐·伊德(Don Ihde)的话来说,物品不只是"有了主人",它们往往还会被融入(incorporate),成为一种"人自身嵌入性(embeddedness)的共生性的延伸(symbiotic extension)"。[59]一辆轿车和它的驾驶人之间的互动是如此密切,以致于在某些时候,比如说侧方停车时,驾驶者仅仅凭感觉而不是思考就能执行流程复杂的操作。对人来说,一辆车,或是一支笔,都可以成为自我的延伸,而住所则可以被当作外在的皮肤。以此类推,还有大量已经嵌入使用者日常生活的事物也是如此。比如,熟悉到摸黑也能自由行走的房间,夜里也能找准位置的开关,熟练到可以盲打的打字机,抑或是刀叉、盘碟和口舌之间的距离。人对物的"适用",使物成为人之自我的延伸。说到"吃",那当然是最为直观的"融入"了。

四、对"有形之物"的崇拜

我的研究认为,在明清和近代中国,社会对于商品化的限制相对较弱。在这样一个物品稀缺而人口众多的国家,几乎没有什么不被拿来交易。在中国北方荒瘠的山岭上,穷苦人家尚且不放过对树木细枝和灌木的搜寻砍伐。在节俭文化和贫困的驱使下,任何事物都被循环利用。很少有物品会被认为是"独特"的而无法被商品化,除了一些珍稀之物,比如官位权势。来到中国的基督徒们,经常被当地人对物品的那种极端实用主义的态度所震撼。波乃耶(Dyer Ball)就曾写道:"每个中国佬似乎与生俱来就有利欲心。"在一穷二白的乡村,即便是最微小的物品也被标价出售。三个世纪前,葡萄牙道明会修士弗里尔·加斯帕·达·克鲁兹(Friar Gaspar Da Cruz)曾记述道:"在农村,没有东西被浪费,没有东西不名一文……即使是人粪便都能卖得出价钱。"[60]这种对有形之物的崇拜也扩展到了智识资本:在清末,甚至是科考功名和官员品衔都被公开买卖。在帝制中国晚期,人的劳力是最常见的商品,它经常被拿来换取物品和服务,无论是食物、住宿还是衣裳。人本身沦为商品也很普遍,因为穷苦家庭除了孩子之外,几无其他东西可卖。处于社会最上层的家族里,丫鬟、小妾和继室通常都是买来的:大家族被视为社会地位的一种标志,可以通过繁衍后代与购买人手来不断壮大。

在民国初年以前,商品化的范围往往是由一个极为复杂的交易体系所决定的。比起那些使用单一币种的货币体系来,古代的货币体系有时显得笨重冗赘而不合时宜,在帝制时期的中国,有过各种各样的铜板、串钱和银两等货币,很多都是地方铸造的,重量、品相差异很大,这反映了钱复杂而独特的功能,以及商品化的重要性。中国拥有一个庞大的、多源头的铸币体系,因此,与近代早期的欧洲相比,在远距离汇兑、税收和日常交易方面,其范围要大得多。十九世纪下半叶的欧洲,出现了新的交易技术,生产、零售、银行等各领域都有改进,商品化由此进一步扩大。与此同时,在欧洲,人与商品之间的区分变得愈发显著,相对而言,在中国的大部分社会群体中,这种区分仍很微弱。订立契约也十分常见,这与认为中国产权界定不明、国家贯彻不力的流行误解恰恰相反。任何事物,从孩子、寺庙捐款的份额,到包税权,都可公开交易,无论订约者的身份地位和识字程度如何。在有的例子里,甚至死者都能起诉或是被控,只要有契约规定他们对墓地有所有权。[61]

在世界其他一些地区,尤其是东南亚,也有充足的廉价劳动力存在,但是当地政权提倡的宗教,比如泰国的佛教和菲律宾的基督教,对商品化的猛攻进行了反击。在帝制时期的中国,也存在着许多宗教上的做法,特别是佛教在中国某些地区的重要性突出,但国家正统总是试图对宗教加以严密控制。然而,这并不意味着物品就不会被"独特化"。有人甚至会推论,在中国,没有基于基督教灵魂观念的"人"与"物"之间的清晰分界,"物"一直以来都拥有灵性的一面。举例而言,1915年出版的一本幼童识字画本中,几百个常用字,以"天"起首,接着是"人"和"物",但所谓的"物"又包括了"动物"(字面意思是"会动之物")、植物和矿物。[62]中国人有句谚语叫作,人是"万物之灵",这再次显示了,在"人"与"物"之间缺乏清晰的分界,好像一切物体与生俱来就有灵性的一面。正如我们将会看到的,普通中国人经常会对新事物表示惊奇——无论是照相机或是自行车——并把它们看作是拥有魔力的东西。这种为实物加上"魔力"属性的行为并不仅仅是夸张的修辞,而是一种社会化的宇宙观的一部分,这种宇宙观赋予事物以精神价值。施魔成为人与物关系的特征,时至今日,在世界不少地方的热门市场里依然可见类似现象。㉖

对有形之物的崇拜,对新东西的爱好和对消费的享受,体现了一种实用的态度,或许还与另一种宇宙观有关,即相信变动的永恒性。新的物品可以被人获得和喜爱,不过一旦变旧无用,也会被人丢弃或报废。比如前面提到的儿童识字画本,一旦孩子们熟记其中的文字,这些画本往往会被当作燃料烧掉。㉗这一判断甚至适用于人们对各种神灵的态度:一旦一户人家认定曾经佑护家族的神像已经不再发挥功效,它就会被退回到刻工手中,任其处置,往往就是烧掉了事。没有人会愿意——甚至想都没想过——为自家的神龛买一个二手神像,除了那些外国游客。㉘在这种"喜新"的经济环境中,"二手市场"是比较少见的。这种求新欲望之强烈,以致于富人花了大价钱买下的贵重物品,在更新的商品出现在市场上后,就被扔到角落(收音机就是个很好的例子);而穷人只能买些便宜物什,它们的使用寿命相对较短,真正是物尽其用。时至今日,富有阶层丢弃的物品,对经济条件较差的人也未必有多大吸引力,后者同样喜爱新东西,哪怕质量粗劣。随着富裕阶层的不断壮大,垃圾废品也堆积如山。

儿童识字画本被沿用至今,它还展现了中国"人"与"物"关系的另一个向度,即从很早开始,人们就用具体的事物来解说词汇、观念和概念,这与古希腊的抽象哲学正好相反。识字画本用图说事物的方式来解释世界。在民国时期,画一根电线杆就能代表"直"这个概念,而一辆车则能代表速度。用一块丝绸在孩童的脸上摩擦,表示的是"阴"极;而代之以一块粗糙的皮毛,告诉他们的是"阳"极。㉙从另一面来说,语言用一张象征意义的网把事物囊括其中,对普通物品施加一点儿魔法,进而使我们对"有生命"和"无生命"之物的区分变得更为复杂:特别是同音词会围绕日常事务产生出一系列意义的集群,比如"蝙蝠"之"蝠"寓意"幸福"之"福"。基督徒们经常会被中国寺庙里摆放的大量物品所震惊,这些物品被用来表现一个想法,比如把钱摆放在佛像的肚子里,或是在佛像的眼底放一面镜子,分别意味着"富足"和"反思"。所有事物都在说着一种无声的语言。[67]当然,寺庙也是商人们贩卖物品的场所。同样,神祇们也希望以最为物质化的方式获得承认——比如为祂们塑像、建庙、刻碑、画像,甚至是正式加上官方封诰,只要它们像人们期望的那样显灵,不管是遏制疫情,还是保证丰收。[68]一旦这些神祇失去了所谓的神力,人们家中供奉的神像就失去作用,只有被丢弃。由此可见,人们对实物的实用主义态度,甚至发展到了圣物身上。[69]

五、材料:近代中国物质文化的方法论挑战

近代中国物质文化的研究,其主要的方法论挑战在于研究材料的散乱性。鲍尔(Arnold Bauer)在其研究南美洲物质文化的精彩著作中曾经谈道,货物、商品、物品,它们存在于千千万万的书籍、印刷品和图片中,但很少有历史学家尝试解释这样一个问题:人们为什么要得到这些东西?[70]在现代物品的社会生命这一课题上,没有什么唾手可得的、材料集中的文献来源能够提供我们所需要的信息。对急于求成的后现代主义者来说,从一堆杂志中翻检广告,也许是一个便捷的研究策略,但是,以使用者为中心的研究进路,则需要广泛地考察散见于各种不同类别史料中质量参差不齐的线索。如果把这些类型的材料按其总量的多寡降序排列,则依次是文字材料、视觉材料和人工制品。

在有关过去的可利用的材料中,文字材料一直占据着统治地

位,它也包括许多不同的种类。经济类的刊物,比如《钱业月报》能够提供许多地方价格变动的基本信息,尽管这些期刊很少会关心诸如手电筒、汽车、自行车之类物品的社会使用。这些刊物还能提供一些定量的信息,有助于学者估计日常生活中某些特定商品的重要性。1900年的广州,如果一支牙刷在折价促销,这并不是什么重要事件,但如果有十万支牙刷降价,那就是大事。更进一步,如果此类数字能够相互联系起来,就能反映一种历史趋势。贸易统计表和海关报告包含了许多具体的信息,关于一国中各特定地区的消费模式;而贸易代表们经常在遥远的国外贸易点驻扎多年,他们会出版一些很有价值的报告,在别处很难见到,尤其是在十九世纪下半叶。

另一方面,自1860年以后,清朝开始派出使节出使西方各国,使节们写下了大量丰富的游记,内中种种,都反映出这些最早到达欧洲和美国的官方使节乍遇一个完全不同的,由煤气灯、电梯、汽车和电车轨道构成的世界,是如何为之倾倒的。在十九世纪九十年代之前,即使是功名极高且关心洋务的士人,对外国的了解依然是模糊的,而这些游记无疑为读者们打开了一个窗口。

另外,在民国时期有许多社会调查,其中也包含着各个社会群体使用现代物品的片段信息。举例来说,娄学熙对北京工商业概况的描述就弥足珍贵,包括对所有种类物品的详尽阐述,从假牙、布伞到橡胶套鞋、透镜等等。有些社会调查则是在乡村一级层面上进行的,尽管此类研究小组往往会遇到许多困难,费孝通和张之毅就曾经说到,二十世纪四十年代他们曾经调查一个云南的农村社区,发现要对一个家庭里物品的使用进行研究是极为困难的,因为事实上没有任何文字记录流传下来,而当地的经济在很大程度上是自给自足的。

此外,我们还能在许多外国来华人士留下的文献中找到许多信息，他们中有些人在中国工作了相当长时间。作为一个种类而言，旅行文学的质量参差不齐，差异很大。当然，吴芳思（Frances Wood）在她那本开创性的作品中重构了租界外国人的日常生活，其中就对旅行文学材料作了示范性的使用。有些旅行者的记述能带领我们深入草根：比如像丁乐梅（Edwin Dingle）这样的旅行家，他在1910年徒步穿越中国西部，凭借着一双业余人类学家的敏锐双眼，身上所带的不过是一支气压计。其他的外国人会带着他们的读者进入主人的家中，详尽无遗地描述房中的一切，比如像庄士敦（Reginald Johnston）——帝国最后一位皇帝的老师，还有杰克逊（Innes Jackson），他住在武汉，在当地有许多朋友。

另一种极为宝贵的史料是被称为"竹枝词"的民间诗谣。这些竹枝词当然是个人情感的表达，但更重要的是作为一种对日常事件的诙谐的记录，有的词里其至会记下一双鞋的价格，这表明对于"物"的实用主义态度如此泛滥，甚至影响到了诗歌。我把他们称作"竹诗"（bamboo verses），我在研究中引用了许多来自各个城市的竹枝词集，从中可窥得地方物质文化的变迁。

最后，我还用到几十种传记和回忆录，这让人更为贴近历史上的日常生活，感受其跳动的脉搏，这是整个研究涉及资料中必不可少的一部分。以上所有这些资料，会带来许多不同的方法上的挑战，但资料的丰富性和差异性本来就是这项研究的关键所在。当然，若分而述之，则研究中的谬误和瑕疵也在所难免。

有些资料，研究现代欧洲物质文化的历史学家们多为仰仗，但在中国这个个案中，则极为稀少，或干脆没有。比如对研究十七世纪西方社会史的学者而言，遗嘱记录和家庭财产清单是关键性的材料，但这些在中国——即使到了民国时期还很少见。总体而言，即使是与荷兰或瑞士之类的小国家相比，有关现代中国的文字资料——不论是印刷品还是档案——还是相对单薄的，尽管民国时期发生了一场印刷革命，且官僚系统的不断发展留下了有关其活动的详尽记录。

然而，正如欧洲史学者已经指出的，即使是对大量相关的资料，比如遗产清单或贸易数据作一种定量的分析，仍会遭遇特别的方法论问题，从而产生误导。举例来说，此类研究很少会注意到物品的特定意义和用途、拥有者的喜悦和苦痛，或者是其他能赋予物品意义的私人性联系。正如布里恩（T. H. Breen）所说，历史学家们应该关注特定社会群体或历史阶段的特性，但他们只是列出了一堆"去语境化的、丧失了意义的物品"。

视觉材料也很有用，但相对稀少，它们与文字材料中可收集的信息一样，被解释的空间很大。我们知道，照相馆摄制的相片大多摆着不变的姿势，甚至都没法让我们了解一个人身着最好服装时的样子，因为照相时的衣裳多是临时租的。广告中往往会有特定商品的图像，因为在一个充斥着假冒品、消费者又大多目不识丁的市场里，广告需要提供所卖物品的准确的视觉依据。而实物材料则更难获得，因为实物商品要能够保存下来，往往需要偶然的机运。即使是极为有幸留存下来的物品，比如用来烫压衣服的黄铜熨斗，它能诉说的信息也主要是有关其生产，而不是平常日用。情况还不止于此，如果我们看美国，全美各地有成千上万个地方博物馆和历史学会，它们能提供全品类的商品供物质文化史家进行研究；而在日本，几乎每个小镇都有一个日常生活的博物馆，人们不想要的东西会被永久地保存在博物馆的库房里。中国就不同了，在1949年之后，那些被看作是"现代的"日用品往往会被丢弃，这或者是共产运动所致，也或许因为在相当长时间里，只有"传统的"物品才会被认为是有价值的收藏品。甚至在像北京和上海这样大城市的跳蚤市场也往往乏善可陈，相比伦敦、巴黎、曼谷的同类场所，这里只能让那些专程前来的收藏家们失望而归。毫无疑问,这种"现代"物品的缺乏,也有政治以外的原因,比如人们喜新厌旧的心理以及对二手物品的蔑视,这都是我们希望研究的。

在这项课题研究中,还应注意到地区差异,尤其是在北方沿海地区和南方之间,这些差异难以捉摸,却十分重要,只有考察大量的史料才能加以把握。当然,想要充分深入中国每一处地方的情况是毫无意义的,但本研究依然尝试尽可能多地展现地方多样性。我们常常会用广州、南京和北京的例子来说明南部、中部和北部中国的不同城市环境,同时,诸如昆明、成都和兰州这样的省会城市能让人了解内陆中国的情况。一种城市生活的偏见是不可避免的,尽管我们时时会把目光转向农村,从南方潮湿的小镇到华北平原的乡间村庄。

六、结　　语

在我自己的作品——《摩登玩意:物质文化与中国的日常生活》中,我无法在一本书的篇幅中成体系地讨论所有的现代事物,所以最终呈现给读者的书稿对原稿进行了实质性的删减。在此书有意不讨论的物品中,最明显的莫过于现代兵器,即便枪炮在帝制末期成为常见事物。我还避免深入地分析其他一些事物,比如钱、纸和服饰。说到服饰,要对近代以来输入中国的各种衣饰布料,如衬衫(染色的、收身的、织锦的、圆点的)、T恤、亚麻布、沙罗织衣和群青印花薄纱、粗斜纹布、牛仔服、棉被单布、印花棉布、法兰绒布、厚斜纹布、绉纹织物、天鹅绒(当然包括棉绒)、细麻布、细棉布等等作出细致的分析,需要相当深厚的专业知识,我在此并不想尝试。其实,我们还应提到上百种其他物品,从口香糖到X光机,它们在中国被接受、被使用的历史充满趣味,但限于本书的篇幅和读者的耐性,我只有忍痛割爱。

我按照日常生活史的各个部分来组织材料，因而各章节分别讨论居住、穿着和饮食，同时，这本书既讨论宏大的历史趋势和结构，也会目光向下，关注使用者和消费情况。全书的第一部分关注的是调节人工制品生产与消费的结构和网络，其中的首章（全书第二章）描述了帝制中国晚期大范围洋货进口的历史背景。从中可以发现，一种仿照洋货样式生产中国制造品的由来已久的做法、用个体工人生产的零部件组装成结构复杂的成品的长期实践、一个自十六世纪起由小型企业组成的不断扩张的网络，以及人口快速增长带来的充足的廉价劳动力，都有助于洋货的本土化，亦即用低价的仿制品满足了一个数量庞大而相对贫困的群体对舶来品的渴望与需求。第三章更加聚焦于这些物品的传布，无论它们是摆放在走街串巷的内地商贩的货担上，还是陈列于沿海贸易中心城市的大型商店内。我在这一章中也揭示了，公园、博物馆、学校乃至监狱，往往出于启蒙的教育使命，为新式商品贡献了展示的空间。与此同时，招贴画、月份牌、广告、香烟牌等载体，将现代的形象带入千家万户，这一图像上的革命性创举，无疑也强化了现代物品的能见度。机器通过机器得到传播：汽船、火车、汽车和飞机，不仅其本身是新生事物，人们还利用它们创造出更大的物的网络，而这正是第四章的研究主题。到民国末期为止，广州、上海、北京等城市已经成为大型的物品聚集地，并且成为这些新网络上的重要节点。我在第五章中简要地描绘了现代城市的兴起和学校、工厂、办公场所等处的物质景观。这些社会空间不仅塑造了人们与新物品的首次接触，而且成为传播物质文化的重要场所。第六章考察的是城市中电力、电话、自来水等现代设施布局的逐步形成。

我在整个第一部分中强调了物的用途和意义，展现的是个体使用者如何按照自己的方式理解物品并使之为其所用，而这样做的结果往往超乎造物者的原有意图。尽管在外国势力主导的全球经济体系中，本土政治精英提倡经济民族主义，类似这样的重大政治、经济、社会变量的存在，并不能改变使用者本身在市场偏好中的中心地位。普通民众在有限条件下对自己的资金分配作出选择，无论他们的选择范围多么有限，他们渐渐地改变了现代中国的物质景观。随着我们将视线由交通网络和公共基础设施等宏大结构转向第二部分的主题——不同社会背景的个体的日常生活的转型时，这一点就变得愈发明显了。第二部分的首章讨论了房屋及其中的物品，包括了从窗玻璃到煤油灯、镜子等简单但广为普及的用具。第八章围绕个体的日常表现展开，检讨了许多现代性新物品的出现——从胭脂到土耳其浴巾——是如何改变人们的穿着打扮的。食物常常被视为生活中最少受到外来影响的部分，然而后面的一章揭示了，由于当时的中国被纳入一个全球经济体系之中，既有的饮食内容被大大扩充了，因此在吃喝的各个方面都变得多样化了。最后一章集中讨论了声音与图像的机械复制，照相机、电影院、留声机和收音机吸引了社会背景各异的个体，根本上改变了人们的视觉和听觉体验。

为了破除所谓"仇视洋货"阻碍了中国进入全球经济体系进程的陈见，以上各章详细分析了一种对待物品的非常实用主义的态度是如何流行开来的，从中可见，大部分消费者在弃旧从新方面并没有太多的顾虑。我的这项研究或许只是一幅有关现代中国的印象派画作，运用了点彩的笔法，但是我所呈现的这幅图像表现的是主动性借用、创造性拼装和适应性效仿。正如我的这本书所展示的，全球化也许对商品在世界范围内的扩散起到作用，但它并没有产生文化的同质化；恰恰相反，全球化令无数人的日常观念、实践和吃穿用度变得多样化，从而使更为复杂的文化表达得以可能，尽管这样的分化乃发生在一个日益全球性的互联互通的环境中。

（本文选译自 Frank Dikötter, "Introduction", *Things Modern: Material Culture and Everyday Life in China*, C. Hurst & Company (Pub.) Limited, 2007, pp. 1 – 24. 感谢作者冯客教授与 Hurst 出版社授权翻译。由于原文是专著章节，译者进行了若干技术处理，并适当增补了文中引述人物的身份信息，使之更符合论文的行文风格，便于阅读。）

---

① Johan Gunnar Andersson, *The Dragon and the Foreign Devils*, Boston, MA: Little, Brown, 1928, pp. 242 – 243.

② Min-ch'ien Tuk Zug Tyau（刁敏谦）, *China Awakened*, New York: Macmillan, 1922, p. 85.

③ E. R. Hughes, *The Invasion of China by the Western World*, London: Black, 1937, pp. 282, 287.

④ Arnold J. Bauer, *Goods, Power, History: Latin America's Material Culture*, Cambridge University Press, 2001, pp. 150 – 164.

⑤ 参见两本可读性甚佳的著作，即 Louis Frédéric, *La vie quotidienne au Japon au début de l'ère modern (1868 – 1912)*, Paris: Hachette, 1984, 和 Edward Seidensticker, *Low City, High City: Tokyo from Edo to the Earthquake*, Cambridge, MA: Harvard University Press, 1991.

⑥ Luigi Barzini, *The Europeans*, Harmondsworth: Penguin, 1983, pp. 35 – 41; Luigi Barzini, *The Italians*, London: Hamish Hamilton, 1964, p. 59.

⑦ Virgil Kit-yiu Ho（何杰尧）, "The Limits of Hatred: Popular Attitudes towards the West in Republican Canton", *Far Eastern History*, No. 2 (1991), pp. 87 – 104.

⑧ Maurizio Peleggi, *Lords of Things: The Fashioning of the Siamese Monarchy's Modern Image*, Honolulu, HI: University of Hawai'i Press, 2002, pp. 21 – 22.

⑨ 许世英口述，冷枫撰记：《许世英回忆录》，（台北）人间世月刊社 1966

年,第 2 页。

⑩ J. G. Cormack, *Everyday Customs in China*, Edinburgh: Moray Press, 1935.

⑪ Elisabeth Enders, *Swinging Lanterns*, New York: Appleton, 1923, p. 83.

⑫ Gretchen Mae Fitkin, *The Great River: The Story of a Voyage on the Yangtze Kiang*, Shanghai: Kelly and Walsh, 1922, pp. 62 – 64. Elisabeth Enders, *Temple Bells and Silver Sails*, New York: Appleton, 1925, p. 243.

⑬ Hanchao Lu(卢汉超), *Beyond the Neon Lights: Everyday Shanghai in the Early Twentieth Century*, Berkeley, CA: University of California Press, 1999. 另见 Wang Di(王笛), *Street Culture in Chengdu: Public Space, Urban Commoners, and Local Politics, 1870 – 1930*, Stanford University Press, 2003.

⑭ Richard P. Dobson, *China Cycle*, London: Macmillan, 1946, p. 173.

⑮ Albert Gervais, *A Surgeon's China*, London: Hamish Hamilton, 1934, p. 11.

⑯ Hallett E. Abend, *My Life in China, 1926 – 1941*, New York: Harcourt, Brace, 1943, p. 7.

⑰ C. I. Tinling, *Bits of China: Travel-Sketches in the Orient*, New York: Fleming Revell, 1925, pp. 13, 92.

⑱ Gerald Yorke, *China Changes*, London: Jonathan Cape, 1935, p. 157.

⑲ 刘声木:《苌楚斋随笔》卷六"豫师等深恶洋字"条,中华书局 1998 年,第 593—594 页。

⑳ William Martin, *Understand the Chinese*, London: Methuen, 1934, p. 11.

㉑ Peter Fleming, *One's Company: A Journey to China*, London: Jonathan Cape, 1934, p. 300.

㉒ Nathaniel Peffer, *China: The Collapse of a Civilization*, London: Routledge, 1931, pp. 124, 181, 221.

㉓ 同上书, p. 123.

㉔ 同上书, pp. 181, 221.

㉕ A. E. Grantham, *Pencil Speakings from Peking*, London: Allen and Unwin, 1918, pp. 26 - 27.

㉖ 一个很好的例子是 Robert J. C. Young, *Colonial Desire: Hybridity in Theory, Culture and Race*, London: Routledge, 1995. 把现代中国简化为"中""西"混合的"杂交"的看法十分普遍, 特别举出某一例证会显得有失公允; 不过, 在此还是不得不以下面的例子为证: Jonathan Hay, "Painting and the Built Environment in Late-Nineteenth-Century Shanghai", in Maxwell K. Hearn and Judith G. Smith (eds), *Chinese Art, Modern Expressions*, New York: Metropolitan Museum of Art, 2001, pp. 60 - 101.

㉗ Jacqueline Duvernay-Bolens, "Un trickster chez les naturalists. La notion d'hybride", *Ethnologie Française*, 23, No. 1 (Jan. -March. 1993), pp. 144 - 152; 有关近来"杂交"(hybridity) 概念的使用情况概述, 见 Deborah A. Kapchan and Pauline T. Strong, "Theorizing the hybrid", *Journal of American Folklore*, 112, No. 445 (summer 1999), pp. 239 - 253.

㉘ Keith Whinnom, "Linguistic Hybridization and the Special Case of Pidgins and Creoles", in Dell Hymes (ed.), *Pidginization and Creolization of Languages*, Cambridge University Press, 1971, p. 91, 转引自 Kingsley Bolton, *Chinese Englishes: A Socio-linguistic History*, Cambridge University Press, 2003, p. 190.

㉙ 关于人种理论与语言研究之间持续存在的关联性, 一项很好的研究是 Christopher M. Hutton, *Linguistics and the Third Reich: Mother-tongue Fascism, Race and the Science of Language*, London: Routledge, 1999.

㉚ Kenneth Lo, *The Feast of My Life*, London: Doubleday, 1993, p. 54.

㉛ Serge Latouche, *The Westernization of the World*, London: Polity, 1995; 另见 Tony Spybey, *Globalization and World Society*, London: Polity, 1995.

㉜ Theodore H. von Laue, *The World Revolution of Westernization: The Twentieth Century in Global Perspective*, New York: Oxford University Press, 1987, pp. 43 - 45.

㉝ Frederick Errington and Deborah Gewertz, "The Individuation of Tradition in a Papua New Guinean Modernity", *American Anthropologist*, 98, No. 1 (March 1996), pp. 114-126. 另见一部开创性著作 Daniel Miller, *Modernity: An Ethnographic Approach*, Oxford: Berg, 1994.

㉞ Marshall Sahlins, "On the Anthropology of Modernity; or, Some Triumphs of Culture over Despondency Theory", in Antony Hooper (ed.), *Culture and Sustainable Development in the Pacific*, Canberra: Asia Pacific Press, 2000.

㉟ Michel de Certeau, Luce Giard and Pierre Mayol, *The Practice of Everyday Life: Living and Cooking*, Minneapolis, MIN: University of Minnesota Press, 1998, Vol. 2, p. 256.

㊱ Michel de Certeau, *The Practice of Everyday Life*, Berkeley, CA: University of California Press, 1984, p. xiii.

㊲ Kwame Anthony Appiah, *In My Father's House: Africa in the Philosophy of Culture*, Oxford University Press, 1992, p. 9.

㊳ 同上书,p. 157. 译注:内肯姆王国,马里小说家沃勒格姆(Yambo Ouologuem,1940—)在其处女作《必然的暴力》(Le Devoir de violence)中虚构的一个非洲国家。小说借鉴了马里的历史,讲述了内肯姆从十三世纪帝国建立到二十世纪中期摆脱欧洲殖民成为现代国家的经过,描绘了帝国时期统治者与奴隶主的肮脏交易、神权统治时代的巫术与暴力,以及殖民时期本土精英的崛起。该小说是非洲后殖民文学的代表作。

㊴ 梁章钜:《退庵随笔》卷七,第8页上,《笔记小说大观》重印本卷一,第172页,(台北)新兴书局1977年。

㊵ Thorstein Veblen, *The Theory of the Leisure Class*, Amherst, NY: Prometheus Books, 1998.

㊶ 有关这一观点的批判,见 Jeffrey James, "Positional Goods, Conspicuous Consumption and the International Demonstration Effect Reconsidered", in Daniel Miller (ed.), *Consumption: Critical Concepts in the Social Sciences*, Vol. 3, *Disciplinary Approaches to Consumption*, London: Routledge, 2001, pp. 289-319.

㊷ 对于这一解读的批判性分析,见 Richard Wilk, "Consumer Goods as Dialogue about Development", in Daniel Miller (ed.), *Consumption: Critical*

Concepts in the Social Sciences, pp. 34 – 53.

㊸ Frank Dikötter, Lars Laamann and Zhou Xun, *Narcotic Culture: A History of Drugs in China*, London: Hurst; University of Chicago Press, 2004.

㊹ Colin Campbell, "Understanding Traditional and Modern Patterns of Consumption in Eighteenth-Century England: A Character-Action Approach", in John Brewer and Roy Porter (eds), *Consumption and the World of Goods*, London: Routledge, 1993, pp. 40 – 41.

㊺ Lorna Weatherill, "The Meaning of Consumer Behavior in Late Seventeenth-and Early Eighteenth-Century England", in Brewer and Porter, *Consumption and the World of Goods*, p. 208.

㊻ Amanda Vickery, "Women and the World of Goods: A Lancashire Consumer and Her Possessions, 1751 – 1781", in Brewer and Porter, *Consumption and the World of Goods*, pp. 275 – 276.

㊼ Joy Parr, *Domestic Goods: The Material, the Moral, and the Economic in the Postwar Years*, University of Toronto Press, 1999, pp. 5 – 6.

㊽ Vickery, "Women and the World of Goods", in Brewer and Porter, *Consumption and the World of Goods*, p. 274.

㊾ 在此,"使用者"和"消费者"两个术语,把个人与交易发生的社会空间即市场,区隔开来,这与经济学理论中的一般用法相反。

㊿ 相关例子,见 Yeh Wen-hsin, "Shanghai Modernity: Commerce and Culture in a Republican City", *China Quarterly*, No. 150 (June 1997), pp. 375 – 394. Leo Ou-fan Lee, 'The Cultural Construction of Modernity in Urban Shanghai: Some Preliminary Explorations' in Yeh Wen-hsin (ed.), *Becoming Chinese: Passages to Modernity and Beyond*, Berkeley, CA: University of California Press, 2000, pp. 31 – 61.

㉑ Daniel Miller, "Appropriating the State on the Council Estate", in Daniel Miller (ed.), *Consumption: Critical Concepts in the Social Sciences*, Vol. 4, *Objects, Subjects and Mediations in Consumption*, London: Routledge, 2001, p. 123.

㉒ Marshall Berman, *All that Is Solid Melts into Air: The Experience of Mo-*

dernity, London: Verso, 1982. Janet Ng, *The Experience of Modernity: Chinese Autobiography of the Early Twentieth Century*, Ann Arbor: University of Michigan Press, 2003.

(53) Paul M. Graves-Brown, "Introduction", in Paul M. Graves-Brown (ed.), *Matter, Materiality and Modern Culture*, London: Routledge, 2000, pp. 1–9. 另见 Arjun Appadurai (ed.), *The Social Life of Things*, Cambridge University Press, 1988.

(54) 译注:复杂社会,人类学与考古学概念,又称为成形国家、发达国家。这种社会形态的主要特征包括了成熟的社会分工、完整的习惯和法律体系,以及较大规模的人口。

(55) Igor Kophtoff, "The Cultural Biography of Things: Commoditization as Process", in Daniel Miller (ed.), *Consumption: Critical Concepts in the Social Sciences*, Vol. 3, *Disciplinary Approaches to Consumption*, London: Routledge, 2001, p. 23. 另见 Arjun Appadurai, "Introduction: Commodities and the Politics of Value", in Appadurai (ed.), *The Social Life of Things*, pp. 3–63.

(56) 译注:基督教关于堕胎争议的核心问题,是如何判断怀孕期内新人生命开始的时间。

(57) James Carrier, *Gifts and Commodities: Exchange and Western Capitalism since 1700*, London: Routledge, 1995, p. 110. 另见 Nicholas Thomas, *Entangled Objects: Exchange, Material Culture, and Colonialism in the Pacific*, Cambridge, MA: Harvard University Press, 1991. Arjun Appadurai, "Introduction: Commodities and the Politics of Value" in Appadurai (ed.), *The Social Life of Things*, pp. 6–16.

(58) Mark Osteen, "Gift or Commodity?" in Mark Osteen (ed.), *The Question of the Gift: Essays across Disciplines*, London: Routledge, 2002, p. 235.

(59) Don Ihde, "The Experience of Technology: Human-Machine Relations", *Cultural Hermeneutics*, 2, No. 3 (Nov. 1974), pp. 267–279. 译注:"嵌入性"是经济社会学的一个基本概念,由卡尔·波兰尼(Karl Polanyi)首先提出,指非经济性制度,如非资本主义、前工业化经济体中的互惠与再分配,对经济活动

的影响程度。

(60) J. Dyer Ball, *The Chinese at Home*, London: Religious Tract Society, 1911, p. 240. C. R. Boxer (ed.), *South China in the Sixteenth Century: Being the Narratives of Galeote Pereira, Fr. Gaspar da Cruz, and Fr. Martin de Rada*, London: Hakluyt Society, 1953, p. 120.

(61) Madeleine Zelin, Jonathan K. Ocko and Robert Gardella (eds), *Contract and Property in Early Modern China*, Stanford University Press, 2004. 另见 Valerie Hansen, *Negotiating Daily Life in Traditional China: How Ordinary People Used Contracts, 600 – 1400*, New Haven, CT: Yale University Press, 1995.

(62)《国民字课图说》,(上海)会文堂 1915 年。

(63) 对于巫术与魔力的感觉在早期现代欧洲也很常见,见 Keith Thomas, *Religion and the Decline of Magic: Studies in Popular Beliefs in Sixteenth and Seventeenth Century England*, Harmondsworth: Penguin, 1991.

(64) Don J. Cohn,个人谈话,2004 年 9 月 20 日。唐·孔恩(Don Cohn)为柯特森儿童图书馆(the Cotsen Children's Library)收购了上万本中国儿童插画书,见他的 *Virtue by Design: Illustrated Chinese Children's Books from the Cotsen Children's Library*, Los Angeles, CA: Cotsen Occasional Press, 2000.

(65) Keith G. Stevens,个人谈话,2004 年 3 月 10 日。凯斯·史蒂文斯(Keith Stevens)用数十年时间在中国的大部分地区和东南亚,搜集并补救寺庙里废弃的神像。见 Keith G. Stevens, *Chinese Gods: The Unseen World of Spirits and Demons*, London: Collins and Brown, 1997.

(66) 这个事例承熊秉真告知,她关于明清时期的儿童研究涉及了物质文化的许多方面。见熊秉真《幼幼:传统中国的襁褓之道》,(台北)联经出版事业公司 1995 年。

(67) 这一观察见 Sarah P. Conger, *Letters from China, with Particular Reference to the Empress Dowager and the Women of China*, London: Hodder and Stoughton, 1909, p. 71.

(68) Valerie Hansen, *Changing Gods in Medieval China, 1127 – 1276*, Princeton University Press, 1990, p. 161.

㊻ Keith G. Stevens,个人谈话,2004 年 3 月 10 日。另见 Stephan Feuchtwang, *Popular Religion in China: The Imperial Metaphor*, London: Routledge-Curzon, 2000.

㊼ Arnold Baumer, *Goods, Power, History: Latin America's Material Culture*, Cambridge University Press, 2001, p. xv.

物华:明代士人的鉴藏与物质文化

卜正民著 潘玮琳译

摘要:元明两代,物质极大充沛。从收藏大量珍玩和艺术品的天家内院,到装饰典雅的富贵之家,乃至不过一二间大的普通农舍,人们不断积累着自己需要或自以为需要的物品,它们塑造了元明时代人们赖以生活的物质世界。本文通过元明士人的家产清单、笔记、日记等材料,勾画了士人之间,以及士人与工匠、商贾等社会群体之间的互动方式,生动地展现了元明士人文化的物质基础与生活空间,对我们思考元明以降中国艺术风格的形成提供了一个社会生活的纬度。

关键词:元明物质文化,分家单,阁书,李日华,鉴藏

卜正民(Timothy Brook),加拿大不列颠哥伦比亚大学圣约翰学院教授

元明两代,物质极大充沛。从收藏大量珍玩和艺术品的天家内院,到装饰典雅的富贵之家,乃至不过一二间大的普通农舍,人们不断积累着自己需要(或自以为需要)的物品,生活和一切的日常事务才得以继续。这些物品可以是普普通通的一双筷子或一只茶壶,也可以是一个莹润剔透的成化薄胎瓷盏或一方纤毫毕现的山水人物玉牌。有些遍地皆是,有些则极为罕见;有些千金难求,

有些则不名一文，它们塑造了元明时代人们赖以生活的物质世界。这个世界里商品的生产、流通和消费，无论种类还是数量，都达到了历史上其他人类社会所无法比拟的程度。一个贫穷的农民也许一年只买得起一件自己所需的物品，而一个朱明藩王的内院库藏可能几辈子也享用不完。只要是人们买得到的东西，就会出现在他们的生活空间中，并在很大程度上塑造出他们的世界。

家　　产

关于谁拥有什么的记录在元代十分罕见。马可波罗让我们瞥见了忽必烈王宫的奢华，比如宴会大厅中的巨型酒缸，"每边长约三步，饰有精美的鎏金兽纹"。他还告诉我们，在宴会上，大汗的仆役捧出"一大堆金银器皿，多得简直让人无法相信自己的眼睛"。这的确令人赞叹，但这并不是重点。马可波罗并不是要向我们展现簇拥着这个强大统治者的所有物品。他的目的是用这些东西的规模和价值来震撼我们，而不是为后世的历史学家提供一份在场物品的清单。现存的元代物品清单来自忽必烈统治时期杭州的四十七位艺术品收藏家，我们在后面将详细提及。但这类清单，并不能让我们建构一个元代家产的完整图像。

明代的情况要好得多。明代最著名的财产清单是严嵩（1480—1565）被抄家时的籍没册。严嵩官至内阁首辅，在嘉靖朝的最后二十年权倾朝野。权力为他招来了同僚的嫉恨，也给他带来了数不清的贿赂和供奉，最终导致他家产籍没，在一片唾骂声中死去。在严嵩的罪状中，除谄谀媚上一条外，其余恐怕都被夸大了。不过，对其子严世蕃（1513—1565）倚仗父亲权势大饱私囊、横行乡里、侵占民产的指控并非虚言。嘉靖四十一年（1562）的这份籍没册被保存了下来。这既是一个政治文件，也是一份家产实录，使我们得以一窥明代最富有家庭的生活。

严嵩的籍没册展现了富有的消费者能够拥有的极致:金、银、玉器;古铜鎏金器;珊瑚、犀角、象牙等珍奇异宝;玉带(与今天男士佩带的领带一样,是男子穿着袍服时的重要配饰);匹缎与衣,特别是织金妆花段、绢、绫、罗的;乐器(包括古代名琴);古砚、文具;屏风;大理石、螺钿等床;石刻法帖墨迹,古今名画、手卷、册页;最后,还有累朝实录及经史子集等各类典籍。而这些只是朝廷直接籍没的东西,严家还有很多东西被充公出卖,那些都是另外造册的。这第二份籍没册登记的是较为普通的东西:食器和工具、布匹和衣物、家具和寝具、乐器和书籍,毫无疑问,这些也是质量上乘、价格不菲的,但并不是古玩、善本或名家作品。这些是富贵人家日常使用的东西。如前所述,抄家是一项政治行动,这两部分籍没册的存在证明了严嵩在道德上已失去了作首辅的资格。不过,艺术史家柯律格(Craig Clunas)怀疑严嵩的政敌伪造了这份文件:"在它的枯燥的官样语言中,我们看不到因渴望而洋溢的兴奋,有的只是平静地罗列似乎永远无法穷尽的财富。"这些就是一个真正富有的(尽管是非典型的)家庭所实在拥有的东西。①

我们需要注意的第二种清单是留存在契约文书中的分家单和阄书。通常在家主过世后会析分家财,各房自立门户。我们可在现存的徽州契约文书中找到五件明代的分家单和阄书。徽州在南京以南,明代徽州出了不少富室大贾。②这些徽商家族的财富虽然无法与严嵩匹敌,但数量也相当可观,需要以契约的方式才能析分清楚。成化十一年(1475)的《吴氏分家簿》,展示的还只是一个小康之家的家底。其中胪列的有:毡毯一条、席两条、灯笼一对、古铜花瓶一对、银朱漆盘四面、算盘一个、画了一把、天平匣一付、衣架一个、酒箱一担。吴家还有研槽一付、断锯一把、准陆盘一付、轿三乘,还有若干看来像是火器的东西。有轿三乘,说明吴家的生活十分殷实,但还远远达不到上流社会的标准。

崇祯七年(1643)的《余廷枢等立分单阄书》则显示了一个普通人家在一个半世纪中所能累积的什物器皿。这份清单上包括了各种形状大小的桌子十张、床两张、香几一座、椅十二把、梯三条,还有"古老旧小琴桌"一张。许多东西的前面都标上了一个"旧"字。余家的东西虽然比吴家多,但是富有的程度却与之不相上下。毕竟崇祯七年徽州的富裕程度已远非成化十一年时可比,对于什物样式的要求想必也发生了变化。崇祯时的一个小康之家,至少要有一张琴桌。琴是象征士大夫身份的一件乐器,这说明商人家庭的文化追求也有所提高了。万历四十年(1612)的《孙时立阄书》展现了一个更为富有的家庭的情况。孙家三代经商,资产渐丰。孙时的三个儿子都已婚娶,因此决定分家。三人分得的家内器物颇为可观,有金银酒器、铜锡器、画手卷、瓷器,还有一百八十件家具。后面的章节将具体论述到家具。现在,我们先把数量记录下来。家具的件数很多,说明一座富商宅邸内可以摆下的物件委实不少。

另一户徽商休宁程氏,经营典当业,在长江沿岸开设了七家分铺,资产总数更在孙氏之上。崇祯二年(1629)的《休宁程虚宇立分书》虽然只胪列了五十三件器用杂物,但值得我们注意的是,其中有十五张香桌、三十四个漆盒、三幅围屏和一担铜镶酒箱。乍看之下程氏的物件比孙氏少很多,但这不过是因为他们只列出了真正值钱的东西而已。普通的家具和日用器皿并未包括其中。在这样一个家庭,根本就不必为之造册。

最有助于完整勾勒一个大家庭家产的一份清单是最令人意想不到的,它也是一次抄家的产物,即南京的耶稣会士产业。事情发生在万历四十五年(1617),为的是调查耶稣会士在陪都的活动情况。万历四十四年(1616),耶稣会士高一志(Alfonso Vagnone)和曾德昭(Álvaro de Semedo)被捕,同时系狱的还有十七个中国助手,他们中的大部分人与两人同吃同住,罪名是妖言惑众。次年春,他们的住宅被封查,里面的所有物品被一一登录在册。这座房子是利玛窦在万历二十七年(1599)购买的,这意味着那里已连续十七年有人居住,里面的东西也是在十七年里积攒起来的。一些东西,如风琴和放在木匣里的座钟(已经停摆),是属于居住在那里的欧洲人的。但是大部分登录在册的物品是任何一个人口众多的家庭都会用到的东西。

这份清单共分为三部分:六十七件舶来品在耶稣会士被遣返时已一并交还;一千三百三十件家具什物并不能引起朝廷的注意,因此被卖掉了;剩下的一千三百七十件物品才是与煽惑罪有关的,其中大部分都是书籍(八百五十卷),但也有版画、文件、地图、天文仪器、十字架(朝廷认为这类属巫蛊人偶),以及民间禁用的龙纹器物。[③]这些东西着实不少。尽管一位欧洲人在游记中评论南京的住宅并不精致,这份清单却反映出,住宅内的家具固然并不奢华,但也绝非简陋。这丝毫不让人奇怪,耶稣会士经常要同时留宿十二个以上的访客,而且招待必须得体。

这份琳琅满目的清单不知从何说起。就家具来说的话,有桌四十张、椅六十一把、凳杌三十四只、书箱五只、书架十一座(外加博古架两座)、茶几十三张、客床九张、眠床三张、拔步床两张,还有许多匣盒。瓷器有三百二十六件,外加两件大陶瓷香炉。布匹、衣物、手巾、帐幔、被褥、厨具、盘盏、橱柜、箱笼,不可胜数。仅以铜器而言,就有水缸一只、温茶缸一只、火锅一只、盘七只、香炉四只(两只配有铜制底座)、锅两只、盖板两块、铲两柄。锡器有酒壶一只、酒瓶六只、茶壶四只、罐三只、灯一盏、烛台十只。大型物件则包括轿三乘(配有轿帘、画屏和轿杆一副)、驴车三驾、铁锅三个和铁炉一只,另有毡毯两块(羊毛一块、麻一块)。工具类包括锯子四把、杆秤两把、磨床一台。除了这些耐耗品外,还有大米四百升(够十二个人吃一个月)、咸蛋一篮、薪柴十堆、酒十壶。

这份清单没有被用来指责耶稣会士,里面的东西与奢侈靡费并不沾边。天文仪器遭到了朝廷的质疑,但不是因为它们是奢侈品,而是因为观测天象是钦天监的特权。因此,按照当时的标准来看,这只是一个物资充实的民宅,家具什物的数量和质量恐怕与十七世纪最初十年南京的任何一个小康之家没多大区别。我们稍后的话题还会回到这富庶的十年。

鉴　　藏

物并不只是任由我们塑造的惰性客体,它们承载意义,意义有时强大到完全超越了它们的功能。物的这一双重生命,最明显地反映在高端消费中。比如,宫廷用物必须得是工艺最上乘的,这并不是因为昂贵而典雅的凳机就比廉价而粗笨的更好使,而是因为它发挥了比支撑人的坐臀更多的功效。它一定是精致的,因为它必须公开展示与宫廷相匹配的财富和优雅。

因此,元明两代的宫廷是奢侈品的主要消费者:墙上挂的画、屋里摆的家具、景德镇窑厂的餐具、丝绸衣物,还有装潢精美的书籍——既是皇家读物,又可赏赐臣子。宫廷的开销是巨大的。宫廷有一整套专门的造办机构,有的就设在皇宫内,有的则设在苏杭等主要产地。毋庸讳言,上有所好,下必甚焉。皇室之外的人对这样的奢华艳羡不已,甚至设法拥有,但有些定例是不能僭越的。龙纹是皇家的标志,五爪龙是御用,四爪蟒才是民间通用。这让人想起在耶稣会士居所发现的龙纹碗也成为了对其不利的证据。

品味并不是由宫廷向民间的单向渗透。一些人想在日常用度上仿效天子,设法获得御用之物,或更可能的做法是购买仿制品,但对于品鉴的行家,这未免无聊。能够自己设定标准岂不更好?

这就是士大夫的做法——由自己的消费偏好形成独特的风格。其精髓不在于昂贵或炫目（尽管引人注目总是好事，尤其是当你为这样东西耗费巨资的时候），而全在一个"雅"字。雅是一种极难驾驭的标准，足以叫那些暴发户（nouveaux riches）原形毕露，有时它甚至让皇帝也相形见绌，这就是它的奥妙所在。皇帝拥有天命，能够指挥军队，能够一掷千金，除此之外还有什么呢？如果没有师傅的教导，皇帝就不可能懂得成为高雅之士所需的赏玩知识：金石、绘画、书法、善本，甚至是风度。忽必烈和朱元璋不耐烦学这些深奥的知识（arcana）。他们的继承者，不少是冲龄践祚，也没有比他们好多少。他们有师傅教导，但学得半心半意。与宋代的皇帝相比，元明两代的三十个皇帝只能说是"稍逊风骚"。唯一的例外是宣德皇帝（1426—1435年在位），即永乐皇帝的孙子、太祖的曾孙。他是一个少见的雅好艺术到成为丹青高手的皇帝。不过，整个元明两代也只有他一人而已。

在一个品味与金钱并重的经济体系中，作为豪客的皇帝不得不让位于作为雅客的士大夫。皇帝只是物的拥有者，而鉴赏家用物来表达他们文化的旨趣——深沉的思索、对美的洞察和良好的品味。两种消费行为——炫富与优雅——相互影响，又互不干犯地在各自的社会范围里进行。因此，当朱元璋正充实着自己在南京的宫殿时，一个叫曹昭的富有藏家在同一座城市里编写着自己的收藏心得。这本名叫《格古要论》的收藏指南，告诉士大夫如何甄别有收藏价值的东西，学会欣赏它们的好处而不是急于占有。④皇帝可能对此并不感兴趣。然而，不论是占有型消费还是文化底蕴型消费，最终都极大地刺激了艺术和艺术品的创造，造就了今天大部分人印象中灿烂的"明"文化。

鉴藏并不起于元代，但宋元易代之际，大量宋室贵胄的旧物流入市场，对鉴藏的发展有相当大的刺激作用。抢救过去文化遗存的焦虑感——唯恐其消失于蒙古人的铁骑之下——演变成一种为了缅怀宋代而进行品鉴收藏的社会活动。鉴藏,实际上成为了仍然效忠宋室的南人与侍奉新元的北人之间可以寻求某种契合的一种活动。⑤元初的鉴藏主要集中在书画方面。尽管金石和瓷器也被人收藏,但唯有书画被人们视为自己和文化上的过去之间的一种活着的联系。明初的艺术品消费受到供应的限制。直到十六世纪商品经济的兴起,艺术品需求才得到了市场的响应。富贵人家不再满足于衣食住行的基本需求,开始通过积聚物品的方式来展示自己的财富和眼界,从日用奢侈品,如做工精良的家具、瓷质食器、刊刻精美的书籍,到罕见而昂贵的文化奢侈品,如商周青铜器、宋代善本、明初瓷器、历代名家书法。

拥有这些价值不菲的东西需要财富、教育和关系,有明一代,符合上述条件的买家人数在逐步增长。与此同时,那些自诩为文化传统精髓的守护者与那些试图跻身上流社会的新贵间的竞争日趋激烈,后者挑战了普通人思不出其位的文化束缚。保守人士对付这种挑战的方式是将目光投向过去,指出历史上那些标准松动之时就是社会秩序堕落的开始。嘉靖初年(1530年代)江南的保守士人看到,天顺末年(1460年代)的经济繁荣诱使更多人逾礼尚奢。⑥嘉靖中期(1540年代)山东、福建的保守人士则批评弘治、正德之际(十六世纪的最初十年)的社会风气。这正是人们辩论不休的一点,把社会败坏统统归咎于正德朝,大概是一种再方便不过的做法。⑦

奢侈品消费的条件远远超过了买得起和买不起的简单区隔。鉴定一件商代青铜酒器是诗礼传家的士人之家才能培养的见识。能否辨识书圣米芾(1051—1107)的墨宝,也决定了你能否跨入精英世界的窄门。在一个等级森严的社会里,鉴藏需要的又不仅仅是知识。作为一种社会活动,鉴藏是身份相近者赏析珍贵物品的雅集,也是参与者相互结识并彼此欣赏的过程。

士大夫的收藏也涉及同属士阶层者的消遣之作,但大部分还是匠人的作品。尽管在十六世纪的最后几十年,享誉海内的当世名家也不乏其人,有这些名家落款的作品在市场上也是炙手可热,然而,最好的藏品仍须是古董。元代不可能形成这样的艺术品牌,因为从事手工业的都是系官工匠。明代逐步建立徭役征银的制度,工匠摆脱了国家的束缚,从而成为独立的生产者。正所谓众擎易举,独力难支。工匠们喜欢聚集在城中的同一区域,并最终成立行会来保护和管理他们的集体利益。⑧行会的会所一般都建成寺庙的样子,里面供奉的是行业的祖师爷。比如,苏州铁匠供奉的是老君(the Old Master),他们的行业会所名为"老君堂"(the Old Master's Hall)。刺绣业供奉的是嘉靖年间的一位顾姓官员,他在闲时教家人刺绣,渐有顾绣之名并盛行于世。苏州绣业奉祀办公之处称为锦文公所(the Embroidery Pattern Master's Lodge)。⑨

尽管由熟练工匠主导的手工业兴起了,收藏家认为有些东西,特别是书画之类,工匠做得实际上倒不如他们这些玩家。书法是最直接表现作者精神的一种艺术形式。一个纯粹的工匠是无法创作出真正上乘的书法作品的。上乘之作只能出于精英之手。绘画也是如此。都会市场上充斥着工匠创作的书画,但资深的收藏家不会理会这些毫无神韵可言的商品。他们承认宫廷画师中不乏丹青高手,但他们更青睐文人雅士的业余作品。⑩通过强调这种分别,他们把自己超拔为凌驾于匠人之上的艺术家。

要想了解晚明时期人们如何获得对他们有意义的东西,我想还是要把目光从籍没册和分家书转向账簿。我要特别提到的是一位名叫李日华(1565—1635)的士人所记的流水账。李日华生于嘉兴府,嘉兴府东北毗邻商业港口上海,西北紧靠文化与商业中心苏州,西南则是六朝旧都杭州。李日华的家境并不富裕,李父幼失怙恃,勉力供其读书、科考。李日华于万历十九年(1591)中举,二十年(1592)中进士,授江西九江府推官。万历三十二年(1604),丁母忧归家。在二十七个月服阙后,他无心出仕,以父老无人赡养为由,请求休致,开始了长达廿余年的归隐生活。自此,他安心在家,享受文人雅士的悠闲生活:吟诗作画,游山玩水,访友问道,参与地方事务。⑪

我们之所以知道李日华其人,是因为他的归隐日记,其中万历三十七到四十四年(1609—1616)的部分奇迹般地流传至今。日记题为"味水轩日记",顾名思义,李是一个嗜茶的人。每个人都品得出茶味,但只有真正懂得品茗的人才能尝出水的好坏。李能写擅画,写得一手好字,但又没有一样使他在那个时代超群绝伦。唯有他的这本日记使他青史留名,因为它为我们揭示了衣食无忧的士人的日常生活的点滴,其中一项便是收藏珍品。

十七世纪的头十年是富庶的十年,李日华买得起那些他认为最能体现自己文化传统精髓的好东西。雅是他的首要标准,鉴别雅俗是鉴藏中最重要的工作。其次,也是必要的一点,是鉴别真伪,一件优雅的伪作是令人无法接受的。同样地,无论一件藏品如何粗陋,只要它是出自名家之手,李日华立即会认同它的优雅。如果某件藏品缺乏某种品质,他也会很快发现这一点。

李日华从事收藏的最大障碍是供给的限制。市场上流通的上乘藏品实在不多,这也是奢侈品市场的常见状况。朋友或熟人或许愿意出让部分收藏,但这些人脉仍无法满足李日华的胃口。因此,他仍需要借助商业网络的渠道,事实上他也是这样做的。根据李日华的日记,几乎每周,来自长江沿岸六大城市的掮客便会带着藏品登门造访。然而,他多数是从一个姓夏的本地商人手中购买藏品。七年中,李日华记到这位"夏贾"多达四十二次,他给李日华带来的既有名家精品,也有不名一文的伪作,看来买卖双方对检漏都颇为热衷。就让他们带领我们进入晚明文玩珍品的世界吧。接下来，我们将依次检阅书、家具、瓷器和书画的世界。

书

从严嵩和耶稣会士的籍没册中，我们已经看到，富室必有藏书。不过，从李日华的日记来看，夏贾并经营书记。书的最后命运往往是随着房产出售或被打包交易，从而与其他奢侈品一起进入流通渠道，不过大部分的书还是由专门的书商进行买卖的。然而，书不是一种单一的物品，它涉及的范围很广，从艳情小说（在十六世纪末风靡一时）到稀见的经籍善本，不一而足。在莘莘学子以科举为正途的明代，书既是进步的工具也是文化崇拜的载体。即便如此，书籍市场的主要目标客户仍是通俗读者。

书籍生产的技术不难掌握，但各个生产步骤需要工匠们的互相配合。书稿完成后，将写样反贴于梨木版面上，两页为一版。随后，刻工便开始雕版，逐字细刻后用铲凿除尽无字处余木，使文字凸出。制作两百页的书，需要两名书工、三名抄工和六名刻工。⑫书版完成后，印手在版上滚上油墨，铺纸压实，揭下纸张，便成两"页"（pages）印在一张纸上的完整一面。装背工将印好的书页在版心处对折，使有字的面朝外，这样就成为了汉语中所说的一"叶（葉）"（leaf）。接着，将这些折好的书页对齐，打孔穿线，装订成册。最后，依书册的开本大小和厚度，裁出四方的厚纸，以布面包裹，作函封装。书籍的制作便告完成。⑬我们可用"一册"、"一函"（cover），或"数函"来指称"书"。

为了使一些著作流传于世，学者们有时也会涉足出版业。元明两代的学术出版，相对于蓬勃的商业出版而言，颓势渐现。十六世纪初，识字率的提高和读者群体的增长带动了商业出版的兴盛。

出版业与读者群体相辅相成,到了万历年间,便形成了一个庞大的书籍市场。与学术出版不同的是,商业出版需要寻找特定的读者群体(即买家群体),它未必要传达学者在写作中欲竭力呈现的那些文化价值,只是一种以逐利为目的的生意。但是,商业和学术也有不谋而合的时候。一些出版商也会对他们认为有利可图的学术出版产生兴趣,而一些学者也会迎合市场需求创作和出售一些通俗作品。也就是说,万历年间的很多出版物,出自受雇于出版商的职业文人之手:故事、讽刺小品、简史、科举书籍、艳情小说、日用类书,以及从尺牍备览到官箴书的各类实用指南,不一而足。

顾炎武(1613—1682)关于自己家族如何藏书的一段描述,有助于我们了解书籍在士绅社会中的存在状态。顾氏原居上海郊县。顾炎武的高祖于正德末年(约1520年)开始蓄书。当时,只有王府官司和福建建宁书坊才有刻版。所刻印的书籍无非四书五经、通鉴、性理诸书,可想而知,都是些正统而刻板的读物。尽管如此,顾炎武的高祖还是收集了多达六七千卷的藏书。

嘉靖后期(1550年代),倭寇入侵江东,藏书俱焚。万历初年,顾炎武的曾祖重建藏书,此时购书较之以往已便利得多,因此,顾炎武记道:"及晚年而所得之书过于其旧。"尽管如此,对于藏书来说,最大的敌人倒成了时间本身,所以,顾炎武补充道:"然绝无国初以前之板。"旧书变得越来越少,因此价格也越来越昂贵。于是,一个古籍善本的市场应运而生。买家孜孜以求的已不是一个单纯的文本,而是只有他们才能拥有的文本,因此,越稀有越好。顾炎武的曾祖虽然"性独嗜书",但在买书这件事上并没有一掷千金的实力,因此只能屈从于现实,表示不屑于把古籍善本当作奢侈品来占有的方式。他总是说:"余所蓄书,求有其字而已,牙签锦轴之工,非所好也。"他死后,藏书被分给了四个儿子。顾炎武的祖父继承了顾氏先人嗜书的特点,在先世所传的基础上又继续扩充。到了顾炎武手里,藏书已至五六千卷。[14]

顾炎武的故事告诉我们,十六世纪,私人藏书的规模和条件已经超过了过去。在宋代,万卷藏书对于个人而言几乎是个不可想象的数字。而到了十六世纪末,藏书万种以上的私人藏书楼已多达数十座,若按卷数而论,则每种图书又可多达数十百卷,则总数又岂止万计?[15]晚明时期,可购之书和购书之人的数量,在中国历史乃至世界历史上都是空前的。我们可以说,晚明曾掀起过一股藏书热。王文禄就是藏书过万的藏书家之一。他为此倾注的财力和心血是难以想象的。正因如此,当隆庆二年(1568),他的书楼失火时,王文禄才会大呼:"但力救书者赏,他不必也。"[16]

顾炎武来自一个藏书之家,世代书香,学养深厚。李日华则不然,他的收藏嗜好更偏向审美而非学问。尽管他对送上门来的善本也会有所留心,但不会像顾炎武的先人那样,不辞劳苦地搜寻自己想要的书籍。所以,当有邻人带着百本宋板《太平御览》(十世纪的一套千卷本御制百科全书)登门拜访,他也会在日记里记上一笔。对他而言,这套书的吸引力在于它是真正的宋代版本,而宋板是十分稀见而昂贵的。此外,李日华与这套书曾经的主人是旧识,这使他更为看重它的价值。他也清楚地认识到这套书的经济价值,因此,估值高达百金,但他并没有买。[17]

李日华也许未到嗜书如命的程度,但他也常在书肆流连。他记到,有一次在苏州看到的一个颇为稀奇的书稿——弘治年内府《图绘本草》四套(对于一个藏书万卷的藏书家来说,这只是一种书而已)。李日华大为赞叹。他记道:"先朝留意方术,不苟如此,真盛时文物也。"书的主人告诉李日华,[18]该书得自苏州以南的吴江县,原为一位宫廷内侍所藏。李日华由此写道:"固知金匮石室之藏,其漏逸于外者多矣。"该书由弘治皇帝主持编修,但直至其死前才告成。正德皇帝继位后,该书即被束之高阁。至今只有一个手抄本传世。[19]李日华看到的是这个版本吗?

从宫中漏出的稿本确实罕见,这多少解释了李日华对它的兴趣。一般的读者不会对它发生兴趣,尤其是听到书贾的报价之后。明代的大部分书贾混迹于低端市场,文字对他们来说既是生意的工具也是乐趣的源泉,但无关学问。不过,即便是目不识丁者也会买上一两本书,也许只是当做某种社会身份的标志。[20]也许,一个更加令人惊奇的事实是,文盲在晚明人口中只占一小部分。天启六年(1625),遭遇船难后被冲上中国海岸的西班牙耶稣会士阿德里亚诺·德·拉斯·科特斯(Adriano de las Cortes)对明人的平均生活水准未感惊奇,但对其教育程度却深感惊讶。他在回忆录中写道:"中国男孩,哪怕是来自非常贫困的家庭,不会读写汉字的也极为少见。"拉斯·科特斯来自一个连贵族也并非人人乐意学习阅读的国度,因此,当他发现"大部分人,无论贫富贵贱,鲜少不会读写"时,怎能不感到震撼? 他发现,识字断文的妇女要少很多,因为女孩一般不能上村塾。"在我们到过的所有学校,只见到了两个在上学的女孩"。[21]女孩一般只能在家学习读书写字,通常是跟从识字的母亲学习,偶尔也有受教于父兄的情况。

读者需求的增长促使印刷业朝向流水作业和标准化的方向发展。[22]标准化的一个结果就是大范围地弃用活字,这在排字方面,对于只有二十六个字母的语言来说不是个问题,但对一个拥有数千字符的语言来说就没那么简单了。另一个结果是书变得更便宜了。最终,人们可以为了娱乐而不仅仅是工作而买书。十六世纪下半叶长篇小说的流行——这种叙事作品早于一个多世纪后才在欧洲出现的小说——至少应部分地归功于商业出版的发展,在李日华生活的时代就出现了三部最伟大的前现代小说:《水浒传》(All Men are Brothers)、《西游记》(Monkey)、《金瓶梅》(Plum in the Golden Vase)。[23]我们知道李日华有一部《水浒传》,但他对艳情小说从不涉猎。《万历野获编》的作者沈德符曾通过自己的侄子送给李日华一部《金瓶梅》，但李日华没有接受。他认为，这本小说"大抵市诨之极秽者，而锋焰远逊《水浒传》"。

　　成本降低不仅意味着通俗书籍的传播，也意味着许多原来仅仅停留在手稿阶段的专门知识（如医书）得以正式出版。我们知道李日华拥有不少医书，因为他在万历四十一年（1613）的日记中曾提到，自己一边照料患病的妻子，一边"点读医书，有悟入处"。所谓"点读"（parsing）与中国古代出版物文不圈点的习惯有关。也就是说，文章书写中没有用来指示文词停顿和句意完整与否的标点符号。尽管在阅读一个陌生主题的文本时可能存在一定的难度，语境和偶尔"空开"一字的做法，已为读者提供了断句的充足线索。事实上，"句法分析（parsing）"是对"点读"一词的过度翻译，"点"实际的意思是"标点（dotting）"，指的是在每个短语的后面加墨点的做法，目的是提供概略式的标点或标明读过的段落。因此，许多读者喜欢边读边"点"。

　　除了医书和小说，李日华还在日记中提到自己购买的学术著作。万历三十九年九月九日（1611年10月14日），友人以"新刻《荆川史纂》十函见贻"。该书是大学者唐顺之（1507—1560）辑录的历代制度史，共一百二十四卷。现存本为万历二十三年（1595）南京国子监刊印，正值唐顺之任国子监祭酒之时。[24]李日华已经有两部旧刻，其中一部很可能是南京国子监监刻本，所以友人带来的一定是某个晚出的坊刻本。李日华显然更喜欢这个新刻本，因为，这天稍晚的时候，一位商人从湖州驾船来访，李日华便用两部旧刻换购了他手上的一些书，其中包括一部松江刻本的《稗史类编》。

　　元明两代的商业出版中心在建宁府，位于福建省的腹地深山，其中又以建阳为最盛。[25]李日华也有出自福建的坊刻本。万历三十八年正月九日（1610年2月2日），他记道："闽门生陈禹玉寄至蛎房二瓯,密罗柑四只,新刻《考工记述注》一部,洞茶一斤。"《考工记》(Record of the Scrutiny of Craftsmen)是成书于汉代的经典《周礼》中的一章,记述了官营手工业的制造工艺和规范。明代学者对《周礼》有着浓厚的兴趣,他们借此勾画出一个理想而非现实中的治国形貌。《考工记》中有不少艰涩难懂的部分,因此这个疏注本对原书内容进行了巨细靡遗的解释。该书现仅存万历三十一年(1603)的一个刻本,刻工粗糙但插图丰富,无一不显示出建阳刻本的特点。李日华手上的版本似乎与之一致。

但是李日华本人并不喜欢建阳书坊刻印的那类书籍。他在日记中最常提到的读物是佛经。他尤其喜爱《大方广佛华严经》(the Flower Garland Sutra,即 Avatamsaka Sutra),这是汉地佛教大乘经典中最权威的一部。[26]万历三十八年五月二十(1610年7月10日),一位友人带给他宋刻《法华经》,为元祐七年(1092)刊行,且后有净慈守讷题语,更增添了此书的价值。万历四十年十一月二十五日(1612年12月17日),[27]他从徽州著名画家、传记家潘之恒处得到一部《华严新经论》。此论原为一唐人所著,后经一位僧人割论附经,成为"合论"。李日华在日记中解释说,潘之恒又将经论分离,单刻论为一本,并请焦竑(1541—1620)作叙。焦竑是居于南京的一位著名理学家,提倡三教合一。他在国子监祭酒任上还曾为唐顺之的《荆川史纂》写过序。李日华可能把有焦序的国子监刻本卖了,换了友人赠予的新刻本。

四个月后,他记道:"舟中无事,点阅《华严合论》。"他还说道:"佛理尤妙,不读此书,几错一生矣。"又过了一年,一位友人向其出示了一部《华严经》,凡八十一卷十六函,是他花费六年抄写而成,请李日华为其题写后记。这样一部书是一件应该被传阅并欣赏的物品,也是一个与友人往来唱和的契机——这是一种优雅的消费,即便被消费的物品是一个宗教文本,而它要指给人们看的是，世间一切，无所有，毕竟空，不可得。

家　　具

　　李日华享用的那些家具，在某种程度上仍在为今天的我们所用，即我们所称的"传统"中式家具：红木圈椅（圈背与扶手由自高至低一顺而下的细木相连）、带立墙的闷户橱（slope-sided cabinets）、圆凳、雕花衣架、折叠式面盆架、带门围子架子床。[28]这些家具的历史也许个个能上溯到明代以前，但它们最为人熟悉的面貌还是明式，因为几乎没有明以前的家具流传下来，即便是今天博物馆里展出的明代家具，大部分也都是清或清以后修复的，里面大概没多少木料是真正来自明代的。

　　明代的家具在式样和结构上不断被精细化。构件越做越精巧，靠背、扶手无不贴合人体的曲线。榫卯工艺日趋发达，构件之间的扣合严丝合缝，完全不露接榫与钉子的痕迹。[29]然而，最令人惊叹的是，民间开始流行用廉价木材无法制作的细木家具。万历初年的名士范濂（1540年生）在其《云间据目抄》（1593）中记录了这一变化。"细木家伙"兴起于他生活的年代，因为他在笔记称："余年少时曾不一见。"过去，"民间只用银杏金漆方棹。自莫廷韩与顾宋两公子，用细数件，亦从吴门购之"。于是乎，买家和工匠竞相采用花梨、乌木和黄杨木等名贵木材，床、橱、几、桌等日用家具莫不如此。范濂不禁感叹："亦俗之一靡也。"[30]

　　明代木匠尤其擅做椅子，买家也对之有特别的偏好，从南京耶稣会士家中六十一把椅子之数便可见一斑。椅子至北宋时才开始流行。卧靠于床塌（couches）的所谓蛮夷习惯，曾取代了席地而坐的汉地传统，到了北宋时已不再流行。明代家具的椅凳类异常丰富，有一些还是明代的首创。不过床榻之类仍然适合文人使用，

"燕衎之暇,以之展经史,阅书画,陈鼎彝,罗肴核,施枕簟,何施不可"。这段话来自文震亨《长物志》(Treatise on Superfluous Things)——一部编纂于万历末年(1610年代)的闲赏谱录——中对家具的评论。[31]文震亨并不认为床榻有任何不妥,但是,公元二世纪,一位荒淫无度的中国皇帝喜欢坐"胡床"(barbarian couch)的故事早已深入人心。[32]明太祖对床榻的态度也十分严苛。在他扫除陈友谅叛军之后,曾有部下向他进献陈友谅的镂金床。朱元璋认为,不过是一具床榻,竟然工巧若此,实在是穷奢极欲,便命人将其销毁。[33]明代统治者要端坐于椅上,而不能横卧于榻上,这也许暗示了他们的臣民也要如此行事。显然,到了文震亨的时代,人们早已将这则故事抛诸脑后。

因船难来到明朝的拉斯·科特斯对自己所见的椅子印象颇深:"制作与雕刻工艺极为精湛,尽管是蛮族人的样式。"他这样说,似乎是把这种工艺归因于蒙元的影响。拉斯·科特斯随后又描述了另一种只有在富家大户才能见到的家具。他对数量众多的小桌子尤为赞叹,它们也是"工艺极为精湛的",被摆放在一户人家的厅堂内,数量达二十至四十件之多。它们"被叠放在一起,除了一两件之外,其余的平常并不拿来使用"。拉斯·科特斯解释道,这一大堆可以叠放的小桌子,全然不合欧洲人的品味,不过"是一种摆阔的形式"。[34]这确实是较晚兴起的一种家具。从元代到明初,标准的餐桌是四四方方的八仙桌(the Eight Immortals Table),一边可坐两人,一桌可坐八人。十六世纪,这些较大的桌子让位于只能两人共用的小桌子,这反映出一种维护上下尊卑的思想——在八人围坐共食的情况下,等级的界限可能会变得模糊。[35]

据前引万历四十年的《孙时立阄书》所示,徽州在当时已落后于社会时尚。孙家仍然有"退光八仙桌四张、大香桌一只、小退光琴桌六张、金漆桌四十张、抽屉桌三张、退光大桌六张、大退光四方桌一张",还有十张标为"旧"、"小"、"粗"的就不一一列举了。㊱这里面没有提到可以叠放的小桌。

艺术史家柯律格（Craig Clunas）已经注意到明代木作工匠没有留下他们的姓名，他写道："消费阶层留下的文字中从未记录过工匠的名字。"㊲但是，李日华至少给我们留下了两位修复家具的工匠的名字。修复是一门受人尊敬又界定模糊的手艺。它可以使老物件恢复其原来的"优雅"面貌，这当然是一桩好事；但它也可以用来制造赝品，这可就大大不妙了。李日华十分钦佩一位名叫周丹泉的苏州木器修复师，称他"极有巧思。敦彝琴筑，一经其手，则毁者复完，俗者转雅。吴中一时贵异之"。㊳李日华暗示，周丹泉的手艺得自与之交好的某位道教人物。

与周丹泉相反，一位名叫金梅南的苏州漆匠却利用自己的手艺蒙骗主顾。万历四十三年八月七日（1615年9月28日）的日记记道，自己刚刚购买了一张龙潭石黑髹榻。龙潭位于江西北部，出产一种石头，质感略逊于云南大理的凤凰石。李日华曾经提到自己从一位无锡商人手中购买过两座屏风和两张榻，都取材于大理石，所以我们知道他知道真品的样子。由于大理石价格昂贵又不易获得，通过金梅南这样的巧匠之手，龙潭石便可被加工成乱真的替代品。一次偶然的机会，金梅南路过龙潭，发现了这种石材："稍砻治之，见其质美，可乱大理凤凰石。因益募工，掘地出石，锯截成片，就其纹脉，加药点治，为屏几床榻。骤睹者，莫不以为大理也。"李日华在故事的最后提到，金梅南曾用龙潭石混充大理石，制成一张髹榻，以六十金的高价卖给一位高官。对赝品一向反感的李日华，似乎觉得这位附庸风雅而后知后觉的官员也是咎由自取。这样的丑角实在应该被摈斥于李日华所守护的文人雅士的圈子之外。

瓷　　器

　　对于今天的人们来说，最能代表明代工艺风格的莫过于当时欧洲人以其产地命名的"China"——瓷器。诞生于元代的瓷器式样已经成为经典的代名词——将白色的薄胎瓷胚上釉后，绘以钴蓝色的纹样，再次上釉后进行高温烧制，最终形成一层如玻璃般透明而坚硬的表面。

　　瓷器是中国人的发明，但是青花却不是。这种跨文化的审美趣味是由一个国际性的陶瓷市场催生出来的。对白底蓝纹的偏好最早起源于波斯(Persia)。波斯工匠没有烧制真瓷的技术，但拥有能够在器物表面绘制生动花纹的钴类染料。了解了波斯人喜好的中国工匠，利用自己超凡绝伦的上釉工艺，生产出了深受十四世纪波斯市场欢迎的精细瓷器。对于青花瓷的大量需求部分地得益于地方宗教的约束。《可兰经》禁止使用金银餐盘的炫富行为（朱元璋也曾对宗室下过同样的禁令），青花瓷便成了波斯富人宴客时首选的昂贵餐具。

　　元代瓷器的制造中心位于江西省的景德镇，今天，它仍然享有瓷都的地位。景德镇的发展得益于周边富藏的瓷石矿。碾碎的瓷石与其他配料混合后制成瓷泥，经过拉胚、上釉、烧制后成为瓷器。景德镇虽然远离长江下游的主要商业都市，周边水路却十分发达，利用舟楫之便，可将产品行销至江南各地。

　　元朝于至元十五年(1278)在景德镇设立"浮梁瓷局"，将大批工匠集中于官窑。至元二十九年(1292)和泰定元年(1324)，瓷局经过了两次扩充。泰定元年，景德镇被置于江浙行中书省的直接管辖之下，但没过多久，泰定二年(1325)即落入叛军之手，直到明洪武二年(1369)才重开官窑。[39]有意思的是，元泰定二年也是标志着青花瓷生产彻底转变的年份。我们的根据来自在朝鲜半岛海域打捞起的一艘中国沉船上所发现的货物。货箱木签上标明的装运日期是元泰定二年四月十二日（1325年6月1日）。这一船货物中有五千件景德镇瓷器，但没有一件是青花的。[40]然而，十年后，每一批从景德镇起运的瓷器中无一不有青花瓷的身影。脱离了国家控制的景德镇工匠也许在这一工艺风格的突变中扮演了举足轻重的作用。几乎是在一夜之间，这种跨文化杂交的工艺品横扫中国国内和国际市场。世界各大陶瓷制造中心的工匠们——从十五世纪的帖木儿（Tamerlane）宫廷、十六世纪的墨西哥（Mexico），再到十七世纪的代夫特（Delft）——都在竭力仿制中国青花瓷的外观和神韵，但他们无一例外地以失败告终。

李日华买过多地出产的各式瓷器，其中就有景德镇的瓷器。他关于瓷器最长的一篇日记讲的是一个名叫昊十九的景德镇瓷匠。他在万历四十三年三月十八日的日记中记道："十九精于陶事，所作永窑、宣窑、成窑，皆逼真。人亦文雅好吟，喜绘画。"李日华试图将最好的匠人吸收到自己的文化精英的世界中。他回忆道，自己于万历二十六年（1598）春，受委选拣御用各色窑器而与昊十九结识。当时的昊十九"发已皓白矣。余令造流霞盏，以新意杂丹铅类烧成秘色。余付之直叁金。俄而余以谗归，流霞盏不复措念矣"。李日华之所以记下这则日记，是因为他收到了昊十九的来信："今书来，知昊十九烧成五十件，附沈别驾归余，竟为干没。"沈是杭州人，因官声狼藉，投作藩王府属官，又依靠矿监、税使之流，才得以保举留任。李日华鄙夷地写道，这样的人，"士大夫不齿之，宜余盏之羽化也"。[41]

书　　画

　　李日华会翻检书卷，添购家具，用细瓷杯品茗，但对他而言真正重要的东西是书法和绘画。与起居日用的奢侈品不同，卷轴、册页、扇面这些形诸笔墨的艺术品，并非出自工匠之手，而是与他一般的文人雅士的杰作。文人雅士是有别于工匠的另一个群体，他们当然也有高超的技巧，但不是技术型专家，其作品的价值在于是否呈现出它们应该呈现的价值观念，而它们的价格则由文化塑造的需求来决定。

　　对于精英来说，书画是可以分享的艺术，李日华本人就擅长山水画和书法。但对于书画藏家来说，值得关注的作品只来自极少数的知名艺术家。故事讲到这里，就该夏贾出场了。李日华可以通过私人交际网络获得一定数量的艺术作品，但许多作品存在于这些网络之外，只有等它们流入市场后，通过商业网络遍及江南的艺术品商人，这些李日华所不知道的艺术精品才得以进入他的视野。夏贾所做的远不止于和重要客户间的买卖，他还源源不断地把各种赝品送到了李日华手上。李日华清楚，这是交易的一部分，他在日记中暗示我们，鉴别赝品与发现真品的乐趣不相上下。[42]

　　十七世纪之交，唐宋大家的作品已几不可得：传世太少，而欲购者众多。元初的杭州藏家还有可能得到像米芾（1051—1107）这样的宋代书法大家的作品。[43]像李日华这样的藏家可能仍然梦想着有朝一日得到自己所崇拜的米芾的墨宝，但是宋代中叶到晚明的时间鸿沟，使他的希望变得越来越渺茫。市面上流传的米芾作品几乎都是伪作。李日华看到俗贾伪作米芾二字，只能大呼："败意！败意！"[44]

　　前朝已远，明代藏家只能把目光转向元明书画。元代艺术家中,赵孟頫(1254—1322)无疑是李日华的首要目标。他喜爱的其他艺术家依次还有黄公望(1269—1354)、倪瓒(约1301—1374)、吴镇(1280—1354)和王蒙(1308—1385)。李日华的书画品味无可挑剔,因此,当商贾携带所谓元代书画上门时,他总能甄别出其中的真伪。万历三十七年十一月十二日(1609年12月7日),夏贾带来了一批画作,原为上海的一个世家大族所藏,李日华满心以为,旧家大族数代收藏之物中必有佳品。结果却令他失望,一些明代画作确为真品,但他对几幅所谓元画的评语是"不称"、"可疑"、"不的确"。究竟是上海的世家大族骗了夏贾,还是夏贾想宰李日华一刀?不过藏家和商人总是心怀希望的。五天后,夏贾引一位同行持倪瓒的一帧画作来见。这次,李日华愉悦地评道:"笔姿秀绝。"[45]

元代书画已十分罕见,像李日华这样的藏家也只能以收集明代作品为主。李日华喜欢的明代画家有沈周(1427—1509)、唐寅(1470—1524)、陈淳(1483—1544),但他最为推崇的画家无疑是文徵明(1470—1559),也就是《长物志》作者文震亨的祖父。我们在前面已经提到过文徵明的《关山积雪图》,这幅画作于嘉靖壬辰(1532)冬,恰在十六世纪中叶暖期到来之前。在十七世纪之交,人们的书画品味发生转变之前,文徵明一直被认为是明代最伟大的画家和书法家,就像赵孟頫是元代书画第一大家一样。李日华在日记中首次提到夏贾时,他带来的正是文徵明的一幅写意作品,李日华注意到该画使用的技法是"粗笔(coarse)",但对它不是很喜欢。[46]

在李日华生活的时代,只有一位艺术家可能超越文徵明,他就是书画家兼艺术理论家董其昌(1555—1636)。董其昌在江南和北方都享有盛名。他比李日华年长十岁,在同辈中是一位开风气之先的人物。正是在董其昌这里,文人书画最终被推举为文化和道德的最高境界,而从宋代院画而下的职业画家及作品被放在低得多的位置。这一天资高迈的文人书画家的谱系,上可追溯至举世无匹的宋代书法家米芾,中间又因"元代四大家"(黄公望、吴镇、倪瓒和王蒙)的加入而大放异彩,而后是十六世纪"文笔遍天下"的文徵明,最后到董其昌本人。㊼李日华在思想和审美上都远远逊色于董其昌,只能分享他的艺术品味,收集他的书画。董其昌的成功既得益于他在画史书写方面的重要地位,也得益于他挥洒自如的书画笔法。今天,我们对"中国艺术"构成的认知就来自董其昌。

市场与品味

李日华真的喜欢他所买到的那些物品吗? 从他日记里的评述来看,答案是肯定的。但是他的真实感受我们已无法复现。重要的是他的选择符合公认的品味。更为重要的是,他能够得到这些藏品的事实证明了一个可以通过商业行为获得这些物品的市场的存在。品味对文化作品的获得是重要的,但市场的存在更加重要。艺术是生意,若非如此,李日华可以收集的东西将会少得可怜。万历朝的文玩生意较之嘉靖朝已发生了很大变化。嘉靖朝的书画主要是在基于友谊和礼尚往来的人际网络中流转,也可以说,它们是作为"雅债",㊽在一个相对狭小的精英圈里被交换的。有时候,人们也会雇画工来作画,并支付丰厚的报酬。而不知名的买家通过商贾之手购入珍宝古玩的情况比较少见。

文化的商品化不一定会改变品味;事实上,反而既有强化原有品味的可能。但是商品化不能改变需求作用的结果,因此,市场上流通的赝品远多于真品,进而把淘宝贝的活儿变成了极费功夫的鉴别真伪的游戏。万历四十年十一月十八日(1613年1月8日),

夏贾带来的只有一些古玩杂品,而没有书画,他看起颇为沮丧。他对李日华解释道:"近日书画道断,卖者不卖,买者不买。盖由作伪者多,受绐者不少,相戒吹齑,不复敢入头此中耳。"㊾夏贾对奢侈品消费的发现,类似于格雷欣定律(Gresham's law),即市场估价过高的物品(未经鉴定的赝品)驱逐市场估价过低的物品(真品)。这便是奢侈品贸易的风险,也是收藏的危险所在。

对于李日华来说,始作俑者是谁,一目了然。不是那些商贾,而是那些不知深浅、盲目涌入这个市场的买家。万历四十一年正月十六日(1613年3月6日),夏贾带来了一块高五寸的玉片,他自称这是件古代臂阁,但是李日华知道,这只是块从地下掘出的碎玉片,便如实相告。李日华在这篇日记的末尾训诫道:"自士大夫搜古以供嗜好,纨绔子弟翕然成风,不吝金帛悬购,而猾贾市丁任意穿凿,架空凌虚,几于说梦。"㊿李日华把拥有真正的文化物品视作教养和学识的标志。有钱而并不真正理解文化物品内涵的人,只会扰乱收藏市场。当然,奢侈品收藏的铁律是无钱寸步难行,想将简单的占有和真正的鉴藏——即功利的社会身份投资和无私的文化传统传承——区分开来的藏家也对之无可如何。

李日华和夏贾之间在商言商的买卖关系,最集中地反映在万历四十二年十月八日(1614年11月9日)的日记中。这一天,夏贾带来了文徵明的《存菊图》(Picture of Preserving the Chrysanthemums)。夏贾以为自己得了一件文徵明的真品而"意态甚骄"。李日华接着记道:"余不语久之,徐出所藏真本并观,贾不觉敛避。所谓真者在侧,惭惶杀人者耶!可笑。是卷余购藏二十年余矣。"㉛

我们永远无法知道夏贾会如何讲述这个故事,李日华将品味标准的决定权握在自己的手中,但夏贾却掌握着供应的一端。然而,夏贾要继续做这一行,就得不停把东西送给主顾们验看,所以,即便是赝品,他也乐意把它们带给李日华,看看能不能逃过他的法眼。因此,这个市场为李日华提供他想要的东西,但也时刻能让他为走眼而付出不菲的代价。一次,夏带了一个十一世纪的书法卷轴请他评定,如果是真迹,就可能做成这笔买卖,李日华却识破:"乃近日苏人捏怪也。"㉜我们不能责怪苏州的工匠,市场上能卖什么,他们就做什么。哪里能有那么多宋画呢,大多数买家只能入手苏州的伪品而已。客观来看,赝品的存在恰恰证明了供方对买方的回应。即便是价不符实,它们也是百分之百的奢侈商品。

李日华不断求购某些艺术家的作品,并不断地对其作品进行去伪存真的鉴别,这已不仅仅是在满足他个人的收藏雅好了。他是在试图制定能够永久流传的品味的标准——至今仍被人们奉为中国的"传统风格"(national style)。㉝如果无人鉴藏和注录,元明两代的名家画作便会随着时间的流失而慢慢消逝,幸而有李日华这样的藏家为之投入无穷的时间、精力和财力。李日华做了一件他自己意想不到的事情,那就是定义中国艺术品,使他的同代人,乃至他之后世世代代的人们,能够一眼辨认出,这是中国画,这是中国瓷,这是中式家具。书籍则没那么明显,尽管今天中国书籍的装帧还留有传统版式的印迹。无论今天我们对中国文化的定义在多大程度上延续了元明艺术家、工匠、收藏家的看法,这并不是几个人或一群人造成的影响。苏州的商业画家、景德镇的工匠,还有像夏贾这样的人,都在这有关物品的生意中扮演了不可或缺的角色。

(本文选译自 Timothy Brook, *The Troubled Empire: China in the Yuan and Ming Dynasties*, Cambridge, Mass.: Harvard University Press, 2010, Chapter 8。该书是哈佛中华帝国史系列元明卷,感谢作者卜正民教授与该书中译本版权所有者新星出版社授权翻译发表。翻译时酌情删去了插图与对上下章节内容的提示,特此说明。)

---

① Craig Clunas, *Superfluous Things: Material Culture and Social Status in Early Modern China*, Honolulu: University of Hwaii Press, 2004, p. 46. 柯律格对这份籍没册的概括,见第 47—48 页。关于严嵩的生平,见苏君伟(Kwan-wai So)所作传记条目,载 L. Carrington Goodrich and Chaoying Fang, *Dictionary of Ming Biography*, 1368 – 1644, New York: Columbia University Press, 1976, pp. 1586 – 1591.

② 历史学家巫仁恕发现了这些清单,见巫仁恕《品味奢华——晚明的社会消费与士大夫》,(台北)中华书局 2008 年,第 225—232 页。

③ Adrian Dudink, "Christianity in Late Ming China: Five Studies", PhD. Dissertation, 1995, pp. 177 – 226.

④ 该书的英译本见 Percival David, *Chinese Connoisseurship: The Essential Criteria of Antiquities*, Faber & Faber, 1971.

⑤ Ankeney Weitz, *Zhou Mi's Record of Clouds and Mist*, Leiden: Brill Academic Pub; annotated edition, 2002, pp. 4, 20.

⑥ 例如《常熟县志》(1539 年)卷四,第 20 页下。

⑦ Timothy Brook, *The Confusions of Pleasure*, San Francisco, Calif.: University of California Press; New Ed edition, 1999, pp. 144 – 147.

⑧ 关于木匠服役方面的变迁,见 Klaas Ruitenbeek, *Carpentry and Building in Late Imperial China: A Study of the Fifteenth-Century Carpenter's Manual, Lu Ban jing*, Leiden: E. J. Brill; 2nd Revised edition, pp. 16 – 17.

⑨ 江苏省博物馆:《江苏省明清以来碑刻资料选集》,江苏人民出版社 1959 年,第 135—136 页。

⑩ 有关明代宫廷绘画,见 Richard M. Barnhart, et al., *Painters of Great Ming: The Imperial Court and the Zhe School*, Dallas, TX: Dallas Museum of Art, 1993.

⑪ 李日华生平,见房兆楹编写的传记条目,Goodrich and Fang, *Dictionary of Ming Biography*, Vol. I, pp. 826 – 830. 有关李日华的社会背景,见 Li Chu-tsing(李铸晋), "Li Rihua and his Literati Circle in the Late Ming Dynasty", *Orientations*, 1987, Vol. 28, No. 8, pp. 28 – 39。他的两幅画作和一幅书法作品,见 Li Chu-tsing and James C. Y. Watt (eds.), *The Chinese Scholar's Studio: Artistic Life in the Late Ming Period*, New York: Asia Society Galleries, 1987, plates 3, 4c, and 5。其他书法作品见 Richard M. Barnhart, *The Jade Studio: Masterpieces of Ming and Qing Painting and Calligraphy from the Wong Nan-P'ing Collection*, New Haven: Yale University Press; 1st edition, 1994, pp. 116 – 117。

⑫《衡州府志》(1536 年)卷九,第 14 页下。

⑬ 书籍制作的工艺,见 Joseph McDermott, *A Social History of the Chinese Book: Books and Literati Culture in Late Imperial China*, Hong Kong: Hong Kong University Press, 2006, pp. 9 – 42。有关印书的工艺,见 Lucille Chia, *Printing for Profit: The Commercial Publishers of Jianyang, Fujian (11th – 17th Centuries)*, Cambridge, Mass.: Harvard University Asia Center; annotated edition, pp. 25 – 62。

⑭ 顾炎武:《顾亭林诗文集》,中华书局 2008 年,第 29—30 页。据顾炎武所记,所有藏书于清兵入侵后流散。

⑮ Timothy Brook, *The Chinese State in Ming Society*, New York: Routledge, 2005, p. 101.

⑯ 吴晗:《江浙藏书家史略》,中华书局 1981 年,第 10 页。

⑰ 李日华日记中有关书的部分,见李日华《味水轩日记》,上海远东出版社 1996 年,第 73、105、190—191、277—278、303、305、374、454—455、496 页。有关藏书者贵宋刻的原由,见董其昌《筠轩清閟录》,丛书集成本,第 21—22 页。

⑱ 见李日华《味水轩日记》,第 462—463 页。译注:英文原文作"书肆主人",但据李日华日记所载,应为"沈恒川国医",并非书商。

⑲ Paul U. Unschuld, *Medicine in China: A History of Pharmaceutics*, San Francisco, Calif.: University of California Press; 1st edition, pp. 128 – 142.

⑳ Timothy Brook, *The Chinese State in Ming Society*, pp. 128 – 129.

㉑ Pascale Girard (trad.), *Le Voyage en Chine d'Adriano de las Cortes*, Paris: Chandeigne, 2001, pp. 191, 193. 关于明代童蒙的研究,见 Sarah Schneewind, *Community Schools and the State in Ming China*, Stanford: Stanford University Press; 1st edition, 2006。

㉒ 关于出版业,见 Kai-wing Chow, *Printing, Culture, and Power in Early Modern China*, Stanford: Stanford University Press; 1st edition, 2007, pp. 57 – 89。

㉓ 明代小说,见 Andrew H. Plaks, *The Four Masterworks of the Ming Novel: Ssu ta ch'i-shu*, Princeton: Princeton University Press; 1st edition, 1987。这些小说已分别由赛珍珠(Pearl Buck)、阿瑟·伟利(Authur Waley)和芮效卫(David Roy)翻译成英语。

㉔ 唐顺之:《荆川先生右编》。原文说法出处不详。《荆川先生右编》四十卷,为唐顺之原辑,刘曰宁补定,朱国祯校正,万历三十三年(1605)于南京国子监刊印,辑录自周至元历代诏令奏议,因古者右史记言,称为"右编"。译注:《史纂左编》,记历代治法,《四库全书存目丛书》本为嘉靖四十年(1560)胡宗宪校刻本,共一百四十二卷,另有常州原刊本,浙江藩司重刊本。

㉕ 有关建阳的出版产业,见 Chia, *Printing for Profit*。

㉖ 托马斯·柯立瑞(Thomas Cleary)的英译本,名为 *The Flower Ornament Scripture*。

㉗ 译注:英文原文误作"16 日"。见李日华《味水轩日记》,第 286 页。

㉘ 译注:英文原文作"四柱床"(four-poster beds),据王世襄《明式家具珍赏》[三联书店(香港)有限公司 1985 年,第 278 页],带门围子的架子床,一般有六根立柱,故又名"六柱床"。

㉙ Craig Clunas, *Chinese Furniture*, Art Media Resources Ltd; 2nd edition, 1997, p. 19.

㉚ 范濂:《云间据目抄》卷二,英译文来自 Ruitenbeek, *Carpentry and Building*, p. 15,转引时文字略有修改。中译本据《云间据目抄》卷二,第 3 页下。译注见《笔记小说大观》第 22 编,第 2630 页。

㉛ 转引自 Clunas, *Superfluous Things*, p. 42. 译注:中译文引自《长物志》卷六(陈植校注本),江苏科学技术出版社 1984 年,第 225 页。

㉜ 译注:英文原著的"胡床"典故,应指汉灵帝刘宏(156—189)。《后汉书·五行志》载:"灵帝好胡服、胡床、胡坐、胡饭、胡箜篌、胡笛、胡舞,京都贵戚皆竟为之。"而赵翼《陔余丛考》卷三一载应劭《风俗通》:"赵武灵王好胡

服,作胡床,此为后世高座之始。"则将"胡床"的传入时间推至公元前四世纪。"胡床",又称交椅、马扎等,是一种矮小的折叠凳,与在战国时期发展为兼供踞坐与寝卧的床榻完全不同。相关研究可参见杨森《敦煌壁画家具图像研究》(民族出版社 2010 年)和崔咏雪《中国家具史·坐具篇(增订新版)》(文明书局 1994 年)。

㉝ 张瀚:《百工纪》,转引自 Clunas, *Superfluous Things*, p. 145。译注:中译本引自张瀚著,盛冬铃点校《松窗梦语》卷四《百工纪》,中华书局 1985 年,第 78 页。

㉞ Girard, *Le Voyage en Chine d'Adriano de las Cortes*, p. 250.

㉟ Clunas, *Chinese Furniture*, p. 55.

㊱ 巫仁恕:《品味奢华》,第 228—229 页。译注:经核查,应为巫书第 219—220 页。巫书所引《孙时立阄书》中并未提到英文原著中所谓的"折叠式圆桌和方桌"(collapsible round/square tables),物件数量也有出入,中译本据巫书引文改正。

㊲ Clunas, *Superfluous Things*, p. 63.

㊳ 李日华关于家具的论述,见氏著《味水轩日记》,第 164、246、481 页。

㊴ James C. Y. Watt and Denise Patry Leidy, *Defining Yongle: Imperial Art in Early Fifteenth-Century China*, New York: Metropolitan Museum of Art, pp. 27 – 30.

㊵ John Carswell, *Blue and White: Chinese Porcelain Around the World*, Art Media Resources Ltd; 1st US Edition, 2000, p. 17.

㊶ 译注:李日华:《味水轩日记》,第 92 页。"沈别驾",英文原著误作"Shen Biehe","别驾"为官职名,即"别驾从事史",汉制为州刺史佐吏,宋以后诸州通判亦称"别驾"。李日记原文作:"沈,杭人,以狼藉转王官,又营税监保留。"英文原著解读为:"沈是一个来自杭州的臭名昭著的骗子,是某个藩王府邸的税收记录官。"中译本此处据译者的理解径改。

㊷ 关于李日华和商贾间的一次有趣的争论,见 Timothy Brook, *Vermeer's Hat: The Seventeenth Century and the Dawn of the Global World*, Bloomsbury Press; Reprint edition, 2008, pp. 80 – 81.

㊸ Weitz, *Zhou Mi's Record of Clouds and Mist*, pp. 238 – 239.

㊹ 译注:李日华:《味水轩日记》,第 170 页。

㊺ 译注:李日华提及书画的日记条目,见《味水轩日记》,第 58、62、93、124、170、187、283、298、417 页。此处引文出自第 58、62 页。

㊻ 有关文徵明的"粗笔",见 Craig Clunas, *Elegant Debts: The Social Art of Wen Zhengming*, Honolulu: University of Hawai'i Press, p. 178。译注:该引文出自《味水轩日记》,万历三十七年四月二十三日(1609 年 5 月 26 日),第 20 页。"粗笔"是与"细笔"相对的一种绘画形式,笔法疏简,重在写意。事实上,明代谢肇淛《五杂俎》中认为文徵明的"得意之笔,往往以工致胜",也就是说,他的绘画总体上以"细笔"见长。

㊼ James F. Cahill, *Parting at the Shore: Chinese Painting of the Early and Middle Ming Dynasty, 1368 – 1580*, Weatherhill; 1st edition, 1978, pp. 9 – 14. 译注:亦可参见是书中译本,高居翰著,夏春梅等译:《江岸送别:明代初期与中期绘画,1368—1580》,生活·读书·新知三联书店 2009 年,第 2—4 页。明代画史上的二分说法以董其昌的"南北二宗"论为顶点,大体是将师法宋代院画的浙派职业画家与继承元画风韵的吴派文人业余画家相对立。

㊽ 这个词借自 Clunas, *Elegant Debts*, p. 8。

㊾ 译注:李日华:《味水轩日记》,第 283 页。惩羹吹齑,比喻受过教训后,遇事分外小心。

㊿ 李日华:《味水轩日记》,第 298 页。译注:"臂阁",又作臂搁、手枕,用以在写毛笔字时搁置腕臂。此处英文原著的解读有误,日记原文中提到:"贾曰:是三代物,侯伯所执圭也。"事情的经过是,夏贾称带来的是圭,被李日华一眼识破,并猜测这是时人将掘出的碎玉雕琢后作臂阁用。

(51) 李日华:《味水轩日记》,第 417 页。译注:英文原文误作"1614 年 11 月 19 日",翻译时径改。

(52) 李日华:《味水轩日记》,第 406 页。译注:日记原文作"夏老",似并非指"夏贾"。

(53) Ginger Hsü, *A Bushel of Pearls: Painting for Sale in Eighteenth-Century Yangchow*, Stanford: Stanford University Press; 1st edition, p. 16.

校读科学:陈蝶仙的《家庭常识汇编》与家庭工业实验

林郁沁著　林秋云译　潘玮琳校

摘要:作为一位现代企业家和发明家,陈蝶仙在提倡工业现代化和普及与工业现代化相关的学科、知识体系方面投注了大量的心力。本文通过分析陈蝶仙编纂的两套丛书,探讨二十世纪三十年代人们对伪科学和赝品的焦虑,特别要追问的是,在现代社会中,认真可靠的编辑与权威的科学技术知识及真品之间究竟有着怎样的关系。众所周知,李约瑟的研究范式,旨在恢复一个与"西方"现代科学截然不同的"中国科学",而本文则试图另辟蹊径,考察工业指导手册如何验证实际知识的"科学性"并提倡"实验"精神。本文将绕开现代科学何以首先出现在欧洲的问题,而是关注在何种条件下,那些投身实践的中国人有策略地选定他们认识和参与物质世界的方式,并且为特定事物的"科学性"和"现代性"正名。

关键词:陈蝶仙,《家庭常识汇编》,家庭工业社,工艺,知识生产,李约瑟问题

林郁沁(Eugenia Lean),美国哥伦比亚大学东亚研究所主任、东亚语言与文化系中国史副教授

1935年至1941年，一套名为《家庭常识汇编》的日用科技知识丛书陆续出版。该套丛书的序言中列出了数条凡例，其中一条如此说道：

> 譬如硼酸可以漱口，若一误为硫酸、硝酸，则漱者唇舌且烂立可致死，其危险为如何。尝有滑稽投稿家以庄谐之稿杂列而进，谓止绞肠腹痛当服礜石。其实礜石乃砒石也，是直以人命为儿戏矣。然礜字颇类于礬，吾国旧法尝有以礬石（既明礬）末吞治痧气腹痛者。假使有治痧气腹痛一条为用礬石研末和水吞服即愈，乃误排礬字为礜，而校对者不察，则其弊害为如何。故此书不得不禁止翻印，以免误人，如欲附印，则随时均可函顶。

在这段文字中，丛书主编陈蝶仙（1879—1940）对讹文脱字、庸医、错误的化学知识以及盗版书的危害发出警告。他声称，伪知识、胡乱编辑和有问题的认知体系——所有这些虚假信息都有可能误人性命。他的论点并不是质疑现代科学或工业主义本身。作为一位现代企业家和发明家，陈蝶仙在提倡工业现代化和普及与工业现代化相关的学科、知识体系（比如现代科学）方面投注了大量的心力。不过，在这段文字中，他尽管没有主动挑动人们对工业主义、现代生物医学和化学的不安，但是承认了这种不安的存在，似乎这样便能为丛书的出版找到一个正当理由。一时笔误可能会将"礬石"写成"礜石"，从而将一种良药变成另一种致命毒物，就像陈蝶仙指出的那样："一字之差，利害适以相反。"因此，生死之别不仅在于现代化学知识和新药运用得得当与否，也要依靠对科学与医学知识的编辑是否权威可信。可靠的编纂方法将确保相关工艺和现代科学知识的可信度，同时也使生产质量得到保障，因此，陈蝶仙本人对审查和编辑这些信息所倾注的心血就显得尤为重要了。

本文通过分析陈蝶仙编纂的两套丛书，探讨二十世纪三十年代人们对伪科学和赝品的焦虑，特别要追问的是，在现代社会中，认真可靠的编辑与权威的科学技术知识及真品之间究竟有着怎样的关系。毋庸置疑，陈蝶仙编纂丛书的直接动机是为了推广自己公司的产品，并赋予自己合法性。然而，在陈蝶仙所处的时代，话语、文本和物品都可以被批量生产，抄袭是家常便饭，盗版更是不可避免，所以，他的编纂工作也被当作了一种检验工业现代性所赖以构成的知识和实践体系的手段。在这些文本中，陈蝶仙将自己在工商事业方面新的追求目标，融入了历史悠久的信息和知识汇编的文本策略中。他的丛书以促进某些形式的商业为爱国的表现，以推广适当的技术和产业为荣，以提倡民族工业和国货为理想。在这样一个市场环境险恶、知识可以造假、科学似是而非的时代，陈蝶仙的丛书强调对实践和文本的检验，由此为大众提供安全感，这也是他在市场中的一种生存策略。

使用文本策略为一个物质和信息急速膨胀的世界建立秩序并不是二十世纪才出现的新做法，早在十七世纪，中国的知识精英便由编纂书目和类书入手，试图规范那个重商主义与物质主义甚嚣尘上的时代，恢复社会的道德结构，同时在新兴的商人阶层面前重新确立自己的文人身份。[1] 仅仅拥有获取奢侈品的能力不足以确立社会地位，相反，拥有通过文本知识探究事物——即广义上的自然界——的能力才是确立品味的关键。[2] 格物致知的做法激发了一种通过日用类书等文本为日常生活建立秩序和通过《本草纲目》等综合文本将药品分门别类的持久的兴趣。[3] 这样的文本策略一直持续到了晚清。当时，各种新知、新的外来事物（如，那些被称为"新学"的现代科学、西方技术、西方法律哲学、西方政治制度）在全国各地涌现，为了规范这些知识形态，政府推动了一系列现代科技丛书的出版，而这也被视为是"洋务运动"的组成部分。④

二十世纪三十年代，随着人们对新出现的商业物质主义与现代科学的焦虑程度的加深，陈蝶仙发现，传统的文本策略对付这种失序依然是行之有效的办法。如同晚清士人那样，他也采用了编纂的策略。不过，与前人不同的是，他必须鉴别词与物的真伪，因为规模化生产、中国市场被卷入全球资本主义所带来的动荡、高度政治化的"国货运动"以及伴随着对本土国学与地方知识体系现代关联性的日益高涨的质疑所引发的对西方科学话语权的矛盾态度，这些前所未有的因素使得人们对何为现代科学的问题感到焦虑。尤其是在这个新兴的大众媒体时代，夸大其词与混淆视听的宣传泛滥成灾，愈加让人无所适从。正因如此，陈蝶仙才试图保证这些出版物中文本策略的可信性和操作步骤的权威性。正是精确而有水准的编辑工作可以为读者提供实用而可信的知识，使他们不致于在这个"大兴货"（从仿冒品到非本国商品）横行的世界中迷失，甚至驾驭中国工业现代性的兴衰。

众所周知，李约瑟的研究范式（the Needham paradigm），旨在恢复一个与"西方"现代科学截然不同的"中国科学"，而本文则试图另辟蹊径，考察工业指导手册如何验证实际知识的"科学性"并提倡"实验"精神。本文将绕开现代科学何以首先出现在欧洲的问题，而关注在何种条件下，那些投身实践的中国人有策略地选定他们认识和参与物质世界的方式，并且为特定事物的"科学性"和"现代性"正名。相应地，本文并不认为"科学"是一个固定不变的概念，它的定义和表述不可避免地与以下这些因素相连并成为其组成部分——社会身份的建构（如，实业家、科学知识的当代权威、工业技术知识的权威编纂者），新的认识论体系及其实践的确立（如，经验主义、实验主义），以及一个既爱国又高产的新社会和国民群体的形成。这些验证实际知识和实践的科学性与现代性的努力并非中国的独特经验，它们属于一个范围更广的全球现象，民众在日常生活中出于自身需要，运用复杂的文化与社会策略，来应对一个由科学与工业塑造的崭新的物质世界。然而，我们的个案研究表明，尽管陈蝶仙等中国实践者被卷入其中的现象也见诸其他社会，他们所运用的策略及其所形成的历史背景，是非常本土化且极其特殊。

一、作为编辑、科学倡导者和工业企业家的陈蝶仙

陈蝶仙是谁？为什么他要采用传统的编纂手法来验证现代科学技术知识？陈蝶仙最为人乐道的身份，要么是言情小说家，要么是开创了"家庭工业社"这个（辐射中国和东南亚的）区域性制药王国的爱国工业领袖。而较少为人所知的是他毕生对推广现代科学与工业技术抱有的兴趣。陈蝶仙属于新一代的知识分子，他们不是通过官僚体系或国家资助的机构而是通过并且在出版和商业的世界里提倡科学。陈蝶仙很早就把自己对科学的兴趣与商业结合在一起。在二十世纪的头十年中，他创办了萃利公司，这是一家位于杭州的商店，既卖书，也进口科学仪器和电气用具。他早年担任公职期间（1909—1913年），不仅写下了他最著名的系列言情小说之一的《黄金祟》，同时着手研发一种低价的牙粉配方。他后来在实业方面的成功即源自早年的"业余"科学实验。

二十世纪一〇年代，陈蝶仙在编辑方面投入了大量时间，为的是宣传科学知识和工业方面的实用知识。1911年，他迁居上海，并开始为一些在当时有影响的杂志和日报做编辑和撰稿工作。陈蝶仙正是以这些不同的职业身份来提倡科学与工业的。1914年12月，他成为了《女子世界》的主编。这本先锋杂志除刊载大量诗歌和小说外，也发布了一些有关家庭生活的实用信息和技术类文章，譬如"工艺"栏下设的"化妆品制造库"系列，这些文章不只是

提供生活贴士，也向那些未来的实业家和技术专家传播工业知识。1913年至1918年秋，陈蝶仙在《申报》副刊《自由谈》上崭露头角。1916年末至1918年9月，他担任了该刊主编。他在《自由谈》上连载小说的同时，也定期地为"家庭常识"这个专栏撰写与医药和工业相关的文章。⑤

到了二十世纪一〇年代末，陈蝶仙正式投身实业。1917年中，他已经完善了自己的牙粉配方并开始投产。1918年5月，他组建了一家名为"家庭工业社"的合资公司，该公司最著名的产品就是"无敌"牌牙粉，它的独特之处在于兼具擦面的功能。到了二十世纪三十年代，"家庭工业社"已经发展成为一个区域性的制药王国，而它所生产的牙粉是当时中国与东南亚市场上最受欢迎的洗漱用品之一。⑥至此，陈蝶仙将注意力从文学创作转向了制药王国的拓展。即便如此，他并不情愿彻底放弃纸质媒体这个"天字第一号讲坛"（bully pulpit），亦即知识鉴定和分类的编辑技术。尽管陈蝶仙已经成为了一名出类拔萃的实业家，他仍然继续编辑和出版（往往是通过公司内部的印刷间）有关日用科学、医学和工业技术的技术论文选集和丛书。⑦

以下，笔者将详细讨论其中的两套丛书。第一套是开篇中提及的《家庭常识汇编》，包括了从1935至1941年间陆续出版的一系列关于家庭事务的小册子。这套八卷本的丛书实际上是重新集结了二十世纪一〇年代晚期陈蝶仙任《申报》"自由谈"主编时发表的同名专栏文章。第二套是他于1933年出版的《实业致富丛书》。这套多卷本丛书以1916至1917年间农商部出版的《实业浅说》为底本重新编辑而成，其读者对象是实业家和制造商。该丛书由上海新华书局出版，编者署名用的是陈蝶仙的笔名"天虚我生"。

在那个年代，读者们对伪科学、假货，以及误导性文字与信息的不安与日俱增。因此，这些丛书出版的初衷除了陈蝶仙自道的

"选刊切于家庭实用之件以供社会"外,自然还隐含了消除读者疑虑的目的。[8]二十世纪三十年代,中国的工业大生产已发展至前所未有的规模,工业科学与现代资本主义的实践也已经相当成熟。[9]但这样的发展并不能被简单地等同于进步。人们对工业残次品的警惕萦绕心头,而对现代科学与工业的怀疑也与日俱增。在两次世界大战之间的岁月里,中国知识分子对西方科学技术的矛盾心态愈演愈烈。[10]随着科学的进一步普及,更多的民众开始感到科学的新奇与深奥。然而,与此同时,这也成为了令他们惴惴不安的源泉。因此,分辨科学中的良莠,以及识别虚假承诺、骗术和舛讹的能力变得愈发重要。正如我们在其他国家所看到的那样,现代广告的营销手段使专利药品异军突起并深得人心,中国城市的市场上也充斥着各种专利药品,这自然也会引发人们对假冒伪劣药品的疑惧。[11]这些科学和工业相结合的新领域和新产品共存于世,且往往与诸如中医、民间土法、土方、偏方、验方(folkloric knowledge)等本土的技术和知识体系混淆在一起。

规模化生产与现代资本主义同样会引发人们的不安。一个假货、仿品和洋货横流的影子经济始终伴随着"合法"商品与物件的流通。由于批量生产的产品,其品牌间区别仅仅是商标不同而已,一个仿冒品和假货的市场也由此应运而生。无论是国产品牌还是国际产品都被大量仿造且有特定的流通渠道,这种仿冒的情况也日益被视为一种社会问题。[12]二十世纪的中国市场正逐渐融入一个资本主义的全球体系,而该体系的一大特征就是知识产权的法制化与商业化,这使得人们越来越无法接受那种长期盛行于中国商业和文化市场上的"仿造文化"(copy culture)。[13]商标和盗版行为日益引起人们的关注,商标侵权案在当时引起了不少法律的甚至是外交的纠纷。[14]

二十世纪三十年代不只是一个批量生产的产品不断涌现的年

代,也是一个被机械复制文本和大众媒体包围的时代。用于文本复制的印刷技术和机械化手段的更新,意味着印刷品和知识的激增。结果,越来越多的人得以参与知识的生产,这让曾经拥有文化宰制权的知识分子们感到异常焦虑。正如物品的激增引发人们对假货的不安,新的印刷技术的传播致使非法文本的泛滥也引起了人们的担忧。此外,不注明出处就对文本进行复制的做法在中国曾经相当普遍,然而,受到有关版权和知识产权的国际思潮的影响,随着思想和话语的所有权概念和现代意义上的"作者"观念的兴起,这种原本无伤大雅的行为也变成问题了。[15]盗印和虚假资讯的传播成为社会和文化关注的焦点。

编辑与企业家的双重身份有利于陈蝶仙抓住文化界与商业界中的仿冒"问题"的要害。作为行业老大的陈蝶仙看到自己创立的品牌商品被奸猾的小商贩盗用并仿冒。于是,他不遗余力地打击市场上出现的假冒无敌牌牙粉,甚至不惜对簿公堂,可以说,他在铲除剽窃和造假行为,促进中国商业和法律实践的"现代化"方面投入了大量精力。[16]作为编辑和职业作家,毋庸置疑,他也充分认识到了文学作品的盗版猖獗和虚假知识的泛滥成灾。二十世纪三十年代,产品的批量生产与文本的机械复制开始引起人们对词与物的造假和剽窃现象的关注,正是在这样的背景下,陈蝶仙展现出了与"文本作伪"(textual inauthenticity)斗争到底的决心。他不仅借助于法律手段,还运用了编纂和编辑的策略。

二、家庭常识:工业科学时代的编纂与求真

《家庭常识汇编》是陈蝶仙采用编纂策略来规范工业知识的一个明证。如前所述,这套八卷本的丛书乃据二十世纪一〇年代陈蝶仙主编的《申报·自由谈》上的同名专栏文章重新编排而成。

尽管二十世纪三十年代出版的这套丛书只是"旧文新编",它仍有助于缓解进一步工业化时期的中国人对假货和谬论所增长的不安。这套丛书一方面致力于推广现代工业产品及实用技术知识,另一方面也展现了对工业现代性的忧虑。因此,只有通过陈蝶仙的编纂实践所具有的权威性,这些工业产品与技术知识才能被验明正身并形成体系。为实现这一目标,这套系列出版物展现了各种各样的技术,其中许多部分反映了现代科学和工业的新进展。同时,该套丛书通过对书中内容进行全面的"实验",向读者保证所载信息的正宗可靠。这套丛书似乎在向读者承诺,一旦拥有这些文本,就可以更好地洞察虚假信息和假冒伪劣商品横生的乱象。

《家庭常识汇编》在以一种井然有序的方式呈现信息的同时,也主张将此类资讯在社会上进行广泛传播,以此达到增强国力和提升中国家庭和工业竞争力的目的。就内容而言,这部丛书所提供的或可被归为易学易懂的技术知识,甚至是日用"小窍门"。从《申报》专栏沿用下来的类目包括了"服用"、"饮食"、"人体"、"动物"、"植物"。此外,二十世纪三十年代的重印本还对部分旧文进行了重新分类,并增加了一些新的篇目。例如"新食谱"一栏,专载中西餐品烹调方法;"工业须知"一栏,载工业上应该采用的各种制造方法;"集益录"一栏,则专为学术研究设此问彼答,以收集思广益之效;又辟"杂录验方"一栏,专载曾经实验有效的各种治疗方药。*

---

* 译注:《申报》上曾登载《家庭常识汇编》的销售广告(如1917年5月21日第4版),按广告的内容来看,新食谱、工业须知、集益录、杂验方皆为《申报·自由谈》下的专栏,而服用、饮食、人体、工艺、动物、植物数门,为陈蝶仙编纂《家庭常识汇编》时,"将所有已刊材料,悉数汇聚,汇订一册以便翻检,内容区分为六部"而成。二十世纪三十年代,《家庭常识汇编》再版时,增"集益录"为第七部。

哪些人有可能成为这套丛书的读者？最有可能的情况是,该丛书实际上的读者与早先报纸专栏的读者具有相同的社会文化背景,尽管编者所设想的读者或许另有其人。《申报》是当时中国最大的商业报纸之一,它在二十世纪二十年代初的发行量高达三万份,由此可以推测,它在二十世纪一〇年代末的发行量也已相当可观。[17]早期《申报》的读者群主要是官僚士大夫、商人和实业家,此后逐步扩大。从十九、二十世纪之交到二十世纪最初的数十年间,其读者群已超出本埠和江浙的范围遍布全国,其中,农村人口和女性读者成为其新的受众目标。[18]不过,阅读"家庭常识"这一栏目的读者很可能仍限于那些识字精英和商人。虽然该栏目名称本身似乎暗示了它的目标读者群是一般大众,但不应忽视的是,"家庭常识"是"自由谈"的一部分,毕竟,这份由陈蝶仙于1916至1920年间接办的文艺副刊,其特色是兼具趣味和品味的高尚文学感受力。这样的文学形式对中国的专业人士、商人和文人具有吸引力,这些人未必都是彼此毫无交集的个体读者,至少他们中的部分人属于一个半个人性质的网络。[19]这些会读"自由谈"的读者可能都读过其中的"家庭常识"。

作为丛书,二十世纪三十年代重新结集出版的这些文章,其流通面远不如其在《申报》专栏的前身。不少文献资料显示,其读者群体并不广泛,主要是一些理念相近的技术专家和实业家,其实际人数仍难以估量。那位多年来一直读报,并且曾经给陈蝶仙写信,对专栏文章进行反馈、发表个人评论的忠实读者,那些追看陈蝶仙的科技专栏文章并通过"读者来信"发表个人看法和反馈的人,也许会成为这套丛书的目标读者。后文将涉及这些反馈被载入丛书序言的情况。

通过丛书的内容,我们可以进一步发觉,读者理应是能够认识到现代科学和工业技术价值的那些人。诚然,丛书中并非每个条目都关乎现代科学,一些内容读起来非常像晚清的"日用类书"。譬如在"人体"类下关于"皮肤"的部分,有整整两页是对一种名为"瘰癧"的上半身与颈部溃烂脓肿的皮肤病及其治疗方式的详细介绍。[20]其治疗手段从中药方剂到民间土方,不一而足。土方甚至包括了"以猫肉炖煮成汤汁服用"和"用白鼠粪粒制成药膏涂抹疮上"。[21]与此同时,丛书中的其他一些条目则明显具有现代科学色彩,且包含了大量化学知识。[22]例如,关于"牙齿和口腔"的部分就解释了如何用化学制品医治龋齿。[23]

尽管丛书的部分条目博采众家之说,工业知识及其所涉产品的整体比重优势仍然明显,工业知识的这种突出地位意味着该丛书的大部分读者是实业家。[24]在最初的报纸专栏中,"工艺"就已被列为最重要的类别之一,其内容涵盖"自治肥皂法"、"人造象牙法"、"制草纸法"、"各种香油制法"、"工业用水研究"、"硝石法"等等。二十世纪三十年代出版的丛书则新增了"工业须知"这一类目,一如既往地反映出编者对工业技术知识的重视。丛书序言也指出,旧文新刊的一个理由就是特别需要检验"工艺"部分所载信息的可靠性。

从某种程度上来说,二十世纪三十年代的一大特征就是对工业知识的强调。随着这一时期工业的迅猛发展,"工艺"的观念也流行开来。凯莉·瓦拉(Carrie Waara)在对民国艺术杂志的研究中发现,民国中期的"工艺"一词有着丰富的内涵,它可以指印刷、纺织等"科技艺术"(technical arts)、装饰艺术和设计(如"工艺美术"一词)、手工艺和技能,也可以指消费品生产中的工业设计、工具和机器。在陈蝶仙的《家庭常识汇编》中,"工艺"则特指工业艺术(industrial arts),即主要是指通过化学过程把原料变成新物质的知识和做法。《家庭常识汇编》强调工业产品的自制法,因此,我们甚至可以说,这里的"工艺"已近似于"工业化的民间手艺"(industrial folkloric craft）。"工艺"之下的一些条目似乎有助于推销陈蝶仙的家庭工业社所出售的预制品，不仅如此，从总体上看，这套丛书力图使这类工业产品成为人们的日常必需品，而这无疑可使陈蝶仙的商业利益最大化。关于牙粉等物品自制法的一些条目，则更加契合陈蝶仙向国人传播科学与现代生产技术的宏远目标。书中暗示读者，掌握自制的知识就能够分辨真假、好坏、仿冒与正品。在这样一个动荡不安、物欲横流的时代，这是一种必备的技能。

陈蝶仙在"工艺部"的引言中明确指出，至少这一部分的预设读者群是实业家。比如，他在介绍有关工业艺术的第四卷时写道："特辟此栏，以广搜罗，积久成书，亦工业界中之良好师友也，愿同志者，共助其成。"[25]陈蝶仙还经常直接向实业界提出建议。如在有关肥皂制法的条目后，他敦促中国实业界不要只求多求全，而应该专注于某一类产品的生产上，精益求精。他写道："按工业界之通病，每喜务多而不专一业……但制品果能行销广远，即足享其无穷之利。若夫见异思迁，朝三暮四，则吾敢预告其必无成也。"[26]

陈蝶仙在序言中用大量篇幅向同行们介绍了这套丛书的编纂原则，以示全书分类合宜，内容明白无误、权威可靠。[27]在这些原则中，他特别突出了"实验"这一概念是丛书内容真实性的保障。在现代汉语中，"实验"的意思是科学试验，但在这篇序言中，这个词更强调以实践为基础之意，即根据实际情况测试知识的真伪。[28]陈蝶仙特别强调，这些经由"实验"鉴定过的知识是值得信赖的，也因此值得被编入丛书中。

序言表明，编辑的过程本身就是一种审查和核实的手段，这实际上是以文本形式进行的"实验"。在编辑凡例第二条中，陈将"实验"描述为以现实为根据的实际操作指南，而非广博的书本知识。但接着他指出，编纂过程对于鉴定这类知识并成就这套丛书在出版市场上的独特地位所具有的重要性。他写道："是编所载各条,类皆实验有效。盖由千百投稿家,各举所知以公于世……是书汇集故书而来,编者则以学识所到,加以鉴别,定其取舍,自信与市上所有同类之书,不可同日而语。"

陈蝶仙花了相当多的时间来阐述他所具体进行的编辑实践。在凡例第一条中,他写道:"原有各条,均注投稿人名于尾……有舛误者则更正之……有于校时发见重复者,则即以已所知,而取其相类者补入。故凡编者临时补入之条,概署补白二字,不复署名。"他以保留原作者的姓名或者笔名(姓名或者笔名列于具体条目之后)的方式,承认成就这套丛书的集体劳动和每个条目原作者的贡献;同时,依然标举自己作为最终编纂者的权威。即使原作者存在犯错的可能性,陈蝶仙的逐条审读也能保证丛书所含信息的可信度。

在这个部分的字里行间,陈蝶仙还塑造了一个理想读者的形象——他会亲自进行实验。如前所述,中华帝国的悠久历史传统中,人们认为通过编辑信息能够鉴定知识乃至事物的真伪并为其建立秩序。陈蝶仙将这一传统延续到了现代,梳理工业科学及其实用技术的文本并使之系统化。他与以往文人传统的一致之处还在于他对读者权威的信心。这一点从他在序言中强调应公众需求而重编丛书就可见一斑。他提到,有读者来信反映阅读《申报》栏目的困难并鼓励他将这些已刊材料重新辑为一册的话:"来函怂恿重编单本,日必数起……特将上述各栏已刊材料,悉数搜集,分类编纂,印成单本,以供家庭日用之需。"与旧时编纂者的做法一样,这种提及读者的方式,有助于营造一种同人网络的氛围,使人感觉有一群思想接近的读者共同信赖这套汇编的集子。

不过,陈蝶仙与前人的不同之处在于,他相信读者能够通过实践来验证书中的信息。序言中称,读者的参与并不止于"怂恿重编",他们在检验丛书所呈现的知识方面也发挥着重要的作用。除了陈蝶仙个人的检验工作，许多读者通过将书中的知识付诸实践也起到了仔细审读内容的作用，其实验的积极结果和反馈肯定了这些条目的可信性。他写道："工艺一部尤经多数读报者之验证，接受成绩报告甚多。"由此可见，在过去，一般认为，只有友人或同道才会主张将某一文本付印。在这里，我们却看到，那些不知其姓名的读者兼参与者，不仅提出重编的要求，还参与了对实用技术知识的验证工作。

在第三条凡例中，陈蝶仙对"实验"的阐释极具启发性。在这段颇引人瞩目的表述中，他认可了那些包括随机应变和因时制宜等能力在内的实践技巧，这些技巧曾经只能让人联想到与他本人和那些有学养的读者所完全不同的阶层。他写道：

> 惟其中制造手续，及药物成分，不无各有变通，因时制宜之处。初拟折衷一说，加以更改，断而思之，则其事正同于食谱之烹调。譬如煎鱼炒肉，若必开示公式，谓需用油盐若干、酱醋几两，自谓已得精确之分配，及至如法而庖，甚且不如灶婢之惯法。此无他，盖火候及其手术，但可随机应变，而不能胶柱鼓瑟也。犹诸乐谱，只能记其工尺，注以板眼，以示学者。及其成功，则工尺必加花指，板眼必改灵活，于是乃有优劣之分。初非谓熟读老八板者，即能奏乐以动人听，是盖全在乎聪明运化耳。

在这段话中，陈蝶仙表态，愿意大胆而灵活地运用重新整编的知识，使其中的信息适应新的社会环境。二十世纪初，中国所遭遇的一系列政治失败与民族挫折感，导致一种认为软弱无能甚至可谓腐败的文人阻碍了中国进步的批判性话语蔚然盛行。其中最尖锐的批评之一就是，经典的文人文化过于狭隘地注重文本形式的道德知识，而传统文人又被动地接受他们所尊奉的经典中的知识，从而缺乏远见，不敢尝试新的、实用的和进步的知识和实践。在这种语境下，陈蝶仙的上述言论可以理解为精英读者在挪用源自一个与之完全不同的阶层的那套策略和技巧时所遭遇的挑战。他以烹调这种惯与"灶婢"等社会底层相连的技术作比方，说明应以变通和制宜之道来掌握丛书中的知识。接着他又提到音乐感受力重于机械的演奏，进一步强调了机变与适应能力在应用和实践中的可贵。

重编"家庭常识"使陈蝶仙得以为工业现代性发展的新阶段带来秩序，鉴定工业产品和实用科技知识的真伪，宣扬"实验"等价值理念，并为这个以假货、仿品和认知不确定性著称的时代提供可信的操作方法。丛书一方面向我们展示了编者对工业科学的某种疑虑，另一方面，也在提倡工业科学方面付出了努力。这二者不仅并不矛盾，相反，营造二者间的张力实为高明之举。通过让读者产生不安，丛书被渲染为可靠信息的必要来源，同时许诺以过硬的编辑功力消除读者的不安。如书中所鼓吹的那样，这种验证之效取决于亲手实验的方法和自造物品的能力。最后一点，陈蝶仙对自给自足的精神的提倡，也暗含了国家层面的经济独立的意味。[29] 二十世纪初对洋货的抵制拉开了国货运动的序幕，在民族主义者的支持下，这场运动在二十世纪三十年代达到了顶峰。陈蝶仙在运动中十分活跃，他从民族主义立场出发，大力提倡"自主生产，自主制造"。这并不足为奇，如我们在下一节将看到的，他的这项主张不可避免地与其"让本土制造超越洋货"的目标联系在一起。[30]

三、实业致富：本土制造与民族本真性

如果说《家庭常识汇编》揭示了虚假知识扰乱人心的影响力，

那么《实业致富丛书》则进一步揭示了对舶来品和假货的深切忧虑,并号召实业家们通过有良心的精心仿造使民族工业变强。在他看来,之所以有必要通过编纂策略来验证"实用知识",部分是因为大量涌入中国市场的洋货引发了他的担忧。二十世纪初,通商口岸的工业和商业变得饱含政治意味,商业实践活动和商品在民族主义和反帝国主义的时代大背景下被日益扭曲。在中国反帝运动兴起的同时,陈蝶仙个人的爱国意识也随着其事业的发展而逐步增强。到了二十世纪三十年代,他开始用高度爱国主义的眼光来看待自己经营的各类工商企业。他已然成为了重要的本土实业家和"国货运动"的设计师。

由于具备了这样的能力,陈蝶仙便试图通过自己畅销的出版物来带动爱国主义消费,并提倡国内产品,打压骗人的洋货和帝国主义商人。在《实业致富丛书》中,他明确地将目标读者定位为实业家,并且严格区分了国货与"敌货":前者是货真价实的良心商品,后者不仅无法保障质量,还存在政治风险。虽然陈蝶仙将敌货与货真价实的国货区分开了,但是,很明显的一点是,他毫不迟疑地接纳了外来技术。事实上,这一文本对"仿造"外来资源有着十分丰富的论述,足以说明其进口替代的潜在目标是为了建设民族工业。

《实业致富丛书》的主要内容是对中国实业发展的具体意见和建议,丛书分为几大部分。第一部分是"农业致富门",其余各部分的标题亦遵照"某某致富门"的格式,依次涉及林业、工业、商业、矿业、农牧业、渔业和桑蚕业。陈蝶仙在序言部分就明确地将工商业的良性发展与社会改良、国家富强联系起来,他强调,丛书收录的所有信息都基于爱国目的。他指出实业救国的理念并非自己首创,并援引该丛书的底本——1916 至 1917 年农商部编订的教科书。[31]接着,他详述了自己改进原来的教科书并编辑这套丛书的过程。丛书内容的紧要性在他的下面这番话中展露无遗:"使我全国民众,既庶且富,则以实业救国,不徒托于空言,致富之术其在斯乎。"

序言接下来着重说明了为什么这套丛书收入的材料是可以改变中国命运的"公共知识":

> 其原书出至一百十八册而止,为便检阅计,因于每期展诵之际,辄另编为分类目录……初不过为自便检查而已,顾其原书,每每经过数月,即不易于购求,欲窥全豹,殊多缺憾,惜本传钞尤感不便,爰念此种书籍,正如广训福音,宜使家喻户晓,以资引起兴味。庶企业家知所取择,无论事业之大小,但使人人各就一业,以图进取,则生之者众,为之者疾,抵塞沪卮,胥在众击,何致受外货之侵略,日趋向于危亡哉……近两年来,社会经济状况,益形跼促,失业恐慌,普遍全国……实则生财之道,正复四通八达……但有一定之目的地,坚决以赴,纵有荆棘,亦可扫除。

以上这段摘录表明了重编的重要性在于使这些至关重要的信息成为惠及所有实业家的"广训福音"。陈蝶仙提到,起先他是出于私人的目的才摘录教科书中的信息的,但后来意识到了它们的价值。编纂成为他分辨信息真伪的方法,也使中国制造业者的学习和"取择"成为可能。接着,他号召企业家利用这些信息为大众创造就业机会,且鉴于当时中国每况愈下的社会经济状况,他提醒读者这样做的必要性。为了强调事情的紧迫性,他还用战争比喻经济竞争和来自洋货的威胁,从而在国货运动的紧张氛围中,有效地唤起了人们对民族灭亡和经济破产的恐惧。

陈蝶仙编纂这套丛书的根本动机,是想呈现一种民族本真性

(national authenticity)的叙事。显然,国货之真并不一定依赖于本土生产方式的运用;相反,它取决于拥有先进技术的能力,哪怕需要模仿国外的先进生产技术。所谓的"货真"乃建立在仿真而非发明的基础上,这种理解反映在诸如"仿造小洋刀法"之类的文章中。该文作者张瑛绪指出,本国生产的小刀在形状上过于粗糙,对顾客没有吸引力,这导致他们纷纷购买洋刀。为扭转洋货独占其利的局面,他介绍了一种"并不用请工师,立工场"的方法,"省事又容易办到","不出十天,就有本国自做的新式小洋刀在街上出卖了"。[32]这种方法必须建立在已有工业的基础上,只要"由旧翻新"即可。他以北京地区某刀剪铺一条街为例来论证自己的观点,他推论,原先专作刀刃的铺子可以仿造西式刀刃,而那些制造老式把手的作坊可以为新式小刀生产把手;铜匠可以制作铜钉和铜版弹簧,电镀厂则可以提供电镀镍。同时,他也强调,这种生产方式首先需要投资,见效需要耐心。他诉诸读者的民族主义心理,说道:"这(种生产方式可行与否)就在乎爱国的诸君子……凡办这类的事,作的人万不可因为得利不易,中途灰了心,买的人,也万不可因为价钱稍贵就不愿意买,总得一边存个改良工业的心,一边存个提倡国货的意,都能这么样,还怕我们中国人没有国货可用么?"[33]耐心、决心,以及娴熟的仿造工艺都是必备要素。

在中国近代史上,像陈蝶仙这样改造西方技术以利于创新本土生产的情况不乏先例。孟悦在一篇关于十九世纪晚期江南制造总局的研究文章中指出,"改造"或者是"仿制"是武器生产过程中非常重要的环节,它十分强调以培育技术创新能力为最终目的的技术学习与训练。[34]毋庸置疑,孟悦的研究路径是修正性的,许多早前研究制造局的学者不约而同地以甲午海战中制造局所造炸弹无法引爆的例子来说明它有多么失败。[35]然而,孟悦的研究的贡献恰恰在于,评价制造局时回避了我们关于成功抑或失败的争论。

如此这般，她得以发掘实际发生过的事，其中就包括有关"仿制"的话语和实践的兴起。她揭示了，创新与复制并非相互排斥，江南制造局的创新性技术生产在很大程度上依赖于对西方知识与技术的复制。然而，仿制的过程是复杂的，它包括了研究、（武器零部件的）样本制作、演试，以及仿制过程中给予创新性必要空间的关键一步——改造。如她指出的那样，正是在对西方技术调适的过程中，产品和模型被重新创造了出来。

时隔数十年，我们在陈蝶仙编纂的丛书中看到的是，改造西方技术知识为民族工业的创造性发展所用的观念仍然是时代的主题，哪怕它已不是那么迫切。的确，冯客（Frank Dikötter）也曾讨论过，中国的仿造文化（copy culture）在民国时期表现为大规模地仿制洋货，以满足多数买不起昂贵进口货的大众需求。�36他指出，这种商品仿制不存在难度，且不被认为有侵权之嫌。实际上，它对国货运动起到了支撑作用。陈蝶仙是"国货运动"的主要参与者之一，他在其所编纂的技术丛书中不仅没有质疑过几可乱真的仿造，甚至还大力提倡。陈蝶仙成为医药界巨头需归功于一种未经言明的进口替代，即用他的家庭工业社所生产的本土版肥皂、牙粉替代原版的洋货。陈蝶仙的工业实践有助于把洋货重新分成典型的本土产品，他通过编纂《家庭常识汇编》和《实业致富丛书》，把对外国实业技术的娴熟模仿定位为制造真国货的关键。

四、结　　论

陈蝶仙将科技与工业信息编纂成丛书，这不能不说是一种耐人寻味的谋略。他更推崇丛书这种历史悠久的文类，通过书系的形式使知识得以更为长久地被保存，而不是报纸专栏这种每日或每周不断被生产、被消费（而最终或被抛弃）的新知识的新载体。

陈蝶仙试图为那些有志于实业的读者兼参与者提供一种更体系化的产品和科技知识。此外，他的科技丛书在当时也并非绝无仅有。二十世纪三十年代，整合新词汇、新概念和沟通多种语言的大型出版计划已经开始。百科全书和丛书的出版都是时势所趋。如高哲一(Robert Culp)关于商务印书馆的在研课题所示，三十年代，商务印书馆主编王云五积极邀集顶尖知识精英，共同编纂和出版综合各学科领域知识的大型丛书。[37]这一时期，新辞典也不断涌现，譬如试图解释令人费解的上海方言的上海俚语词典。[38]三十年代在知识分类方面的努力，在国民政府时期的图书馆运动中得到延续，并最终形成了在上海出版的《百科小丛书》。这些出版工程也逐步培养了大众对科学的兴趣。十九世纪后期，自上而下的洋务运动中也出版过现代科学丛书，与之不同的是，民国时期的百科全书力图使科学走进更多的城市读者。[39]陈蝶仙的丛书是这个民国出版运动中的一个组成部分，这个运动旨在分类、鉴定、传播知识，尤其是科学与实业知识。

也许更为引人瞩目的是，这些丛书是如何解决公众对工业化、批量生产和全球资本主义的普遍焦虑的。在一个爱国主义高涨的时代，这些丛书提倡将工业科学和日常科学作为中国商业和政治实力的关键基础。在这个充满不确定性的时代，这些出版物也是关于工业发明和娴熟仿造的论文集。他们试图对真宗的生产技术知识进行定义——它不仅是原创的或本土的知识本身，更重要的是可以通过"实验"获得的对知识(即便它们源自国外)进行实作并熟练化的所有权。为了工业创新和国家富强而模仿国外技术并善用本土知识，被视为尊重和符合道德的制造手段。工业创新与对技术进行高仿和改造几乎没有差别。

这些文本除清楚地说出了一种关于高仿的话语外，也揭示了在二十世纪三十年代保证和鉴别知识的数种门径。货品和言论的畅销使假冒伪劣商品泛滥,爱国运动又视洋货为"问题产品",在这样的时代背景下,陈蝶仙采用了一种并非首创的鉴定知识的方法来编纂自己的丛书。比如,通过汇编与编辑而非原作或独创的方式来传播知识,在中国历史悠久且为人重视。孔子声称"述而不作"是一种美德,从而把自己塑造为知识权威的传承者。中华帝国时期的书籍史见证了这一经典理念的制度化和知识系谱的形成,以及合乎道德的知识通过文人习惯、官修丛书和蓬勃的民间印刷业得到有效传播的过程。这种通过编纂而非"创造"或"创作"的方式来传播知识的策略一点儿也没有过时,它在上述这些三十年代的文本中仍占据突出地位。它在向大众灌输科技知识方面发挥着至关重要的作用,而且在现代它仍是一种合乎道德而具有权威性的传播方式。

---

① 参见 Craig Clunas, *Superfluous Things: Material Culture and Social Status in Early Modern China*, Honolulu: University of Hawaii Press, 2004; *Empire of Great Brightness: Visual And Material Cultures of Ming China*, 1368 – 1644. Honolulu: University of Hawaii Press, 2007.

② 柯律格(Craig Clunas)在他的书中提到,(明代士人)对广博地搜集药物信息并对其进行分类颇有兴趣,(他们)巧妙地将这种兴趣与药柜、抽屉等有形的物质相结合,运用它们对药物世界中的元素进行分类。(Craig Clunas, *Empire of Great Brightness: Visual And Material Cultures of Ming China*, 1368 – 1644, Honolulu: University of Hawaii Press, 2007, pp. 112 – 113.)这种对物质和自然界进行分类的想法(desire)可以一直追溯到"格致"的认知理论。"格致"即探索、研究事物,它是"格物致知"的简称。格物致知,即通过探究事物原理,从而获得知识。

③ 有关晚清物质文化史的详细研究,可参见 Benjamin Elman, *From Philosophy to Philology: Intellectual and Social Aspects of Change in Late Imperial China*, Cambridge, Mass.: Council on East Asian Studies, Harvard University, 1984。

④ 有关晚清科学技术丛书编纂情况的研究,亦可参考前例。

⑤ 1917 年 5 月 10 日之后,"家庭常识"专栏停设,《自由谈》也于 1918 年停刊。更多详细信息,可参见陈蝶仙编纂的、于二十世纪三十年代出版的《家庭常识汇编》的序言部分。

⑥ 关于英文版的陈蝶仙的个人传记资料,可参见 Chen Diexian, Patrick Hanan(trans.), *The Money Demon*: *An Autobiographical Romance*, Honolulu: University of Hawai'i Press, 1999.

⑦ 此外,直到抗战时期,陈蝶仙仍不时地为报纸、杂志上的日用生活常识之类的栏目撰稿。高家龙(Sherman Cochran)就曾提到,陈蝶仙在抗战时期仍然为《健康家庭》杂志的"实验家庭常识"专栏撰稿。见 Sherman Cochran, *Chinese Medicine Men*: *Consumer Culture in China and Southeast Asia*, Cambridge, Mass.: Harvard University Press,2006, p. 112.

⑧ 关于"选刊切于家庭实用之件以供社会"的意愿表达,详见陈蝶仙编著《家庭常识汇编》,文明书局 1935—1941 年,第 1 页。

⑨ 二十世纪三十年代,中国的轻工业已具有较强的竞争力,有数据显示,全国各省市的肥皂厂在 1934 年时已达到 58 家(其中大都分布在上海),化妆品制造厂的数量在 1931 年也攀升至 50 家。化工类公司最为成功,尤其是"三星"牌的产品,吸引了大量来自四川和长三角的顾客。见 *China Industrial Handbooks Kiangsu* 1933. Shanghai: Bureau of Foreign Trade, Ministry of Industry, pp. 499‐501, pp. 509‐511, pp. 514. 陈蝶仙创办的公司——家庭工业社的重要性仅次于生产"三星"牌产品的中国化学工业社,它生产的产品中,"无敌"牌牙粉销往全国各地,甚至在东南亚也占有一定的市场份额。

⑩ 这种反映知识分子矛盾心理的例子很多,最典型的是 1924 年的科玄论战,参与其中的人物包括了丁文江、梁启超、胡适、张君劢等五四时期的著名思想家。

⑪ 欲了解二十世纪早期中国城市纸媒中刊载的专利药品的情况,可参见 Eugenia Lean, "The Modern Elixir: Medicine as a Consumer Item in the Early Twentieth-Century Press", *UCLA Historical Journal*, Vol. 15, 1995, pp. 65‐92.

⑫ 参见 Frank Dikötter, *Exotic Commodities*: *Modern Objects and Everyday*

Life in China, New York: Columbia University, 2006. 该书对中国现代市场中的仿冒品有较为详尽的研究。通过此项研究,冯客(Frank Dikötter)得出了一个有趣的结论:一旦冒用其他品牌的商标,这些仿冒品很快就会变成抢手货。

⑬ 关于帝制时期这种"抄袭文化"的历史渊源的介绍,以及现代知识产权体系在中国兴起的研究,参见 William P. Alford, *To Steal a Book Is an Elegant Offense: Intellectual Property Law in Chinese Civilization*, Stanford: Stanford University Press, 1995.

⑭ 我在一篇名为《商标的棘手问题》("The Slippery Matter of Trademarks")的尚未正式发表的论文中探讨了诸多商标侵权案件,其中涉及中国的山寨公司仿冒力士香皂和夏士莲面霜,它们是英国两个制药巨头(联合利华和宝威)旗下畅销全球的知名产品。

⑮ 十九、二十世纪之交,知识产权观念开始在中国普及开来。南京国民政府时期,国民党颁布了第一部知识产权方面的法律,即《著作权法》。经日本传到中国的德国《著作权法》是这部法律的主要蓝本。参见 William P. Alford, *To Steal a Book Is an Elegant Offense: Intellectual Property Law in Chinese Civilization*, Stanford: Stanford University Press, 1995, p. 50. 根据这部法律的精神,作者可以在内政部进行登记,他们的文学作品、艺术作品的产权可以藉此得到保护,一旦受到侵害,他们可以提起民事诉讼要求获得赔偿。不过,这种权力保障只停留在条款的内容层面上,具体的法律执行效力还需存疑。

⑯ 早在 1921 年,陈蝶仙公司生产的无敌牌牙粉就已出现仿冒产品,1921 年 8 月第 7 期《江苏实业月志》上登载的一则工业部的声明即是明证。这则声明的标题为"上海家庭工业社无敌牌擦面牙粉商标不得假冒,影戤未便"。译注:假冒别家牌号、商标,以伪乱真,从中谋利谓之"影戤"。

⑰ 关于《申报》发行量的研究,参见 Terry Narramore, "Making the News in Shanghai: Shen Bao and the Politics of Newspaper Journalism, 1912 – 1937", Ph. D. diss., Australian National University, 1989. 不过,发行量并不能完全反应实际的读者的数量,读者的数量有可能比发行量还要庞大,因为报纸通常会被张贴在公共区域中的阅报栏上,便于社区内的读者进行阅读。

⑱ 关于清末民初的知识精英如何获取诸如《申报》这类现代报纸的讨

论,详见 Henrietta Harrison, *The Man Awakened from Dreams: One Man's Life in a North China Village 1857 – 1942*, Stanford: Stanford University Press, 2005, p. 105. 关于《申报》女性读者的研究,可以参见 Barbara Mittler, *A Newspaper for China? Power, Identity, and Change in Shanghai's News Media, 1872 – 1912*, Cambridge, Mass.: Harvard University Asia Center, 2004, pp. 245 – 311.

⑲ 关于《自由谈》读者的研究,可以参见 Yue Meng, "A Playful Discourse, Its Site, and Its Subject:'Free Chat' on the *Shen Daily*, 1911 – 1918", MA Thesis, UCLA, 1994.

⑳ 陈蝶仙编著:《家庭常识汇编》第二集,第 74 页。

㉑ 同上。

㉒ 序言中关于明矾粉治疗胃疾的讨论就是一个例证。

㉓ 参见陈蝶仙编著《家庭常识汇编》第七集,第 5、55 页。

㉔ 在一条相关的注释中,与我们预期的相反,工业技术知识与家庭作坊技术居然并行不悖,并且被呈现为是对家庭工业领域有意义和有用的知识,而非将后者排除在外。在接下来要讨论的另一部丛书——《实业致富丛书》中,我们可以看到,陈蝶仙同样地将民族强大与实业发展联系在一起。他在序言中这样评论道,"(此种知识)宜使家喻户晓",以便将福音传播给实业家。见陈蝶仙《实业致富丛书》,新华书局 1933 年,第 1 页。这样的措辞十分有趣,它看似客观,实际上,却向我们透露了这样一个事实,即二十世纪早期,城市工业化的发展很大程度上是建立在家庭作坊基础上,而不是以公司或者是工厂的形态为主。这也很好地说明了微观的家庭领域与宏观的新兴工业化国家发展之间的一致关系。改良社会、发展工业,甚至是强大中华民族的信念,不只是从家庭的现代化开始,国内的生产状况使这种发展途径呈现了多样化的特征,这种策略在中国的生产方式史中同样具有悠久的传统。

㉕ 陈蝶仙编著:《家庭常识汇编》第四集,第 121 页。

㉖ 同上。

㉗ 中国文学史上的"序言",与热奈特(Gérard Genette)提出的"副文本"十分相像。见 Gérard Genette, *Paratext: Thresholds of Interpretation*, Cambridge, UK: Cambridge University Press, 1997. 热奈特认为,在某一出版物中,附加于

正文文本的其他文章，如序言，即是所谓的"副文本"。它们为编辑和作者提供了表现自己写作风格的空间，而这将会对读者的阅读过程产生影响。陈蝶仙处理丛书序言的方式和热奈特所描述的"副文本"十分相近，大部分的处理方式也十分符合热奈特对"副文本"的定义。他撰写的序言，在某些方面看上去，是中国文学传统所独有的，例如，在序言中撰写编纂原则以赋予出版内容以权威性，邀请作者的友人或是其交游网络中较有名望的人写序，也是"中式序言"的另一个显著特征。

㉘ "实验"在当时有多重含义。根据《汉语大词典》上的记载，鲁迅曾用"实验"一词来比喻实际的效验，它可以推翻之前的预想。梁启超、胡适、郭沫若笔下的"实验"，指的是为了检验某种科学理论或者假设而进行的某种操作。词典中"实验"这一条目下还列举了诸如"做实验"、"化学实验"等其他解释。

㉙ 根据 Margherita Zanasi, *Saving the Nation: Economic Modernity in Republican China*, Chicago: University of Chicago Press, 2006. 我们可以了解到，实业家们与国民政府处于一种紧张的联盟状态。汪精卫集团曾推出一系列自给自足式的生产性经济政策，以寻求和江南及其他地区的实业家的合作，并逐渐转移农村地主手中的资源。汪伪集团还成立了全国经济管理委员会，以此控制经济命脉。这种结构实现了国家层面的制度化，具有改革意愿的实业家与地方精英成立的非正式的合作联盟，在"自强运动"时期得到了迅速发展。不过，支持民营经济的发展始终与强大的国家干预之间存在紧张的关系。

㉚ 关于国货运动的研究，可参见 Karl Gerth, *China Made: Consumer Culture and the Creation of the Nation*, Cambridge, Mass.: Harvard University Asia Center, 2003.

㉛ 我想再次补充一下，虽然我提到陈蝶仙及其他实业家活跃在体制之外，并且以商业和出版的形式促进了科学和工业的发展，但这并不意味着，中央政府或者国民政府在促进商业发展方面无所作为。之前我在一个脚注中讨论了具有改革精神的实业家与国家之间的联盟关系，在这些文本中，我们依然可以看到，即便在一个贫弱与混乱的时期，中央政府对商业和工业的发展还是做出了贡献。

㉜ 陈蝶仙编著:《实业致富丛书》第一集,第9页。

㉝ 同上书,第8页。

㉞ Yue Meng, "Hybrid Science versus Modernity: The Practice of the Jiangnan Arsenal, 1867 – 1904", *East Asian Science, Technology and Medicine*, 1999, Vol. 16, pp. 20 – 23.

㉟ 对于这些前人研究的评述与回应,特别是对其"失败"说的再评估,见 Benjamin Elman, *On Their Own Terms: Science in China, 1550 – 1900*, Cambridge, Mass.: Harvard University Press, 2004, pp. 355 – 395. 艾尔曼(Benjamin Elman)认为,江南制造局在当时有其创新之处,1894 到 1895 年中日甲午海战使江南制造局的事迹及作为其大背景的洋务运动被"折射"(refracted)到一种关于失败的叙事中。

㊱ 参见 Frank Dikötter, *Exotic Commodities: Modern Objects and Everyday Life in China*.

㊲ 承蒙高哲一惠赐这篇尚未正式发表的王云五研究论文。据他研究,王云五十分热衷于邀请中国顶尖的知识精英编纂出版商务印书馆的丛书。

㊳ 感谢雷勤风(Christopher Rea)告知这一信息。2009 年 3 月 21 日,我俩进行过私下交流。

㊴ 高哲一以上的论述令人信服,王云五之所以会出版丛书,一个很大的动力来自他立志要为大众传播诸如科学等现代知识的信念。另一个例子是叶圣陶的《新少年》杂志。这是一本半月刊,它的发行让印刷作坊里的小学徒接触、了解科学技术变成了现实。2009 年 3 月 21 日,我跟芮哲菲(Christopher Reed)私下交流的时候,他告诉我,那些"技术门外汉"的技术知识,很大程度上都是源于此类出版物。

"旗袍"中国

安东篱著　潘玮琳　梁思思译　潘玮琳校

摘要：二十世纪二三十年代中国都市里的摩登女性，身穿一种高领连身裙——旗袍，这迅速成为都市女性的标准服饰。在民国的政治动荡中，旗袍常常成为讽刺漫画的题材，它承载着政治、社会和道德意义的沉重份量，激发人们的激烈辩论，而辩论的核心往往围绕一个简单的问题："中国女性应该穿什么？"本文即要回到二十世纪二三十年代的中国寻找这一问题的诸种答案。

关键词：旗袍，时尚，民国服制，国族认同，性别研究

安东篱（Antonia Finnane），澳大利亚墨尔本大学历史与哲学学院教授

笔者有关二十世纪中国服饰变化的研究，最初受到文学家朱自清先生（1898—1948）之子朱润生所写的一篇文章的启发。1932年，鳏居的朱自清再婚，他带着续弦的新妇从北平到扬州看望自己的父母和孩子。润生后来回忆道，他们第一次看到穿着旗袍、高跟鞋，戴着眼镜的继母时都惊呆了。他写道："当时，在扬州，女人穿高跟鞋得很少，开始我对这位新妈妈，既陌生，又惊奇……"[①]

毋庸置疑，扬州与那些有妇女穿着高跟鞋的地方相比，是一个

非常偏僻的城镇。在这一点上，1932年到访扬州的江苏省教育厅编审室主任易君左的一番评论，颇能印证润生的回忆。他挖苦道："在扬州很不易看见几个摩登女性。"②易君左把他看到的不"摩登化"的扬州女性分为三个"模型"：一是坐在大门口抽旱烟的老年妇女；二是一年到头扎裤脚的中年妇女；三是花枝招展的少年妇女，不过是搽头油、香粉、戴绒花的那种花枝招展。③易君左在镇江，或更往长江下游去的上海所见到过的"摩登化"女性，脚蹬高跟鞋，身穿"旗袍"，这是一种高领连身裙，在1932年迅速攀升为都市女性的标准服饰。④旗袍常常成为讽刺漫画的题材，它承载着政治、

图1 广州的时新服装？裙子和裤子都变短了，这幅插画表现出了对时尚态度的意识。正如这幅面霜广告那样，为数年后报刊时装插画的出现铺设了道路。此处的图片说明文字写着："注意上等国产。"

社会和道德意义的沉重份量，激发人们的激烈辩论，而辩论的核心往往围绕一个简单的问题："中国女性应该穿什么？"⑤本文即要回到二十世纪二三十年代的中国寻找这一问题的诸种答案。

在二十世纪头二十年里，中国的女性时尚主要体现在中式短衣或袄衫与裙子或裤子的不同搭配组合上。所有这些服饰都慢慢变短了，一个接一个地随着欧洲风潮而改变。二十世纪一〇年代后期，中国服饰出现了一种明显的新时尚——有宽袖和中式立领的滚边圆下摆袄衫配宽裥裙。在二十世纪一〇年代末到二十年代

初的五四运动时期,这是年轻女性的标准穿着。长及小腿肚的中裤在这一时期也很流行。(图1)这种在二十世纪三十年代或已被视为端庄打扮的"五四装",在兴起之初却与任何时新风尚一样饱受争议。天津一个显赫家庭的女儿周仲铮(1980—1966),大声要求跟随这种风尚:"我想要穿裙子而不是裤子;我想要一个短袄,不想要长袄。"总之,她想要穿得和公园里走着的女孩子们一样。她母亲断然拒绝了:"没有哪个好人家的女孩会穿成那样。"⑥

民国初年,女性时尚的更改,就其变化的速度与程度而言,是惊人的,和男性时尚一比,便更加明显了。仔细考察之下会发现,男性时尚其实也受到了一些相同趋势的影响:男装的马褂变得短而紧身,甚至长衫也变短了。(图2)但是,除了那些中国人穿着西服的例子外,男装还是较为保守的。一份1920年新年期刊捕捉到了这一男女着装的差异:一些穿着长衫的男人们正在凝视"文明化"的街景,而在矗立着西式建筑的道路上,穿着短裙袄衫的女性,有的骑着自行车,有的开着汽车。(图3)

图2 在这幅香烟广告中,女孩子穿着典型的"五四装",男子长袍的下摆也缩短了。

在一些零星的照片和广告上可以看到,"辛亥式"的长裙和高领袄衫在"五四装"盛行的时期,仍然存在了一段时间,特别是在年龄偏长的女性群体中。但是到了二十世纪二十年代,已经极少看到高领的设计了。在二十年代末,五四装本身亦开始淡出,被

图3　民国初年的新年版画。此处的热闹景象与一些清代年画的构图相似,但是展现的日常生活细节却将其牢牢定位在了二十世纪。图中的女人们穿着衣裙和五四时代流行的七分裤。男人们穿着图案喜庆的长袍,在比较进步的社会阶层中已显得落伍。其中一个男子穿着马褂,戴毛毡帽;另一个穿着马甲,戴鸭舌帽。图中的小男孩戴帽,小女孩不戴帽。

"旗袍"所取代——旗袍在二十世纪三十年代兴盛不衰。在南京国民政府主政时期,旗袍成为了时尚的最主要阵地。正因如此,它也成为了围绕性别、社会角色、审美、经济乃至国家的各种辩论竞逐的舞台。

民国初期的袄裙(即上袄下裙的合称)和后来的旗袍都是特色鲜明的中式服饰,如何在两者之间进行取舍,成为了二十世纪中国时尚史上的一大谜题。然而在很多方面,在两次世界大战之间的中国时尚与同一时期其他国家的时尚仍有很多相似之处。短发在中国和法国一样存在争议,二十年代的女装男性化趋势在上海和巴黎激起了同样的抗议,并且在三十年代促成了重新强调女性特质的时尚在这两个地方的兴起。在这几十年里,从欧洲到亚洲,那些活跃着的有关女性服饰的批评话语,不约而同地显示出了对家庭、国家、过去与未来的焦虑,这种焦虑普遍地通过援引令大众不安的现代女性形象进行表达。⑦

旗袍的流行

旗袍,一般被认为是从满族女性穿着的长袍演化而来,这种说法是依据它的名字而来——满族人就是"旗"人。这种关联在广东话的"长衫"(cheongsam)一词开始被使用起稍有削弱,"长衫"顾名思义就是长衬衣或长袍。"旗衫"是这种服装的另一种叫法,它最早出现于二十世纪二十年代中期的时装杂志上。在一些情况下它会被简称为"长袍",与男袍称法相同。⑧

关于旗袍的起源尚无定论,因为它有很多的渊源。它很显然是一种复古的样式,与其他重新发明或"改良"的清朝服饰——马甲、长马甲、马褂——差不多同时出现。⑨(图4)正如石磊所说:"……1926年前后,旗袍马甲长马甲与短袄合二为一。"⑩二十世纪二十年代,旗袍借鉴清朝服装良多,但我们绝不应将之与清朝服装混为一谈,尽管两者之间的关系在北京比在上海更为紧密。

张爱玲将旗袍的起源追溯到1921年。⑪她没有说明这种观点的来源,而且她在1921年时只有一岁,因此这并不是从她个人角度作出的判断。除了她自己手绘的一个穿着上一辈人的旗袍的年轻学生的小像外,便没有关于这一时期旗袍的图片证据了。照片和广告表明,二十年代早期,中国都市女性普遍采取上衣下裙的穿着组合,迟至二十年代末,旗袍才占据了主导地位。可能张爱玲只是基于这种新时尚出现在二十年代而大胆猜测其兴起于1921年而已。⑫只有北京的满族妇女的穿着才庶几接近张爱玲手绘的服装样式。

海伦·斯诺(Helen Foster Snow)将二十世纪二十年代中国时尚

"旗袍"中国

图4 二十年代中期,各种长款服装出现在上海杂志的时妆版面。这里有两幅来自同一本杂志的时妆插图,展现了旗袍在上海兴起初期的样子。左边的服装被称为"旗袍"。可以注意到两边没有开衩。右边的服装是"旗马甲"——一种穿在上衣外面的无袖外套。这件衣服两边开衩,但领口开得低,与旗袍不同。

的改变直接归因于国民党这一民族主义大党的崛起。她对于当时中式服饰的发展年表和复杂起源并没有准确的看法,但她十分肯定"在孙夫人(宋庆龄)穿着中式服饰之后……再没有看到过中国成年女性穿着洋装了,即使是在通商口岸也看不到"。宋庆龄奠定了一种民族主义时尚,可能是作为一种"反帝"新面貌。女学生们开始穿着一种叫做"阴丹士林布"(coolie cloth)的蓝色棉布衫"……⑬

作为孙中山的妻子,宋庆龄是民国时期最上镜的女性之一,图像记录显示了她结婚后十多年间的衣着变化。1915年拍摄的结婚照上,她是一位身穿时兴欧洲服装的年轻女士:合身的短衣和长裙;白色宽幅蕾丝领,衬着悬于领口上方的浮雕坠子;宽边帽子斜戴头上；脚上还有一双高跟鞋。孙中山相应地穿了一套西装。1919年，他们在广州拍摄结婚纪念日照片时，也身穿类似的衣服。二十世纪二十年代初，当孙中山领导改组后新生的国民党时，宋庆龄就一直穿着中式裙装以及典型的五四式宽袖袄裙。1925年，她在北京穿了一身简单的深色A字旗袍亮相。[14]这件旗袍像袄衫一样是宽袖，长及脚踝。直至1949年解放后，旗袍一直是她的标志性服装。

宋庆龄作为第一位穿着旗袍出现在照片中的中国女性，她穿旗袍早在其真正流行起来之前，而且很有可能在旗袍的流行上面发挥过推动作用，所以，值得我们好好研究一下在她人生发生转折的几个月里对着装风格的选择。11月13日，当她离开广州，她穿的是袄裙。从那时起到12月31日进京之前，她和孙中山在上海逗留了四天，在神户待了约一周，又在天津度过了三个多星期。在上海，他们住在孙中山位于莫利爱路（Rue Moliere，今香山路）的房子里，尽管十分短暂，她本来仍可能会接触到一个比广州更活跃的时尚氛围，然而事实似非如此。孙中山在那些日子里忙于应付记者和会见各路政治人物，[15]而她几乎一直都陪伴在他的身边。

一张数日之后她在甲板上站在孙中山身边摄制的照片里，她穿着雍容华贵的皮草大衣，戴着优雅的帽子。回头想想，这张照片拍摄时，他们乘坐的船正航行在公海之上，这可以被视作她的着装史上昙花一现的一个时刻。在早期她穿着中式服装的照片里，她永远作上衣下裙的装扮，而在之后的照片里，自孙中山溘逝北京前后起，她总是穿着旗袍。（图5）因为她在上海的时间很短，可以推断出她只可能在北京或者天津才有时间找裁缝定制这种新式的裙装。在北京，她和孙中山住在黄蕙兰和顾维钧的家中，那是1923年顾氏夫妇定居北京时黄父为其购买的一个前明王府。黄蕙兰和顾维钧当时不住在那里，但我们不妨畅想一下，宋庆龄会否看过黄

"旗袍"中国 317

图5 左图为宋庆龄穿袄裙(1922年,广州),右图为宋庆龄穿旗袍(1927年,汉口)。

蕙兰的衣柜,里面肯定都是当时最时髦的服饰。*

1925年前后的北京时尚

尽管北京在二十世纪初很少被想象为一个时尚之都,1925年初宋庆龄的服饰变化带来的问题是,怎样的着装语境使这种改变得以可能?要一窥这一时期首都的日常生活,可以通过日本民族志研究者青木正儿拍摄的照片资料。青木于1925到1926年在北

---

* 黄蕙兰是民国外交家顾维钧的第三任妻子,其父是爪哇"糖王"黄仲涵。作为当时的社交名媛,黄蕙兰以引领上流社会时尚而闻名,曾被Vogue杂志评为中国年度最佳着装女性。传闻宋庆龄客居顾府时,曾担心自己的着装落伍而偷师于黄。此后她一直穿旗袍,据说灵感即来自于斯。——译者注

京求学。那时，他有感于当时日本文化遗产某些方面的流失，因而他陶醉于自己在北京看到的那个曾经从他眼前消失的辉煌而悠久的文化。青木显然是受到了中川正英——一位在更早的时代就编著过清代习俗图典的日本人——的影响，于是想要创作一组反映转型时代北京习俗的图谱。这组图谱最终于1964年在日本出版。[16]

青木创作的一百幅图画，仅从图画的名字来看，就有不少是展现各种个人服装饰品的，仿佛是一个纸上的博物馆展览。在这些展示的东西里有一件"女长衫"，但这似乎仅指满族的长袍，作品中的其他地方常常将其描绘为满族女性穿着的服装。[17]作者在文字中没有提到"旗袍"一词，而没有文字注释，也很难依据展示的这些服饰所产生的历史时代本身来进行释读。比如在各种男式帽子的图例中，并没有出现民国时期人们常戴的那种毛毡礼帽或圆帽。

而同一集子里的风俗画（genre scenes）却讲述了不同的故事。在街景画里，青木对当时北京城里人们穿着的五花八门的服装进行了生动的描绘。一些男性头戴毛毡礼帽和圆帽，在炎热的夏季会带硬草帽，或携带遮阳伞。顶上有钮的所谓"瓜皮帽"在冬天很常见，此外亦有皮毛镶边的帽子，这种两边翻起的帽子式样如今依然能在中国北方的冬天看到。发型也一目了然，人人都剃光了脑门，但大部分男性脑后还是拖着辫子。长袍和马褂是男性主要的服饰，而穷一些的只穿简单的裤子和褂子。

在描绘女性的时候，青木一直留心满族和汉族的区别，前者穿长袍，搭平底鞋，梳把子头，未婚的年轻女性会编一根长辫子。其他资料显示，满族女性在这一时期抛弃了她们的特色服饰："大半旗装改汉装，宫袍截作短衣裳。"[18]这种变化很难从视觉上描绘出来，因为当一个满族女性穿着汉族服饰时，她看起来就是个汉族女性。

汉装的样式更加丰富多样。比如在青木绘制的一幅图中,一对形象被缩小的满族女子旁边,有两个年轻的汉人姑娘,她们穿着青木眼中典型的汉装,但那也已经是一种很现代的穿法了:裙子的长度到小腿肚左右,打着不起眼的松散的褶子;上面一件短款袄衫;大鞋子。一个女孩留着刘海,另一个女孩戴一顶小巧的帽子,穿一件短款的"一口钟"(钟型罩衫)。[19](图6)与之形成对比的是,图谱中打扮优雅的女性,穿的是正式的褶裙和长款袄衫,出现在"腊月画棚"采购年画的场景中,完全抓住了出身北京富裕的上层家庭的女性保守的一面。黄蕙兰描述1923年的一次外交界的联谊活动时,也注意到了北京社交圈的上述特点。她写道,美国妇人"是友好的,意态悠闲,穿着得体的浅色夏款连身裙","含蓄的中国女士们"全副正装,样式和民国元年(1912)颁布的服制规定没

图6 二十年代青木正儿所绘图谱中北京妇女的衣着。满族长袍和五四式衣裙在图中都出现了。

有太大区别——"下面穿一条大红丝绸褶裙,上面是一件黑色刺绣补服,衣服上绣着的圆圈多少与他们丈夫官阶的高低相对应"。[20]

在社会阶层的另一头,北京的女工和女仆只是简单的上衣下裤,年纪大些的妇女穿扎脚裤,这在北方是一种典型的日常劳作服装。从青木绘制的图画中可以看出,当时北京的妓女也是上衣下裤,裤长和袖长缩短,如同前示广告画中的流行款式。(图1)这套装扮也许在当时的北京是十分新潮的,在青木的其他画中,我们可以看到一个远远站在走廊尽头的明显出身较好的年轻姑娘也穿着类似款式的服装。逊清末代皇帝溥仪的妹妹——韫媖,在这一时期曾被拍到穿着这样的服装。[21]但对于来自"好人家"的女孩来说,还是很难在公共场合穿如此前卫的衣服,就像年轻的周仲铮在天津遇到的情况一样。

尽管青木描绘出了二十年代中期汉族服装中的新元素,但外来者对北京根深蒂固的印象是那里的人完全是汉人的装扮,而"汉人的"对外来者而言即意味着"传统的"。1924年,澳大利亚汉学家费子智(C. P. FitzGerald,1902—1992)第一次来到北京,他在上海和天津都待了一段时间,对首都的服装风尚感到很震撼。"至少百分之九十九的人都穿着传统汉族服装",他这样写道。但是就像青木的图谱那样,他对人们穿着的细节描绘,与对服饰风尚的整体概括同样重要。他注意到,男人们穿着长袍,而"女人在那时并没有穿这类服装:她们仍然穿着宽大的裤子和较长的袄衫。将长衫,即长款男袍,改成开叉至膝盖上方的款式,刚刚开始成为新的时尚,在上层社会的汉族妇女中,这是一种解放的标志……"[22]这段描述中有两点值得我们特别关注:一个是某一阶层的中国女性已经开始穿着旗袍;另一个是费子智明白这种服饰的来源并非是满族服饰,而是男性服饰。由以上两点我们也可以得出这样的结论:他所描绘的服饰与满族女性所穿的长袍有所不同,后者至少到

二十世纪三十年代末都能在北京街头看到。㉓

赵稼生是北京工业大学校的一名老师,他写于1924年4月的一篇有关服装剪裁的科学方法的文章印证了上述两点。㉔他的剪裁教程乃基于中式服装中最常见的两种(如青木的图谱中反映的那样)——长袍和短衣,他写道:"大襟长衣就是现在通行的男衣,大襟短衣就是现在通行的女衣。"他所说的"短衣"就是袄或马甲,下面搭配裤子或裙子穿着。但是赵接着又说道:"不过近来已有许多妇女穿大襟长衣(有人叫做"旗袍",因为满族妇女向来就作兴穿长袍)。"在接下来的一段里,他提到了"短袖旗袍"(即袖口到手腕上方),说明将男式长袍改作女士长袍的情况在当时已经出现。㉕和费子智一样,赵稼生把时髦或思想解放的女性所穿着的长袍与保守的满族女性穿着的长袍进行了区分。

事实上,满族女性也在尝试时尚。就像汉族的短衣一样,清末的满族长袍加高了领子。剪裁改变了,因而长袍上身不再松松垮垮,下摆也往上缩短了。饰品也随时代的变迁而发生变化。民初满族贵族服装的照片显示,年轻女性已经很新潮地穿上了与十年之后的复古旗袍款式相仿的长袍。㉖由此可见,旗袍曾从改良的满族女性服装中汲取过某些灵感。这再次证明,各种风格已经开始逐步汇合形成后来的国民政府时期的时尚潮流。

在有助于旗袍兴起的文化环境中,旗袍与帝制时代的关系,尤其是与北京这座失去政治职能但依然辉煌如昔的首都之间的关系,不容我们忽视。"北京,繁华的北京",伊妮德·坎德林(Enid Candlin)如是写道,尽管她当时所见还是"北平","尽管几百年来其政府步履蹒跚,可喜地是,它依旧保持着高度的自信"。㉗黄蕙兰说北京是一座迷人的城市,能与之相媲美的只有巴黎。在如此氛围的城市中,宋庆龄也许感到自己穿着传统的上衣下裙,就像她的南方口音一样,未免有些小家碧玉的格局,可能只适合年轻的未婚女孩。二十岁的林徽因(后来成为梁启超的儿媳),1924年与泰戈尔(Rabindranath Tagore)在北京合影时,穿着中式袄裙。(图7)当年稍晚些时候,她去长城时的照片中,穿的也是中式袄裙。苏联政治顾问维什尼亚科娃—阿基莫娃(Vera V. Vishnyakova-Akimova)1925年去广州途中经过北京时看到:"女学生们都留着传统的学生短发,穿着传统的校服——一条黑色的裙子和一件高领亮色短衫——与穿着长袍的年轻人相互微笑致意。"㉘宋庆龄,在不久之前还是这样打扮,但后来似乎就再也没有这样穿过了。

图7 1924年,北京,新秀作家林徽因(1904—1955)、泰戈尔和林的未婚夫梁思成(1901—1972)。林徽因是一个时髦的年轻女性,曾寓居伦敦,她对时尚有十分敏锐的感觉,因此,如果旗袍已经成为当时的流行服饰的话,她应该会穿的。

时髦的旗袍

旗袍在二十年代中期进入到上海的时装设计界,陆续出现在1924年《国闻周报》的时装版、1925年的《申报》、1926年的《良友》,以及二十年代末、三十年代初的大量报刊杂志上。在二十年代中期,旗袍只是众多时装中的一种,它在以后能否长盛不衰还是未知数。1925年夏天的其他流行单品还有绲边"套衫",大身两侧的排扣一直从腋下延伸到领口，易于展现"胸部和腰部的玲珑曲线"；用装饰着闪亮的玻璃片的透明薄纱制成的透视罩衫；"风凉衫"，用透明的夏布制成，但是穿在马甲里面，搭配宽松的裤子；"联褶衫"——一种无袖的穿在喇叭袖短衫外面的衣服，据说"实际上已与旗衫相类"，也就是旗袍了；还有一种"百褶裙"，它成功地"融合了中西时尚"。（图8）[29]二十年代末，旗袍渐渐占据了报刊的时尚版面，但直到三十年代，袄裙和旗袍都有市场。就像五四装一样，在成为一种普通衣着前，它被认为仅仅是年轻人的一种时尚。直到这十年的最后，在照片和其他影像资料（包括广告）中，女性穿着这种或那种式样的服装，有时会同时展现两种样式的服装。（图9）

图8 《国闻周报》上的时妆版在当时颇具代表性。"联褶衫"（左）和"百褶装"是1925年夏天的流行款。

在第一个例子里看起来旗袍以长袍或男式服装出现时，它被广泛地用作冬天的裙子，因为它很容易折叠，而不像一般的裙子需要有内衬来衬出棱角。这是一位上海时装评论人在1924年写作的观点："民国以后，汉族女性突然开始穿旗袍，来使双腿保暖。此风初始于弄堂妓女，乃及于高门贵妇。冬天人人皆穿旗袍。"[30]拍摄于1928年冬日的这张照片上，永嘉不缠足不裹胸会的许多会员——身份恐怕是"淑女"而非妓女——都穿着旗袍/长袍。（见

图9 1928年的一个极具代表性的家庭。家长杨虎(生于1889年),是北伐时期的一名上海将官。他的夫人穿着宽袖上衣和裙子,这是二十年代最流行的服饰。她的帽子显示出她在当时是一位时髦人士,当时的中国妇女还很少戴帽子。她的脚看上去是缠过的,这在她这样年纪的(生于十九世纪九十年代)中国女性中十分普遍,她们在幼年缠足,辛亥前后又放足。两个女孩都穿着民国时期的宽袖旗袍。大女儿的头发很短,是当时最流行的发式。她优雅的长袍掩盖了自身的男孩子气,不过衣服本身在当时也被认为比其母亲的行头缺少女人味。

后文图22)1928年,要说旗袍占据绝对主导地位,还为时略早。有可能我们在这张照片中看到的是一件冬装"外套",待到开春,女人们还是会穿上袄裙。

尽管图像记录让我们清楚地看到,旗袍的垄断地位直到三十年代才开始确立,然而当时的观察者们却无一不惊讶于其风靡之迅速。在1926年一篇关于上海时尚的文章里,成仿吾(1897—1984)评论说,"旗袍已经是遍地皆是的了",即使是他家乡湖南的"纤弱的妇女们不是已经在街头陌上扫来扫去了吗?这旗袍的流行真比什么学术教育的普及还传得快",也比其他任何时装传得快。据他观察,在过去的这些年里,旗袍的"第一步革命"是其无袖款的流行。[31]成在这里应该指的是长马甲——一种穿在短衫外面的无袖服装,不熟悉情况的人很容易把它和旗袍混淆起来。但是无论他观察到的突出细节为何,毋庸置疑的是,当时女性时尚的巨大变化给他留下了强烈的印象。

京派,海派

一项关于旗袍的近期研究认为,北京和上海的旗袍款式不同,就像在文学领域"京派"与"海派"泾渭分明的区分一样。据这项研究的分析,北京旗袍平直宽大肥,衣服的廓形无法表现身体的线条;上海旗袍则刚好相反。[32]比较国民政府初期京沪两地的杂志,我们很难发现以地域为界存在截然不同的样式差异。二十年代末,平直型的旗袍在京沪两地都能看到,当它开始向紧身旗袍发展时,在两地也都有表现。[33]旗袍样式的不同主要体现在时段上而非地域上,并且在某种程度上反映在不同社会群体和社会角色方面。(图10)

黄蕙兰曾对京派与海派服饰的联系发表过一番暧昧的评论。

她的评论见于她写下的两本自传,两者的写作时间相距三十余年,她在晚年对自己所认识的上海时尚嗤之以鼻。"所谓的中国淑女经常穿着剪裁得体的袄衫和裤子",她这样写道,但她又觉得她们的品味庸俗,着装上要刻意显示自己爱国的做法也十分可笑。她们的中式服装都是用进口面料做的,她们"顶着西式的发型,进出法国美妆商店"。㉞她本人坚持要用国货面料,要在实际行动上反对"上海时尚圈崇洋媚外,以舶来品为最高时尚的做法"。㉟

图10 三十年代初上海的两款旗袍,图中模特是复旦大学学生龚秀芳(左)和沪上名媛计婧旖。

然而在她作于四十年代的自传里,她回忆道自己"被上海摩登小姐的美所深深吸引",他们抛弃了"笨重的褶裙和宽肥的大襟",而钟爱"修长紧身的袍子",也就是旗袍。她自称因为这种中装的"革命"而抛弃了欧式服装,尽管她同时自诩为旗袍时尚的引领者。(图11)"我开始购置中装",她说道,"并且在此过程中,偶然在款式上做些修改,由于太多人照着我的衣服样子做,无形之间我便成了时尚领袖"。黄蕙兰的创新包括了把旗袍裁短到膝盖上方的长度,穿着"具有修饰作用的"蕾丝裤袜,在旗袍开岔处做镶绲边装饰,以及在领口到腋下之间部分镂空等。㊱

黄蕙兰显然认为,自己把一种特定的格调从北京带到了上海。她有时会和喜欢拍照的于凤至(张学良太太)一起照相,(图12)黄

图11 影响中国时装潮流？顾维钧夫人黄蕙兰的标准照，似乎影响到了葛兰素史克鱼肝油的广告。该广告不仅模仿了人物的坐姿，也照搬了旗袍的剪裁样式，腰部和膝部的褶皱，以及凉鞋的式样。

声称自己是于凤至在时尚方面的领路人。她带领过的名门闺秀还包括唐绍仪（1859—1938）的女儿和顾维钧原配的姐姐等。她发现唐小姐打扮成熟而时髦，与其他追赶潮流的上海女性不同。她写道："我们过去乐于开创服装时尚，然后看着其他中国女性模仿我们。"㊲黄蕙兰的说法当然是一家之言，但她暗示，在北京仍是中国首都之时，那里的上流社会的女性对时尚潮流的形成具有强大的影响力，这一点恐怕并没有

图12 于凤至（左）和黄蕙兰在1922年的外交界茶会上，与美国代表（右）、意大利代表在一起。

说错。1928年秋,有报道称,遮阳伞开始流行,因为蒋介石的夫人宋美龄"无论在何时何地"都带着一把。㊳

在北京作首都的时期,引领时尚的是上流社会的女性,而在(1928年)定都南京后,则要数来自上海的交际花、"摩登小姐"、妓女和演员了。一位天津记者在1931年这样写道:"全国妇女的装饰多半是由上海创始,而上海妇女的服装,又差不多总是由几个爱出风头的妓女们来开风气之先。"㊴这位记者的见识多半已经落伍了。女演员当然已经取代妓女成为了时尚偶像,女演员们表演着有关当下中国生活的故事,穿着当下上海的流行时装,她们比同时代的其他人群对社会产生了更多的文化影响。她们的魅力让"上海"这座城市同中国其他的城市区分开来。北京或称北平,总是可以宣称具有某种文化声望,而上海则以华丽炫目取胜;尽管上海的期刊偶尔会表现出对北京女孩的兴趣,但很明显地,这些女孩的穿着风格与上海本地流行的并无太多不同。

从1925年旗袍作为一种时尚单品被介绍到上海,一直到三十年代旗袍地位明显提升之时,它已发生了一系列变化:裙摆和袖长忽长忽短,而侧面缝线则日趋贴紧身体的线条。旗袍渐渐甩掉了张爱玲所批评的"严冷方正的,具有清教徒的风格",变成了一种每个人都接受的、更加修身的剪裁。正如黄蕙兰的叙述所暗示的,装饰性的镶滚边是旗袍设计中的一大亮点:蕾丝花边或花饰使衣服的边缘也变得时尚起来。领口逐步提高到喉部,成为了一种艺术。(图13)

图13 明星电影公司的著名女演员黄耐霜的这件旗袍,领口精致如艺术品。

"旗袍"中国

春季时装最典型地展示出，在不影响整体式样的情况下如何加入新的时髦元素。褶边和绶带的加入，带来了俏皮的效果。（图14）

旗袍演变过程中有一个鲜明特色，一直保留至今，成为旗袍最核心也是最传统的形式要素，那就是裙子两侧的高开岔。它们的高低变化多端，有时会一直开到穿着者的大腿位置，这曾激起巨大争议。1925年5月的一则时装速写预见到了这一特色。（图15）图中描绘的服装是以旗袍为蓝本，但展现出了新的特色，其中最引人

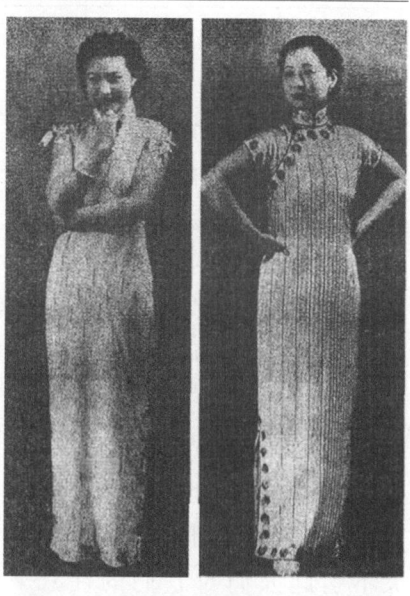

图14 1936年5月19—25日，永安百货公司服装展上的旗袍。左边的旗袍袖子别具匠心裁而花样繁复，刚刚遮住肩头。右边旗袍的镶绲边大胆夸张，一直延伸到高领上。

图15 图中"旗衫"的开岔，这时尚未出现在旗袍上。

注目的就是侧开岔。该图的评语中说道："旗袍的剪裁本来是不开岔的，但这件衣服的岔开得非常高。"⑩在这则速写中可以看到，这袍子下面还穿着宽松的裤子。而到了二十年代穿旗袍时已无需如此，随着旗袍变得越来越修身，侧开岔也越来越高，就像这张照片里女演员杨菊秋穿的那样。（图16）从杨菊秋的坐姿就可以清楚地看到，如果没有开岔的话，修身旗袍就会像

窄摆长裙(hobble skirt)那样不便于穿着者的行动。

有一个有趣的转变发生在二十年代末到三十年代初,一种短款旗袍开始流行,小腿完全露在外面。当旗袍的下摆再次降低而侧开岔成为标准式样后,腿部的暴露才真正成为争议的话题。换句话说,服装本身所创造出的暴露感比其真正裸露的程度要大得多。在这种情况下,穿着长旗袍时,不可能既让双腿行动自如,而又不引起人们对它们的注意。(图17)

图16　1929年,女演员杨菊秋穿无开岔旗袍。这件旗袍一定和窄幅下摆裙一样不便于行动。

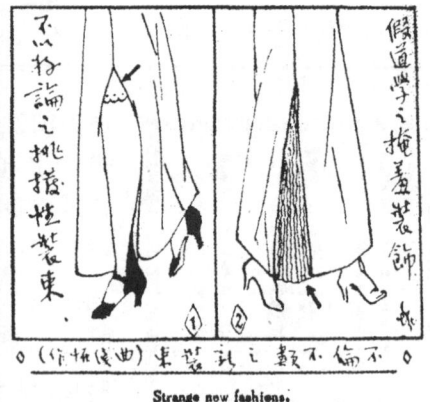

图17　社会名流徐子权的妻子陆梅,穿着假百褶裙装饰下摆的旗袍。同年早期的一幅漫画上讽刺了这种"不伦不类之新装束"。

"旗袍"中国

胸部和手臂部分也是争议的焦点。当陆礼华为两江体育学校引入短袖短裤运动服时,她因为衣服会暴露胳膊、胸部和腿而饱受批评。[41]这时,人们仍在与裹小脚的习俗进行斗争,但是穿着新潮的露趾凉鞋不久就被禁止。[42]长发和短发的问题也在讨论范围中,烫发一直到二十世纪三十年代仍然饱受争议。正如鲁迅(1881—1936)讽刺的那样:"呜呼,女性身上的花样也特别多,而人生亦从此多苦矣。"[43]

短发的问题

旗袍开始流行的同时,女性也开始流行剪短发。(图18)二十世纪前二十年,在短发成为年轻女性可以普遍选择的发型以前,激进的中国女性中开始有人剪非常短的发型,欧洲女性开始剪短发也出现在这一时期。欧洲时尚,或者更准确地说是美国电影,是这种流行的背景之一。另一个背景是青年女性投身于当时的政治斗争和武装战斗。1919年,反对《凡尔赛和约》的五四运动,使女学生们走

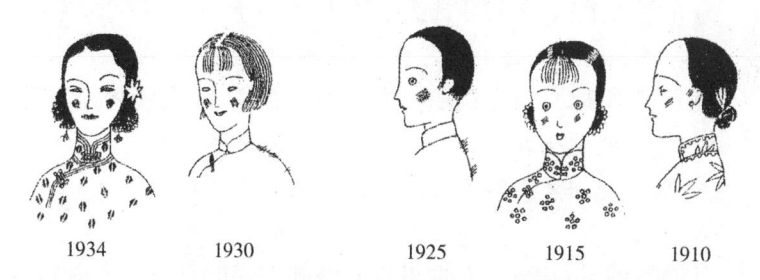

1934　　1930　　　　1925　　　1915　　　1910

图18　1935年郭建英绘制的发型发展图。晚清年轻女子的光额头,被之后各种样子的刘海所取代,其中最为流行的是1915到1930年间的"垂丝"式。二十年代末,只有最进步的女青年才以短发取代了长辫和各种发髻。到了三十年代,短发在女子中间已经十分普遍。四十年代,丽塔·海华丝式的披肩大波浪成为时尚。

上街头。后来成为五四作家群中佼佼者的丁玲（1904—1986），即在这时期剪短了头发，其他人也追随了同样的潮流。（图19）在成都，一所学校的女学生们一个接一个地剪短了头发来上课，以致于四川军阀刘存厚不得不颁布

图19　1921年8月，重庆某照相馆，一群短发女学生的合影。

禁止女生剪发的禁令。激进刊物《半月》抨击这项禁令，遂成为五四期间第一家被查封停办的刊物。㊹

男式发型——自1911年辛亥革命以后通常是一个简单的短发或者板寸——不是女性发型选择的唯一参照对象。在二十年代末的一本连载通俗小说里，作者王小逸记录了一个在短发之争出现以前的另一场关于发型的争论：

> 洪氏道："今天等梳头娘姨来，叫他先替你梳个头试试，爱司头，鲍鱼头，你爱梳怎样，叫他依你梳。别再梳辫子，把发根扣得高高的，倒像挂着一个蝇拂子在背上，不好看。"丁慧因道："我爱梳辫子，不爱梳头，梳了头怪难看的。谁要替我梳头，我把头发齐脖子铰了去，看还能梳头不能。"㊺

丁慧因的母亲表示，女性可以有多种多样的发型。她提到的两种也是曾纪芬（1852—1942）形容过的在1914年重新时兴起来的老发型："初则为胡蝶髻，继则为菊心髻、盘辫髻、鲍鱼髻、S髻、横S髻，而最近则为扇子髻，皆梳于脑后。"相比之下，简单的长辫子代表着年轻、未婚的状态，大部分学生会留这样的长辫子。㊻

国内和国外的战争决定了,有关女孩发型的全国性斗争最终会围绕短发,而不是辫子展开。在欧洲,第一次世界大战(1914—1918)使理得极短的头发成为了男士的日常发型,且很快成为全世界的标准,几乎很少有国家例外。在这方面,西方国家的女兵不会去仿效男兵,而且她们的确穿着仔细设计过的细节不同的制服。然而在中国,男女士兵的制服却鲜少区别。在1925年五卅运动之后,年轻女性开始加入国民革命军,在1911年辛亥革命中广为宣传的妇女参军的形象,再次涌现。1926年,二十岁的谢冰莹(1906—2000)成为众多考取武汉中央政治军事学校录取的女生中的一员。在新生集合的时候,她们被连长要求:"头发一律剪短,最好是剃光像我们的一样。"[47]她的一个伙伴遵循了后一条要求将头发全部剃掉。穿着和男性差不多的制服,这些女性发现从女性人格滑入男性人格是如此轻而易举。谢冰莹常常被军队里一个年轻的朋友叫做"叔叔"。[48]

从这时起,剪发的事常常出现在新闻报道中。在天津,很多女校都禁止剪发,除了那些开在租界里的学校外。一些短发的女生为了回避禁令就带上两边垂着辫子的帽子,就像清末剪了辫子的男人会带一个后面装上假辫子的帽子一样。[49]世界时尚与国内政治形式的发展形成合力,为短发的流行创造了一个有利的氛围。(图20)两位默片演员科琳·穆尔(Colleen Moore)和比丽·朵芙(Billie Dove)的照片,一度在中国

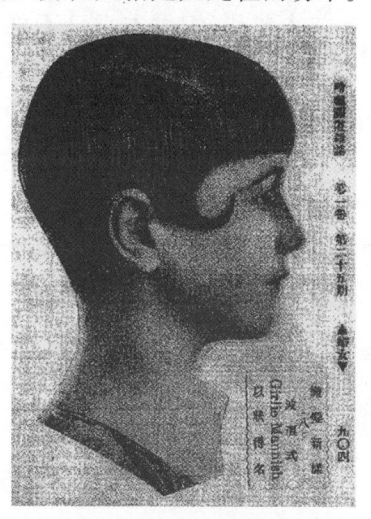

图20 《玲珑》杂志上刊登的短发广告之一,称为"波浪式",因一侧的头发呈卷曲造型。

成为时髦短发的外国范本。[50]无论是因为对外国影响的反应还是仅仅因为短发本身的中性化，女性剪短发激起了一些激烈的反响，甚至不乏对短发女性的人身攻击。

1933年，巴金发表了自己极具影响力的小说《家》，他在其中描写了一场母女围绕发型问题的热烈争论，这场争论以女儿的含泪呐喊收场，她呼喊道："我要做一个人，一个和男子一样的人。"[51]读者恐怕很难不被小说中的这段争论所打动，并感受到短发已经成为了从过去中解放出来，从男权下解放出来的象征。然而，事实上，到了三十年代，短发本身已不再是争议的对象，反而是长发彻底成为了落伍的发型。1935年，一位《中央日报》的记者惊讶地发现，广东顺德县许多妇女还留着大辫子——这是她们"姊妹会"会员的一种标志。在华北，如今也只有一些不太开通的地方，还能看到年轻女孩梳辫子。如果大城市的"摩登的小姐"留着辫子，那一定是"故作新奇地打几条发辫来出出风头"。[52]（图21）

图21 时髦发辫一例：1930年，一个穿着昂贵旗袍的女孩。

裹胸和内衣

旗袍时代初期的另一个激辩主题是关于裹胸的，短发和"天乳"在这一时期联系紧密在一起。因此，由温州永嘉妇女联合会发起的永嘉不裹胸运动，同时也是一场短发运动。（图22）短发、"天

图22　1928年1月,浙江永嘉短发天乳天足会成员纪念照。

乳"和"天足",在运动者的思想中构成了一个体系——它们都指向女性解放。然而,他们在中国社会中得到的反应各有不同。天足很快就被人们接受了,尽管在二十年代略有回潮的迹象;短发不久也正常化了。但胸部的情况则是另一回事,正如二十世纪初的西方创新所示,它们需要的是一种新的技术。事实证明,旗袍的兴起对这个运动而言是不利的。

在1926年末涌现的一大批有关女子短发的报道后,1927年的《北洋画报》又出现了大量裹胸的主题。首先激起该画报兴趣的是广东的形势,1927年7月那里颁布了一项裹胸禁令。在此背景下,《北洋画报》报道了公众有关裹胸的意见——常常是以"小马甲"为话题进行讨论的,此外还刊发了一些论述天乳的重要性的评论。[53]同月,还有关于剪发运动、禁舞和恢复裹脚的报道,但军事还是占据了新闻的主要版面:1926年7月国民革命军从广州出发,1927年4月占领上海,上演清共惨案,此后北伐继续。在这样的背景下,人们还有什么必要在意是否要裹胸的话题呢?思量之下,我们还是可以发现政局动荡、文化成见与性别秩序之间的关系。

《北洋画报》报道的主要意图是为胸罩——数年前一位在纽约的俄国犹太女裁缝的伟大缝纫技术发明——辩护。但是在这一精心策划的教育运动中，画报首先刊登了一组图文并茂的短文，讨论中国女性的内衣——"小马甲"或"小衫"。这组短文首先介绍了"肚兜"，这种半截内衣，常常能在明清春宫画中看到，孩子们穿着肚兜则更为普遍。（图23）如今，它又重新成为一种时尚服饰，在中国很多热门旅游景点都能买到。

图23 肚兜，过去与现在。如今很少看到小孩穿肚兜，但晚清版画中经常出现婴孩穿着如图中小男孩穿的肚兜。肚兜也经常出现在春宫画中，右图为清代春宫画一例。图中是一个衣衫半解的妓女与男客，她下身未穿裤子，但敞开的衣衫里仍戴着肚兜。

在十九世纪的宽松袄衫之下，肚兜是作为一种内衬穿的。四十年代初，一位在台湾的日本人类学家评论道，在过去的时代，无论男女老少，每个人都穿肚兜。年轻人穿红色的，中年人穿白色或灰绿的，老年人穿黑色的。肚兜的上部会缝一个小口袋，成年人把钱藏在里面，孩子则在里面放糖果。当一个女孩订亲后，她必须通过送未婚夫刺绣肚兜的方式来展示自己的刺绣手艺,刺绣的图案一般有寓意福气的蝙蝠和寓意多子的石榴。在台湾,到了四十年代初,这种定情信物被领带、钢笔和围巾所取代。[54] 刺绣所具备的价值无疑是下降了,而肚兜本身很可能也被机器织造的汗衫所取代。

在大陆,肚兜此时也成为了过去时。在女性中间,它被新式的"小马甲"所取代,《北洋画报》上曾描绘出五种不同的式样。[55] 这些小马甲和肚兜最大的不同在于胸前有一排紧身扣子。有可能这种式样的内衣早就

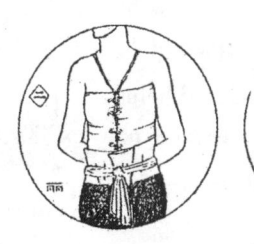

图24 《北洋画报》上的两例"小马甲":左为旧款,在1927年的华北依然多见;右为最新的西洋马甲。

和肚兜共存着,因为晚明的书籍插画中已出现过无肩带的女士小马甲。在《北洋画报》上所展现的这些式样中,最早出现的一种直至二十年代末仍在华北广为流行,它和肚兜一起被归作"老式"。最晚近出现的是一种样式简单的有吊带的侧扣小衣,以其轻便的特质而在夏天颇受欢迎,穿着者以时髦女士为主。西方女式内衣成为了这种样式的蓝本。(图24)

小马甲的设计是为了固定胸部并保持身体曲线。在1908年左右,这样的衣服是为了使自己看上去得体(comme il faut)的必备之选,因为正如波乃耶(J. Dyer Ball)观察到的那样:"时尚规定了袄衫必须非常合身,但是又不能屈从于身体的轮廓,除非是程度最轻微的那种,因为以这样的方式展露身体会被视为下流。"[56] 到了二十年代中期,当襟衣——一种圆形剪裁的衣服——开始让位于旗袍时,小马甲再次成为女人衣橱里的必需品。就此而言,在这个

阶段,"省道"裁剪(darts)*并没有被用于紧身胸衣或者旗袍上半身部分的制作,这种手法直到五十年代中期才在此得到应用。为了让旗袍尽可能在胸部的地方服贴,当时最多只是用熨烫的方法使必要部位的布料得到延展。在这种情况下,裹胸一定让裁缝的工作更为轻松。

有意思的是,西方最早的胸衣是1914年玛丽·菲尔普斯·雅各布(Mary Phelps Jacobs)发明的,这种胸衣的功能和中国的小马甲完全一样:它被设计用来让胸部变平,因此在市场营销时用的是"宛如男孩"(Boyish Form)的说法。众所周知,爱达·罗森塞尔(Ida Rosenthal)为反对这种束缚女性自然躯体的行为,设计出一种有两个口袋或者说罩杯的文胸,以突显而非压缩乳房的曲线。1927年,《北洋画报》的读者首先通过一系列插画和照片知道了罗森塞尔文胸,即便当时还没有看到有关其穿戴方法的具体解释。画报为读者提供了一个描绘十分精准的文胸内面图(图25),旁边还附有关于其不同部分构造的说明:"图中双指所示之两窝,为藏乳之处,故乳受托住束住而不被压迫。衣之中间,并有带可以收缩放宽。衣上两带,藉悬肩上。衣之后

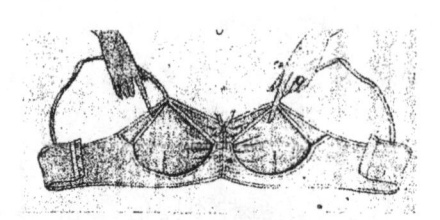

图25　胸罩登场:这件标杆性的女性内衣初次登陆中国。图中文字解释了它的构造和功能。

---

* 一种立体裁剪手法,裁制的服装更具人体表现力。——译者注

面,有扣可以扣紧。"[57]

　　胸衣只是很多新型内衣的一种,在它们被创造之初并没有使中国的内衣发生多少变化。1935年的一份报道指出:"五年前,要在中国类别女性的内衣(Underwears),则只限于包奶奶的小马甲(可怜的奶奶不知道叫苦了几千年?)和衬衣衬裤罢了。"[58]三十年代初,短裤(Drawers)、花裤(Broomers)、衬裙、上下接续的小衣(Combination Petticoat)、短的长马甲(Chemises)、长马甲(Slips)、束腰内衣(Corsets)在现代化的百货商店里都能买到。但是这些衣服在中国是如何得到利用的却无法从西方经验里预见。胸衣很快成为了西方女性衣橱里的必需品(sine qua non),但是在中国却并非如此。1937年的一则广告中,一位姐姐问道:"你为什么不穿马甲?"(图26)妹妹认为马甲过时了,且对健康不利,但她并没有准备戴胸罩。她更喜欢穿"棉汗衫,振丰棉织厂的最新产品"。姐姐想自己也许明天该买一件,试试穿上它的感受。[59]

　　在反对裹胸的舆论中,健康是一个主要问题。1926年,上海《时尚》(Vogue)杂志曾鼓动夏天穿西式服装的年轻女性不要在内衣上节省:小衣、连身衣(step-ins)、短的长马甲都是很必要的基本服装。图中展示的组合(图27),其最大优点是"不束缚

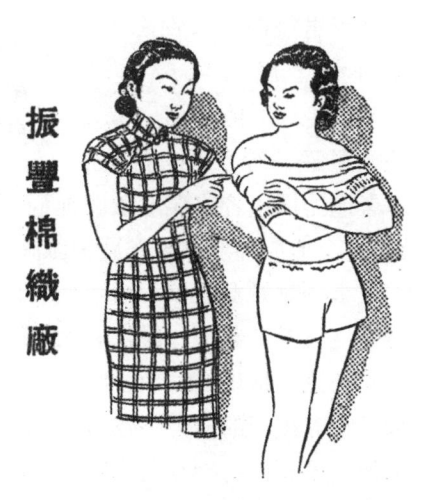

图26　代替"小马甲"的汗衫广告。许多人仍然穿有束胸作用的"马甲"。此处的旗袍袖子很短,是当时的流行款。可与图14永安公司模特的旗袍照对比。

胸部",因此"特别有益健康。"⑩十多年后,一个医学学生对裹胸的健康危害做了很有说服力的解释,他在给《生活》杂志的信中说道:"如今的新女性在任何方面都在寻找新鲜的东西,但是在裹胸方面却墨守成规。"他提出,这是一种阻碍乳房生长发育的行为,阻碍母乳的分泌,也会带来乳房疾病,在他的医学学校里每四个女性患者中就有一个患有乳房疾病。"一些丈夫",他指出,"缺乏基本的医学常识,他们不加

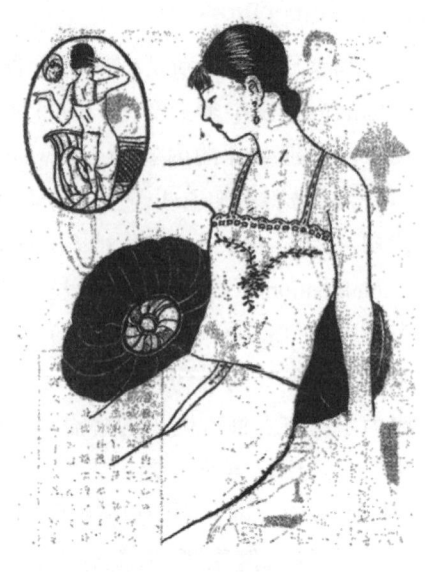

图27 1926年,适应现代西式服装的内衣。转载自 Vogue 杂志。

思考地揉摸或者错误地触碰他们妻子的乳房,这会带来很大的不适,这会形成肿块甚至发展为脓肿"。⑪

裹胸对妇女的孩子造成伤害的论调也被提出来,与缠足之争中天足与母亲健康的说法遥相呼应。《女性周刊》上有一篇劝诫性质的论文指出,年轻女性为了时尚的需要而裹胸,其代价是失去母乳喂养孩子的能力。作者提到自己朋友的惨痛例子,她由于胸裹得过紧而最终导致乳头完全凹陷,"尽管她让自己的丈夫和略为年长的孩子帮她把乳头拔出来",最终还是没有能力为自己襁褓中的孩子喂奶,又因家贫无力雇佣乳母,导致孩子疾病不断。⑫

这些来自三十年代杂志上的各种材料说明,反对裹胸运动进行了十几年,但这种做法依旧普遍存在。在上面提到的1937年振丰棉织厂的广告中,姐姐可能没有妹妹开明,但她却穿着一件现代

的、紧身的旗袍，里面穿着一件"小马甲"，使胸部显得扁平。这一时期的照片里普遍如此。旗袍时代的广告总是展示女性丰满的乳房、圆润的臀部和裸露的双腿。在生活中，情况则恰好相反。我们来比较一下黄蕙兰的一张照片和以这张照片为蓝本制作的广告画就会明白。（图11）照片里，胸部曲线的起伏只是隐约可见。在广告里，整件旗袍都被撑满了，而从衣服本身来看，这幅广告就是这张照片的翻版。

图28　1932年，蒋培英小姐。她穿着典型的学生装，看上去没有受到"天乳"运动的影响。

凭常理推断，女学生更加进步，应该提倡"天乳"，但她们似乎特别想把自己的胸部曲线掩藏起来。（图28）在一个穷人家的妇女惯于在公共场合裡怀哺乳的社会里，[63]暴露胸部曲线无疑会给年轻女性不尊重之感；关于女性运动员自然胸型的玩笑、目光和评论一定将她们抛弃用来伪装的"小马甲"的念头打消了大半吧。

"摩登女郎"与取缔"奇装异服"

毫无疑问，对漫画家蒋汉澄及许多他的同代人而言，短发和天乳加在一起就等于"俏小姐"（flapper）或"摩登女郎"（modern girls），（图29）随着国民革命的日趋完成，她们也逐渐在中国社会中崭露头角。"摩登女郎"是由日译英语植入汉语的一个词汇，1927

年在中国第一次使用。[64]作为日语"moga"一词的对应词,汉语里的"modern girls"在早期被上海的英文报刊定义为短发、化妆和穿短裙的女性。小说家笔下的"modern girls"也是如此这般。[65]

大众对"modern girls"的一般印象,由一位作家一笔带过地提到的"摩登狗儿"一词便可见一斑。这位作家言不由衷地在插入的括弧里对这个词加以辩解道:"注意,这并不是骂她们都是狗,而是译音。"[66]一想到曾经树立在中国公园门口的"华人与狗不得入内"的臭名昭著的

图29 "天乳美"或"中国俏小姐",胸部曲线明显,剪了运动型短发。

牌子,要想不从这种音译中读出贬义也是绝不可能的。一位批评西式服装的作者坦言,自己难以把"摩登"一词用到女性身上,她写道:"中国的时髦(我不喜欢用'摩登'两字)妇女却多数的要服装西洋化,高跟鞋、短袖子,处处模仿西洋女子……"[67]

摩登女郎所含有的非中国化的价值(un-Chinese values),无论中央还是地方政府,都想从三十年代的文化图景中将其抹去的。她们的高跟鞋、裙子的长度、电烫卷发,还有衣服料子,都招来公众的批评。大街上的男性显然要竭力隐忍衣香鬓影带来的刺激,特别是夏天轻薄面料造成的若隐若现的效果。(图30)在一封写给上海某杂志的信里,一位倍感震惊的人士要求政府关注墨索里尼

"旗袍"中国

的做法,引入控制女性衣着的管理条例。⑱在北京,上海的夏日时尚被报导为"裸化",即一种向裸体发展的趋势。女性穿着无领或无袖的薄纱旗袍,肩膀几乎全无遮盖。高耸胸部的肉感惊人地呼之欲出,甚至能隐约看到"粉色的乳头";"下面,一双雪白的腿儿,光脚穿着一双高跟皮鞋"……当风吹起时,一切都显露出来。这位评论者质问道:"这种半裸的时装和全裸有什么区别?"⑲

然而,包得密不透风的女性和穿着与全裸无异的女性一样遭到许多批评。曳地旗袍、"恨天高"、花花绿绿的布料,无一不让穿着者被评头论足一番。⑳一位批评者指出,并非所有女性都如此穿着,"有些女人的装束是合式的。穷苦的妇女只有穿得太破,一点也不花色"。而被毁罪者属于另一个阶层——她们是"有钱而又有闲的"妇女。㉑更糟糕的是,这种女性看起来很现代,但她们在思想上却很落后。南京国民政府时期的头十年里(1927—1937),服饰改良者也持有这种观点,他们决心对女性穿着旗袍的样子"去性别化"(de-sexualising)。

图30　1937年《艺术与生活》画报的这则广告上的模特儿服装告诉我们,当时保守派反对的摩登女性服装是什么样子的。剪裁紧身,布料轻薄,乳头隐约可见,裙摆的长开岔让腿暴露在人们的视线中。

南京国民政府初期,政府对女性服饰的干预,大致上与五四时期的社会改革目标一致。1928年,新政府定都南京,内政部即颁布了十分具体的《禁止妇女缠足条例》,为不予遵照执行的家庭设立了各种等级的罚金。[72]同年,内政部又决定禁止穿耳戴坠:"这是一种在中国存在了几千年的陋俗。"它既不"人道",又"靡费金钱"。[73]这里的问题主要在穿耳洞上,这和缠足一样是对身体的扭曲毁伤。

在某些方面,南京国民政府最初十年间的妇女改革议程,仍接续这些早期迹象而发展。明清时期"病态唯美"的审美倾向被一种明确偏好高挑、丰满、活力的身体观所取代。[74]在一位记者看来,1930年的一场上海时装秀上展示国货的模特,完全不达标准,于是他在杂志文章里抱怨"爱国女士个子娇小、身形柔弱"造成的不佳印象。[75]国家需要强健的女性,在日本、德国以及二十世纪三十年代世界上的其他国家莫不如此。健美、游泳、网球和其他运动项目在学校推广开来,报纸和杂志竞相报道中国人在国际赛事中的成绩。女性游泳运动员和体操运动员穿着运动服的照片不时出现在专门展现健美魅力的杂志上。(图31)尽管女性运动员裸露四肢引发了一些争议,但为中国赢取奖牌(一个卓越的目标),让这些衣不蔽体的女运动员,较之衣不蔽体的社交名媛们,获得了更多公众舆论的追捧。(图32)

然而,我们也可以看到,健美的女运动员的身体与革命(即共

图31 1935年10月10—20日,在沪举行的第六届全国运动会的女子游泳项目中,香港游泳队明星队员杨秀琼的宣传照。

图32 中国现代女性健美与颓废美对照图。健美的女子为中国赢得奖牌(中国二字写在她衬衫上),她的对立面是一个穿着旗袍的女子。

产主义者)女性的身体具有令人担忧的相近性。在刘呐欧的短篇小说《流》中,镜秋爱上革命女青年晓瑛,不只是因为她的思想观念,正如刘剑梅在研究中所说的,而是因为她的"肌肤是浅黑的,发育了的四肢像是母兽的一样地粗大而有弹力。当然断了发,但是不曾见她搽过司丹康"。[76]在1927年残酷的分共行动后,国民党不得不切断妇女进步与共产主义之间的联系。1934年,国民党在江西挫败共产党之后推行的新生活运动,就是实现这一目的的手段之一。

新生活运动建立在蒋介石军事化社会的思想基础上,在其中,性别角色乃根据一种再造的儒家传统被明确地定义。在这个社会里,父亲主外,母亲主内;父亲关照当下,母亲必须保卫未来。[77]五四时期接受教育的女性曾反抗"三从四德",现在她们被告知:"新生活运动,以提倡固有道德为宗旨,三从四德,是妇女的固有道德,怎好不听?"[78]

既然谈到女性道德,就会有对女性如何穿着的期望。在新生活运动中,一些地方的女性被劝告颈项、手臂和双腿都应被恰当地遮掩起来。总体而言,该运动强调服装朴素整洁和饮食简单。[79]一些相关的规则同时适用于男性和女性:衣服要整洁;帽子必须戴正(即不要轻佻地歪戴!);扣子要扣好;出门不戴发网,不涂眼影和口红;衣服要常洗,每个人都要带手帕。这些指示颁布于日本人步步蚕食华北之时,无怪乎有人讽刺这场运动,难道要通过扣紧大衣扣子来拯救国家?[80]

其他规定则都是针对女性的:禁止烫发、取缔奇装异服、禁止裹胸和高跟鞋。[81]在山东,省府主席韩复榘(1890—1938)亲自到街上视察秩序。(图33)当他看到两个女人穿着"不合标准"的衣服,

图33 1937年初,山东省政府主席韩复榘,前往与蒋介石会面,在浦口火车站,南京国民政府国防部长何应钦将军前来接风。图中一行人的男装包括了:韩复榘本人及一名随员所穿的深色羊毛中山装,另外两名随员身穿长袍马褂;何应钦身后一人身穿西服;何本人穿军警制服。

便下令逮捕了她们。[82]新生活运动对女性服装的想象是既现代又有品味，不过最重要的是不带任何装饰。《现代杂志》在运动刚开始的数月内提供了这样一个着装范例：一条长度过膝的箱型褶裙，一件袖长过肘的旗袍式上衣。模特穿一双式样庄重的便鞋，手持一把遮阳伞。（图34）遮阳伞是由宋美龄带起的风尚，它的意义被女演员丁芝明（音）的一张照片的说明文字揭示了出来。丁为国家所做的贡献是，在公开场合穿着朴素简洁的服装并手持一把纸质遮阳伞，"表现出老照片里最纯粹的美"。[83]

图34 二十世纪三十年代两种服饰对比：左图是新生活运动的中国特色现代裙装；右图是手拿香烟的娱乐圈人士（似为梁赛珍），穿着时髦的休闲服装。

新生活运动的服装与杂志同页上另一组照片里的服装形成了鲜明的视觉反差：一件蕾丝绲边紧身旗袍式上衣，搭配一条宽松裤，模特儿手里拿一支香烟，神情怏怏。[84]第二张照片里的服装也是运动攻击的"不合标准"的式样：紧身、花哨、性感。照片里的女子很明显束着胸，烫了头。她所代表的是文化保守主义者身上的都市颓废气质，在共产主义者看来，亦是削弱中华民族道德意志力的。

新生活运动是国民党最具标志性的大众运动，但在其背后我们感受到的是一种更为深远的历史推动力。1918年，山西军阀阎锡山（1883—1960）发起好人运动，新生活运动在很多方面是步其后尘。阎锡山从儒家经典中窃取文化规范，推行中国传统道德，尽管与此同时他也致力于教育现代化，提升公众卫生水平，并且将女性从缠足中解放出来。[85]相同的文化保守主义也出现在三十年代的广东。广东军阀陈济棠（1890—1954），首先发起了一场"尊孔读经"的复古运动，[86]此后又开始进行包括"严男女之大防"的大规模道德改进运动：禁止男女一同游泳，禁止男女一同跳舞，甚至禁止夫妻在街上并排走路。[87]一位上海的批评家这样讽刺道："如果你知道陈太太和陈家车夫之间的轶事，就会明白他为什么想出那么多'禁止男女一同'的条例了……"[88]（图35）

"禁服"是陈济棠推行的新道德秩序的核心。机关的女性公务员不得"裸足短裳"。[89]学生禁止服用华丽装饰及舶来品服装。女性不得穿着"奇装妖服"。此外，还有一些十分严格精准的规定，包括"袖长过肘一寸"，这是一项不易执行的规定，因此颁布后

图35 陈济棠和夫人，应蒋介石之邀去南京开会，途经上海。

不久就放宽至"袖长到肘"。[90]裁缝也禁止制作"奇装异服"，并且要配合警察的执法检查。[91]

《玲珑》杂志在评论这些禁令以及其他反对奢侈消费的规定时，对全国竟有如此之多针对女性时尚的禁令感到震惊，并特别提到了禁止烫发的问题。就在此文写作前不久，烫发在杭州仍被禁止，广东的学生也被禁止烫发。在山西，禁令持续的时间显然更

长,但在1935年,做出了一个特赦规定:妓女可以穿高跟鞋和烫发。编辑于是指出:"换句话说,每个烫头或穿高跟鞋的都成了妓女。"她接着斥责这种例外的逻辑,因为妓女也是妇女。㊉

事实证明,要区别女性美与性感、进步与激进、独立的审美品味与奇装异服是很困难的。一边提倡天乳,一边又要求连肘部也得遮盖,穿旗袍的女性注定是不断变化的社会观点里的输家。胡适(1891—1962)认识到了这个难题,1935年他到访香港和广东,直言不讳地批评了陈济棠的运动,并指出其中的内在矛盾:"我们不能滥用权力,武断地提出标准来说:妇女解放,只许到放脚剪发为止,更不得烫发,不得短袖,不得穿丝袜,不得跳舞,不得涂脂抹粉。"㊉

事实仍然是,在国事危殆中,女性穿什么样的衣服都一定会出错。1937年日本侵华战争全面爆发,女性的穿着问题马上成为争论话题。有人认为,"女人的服饰关系着国家的安危和道德的存亡"。于是又有人开始对旗袍饶舌了,而男性穿西装也遭到反对。"国粹"应当被保留,男人应该穿袍褂,女性应该穿衣裙。呼吁女性应该穿回上衣下裙,显示出一种对满族治下的汉人妇女服制的残存历史意识,这可能是警觉于满洲国的存在而产生的想法。满洲国如今在傀儡皇帝溥仪的统治下,已经彻底划入敌对阵营。面对这种攻击,一种坚决捍卫旗袍的国服身份的意识抬头了。上下一笼统的旗袍象征着"统一的国家"和"整个的道德",这暗示着分成两部分的衣裙"象征着腰斩",即一个分裂的国家。㊉

然而,鼓吹恢复衣裙者的真正问题并不在于它们是分成两截的,而是属于衣裙的时代已经过去了。在日本侵华战争全面爆发的前一年,妇女杂志《快乐家庭》的一位作者,用一幅漫画对中国女性进行评论。这幅画将"女同胞"分成了三种:"一种叫先知先

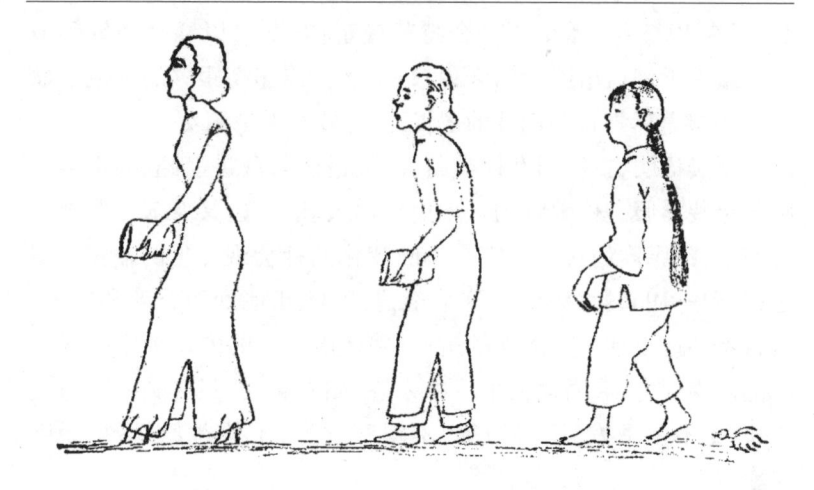

图36　1936年,黄嘉音绘,评论"三种爱国妇女"。

觉,一种叫后知后觉,一种叫不知不觉。"第一种是指穿着旗袍、高跟鞋,拥有天乳的女性;第二种虽然穿着旗袍,但却穿着布鞋并裹着胸;第三种则穿着中式衫裤。(图36)⑤而袄裙已经很难看到了。

（本文选译自 Antonia Finnane, "Qipao China", Changing Clothes in China: Fashion, History, Nation, New York: Columbia University Press, 2008, pp. 139-176. 感谢作者安东篱教授与出版社授权翻译。）

---

① 朱润生:《润儿的缅怀:忆父亲朱自清》,《扬州文学》1990年第18、19期,第17页。
② 易君左:《闲话扬州》,中华书局1934年,第16页。
③ 同上。
④ 过去十年,旗袍已成为众多研究的主题,比如,包铭新等编著:《中国旗袍》,上海文化出版社1998年;Hazel Clark, The Cheongsam, Hong Kong:

Oxford University Press, 2000; Beverley Jackson, *Shanghai Girls Get All Dressed Up*, Berkeley and Toronto: Ten Speed Press, 2005;白云:《中国老旗袍:老照片老广告见证旗袍的演变》,光明日报出版社2006年。

⑤ 参见 Antonia Finnane, "What Should Chinese Women Wear? A National Problem", *Modern China*, April 1996, Vol. 22, Issue 2, pp. 99 – 131.

⑥ Chow Chungcheng, Joyce Emerson (trans.), *The Lotus-Pool of Memory*, London: Michael Joseph, 1961, pp. 130 – 131. 艺术家周仲铮(1908—1996),是清代官员周馥(1837—1921)幼子周学煇之女。

⑦ 有关二十世纪时尚的比较研究几乎没有,但从个案研究来看,不同国家的经验有相似之处。有关法国,参见 Mary Louise Roberts, *Civilization Without Sexes: Reconstructing Gender in Postwar France, 1917 – 1927*, Chicago: University of Chicago Press, 1994, espec. pp. 63 – 87. 有关阿拉伯服饰,参见 Yedida Kalfon Stillman, *Arab Dress From the Dawn of Islam to Modern Times: A Short History*, Leiden: Brill, 2000, pp. 161 – 165. 有关中国,参见 Louise Edwards, "Policing the Modern Woman in Republican China", *Modern China*, April 2000, Vol. 26, Issue 2, pp. 115 – 147, espec. pp. 128 – 135. 不过李木兰(Louise Edwards)把中国的个案与西方的截然区分开来,见该文,第117页。

⑧《现代画报》1932年8月,2卷6期,第2页。

⑨ 参见 Ellen Johnston Laing, "Visual Evidence for the Evolution of 'Politically Correct' Dress for Women in Early Twentieth Century Shanghai", *Nan Nü*, 2003, Vol. 5, Issue 1, p. 96.

⑩ 石磊:《近代上海服饰变迁与观念进步》,《档案与史学》2003年第3期,第38页。

⑪ Eileen Chang, Andrew F. Jones (trans.), "A Chronicle of Changing Clothes", *Positions: East Asia Cultures Critique*, Fall, 2003, Vol. 11, Issue 2, p. 435. 张爱玲标注的日期看来启发了不少二手研究在旗袍演变阶段上的猜想。石磊在文章的一个段落中两次引用张爱玲,并明确地说,旗袍趋向成熟过程中有两次重要的飞跃,一次是1921年春,一次是1926年前后。前一个日期没有给出脚注。石磊:《近代上海服饰变迁与观念进步》,第39、36页。

⑫ 张爱玲对更早期的服饰流行时间的判断也是不准确的。高领紧身马甲和裤子出现在上海的时间不早于1905年，而张说是出现在1890到1910年之间，五四时期的短裙与袄衫只是在二十世纪一〇年代末才出现，而张却认为出现在二十世纪一二十年代。见Chang, "A Chronicle of Changing Clothes", pp. 430, 436.

⑬ Helen Foster Snow, *Women in Modern China*, The Hague: Mouton & Co., 1967, p. 119. 维拉迪·威尔逊(Verity Wilson)提出，促成旗袍流行的不是宋庆龄而是她的妹妹宋美龄。宋美龄当然是二十年代末时尚界竞相模仿的对象，但是宋庆龄比她先开始穿旗袍几乎是毋庸置疑的事情。此外，威尔逊还认为，宋庆龄的穿着打扮毫不出彩，全无时尚眼光，但是宋庆龄在照片中的打扮却与这一论断完全相反。见Verity Wilson. "Dressing for Leadership in China: Wives and Husbands in an Age of Revolutions (1911 – 1976)", *Gender and History*, November 2002; Vol. 14, Issue 3, p. 615.

⑭ 如梁庄爱伦(Ellen Johnston Laing)指出的，我在更早出版的一份研究中说宋庆龄是在五卅运动之后才开始穿旗袍的，这是不确切的。见Liang, "Visual Evidence for the Evolution of 'Politically Correct' Dress for Women".

⑮ 罗家伦编:《国父年谱》第二卷,(台北)中国国民党中央委员会党史委员会1985年。

⑯ [日]青木正儿著,内田道夫解说:《北京風俗図譜》,東京:平凡社,1964年。中译本见青木正儿著、内田道夫解说、张迅齐编译《清代北京风俗图》,(台北)常春树书坊1978年。给予他灵感的书是中川英中的《清俗纪闻》,该书经常被清史专家引用。现代日文译注本,见[日]中川忠英编著《清俗紀聞》,東京:平凡社,1966年。

⑰ 青木正儿:《北京風俗図譜》卷一,图4、5。

⑱ 李家瑞编:《北平风俗类征》上册,商务印书馆1936年,第242页。

⑲ 文中没有提到有关除刘海外的各种服饰搭配入时与否的问题。有一张慈禧穿着褶皱领圈钟型大衣的照片,见Valery M. Garrett, *Chinese Clothing: An Illustrated Guide*, Hong Kong: Oxford University Press, 1994, p. 58, Fig. 4. 19. 团型寿字纹棉袍局部,见A quilted version featuring medallion-style inscriptions of the word *shou* (long). 陈娟娟:《织绣文物中的寿字装饰》,《故宫博物院刊》,第 16 页图 30。

⑳ Hui-lan Koo [Madame Wellington Koo], *An Autobiography as told to Mary Van Rensselaer Thayer*, New York: Dial Press, 1943, p. 175.

㉑ 刘北汜、徐启宪编:《故宫珍藏人物照片荟萃》,紫禁城出版社 1994 年,第 93 页图 16。

㉒ C. P. FitzGerald, *Why China? Recollections of China 1923—1950*, Melbourne: Melbourne University Press, 1985, p. 30.

㉓ Enid Saunders Candlin, *The Breach in the Wall: A Memoir of Old China*, New York: Paragon House Publishers, 1987, p. 190.

㉔ 赵稼生:《衣服裁法及材料计算法》,《妇女杂志》1925 年 9 月 1 日,第 1450—1463 页。本文开头有一段说明为该杂志撰文缘由的简短文字,里面提到文章作于 1924 年 4 月(见第 1450 页)。

㉕ 同上,第 1454 页。

㉖ 刘北汜、徐启宪编:《故宫珍藏人物照片荟萃》。

㉗ Candlin, *The Breach in the Wall*, pp. 171-172.

㉘ Vera Vladimirovna Vishnyakova-Akimova, Steven I. Levine (trans.), *Two Years in Revolutionary China, 1925-1927*, Harvard: Harvard East Asian Monographs, 1971, p. 60.

㉙ 心冷、文农:《海上新妆》(八)、(九),《国闻周报》1925 年 6 月 14 日,2 卷 22 期,第 52 页;心冷、文农:《海上新妆》(十二)、(十三),《国闻周报》1925 年 6 月 28 日,2 卷 24 期,第 37 页;心冷、文农:《海上新妆》(十四)、(十五),《国闻周报》1925 年 7 月 5 日,2 卷 25 期,第 32、33 页;心冷、文农:《海上新妆》(十七)、(十八),《国闻周报》1925 年 7 月 26 日,2 卷 28 期,第 34 页。

㉚ 新侬:《时妆小志》(六),《国闻周报》1924 年 11 月 2 日,1 卷 14 期,第 32 页。

㉛ 成仿吾:《娇嫣欲滴的围颈》,《洪水》1926 年 12 月,2 卷 1 期。重刊于时影编《民国时尚》,团结出版社 2004 年,第 88 页。成仿吾曾负责《共产党宣言》第一个中文译本的翻译工作,他是创造社的创始人,该社出版有《洪水》等

刊物。

㉜ 包铭新等编著:《中国旗袍》,第 71 页。感谢叶小青提供这本书。

㉝ 此处结论是根据对 1929 至 1931 年的《北京画报》和上海《时代画报》的比较得出的。

㉞ Koo, Madame Wellington (Oei Hui-lan) with Isabella Taves, *No Feast Lasts Forever*, New York: Quadrangle, 1975, p. 182.

㉟ Koo, *An Autobiography*, pp. 255 – 256.

㊱ 同上。

㊲ Koo, *No Feast Lasts Forever*, p. 182.

㊳ 《北洋画报》1928 年 9 月 1 日。

㊴ 《大公报》1931 年 3 月 22 日,重刊于时影编《民国时尚》,第 77 页。

㊵ 心冷、文农:《海上新妆》(四)、(五)《国闻周报》,1925 年 5 月 31 日,2 卷 20 期,第 38 页。

㊶ Wang Zheng, *Women in the Chinese Enlightenment*, 156.

㊷ 《玲珑》,4 卷 151 期,1934 年,第 1654—1656 页。

㊸ Lu Xun, "Anxious Thoughts on 'Naural Breasts'" [1927], in Yang Xianyi and Gladys Yang, trans., *Lu Xun: Selected Works*, Beijing: Foreign Lanuages Press, 1985, Vol. 2, p. 355. 有关脚, 参见 Pei-yen Hsiao, "Body Politics, Modernity, and National Salvation: The Modern Girl and the New Life Movement", *Asian Studies Review*, June 2005, Issue 29, pp. 165 – 186. 译注: 引文见鲁迅《忧天乳》,最初发表于 1927 年 10 月 8 日《语丝》周刊第 152 期,后收入《而已集》,人民文学出版社 1980 年,第 62 页。

㊹ 张秀熟:《五四运动在四川的回忆》,转引自王星著《百年服饰潮流与世变》,商务印书馆 1992 年,第 44 页。

㊺ 王小逸:《春水微波》,春风文艺出版社 1997 年,第 9 页。该小说于 1926 年起连载,1931 年结集出版。

㊻ Nie Zeng Jifen, Thomas L. Kennedy (trans.), *Testimony of a Confucian Woman: The Autobiography of Mrs. Nie Zeng Jifen, 1852 – 1942*, Athens: University of Georgia Press, 1993, p. 96. 译注: 引文见曾宝荪·曾纪芬著《曾宝荪回

忆录·附崇德老人自订年谱》,岳麓出版社1986年,第55—56页。

㊼ Hsieh Ping-Ying, Tsui Chi trans., *Autobiography of a Chinese Girl*, London: Pandora Press, 1986, pp. 105, 132. 译注:引文等见谢冰莹《从军日记》,江苏文艺出版社2010年,第55、72页。

㊽ 同上, p. 136.

㊾《北洋画报》1926年10月13日。

㊿《北洋画报》1926年10月9日、11月13日。

(51) Pa Chin [Ba Jin], Sidney Shapiro (trans.), *Family*, New York: Anchor Books, 1972, pp. 191-203.

(52)《顺德女人的长辫子》,《妇女新生活月刊》1937年第2期,第49—50页。

(53)《北洋画报》1927年5月4日、7月13日、8月20日。

(54) 池田敏雄:《民俗杂记》,林川夫编《民俗台湾》第2卷,(台北)武陵出版有限公司1994年,第95—108页。

(55)《北洋画报》1927年6月8日、6月15日、6月19日。

(56) James Dyer Ball, *The Chinese at Home, or the Man of Tong and His Land*, London: The Religious Tract Society, 1911, p. 236.

(57)《北洋画报》1927年10月19日。

(58) 张丽兰:《流行界的悲喜剧》,《妇人画报》1935年第25期,第9页。

(59)《机联会刊》1937年6月1日,第168期,第36页。

(60) *Vogue*, 1926, p. 45.

(61)《生活》,1937年,第397页。

(62) 砚孚:《赶速解除小马甲!》,《女子月刊》1933年3月8日,1卷8期,第36—37页。

(63) 二十世纪三十年代,海达·莫理循(Hedda Morrison)拍摄了许多穷人家的妇女在露天喂奶的照片。参见 The Hedda Morrison Photographs of China, 1933-1946, Harvard College Library, at hcl. harvard. edu/libraries/harvard-yenching/collections/morrison/.

(64) Shu-mei Shih, *The Lure of the Modern: Writing Modernism in Semicolonial*

China, 1917 - 1937, Berkeley: University of California Press, 2001, p. 92.

(65) 同上,pp. 294 - 295. 有关摩登女郎,参见 Kendall H. Brown, "Flowers of Taishō: Images of Women in Japanese Society and Art", in *Taishō Chic: Japanese Modernity, Nostalgia and Deco*, Honolulu: Honolulu Academy of Arts, 2001, pp. 19 - 21.

(66) 冰莹:《动乱中之闽西》,《时代画报》1933 年 11 月 16 日,5 卷 2 期,第 12 页。

(67) 华生:《从德国的卫生服装运动谈到中国时髦妇女的洋化》,《玲珑》1936 年第 3 期,第 167—169 页。

(68)《生活》1930 年第 42 期,第 672 页。

(69)《上海妇女裸化之新装》,《北京画报》1930 年 9 月 4 日。

(70) 克士:《关于妇女的装束》《东方杂志》1934 年 10 月,31 卷 19 期,第 205 页。

(71) 同上。

(72)《禁止妇女缠足条例》(1928 年 5 月 10 日),《教育》第 536 卷,内政部印,1937 年,重庆市档案馆藏。

(73) 永尾龍造:《支那民俗誌》,第 413 页。

(74) 游鉴明:《近代中国女子健美的论述,1920—1940 年代》,游鉴明编《无声之声:近代中国妇女与文化,1650—1950 年》第 2 卷,(台北)中研院,2003 年,第 141—172 页;孙福熙:《什么是女性美?》,《新女性》1925 年 5 月,1 卷 5 期,第 362 页;Virgil Kit-yiu Ho, "The Limits of Hatred: Popular Attitudes Towards the West in Republican Canton", *East Asian History*, 1991, No. 2, pp. 91 - 93; Wolfram Eberhard, "What is Beautiful in a Chinese Woman?" in Eberhard, *Moral and Social Values of the Chinese: Selected Essays*, Taipei: Chengwen Publishing Co., 1971, passim.

(75)《生活》1930 年第 46 期,第 748—749 页。

(76) Liu Jianmei, "Shanghai Variations on 'Revolution Plus Love'", *Modern Chinese Literature and Culture*, Spring 2002, Vol. 4, Issue 1, p. 65.

(77) 陈立夫:《新生活运动与父母之责任》(1934 年),《革命文献》第 68 辑

《新生活运动史料》,(台北)中央文物供应社 1975 年,第 175 页。

⑦⑧ Sherman Cochran and Andrew C. K. Hsieh, with Janis Cochran, *One Day in China*: *May 21*, *1936*, New Haven and London: Yale University Press, 1983, p.68. 译注:引文见沈兹九《两封信》,茅盾主编《中国的一日》第三编,生活书店 1936 年,第 18 页。

⑦⑨ 杨晓青(音):《新生活纲要》,重庆公安局训练所 1936 年,第 39 页。重庆市档案馆藏,774/2 号。

⑧⓪ 徐庆渝(音):《新文化运动与文化》(1935 年),帕米尔书店编辑局编《文化建设与西化问题讨论集》上册,(台北)帕米尔书店 1980 年,第 155 页。

⑧① 《新生活运动要义》,湖北公安局训练所,1937 年,第 13—23 页。重庆市档案馆藏,776/2 号。

⑧② 《妇女生活》1936 年 6 月 16 日,第 1 页。

⑧③ 《申报》1929 年 5 月 25 日。

⑧④ 《时代画报》1934 年 7 月 16 日,6 卷 6 期,第 4 页。

⑧⑤ Donald Gillin, *Warlord*: *Yen Hsi-shan in Shansi Province*, *1911 - 1949*, Princeton: Princeton University Press, 1967, pp. 34 - 35, 59 - 78.

⑧⑥ 肖自力:《陈济棠》,广东人民出版社 2002 年,第 373—377 页。

⑧⑦ 同上,第 392 页。

⑧⑧ 《漫画生活·妇女漫画特辑》1935 年第 10 期。

⑧⑨ 肖自力:《陈济棠》,第 389 页。

⑨⓪ 同上,第 390 页。

⑨① 同上,第 389 页。

⑨② 《玲珑》1936 年总第 221 期,第 167 页。

⑨③ 肖自力:《陈济棠》,第 388 页。

⑨④ 郭维麟:《漫谈女人的服饰》,《妇人画报》1937 年 6、7 月,第 48 期,第 4—6 页。

⑨⑤ 黄嘉音:《三种女同胞(附图)》,《快乐家庭》1 卷 3 期,1936 年,第 7 页。

为健康还是为利益:日占时期的上海华商乳品业[*]

葛淑娴著 章思睿译 潘玮琳校

摘要:在二十世纪二十年代的中国,牛奶就像多数外来事物那样成为许多企业家关注的焦点。牛奶作为现代化和公共卫生背景下引入中国的食品,被商业话语塑造成中国进步求存的重要物质基础,而战时对牛奶的特殊需求,愈加强化了这种社会达尔文主义的话语,并促进了牛奶消费的增长。本文聚焦于当时最有实力的华人乳业协会"上海牛乳场联合会"在二三十年代的兴起、壮大,特别是它在上海沦陷时期为保障

---

[*] 本研究是笔者学位论文的一部分,得到美中学术交流委员会(Committee for Scholarly Communication with the People's Republic of China)的支持。作者感谢所有参与"发现南京路:1864年到1949年的上海商业文化"会议的与会者对本文的批评和指正。特别感谢卡尔藤・本森(Carlton Benson)、白吉尔(Marie-Claire Bergère)、寇爱伦(Alan Cole)、凯文・查普拉(Kevin Czapla)、雪莉・富勒(Sherry Fowler)和其他康奈尔大学东亚研究系的匿名读者给出的建议。作者还要感谢上海档案馆的工作人员提供和复印所需档案文件。感谢胡佛研究所东亚部负责人马克・谭(Mark Tam)和胡佛图书馆负责馆际互借的奥拉格・卡茨(Olag Katz),允许作者复制其馆藏照片。最后,应当感谢魏斐德教授(Frederic Wakeman Jr.)启发我思考这一有趣的问题。他当然不用为本文的粗疏之处负文责。

正常经营而与伪政权的周旋,为研究民国时期的商业文化和抗战史研究中颇具争议的通敌问题,提供了一种独特的视角。

关键词:牛乳,上海市牛乳场联合会,尤怀皋,社会达尔文主义,上海沦陷时期,通敌

葛淑娴(Susan Glosser),美国路易斯-克拉克大学历史学副教授

在二十世纪二十年代的中国,牛奶就像多数外来事物那样成为许多企业家关注的焦点,[①]一群在国外受教育的中国商人促使其成为振兴中国的关键。但是牛奶商人面临种种挑战,牛奶作为一种外国产品几乎很难被中国人消化。鉴于多数消费者可能患有潜在的乳糖不耐症,商人们不得不努力使潜在的消费者们确信喝牛奶具有营养优势。整个行业在保障牛奶洁净和确保产品盈利上也遭遇艰难处境。从业人员为了克服这些困难而组建了行业协会,其中最有实力的是上海市牛乳场联合会(Shanghai Dairy Association,简称SDA),它留下的记录为研究民国时期的商业文化提供了一种独特的视角。当主要的华人牛奶商在二十世纪二十年代逐步出现之后,他们放弃和原有中国生产商的联盟,转而在联合会的保护下与外资牛奶商合作。后来,这个同业公会轻而易举地解决了日本占领政权造成的障碍。在食物短缺时期,买得起牛奶的外国人、日本医院和中国富人对牛奶高度重视。[②]同业公会利用了这种战时对牛奶需求所形成的影响力,促使上海市政府允许他们在被占领时期继续生产。他们为保障沦陷时期生意的正常运作,成功地吸引汪伪上海市政府与之妥协和谈判。这引发我们思考通敌事件及其与商业文化的关系。

牛奶——社会达尔文主义的钥匙

　　华人牛奶商不仅要争夺洋人消费者,还要努力创造一个新市场,鼓励那些富裕且受过良好教育的同胞们接纳喝牛奶这种西方生活方式。他们极力赞扬牛奶具有极高的营养价值而且容易消化。例如在青岛市政府工作的胡家凤曾写道:"晚近之言卫生者,莫不以牛乳为无上滋养品。诚以牛乳富于养分,易于消化,老幼莫不适宜。"③牛奶商人在促销牛奶时,将牛奶作为现代化和公共卫生背景下的产品,强烈渴望能发展这个产业,并且坚定地相信增加牛奶消费对民众健康有利。家庭和女性杂志以及像《大公报》、《申报》这样的报纸,开始每天都刊登鲜牛奶和奶粉的广告。在二十世纪三四十年代,关于牛奶和其他乳制品的教科书甚至出现了小幅增长。

　　牛奶推销商们为了说服中国人喝牛奶,还利用了社会达尔文主义的逻辑。就像民国的许多社会团体企图在政治、经济和文化方面改变中国一样,牛奶商们把牛奶视为中国进步求存的关键。

　　"适者生存",这是天演的公律,在现代科学的权威下,凡不适合于科学的民族,只有落伍和被征服。食为民天,现在已不是茹毛饮血的时代,当然食品业必须合乎科学化。食品如何是合于科学化?即经济、卫生与富有滋养价值。如此,则牛乳及其制品正合于此中条件,无怪它能成为西洋人日常重要的食物。牛乳即为有价值的食物,吾人自应提倡鼓励,使乳牛事业与牛乳工业在中国能迅速侵占,务须能人人有牛乳喝,不要让它成为有钱人的补品!亦须求其能自给,不要年年向外国买乳牛和输入牛乳制品。更伟大的希望,在将来中国能有巨量的牛乳制品输出。④

这些描述将牛奶视作西方现代性和科学即达尔文主义成功的关键。牛奶与科学及近代西方社会的联系使它变得现代化。营养学知识展现了身体对牛奶营养的"需求",专业技术保障饮用安全,这使牛奶具有科学性。[5]

在消费牛奶的话语中,科学"专家"明确而详细地指明中国和西方营养知识的差距。例如,《牛乳研究》的作者在绪言中写道:

> 牛乳于欧美人食品中尤为重要,经一般营养专家极力提倡,人民饮用已成必需品。而反观吾国民众,对于饮食一事,一日三餐,唯求其美味适口、质量丰富而已。至于营养价值之高下,食品之如何处理方无损其有效成分等,诸如此类,在科学落后之中国,能知之者尚属少数。[6]

尤怀皋(T. M. Yu),1942年1月到1945年7月中旬担任上海市牛乳场联合会主席,[7]他相信对牛奶的无知和错误的饮用方式是中国人迫切要解决的两个问题。根据他的统计,小部分洋人占据了上海家庭牛奶消费的四分之三。[8]作者声称即使喝牛奶古已有之,中国人也只是关注其恢复体力的功效。根据一个中国作者的叙述:

> 当十三世纪之时,元太祖成吉思汗征服亚洲以及欧洲之大部分,其兵士均拥有干燥之牛乳,充作他们食量的一部分。……我们中国人饮用牛乳……虽然没有明确的记载,但是也可以推想到,这是很悠久的事实。如今吾国东北及西北各省,仍留着印度古代游牧生活的人民,他们……饮乳,吃肉而过着生活。大概本部各省的居民……由游牧生活而改为耕种,便渐渐趋于采取植物质的食品;今日则因习惯上或迷信观念的关系,饮用牛乳的人很少。[9]

以上论述呈现了民国时期社会达尔文主义的一种最重要的字面意义,同时促进牛奶消费。企业家热心地将牛奶宣传为科学和现代性的典范,就好像只要喝牛奶的人把牛奶吸收、渗透进骨骼,就会和西方人一样富裕强大。

并不仅仅只有中国人相信牛奶能拯救国家的力量,日本的乳制品消费和推销从明治维新时期就开始了。[10]沦陷时期,占领上海的日军也非常关注乳制品并生产巴氏消毒设备。[11]尽管美国的牛奶促销没有将牛奶等同于现代性,牛奶还是被描绘成健全的精神与健康的体魄所不可缺少的东西。

那些牛奶商们为应对牛奶市场上的挑战,极力向没有喝牛奶传统的人口推销牛奶,这表现出上海商业文化的活力。这些商人了解他们的产品,也了解他们的潜在消费者。在他们的广告和宣传刊物中,他们颇有技巧地选择了一种可以贩卖产品的语言。[12]

消　　费

《牛乳及其制品之研究》的绪言中声称:"年来我国各通都大邑消费牛乳之量,日渐增加。"[13]消费需求增长的部分原因来自于外国人口的增加。除此之外,西式糖果店、冰激凌店和面包店的流行占据了牛奶消费中的大部分。但是专家和商人则认为中国人也创造了部分消费需求。吴信法将需求的增长归因于"受西洋习俗的影响以及科学智识的关系",这导致中国人对西方食物的消费量有所上升。[14]另外一个作者则认为,生活水平的提高使得不少母亲希望在母乳喂养的同时,[15]也尝试依靠罐装牛奶和奶粉。[16]

虽然没有研究直接表明,在牛奶消费中,广告是以那些对西式习俗和新营养"科学"、卫生"科学"的方法感兴趣的家庭为目标的,[17]乳品业还是希望所有中国人都能喝牛奶,然而牛奶的价格却过于昂贵。[18]沦陷时期,上海牛乳场联合会提出,牛奶,就像面包、食用油和糖一样,也是一种"必需品",因此应当豁免4%的营业税。汪伪上海特别市政府没有同意:"牛乳与一般民众之日常必需食品显有不同,所请免捐一节未便照准。"[19]这些都说明牛奶在普通中国人的饮食中尚未扮演着重要的角色。[20]

牛奶商还积极提升行业形象来推销他们的产品。尤志迈坚称,民国初期华人牛奶商多"未受过教育",而到了三四十年代,这些生意人都是"受过高等教育"和"诚实正直"的人。[21]尤氏还组织发起了饮奶"运动",旨在以折扣价供应给学生、公务员和婴儿。[22]1943年10月,上海市牛乳场联合会决定成立编委会,出版一份名为《中国乳品业》的双月刊。[23]上海牛乳场联合会甚至有自己的销售处。[24]1944年6月1日,当卫生局在跑马厅举办卫生展览时,上海牛乳场联合会发起了一个图片展,散发宣传资料并降低价格售卖牛奶。[25]1944年末,上海牛乳场联合会捐给圣约翰大学七千元,帮助该校农学系建立牧场。[26]

抗战前夕乳品业统计概述

正如有关消费的信息虽然不足却令人印象深刻,乳品业的统计资料罕见且可能不够精确。尽管如此,统计数据仍能让我们对行业规模和华商牧场的重要作用有所了解。在1923年以前,上海的大多数牧场开在租界中。[27]上海工部局调查报告显示,到了1923年,上海的四十二家执照牧场中有将近一半在租界和西区营业。这份报告还表明,外商牧场和华商牧场都在谋取市场控制权。双方在牛只拥有量上基本持平。华商牧场虽然在数量上比外商牧场多一半,但是正如表一所显示的那样,华商牧场所拥有的奶牛数量还不到平均的一半。[28]在之后十年的发展中,持照牧场的数量增至三倍。1933年，上海公共租界工部局向二十八家牧场颁发了执照，㉙此时上海市政府管辖区域内所持照牧场的数量达到八十八家。㉚到了1935年，浦东聚集了六十五家小牧场，其余小牧场则聚集在上海其他郊区。㉛在三十年代早期，华商牧场拥有的奶牛数量在全市将近三千头奶牛中占一千八百头，在行业内保持优势地位。

不过，乳制品生产并不仅仅局限在上海。南京计有三十家牧场，总共有五百到六百头奶牛。根据报告显示，青岛、北京、天津和香港，各拥有四五十家牛奶场。如果把内蒙包括在内的话，全国有一万头奶牛，每年产三千万磅牛奶。㉜相比于南京和广东每年牛奶产量为一百万磅，上海每年产量达到一千两百万磅，在全国城市中，具有无可争议的领导地位。㉝

表1：产业概况

	中国	日本	西方各国	朝鲜	总计
奶牛数量	676	119	640	42	1477
百分比	46	8	44	3	
牧场	26	3	11	1	41
百分比	63	7	27	2	
奶牛/牧场	26	40	27	42	36

资料来源：《上海工部局年报》"附录"，1923年，第159页。

乳业组织简史

此处展现的上海乳业组织化历史是基于档案文件中两份调查报告拼合而得，这两份报告都是1952年中国共产党为了清查和重组国共内战后上海商业而对业界成员所做的调查。被访者将他们自己的议程带入与政府调查员所做的会议记录中——富裕的大型牛奶场看起来想利用中共对小型 C 级牛奶场算旧账。因此,这部分叙述不是乳业组织历史的尾声,而是展现了二十世纪三四十年代在市场压力和政治暧昧的情况下进行组织分工的概况。[34]

华商牧场在 1924 年组成了第一个同业公会(联合会),是为了应对上海工部局加强牛奶生产和加工的管理条例。在前一年的四月,工部局董事会命令纯净牛奶委员会:

> 在经过对上海及周边地区牛奶供给的监察后,工部局董事会提出建议,将采取切实可行的办法,以保障能销售纯净卫生的牛奶,并加强对租界和租界以外地区民用牛奶运送的管理。[35]

无论是华商牧场还是外商牧场有时都难免存在令人震惊的不卫生的情况。上海公共租界工部局对牛奶开始进行监管,在经过十五年漫长的努力之后,1939 年,一个上海市民描述了如下的情形。我们可以想象,正是这样的环境促使工部局在二十年代立法以改变"疾病的渊薮(cesspools of disease)"。[36]

> 在我所住的公寓隔壁有一家执照牧场贩卖 A 级牛乳。这家牧场是由外国人经营,并由租界监管。然而,当我每天经过这家牧场时,我至少有四次相当吃惊这里居然甚少有流行病,因为这里挤奶和配送的方式十分肮脏:房子本身(或者说是一堆破旧的棚屋)里外都很脏;各种简陋的房间就是牧场的各部门,除此之外还包括机器等,还有供中国员工晚上睡觉的卧室;员工们(包括中国人和外国人)仪容极端不整,经常穿着的白色工装裤也因污垢而变得灰暗不堪。[37]

纯净牛奶委员会建议配备一整套调控措施，他们敦促工部局为清理病牛尸体而建立公共焚化炉，并任命兽医处负责给所有执照牧场的牛只颁发健康证明。他们还提出将牛奶按照其洁净度和品质分级，并且提议制定一系列卫生法规和条例。[38]

华商牧场成员为了应对越来越严格的改革方案而成立了同业公会。位于租界范围内的小牧场显然经常从小型供应商处买到被污染的牛奶。尢志迈是美国康奈尔大学农学系毕业的留学生，他领导的联合会计划在浦东建立一个中央牧场，提供挤奶设备，从而解决牛奶污染的问题。这个牧场包含巴氏消毒设备、洗瓶间、冷藏室和分送中心。联合会希望通过这些努力能"在保障生产商获利的同时……使华商能继续控制市场……公众能以合理的价格购买所需产品……使送奶范围能扩大一倍"。[39]虽然这个项目是否真的实行并无相关记录在案，但是这说明华商对中国乳业表现出雄心、合作化和组织化的特点。

抗战初期，上海牛乳场联合会成立了。其成立的确切日期仍未可知，公会档案记载其成立于1939年。1942年，另一个乳业组织——上海市乳业联合会成立。根据时间和之后的记录显示，后者似乎和前者有关，或者说，就是上海牛乳场联合会本身。

1942年12月24日成立了上海市日华乳业联合会，叙述这一问题变得更为复杂。更奇怪的是，这个组织在章程中指出，其正式称呼为"上海市乳品制造业联合会"。[40]这种命名方式可能是为了淡化日本人的干预，可是无论如何，这两个组织看起来都是同一个。两者的章程条例看来十分相似，在某些地方是一样的。[41]上海牛乳场联合会的章程中指出，所有组织文件都用中日两种语言书写（同时，英语也被作为组织内部的通用语，联合会也用英语与日方的通信）。[42]尢志迈是上海牛乳场联合会的重要成员之一，同时他也是日华乳业联合会的筹备委员。[43]联合会成员不仅有欧美人和日本人，还包括中国人。在四十年代早期，C级牧场从联合会中分裂出去，自组了一个公会。他们的组织不知从何时起被称为"上海牛乳商业同业公会"。无论其分裂的原因为何，两个组织之间的敌意都持续了相当长一段时间。直到1952年，乳业才重新统一在一个组织之下。

尽管上海牛乳商业同业公会的书面材料十分稀缺，这个组织的会议记录以及其与上海乳品制造业联合会的通信还保存在上海档案馆。这些档案材料大多记录了沦陷时期的组织活动，包括它小心翼翼地与上海工部局和日方当局的谈判。这些资料为我们提供了一个了解沦陷时期商业经营所面临的错综复杂局面的视角，也使我们重新思考中国人与日本人的"通敌"问题。之后的叙述将提出，历史学家如何解释战时上海那些陷入经济和政治危险的所作所为。

沦陷时期的产业

日本占领军使乳业面临新的挑战。大部分华商牧场都位于闸北，1937年8月到11月，日本军队进攻上海时，这一区域"遭受了历史上最为严重的火灾"。[44]许多牧场可能被摧毁了，幸存者则迁移到其他地方。惊人的通货膨胀使牧场的一些顾客将钱花在了主食上，诸如大米和食用油。[45]同时，消毒、冷藏、洗瓶，甚至送货车都因电力不足而导致乳制品生产受损。无论是在日本接管租界的前四年，还是1941年12月太平洋战争爆发后，日军迅速占领整个城市，租界经济持续繁荣。在这样的情况下，一些牛奶商就像其他行业的企业家那样，将资金转移到经济繁荣的公共租界。

在太平洋战争前夕，日军在华北花费的努力要比华南和华中多，但他们还是设想了一个野心勃勃的计划以控制整个中国经济。[46]日本在1941年12月之后对外国租界区内工业开始进行"统制",日华乳业联合会可能就是这一计划的产物。[47]在太平洋战争初期,整个上海进入日军管辖范围,但也就是从这时开始,日本人开始放松了对中国工业的控制。到1943年春季为止,中国企业家发现他们自己可以完全控制自己的生意。[48]柯博文(Parks Coble)发现,尤其是在太平洋战争爆发后,日方为了获取占领区内中国精英对其经济和政治的支持,花费了大量精力。这反映出随着战争的扩大和日军中某些阵营为对南京傀儡政权给予支持,给日方带来了更大的经济和军事压力。

上海牛乳场联合会的记录确认了华商对日常行政事务的控制。[49]商人利用对其企业逐渐强化的"统制"来争取他们所需的物资。联合会的通信表明公会为争取工业所需的电力、燃料、橡胶和玻璃而倾尽全力。乳业在如此艰巨的环境下还能生存,甚至繁荣发展,证明上海商业文化中生机勃勃的一面。

战时食物短缺导致中国许多城市居民缺乏足够的营养,牛奶对那些有足够购买力的人来说变得特别重要。[50]上海公共租界工部局制订了一个双重价格体系,一方面对租界内十岁以下儿童和病人以一个法定价格,定期(可能是每天)供应他们牛奶。[51]1943年2月3日,牛奶开始实行法定价。工部局需要居民出示身份证明和居住证,病人也必须出示医院证明。外国父母不得不弄到一张出生证明,而中国父母则必须出示保甲证证明孩子的编号和年龄。[52]上海市政当局起初并没有对牛奶实行限额配给,而是让牛奶商"自愿"提供百分之七十的牛奶产量,由工部局和法租界当局"供应"给十岁以下儿童及病人和医院。[53]1944年7月,租界当局把牛奶配给医院和十二个月以下的婴儿,并给这些群体七折折扣。[54]工部局决定将牛奶只列为这两个群体的"必需品",但牛奶产量还是十分丰富的,虽然价格昂贵,但那些愿意花大钱购买的人仍然可以轻松获得。

至少,联合会的一些成员很高兴遵从工部局的要求,填补上海

特别市政府的供货订单。1943年8月,蓄植牛奶公司和自由农场给上海特别市物资统制委员会写信:

> 我们随信附寄给你一份报表,内有我们牛奶场日产量和你的"供货订单"中反映的每日供应的具体数字。既然我们的供应还没有达到市场的百分之七十,我们愿意从你这里获取更多的订单来弥补差距。我们仅有的要求是你们可以放慢订单的速度,这样我们有更多的时间可以给无供应订单的顾客终止提供。[55]

每次物价上涨使得消费者可能无力购买牛奶时,牛奶商都无比庆幸稳定的供应订单。三个月后,自由农场和蓄植牛奶公司为上海特别市供货订单提供了过半产量——两千两百五十品脱消毒牛奶。[56]

然而,同业公会还是继续反抗双重价格,尽管他们也曾谈及"双重价格对公众是有利的,它将有助于小部分将牛奶视为必需品的消费者以较低的价格获得牛奶",但这也意味着这种价格体系将可能导致牛奶黑市的出现。高额的黑市价格也使同业公会成员担心送奶工可能会以便宜的价格购买无证牛奶,或者将牛奶用水稀释来偷取牛奶。[57]事实上,报纸上经常报道此类事件。

通货膨胀和战时食物短缺继续威胁并吞噬着牛奶商的利润。1935年的秋天,一头普通奶牛一天所产牛奶为二十磅,大约花费五百到七百元。[58]1943年7月,同样的奶牛要花费五万元。[59]1944年,仅牛奶一项价格就在八个月内上涨了十倍。1944年3月,一品脱A级牛奶价钱为十八元。[60]到了12月,则需花费一百四十五元。[61]黑市上的价格上涨更猛。一位牧场主估算在12月的黑市中,一品脱的ATT牛奶受制于价格管制可能从一百五十二元上涨至两百八十元。[62]

联合会不得不请求上海特别市第一区经济处涨价。[63]一旦牧场申请涨价，就必须递交详细的生产成本报告。为保障成员递交准确的账目，联合会聘请了注册会计师，在送交第一区公署前，复核成员们的报表。一名递交错误报表的成员曾收到一封措辞严厉的信，提醒他报表准确的重要性：

> 会计已经指出你10月份报表中的错误，如果你在下次的报表中特别注意，并做一些必要修正，那么我们可以谅解。我们随信附上填写报表的指导副本，希望你可以在其指导下改正……你应当清醒地意识到官方将根据你的报表决定牛奶价格的增加。因此，你报表中数字应当准确且反映真实，这点是非常重要的。[64]

虽然联合会对相关部门拒绝涨价表示担忧，但是公众似乎相信，工部局认可之费用是在市场承受范围内的。[65]同时，联合会成员通过商议最低价格以避免价格战，C级牛奶场也配合参与了制定最低价格。[66]不过，这些努力并没有补偿同业公会成员的经济状况。在同业公会内部，对经济紧急状态产生了分歧：一小部分牧场受到"官方支持"（至于是给予补助还是降低价格还不清楚）使得他们避免在黑市中购买私饲料或者其他必需品，而那些没有获得帮助的牧场考虑到需要在黑市中获得饲料和其他必要物资，催促联合会调整奶价。[67]

联合会努力超越上海公共租界工部局建立的价格体系，他们采取种种手段促进牧场盈利。1944年10月底的一次同业公会会议上，联合会主席尤志迈针对上海乳业面临的问题提出四点安排。他建议牧场应当呼吁当局进行帮助，确保饲料配给、由国有银行贷款给牧场购买饲料、说服当局取消牛奶价格控制,并推出宣传活动使公众确信高价牛奶的必要。⑱

上海牛乳场联合会和日方当局的通信使我们注意到殖民政府确实发挥功能。例如,客户指责牛奶商在物价飞涨时牟取暴利,强迫客户预先支付定金。有人向粮食局抱怨道,在1944年2月,他支付了中储券一千六百元作为每月配送三十夸脱牛奶的定金。⑲到了5月,其牛奶花费又须额外增加一千元定金。到了8月,这笔账单又多需一千四百元。此人指责牛奶商利用定金购买牛只。因为牛只成本的上涨,到牛奶场退还定金时,商人有可能从每三头牛中赚取一头免费且干净的牛。⑳后来,工部局设定了两百元定金为最高值。㉑

王克文(Wang Ke-Wen)认为战时上海商人为了生意,更愿意直接和日本人打交道,而不是向汪精卫政府寻求帮助。㉒虽然牛奶商和汪政权的关系还不得而知,但是上海牛乳场联合会与日本当局代表之间的互动则有案可查。尽管生意不太可能如常运营,不过联合会和日本人密切合作以保障他们的盈利。乳业的方方面面,从饲料和电力分配到自行车用的橡胶轮胎以及提价许可,都取决于各部门领导者的善意。联合会主席尤志迈维系着这种善意,他与上海工部局物资统制部门的平野修(O. Hirano)频繁的通信和面对面的会谈。尤氏致力最多的三个领域是价格、电力和物资供应。平野显然在政府机构中占据了一个强势且重要的位置,尤氏通过他传达了很多请求。

1943年7月5日

尊敬的平野先生:

我代表联谊会成员,十分高兴地写信给您,感谢您对我们的帮助。我们的成员尤其要谢谢您发挥了如此巨大的作用。在工部局中能有一位像您这样重要的人物理解我们的困难并愿意帮助我们,这是非常幸运的事。

我能否借此机会请求您,支持我们华人牧场最近关于涨价的事,这将加强我们自己今后的业务经营和其他事宜,以便削减成本,使我们在未来能不必再涨价。这是我们感激和报答您给予帮助的一种方式。

您真诚的,

尤志迈[73]

以上信件是尤氏努力维系与这位官员良好关系的典型例证。8月初,联合会主席除了承诺降低生产成本,还申请涨价。至少在这种特殊情况中,联合会与"日本乳业同业公会"(Japanese Dairymen's Association, JDA)密切合作。尤主席通知日本乳业同业公会,已经写了一封联名信寄给物资统制处。[74]联合会和日本乳业同业公会会商后,他们一起拜访了平野,讨论奶价上涨问题。[75]尤志迈在战时一直与平野议论奶价上涨问题。[76]尤氏在1945年2月一次会员大会中称,他、黄樵(W. T. Wong)和李伯龙,"和先生会谈提请他注意正在上涨的奶价。此次拜访令双方都很满意"。[77]

日本军方控制沪西电力股份有限公司后,将其托管给华中水电股份有限公司。尤氏与电力公司发生了点小麻烦,[78]他请求卫生处副处长田代良显(Y. Tashiro)恢复电力。

1943年8月23日

尊敬的先生:

这次,我不得不寻求您的帮助,我们未能将自由农场和蓄植牛奶公司报告给电力公司,这两家牧场已得到贵部门的认可,允许其继续一起消毒牛奶以便节约电力和燃料。事实上,正在进行消毒工作的这两家牧场中,蓄植农场有部分剩余牛奶，相对而言，自由农场自然会消耗更多的电力。现在我们已经收到电力公司的账单，由于自由牧场近两个月的电力超过了配给额度，电力公司要处以高额罚款。说服电力公司当局的唯一方法是请好心的您向电力公司证明我们刚才提到的事情。因此，我们随信附上一份这两个牧场电力消费情况的报表供您参考。我相信您这次会帮助我们，因为我清楚地记得上次我们会谈时您曾经答应，一旦我们有困难，将给予我们成员帮助。

您忠实的，
中国奶粉厂股份有限公司，
自由农场代理处，
蓄植牛奶公司
总经理[79]

平野随后答应给尤氏和田代安排一次会议。

1943 年 9 月 27 日

尊敬的先生：

  你答应为我和田代博士安排一次面谈，为此我表示感谢。考虑到其严重性，你能否尽快安排这次会谈？我等你的电话留言。这次会谈可能会占用你半个小时的宝贵时间，但是不管怎样，这将会使两个同业公会更贴近政府机构，公众也会为此受益。谢谢你。

你忠实的，
尤志迈[80]

没有充足的电力仍然是一个大问题，但是平野显然继续帮助了牧场。1944年初,电力分配是1943年使用量的55%。因为牧场超出了使用限额,他们收到了警告并被重罚。经济处处长(当时平野在部门中担任此职务)在5月给日本大使馆写信,告知上海牛乳场联合会的请求。他坚称现在的分配对牧场来说不足以使其运营到夏天结束,并声称:"到处都把牧场归入不可缺少的服务,尤其是对现在的上海,因为牧场与政府合作,正在为那些无法离开牛奶的儿童、医院和病人提供牛奶。"[81]这封信十分有效,一个月后,平野收到尤氏的热情回信:

尊敬的先生:

我们永远不会忘记在您的协助下,近期上海的牧场所获得的电力配额有所增加。如果没有您的宝贵帮助,成员们会发现在炎热的夏季那几个月,他们的生意将陷入困境,因为没有足够的电力用以消毒和冷藏牛奶。因此,适时增加电力配给为我们的成员们解决了一个非常严重的问题,把他们从担心和麻烦中解救了出来。

这封信代表我们全体成员,对于您愿意赐予我们慷慨的帮助,表示衷心的感激。在这封问候中,我们很难找到合适的词语足以表达我们的感情。

您忠实的,
(签名)尤志迈
上海牛乳场联合会主席[82]

尤氏又在1944年10月给平野回信。华中水电股份有限公司停止了工厂的电力供应,因其既非"战时物资"又非"日用品"。平野帮助生生牧场和最高牛奶场重新获得电力。尤氏写信给他请求他把"宝贵的援助"惠及其他缺乏电力的联合会成员。尤氏试图激发平野的责任感来获得帮助,他写道:"既然这些牧场仍旧在与你合作为病人和十二个月以下婴儿提供牛奶,我们希望你可以优先考虑我们的请求。"㊓牧场运营直至战争结束,我们可以推断,平野一再对联合会事务发挥影响。

尢氏还联系平野降低采办供应品的成本。当联合会听说日本牛奶场的牛只分配到了三级面粉,尢氏要求联合会的牧场也得到同样的对待。在一封给经济局物资配给处的信中,他声称联合会已经"把此事提交给平野先生,在我们最近的面谈中,他已经答应优先考虑此事"。㊔

尢氏还向平野求助于处理劳工争议。有人把自己的牛只租借给了联合会的牧场,他拒绝接受一磅牛奶六元的租金,尢氏询问平野"在此事上给牧场一些直接的帮助"。他向后者保证,六元是生奶价格的上限,这是"公平公正"的。他建议平野给牧场和出租牛只的人都发一份通知,解释经济局已经修正了这个价格。㊕

过　　渡

1945年仲夏,日本占领者的未来形势开始变得严峻,上海牛乳场联合会的执委会成员成群地辞职。1945年7月21日,该会重新选举新的执委会,㊖尢志迈被选为名誉主席。㊗联合会预期到即将到来的胜利,委托制作了二十个刻有乳业在战时遭受困难的花瓶。㊘他们考虑到可能要解释战时行为,于是,沦陷区的参与者们开始塑造过去。

夏末的某天,上海牛乳场联合会举办了为纪念他们与日方居间调解人平野修的告别会,赠送给他一支永锋牌铅笔表示感激。在账目上,这场聚会和礼物被列在"1940至1943年傀儡政权时期联合会成员缴纳租界税务局所得税"中。㊙同时,该会的银行账户大幅缩水。1944年10月31日，该会账户上拥有30,447,360.29元，到1945年12月31日，该会账户上仅剩39,703.62元。[90]该会成员们迅速转移资金以避免自己被指控为通敌者，以及在日本战败后被报复或者没收财产。

上海牛乳场联合会成员们是否真在战时遭遇困难了呢？统计资料虽有所缺失，但仍有所暗示。尤氏的关系户使他过得不错。自由农场在战前拥有一百二十头牛。[91]到1943年8月为止，尤氏拥有的牛只增加到一百三十头，据说每日产量在一千两百磅。到1944年6月为止，尤氏又增加了十四头牛，把产量扩大到每天一千七百磅。[92]其他牛奶场也在扩大经营。1944年2月，模范牧场宣称其日产量已经增至六百品脱，并预期一个月内，产量将攀升到一千品脱。[93]在1944年初，丽园农场宣称其资本额已扩大一倍，从五十万元到一百万元。[94]当然，一些牧场比起其他同业来说更好地应付了沦陷的局面。当越来越难以获得饲料后，牧场只能靠出售或屠宰牛只来购买饲料以维持生计。1945年2月，尤氏经营的自由农场和蓄植牛奶公司只屠宰了百分之九的牛只（两百三十四头中的二十头）。同月，可的牛奶公司把牛只数量降低了百分之十三（减少五十二只头，留下三百六十三头牛。同时，新生牛奶公司被迫牺牲了几近半数的牛只，屠杀了九十头牛中的百分之四十。尽管如此，许多牛奶商仍然坚持到抗战结束，在此期间内大多数上海工厂因资源紧缺而被迫关闭。[95]

也许更能展现上海牛乳场联合会成员战时经历的是当时留下的会员大会纪录，参加会员大会者每次都要签名。然而，想从这些签名纸张中收集会员的信息是非常困难的。有些时候会员们使用牧场的中文名称，有些时候他们使用对应的英文称呼，还有时候他们使用自己英文名字或者中文名字。更有甚者，一个单独的企业可能经营着好几个牧场。如此，除非核心成员始终出席会议，否则想追踪联合会成员的确切身份是极其困难的。

殖民者确实在行业中滥用权力,却没有破坏它。1946年12月,卫生处报告称,六十一家牧场供养着两千五百十四头牛,每日总生产量为37,427磅。这个产业损失了五百头牛和十多家牧场。战争确实影响到了牧场的地域分布。在抗战前,大多数中国牧场位于闸北和沪南。在战后上海,三分之一的中国牧场搬到了浦东,其余则聚集在沪西、法华和漕泾。牛群分布规模大致相同,在战后上海,只有百分之七的牧场的牛只超过一百头,百分之四十八的牧场喂养的牛只有二十头或更少。[96]

谁在说故事?

上海牛场联合会的A级和B级牧场一定在殖民机构中占据优势,但是战后,他们发现自己的优势被C级的上海牛乳商业同业公会取代了。争论的导火索可能是C级牧场不满意联合会在1947年计划八次涨价。[97]1947年10月17日这天,联合会宣布第六次涨价,C级牧场开始打击联合会。《新闻报》是上海最流行的报纸,C级牧场声明牛乳商业同业公会呼吁国民政府维持合理的价格,而在上海牛乳场联合会秘书看来,这是"对本会恶意诽谤"。[98]两天后,商业同业公会在《新闻报》上发布另一则声明,他们已经呈请政府在行业中划分两个组织,请求卫生局处罚联合会,并公开写信致上海市商会叙述两者的历史纠葛。市商会试图在两者之间进行调解,但还是失败了。10月22日,商业同业公会又发布了一则声明。这次,它指责联合会参加了日华乳业联合会,公开宣布牛乳场联合会是一个非法组织,还要求政府解散联合会。尽管联合会的确参与了日华乳业联合会,但是国民党政府并没有采取惩罚措施,而是催促两会合并。不知为何,在争吵中,商业同业公会骗取了社会局正式登记。[99]牛乳场联合会为了向社会局注册登记,考虑将名称改为上海牛乳场同业公会,[100]但最后还是放弃了这个主意。[101]

如果说在国民党政府时期政府让牛乳场联合会日子不好过,那么联合会成员在共产党执政后立刻扭转了局势。到1950年7月后,联合会的核心成员进入新上海市乳品工业同业公会筹备会,一个由上海市工商业联合会主办操控的组织。这群人,包括联合会资深政治家,尤志迈和李伯龙主持调查在日本人和牛乳商业同业公会"转移公共财产"。[102]1950年7月5日,上海乳品工业同业公会第一次正式会议在南京路1477号举行,此地正是前上海牛乳场联合会设立总部之处。1950年5月,上海市工商业联合会邀请一百五十三家牧场参加筹备会,商业同业公会成员拒绝参加,并坚持了一年半。1952年2月1日,上海市工商联宣布乳业同业公会再次统一成一个组织——乳品业同业公会。[103]

通敌者和商业文化

什么时候贴上"通敌者"的标签比较合适呢?我们的标准线在哪里?在文化领域,傅葆石(Poshek Fu)已著书论述了日方当局应对反抗还是合作而产生的心理和艺术张力。在商业领域,柯博文仔细研究了中国商人面对日本占领的事实所采取的各种策略。[104]然而,历史叙述是否抓住了中国合作和通敌者的真正关键所在?批评并不有助于实用或掺杂利益纠葛的历史学。但同时,如果忽视与日本人合作的这一决定的道德重要性,那么历史是否履行了对过去的职责?毕竟,殖民政府不是平稳运行中的一次冲击和赚钱生意,它和民国商人面对的其他障碍的性质是不同的。

上海工部局档案中的乳业文件引出了三个问题。这些中国商人在不利条件下是否勇敢斗争并通过继续做生意来支持国家?或者,他们不关心政治,只是想如往常那样继续做生意？又或者,他们是投机分子,愿意甚至渴望利用任何获利的机会,怀着赚钱的希望？这些问题的答案无疑是主观的,且带有强烈的个人感情色彩。也许,从企业家的立场把他们自己看作健康和现代性的推动者,会对这些问题的解决有所帮助。那些保证增进健康和活力的牛奶广告,不能因其是夸大其词的广告业产物而对其不屑一顾。尤志迈是用一种几乎救世般的热情来书写他的行业的。尤氏和其他人设想通过一种商品经济使中国国力恢复生机。

不过与此同时,恰恰因为他们对社会和国家改革的计划是由追求利润来驱动的,促销牛奶的词藻或其他方法是容易被操纵的。这使得上海牛乳场联合会辩称他们努力和日本人合作是为了把牛奶提供给那些需要它的孩子和病人,即使物资流向日本同盟或者日本人自己,这也使他们将其战时角色看成是病患的守卫者。在这种情况下,战前和战时对乳业的检查导致通敌问题,这是民国时期政治和企业互动的结果。正如电影——《悲哀与怜悯》——有力地证明了,[105]这种能力的存在充分解释了某些人对占领军的容忍和合作,也使通敌问题变得困难和令人生畏。毕竟,人们很少会承认他们通敌是纯粹出于对自己利益的考虑。

对战时乳业的研究,也展现出其中蕴藏的一种强大且灵活的商业文化。在很多方面,企业家似乎确实将日本占领军看作他们生产和推广产品的另一个挑战。当他们经历过沦陷时期政治经济的复杂局面后,行业成员自视为为了经济而不是政治利益。这种决策说明当时存在的发达的商业文化,它驱使商人遵守利润和市场份额的普遍法则,而非忠诚和民族主义。

---

① 文中"牛奶"一词指奶牛所产之奶,除非另有陈述。

② 我要感谢魏斐德教授告知我这点。他还提醒我注意《最好的黄油》(*Au Bon Beurre*)这部小说,它生动地描写了战时法国由于乳制品短缺造成在饮食上的拮据。如果对法国被占时期食物短缺感兴趣,还可以参看 Alice B. Toklas, *The Alice B. Toklas Cook Book*, New York: Harper & Brothers, 1954, pp. 203-222.

③ 胡家凤(青岛市政府秘书长):《序》,金嗣说编辑:《牛乳及其制品之研究》,(上海)商务印书馆1936年。也可参见此书绪言第一页。

④ 吴信法:《自序》,吴信法编著:《牛乳及其制品》,1936年再版,(上海)正中书局1947年。吴氏关于牛奶的评估,对乳品业的抱负和行业领导者们是一致的。例如,尤怀皋关于此方面的观点,可参见 Susan Glosser, "The Business of Family: You Huaigao and the Commercialization of a May Fourth Ideal", *Republican China*, Spring 1995. 译注:亦可参见该文中译版,葛淑娴:《家务:尤怀皋与五四理想的商业化》,张仲礼、熊月之等编:《城市进步、企业发展和中国现代化(1840—1949)》,上海社会科学出版社1994年,第113—128页。

⑤ 例如许复七《序》,《牛乳研究》,(上海)民智书局1929年。专家们出版了关于牛奶的小册子,他们希望通过这些小册子分享关于乳制品的营养价值及相关保存的知识。

⑥ 顾学裘:《绪言》,《牛乳研究》,(上海)中华书局1940年。

⑦ 上海档案馆,档案卷宗号 S118.1.3、S118.1.4。本文所有以"S118"开头的档案都可以在上海档案馆找到。在拼音中,Yu 的姓氏也读作 You。作者保留他自己使用时所用的拼写以便读者阅读。当使用英语书写时,尤氏把自己的名字翻译为"Tse-mai"。当他处理上海牛乳场联合会信件后签名时,则用英文"T. M. Yu"表示。当他以《家庭星期》的编辑身份出现时,他则用中文书写其笔名"怀皋"。译注:尤怀皋(1895—1975),本名为尢志迈,字怀皋,江苏吴县人。参见李元信编纂《环球中国名人传略:上海工商各界之部》,环球出版社1944年,第248页。其姓氏"尢"也常写成"尤",所以有不少文献都将其姓氏说成是"尤",其本人也时常以字行,译者在本文中使用其本名"尢志迈"。

⑧《家庭星期》1935年11月24日,第1卷第2期,封底。

⑨ 吴信法:《牛乳及其制品》,第2—4页。

⑩ 例如,佐々木林治郎(Sasaki Rinjiro):《牛乳と乳製品》,糧友會編:《現代食糧大観》,糧友会,1929年,第158—521页。長崎亀人(Nagasaki Kemeto):《純白の軌跡:牛乳百年のあゆみ》,東京:市民書房,1976年,第15—57页。

⑪ 例如,上海市政研究会:《工部局经费节约委员会调查报告:工部局行政机构执行委员会第二和第三版草稿》,1942年,第23页。这份报告标记为"极密"。类似信息已发布在野口謹次郎(Noguchi Kimniro)《上海共同租界と工部局》,(上海)日光書院1940年,第68页。

⑫ 尽管评论家偶尔会抱怨牛奶使有钱的母亲摆脱了母乳喂养的负担,但是在发展中国家围绕婴儿配方奶的推销所产生的问题,在当时似乎没有出现。中国内地因交通不便以及缺乏市场基础和购买力,导致无法吸引牛奶公司开展事业。

⑬ 金嗣说:《绪言》,《牛乳及其制品之研究》,(上海)商务印书馆1936年,第1页。

⑭ 吴信法:《牛乳及其制品》,第4页。

⑮ 虽然文中使用的词语是"父母",但其他地方的语境表明,此处应该理解为"母亲"。

⑯ 许复七:《序》,《牛乳研究》,第1页。

⑰ 中医长久以来就认识到食物在健康中的重要性。牛奶商没有直接攻击本国的营养传统,不过他们强调新的营养"科学",这可能是隐晦地批评过去的饮食方式。

⑱ 1935年,一个月每天运送一磅牛奶(大约相当于1品脱,或550毫升)要花费6个银元。见《家庭星期》1935年11月24日,第1卷第3期,封底。

⑲ 《上海特别市第一区公署总办处致上海牛乳场联合会》,1944年2月,卷宗号S118.1.19,第3页。

⑳ 事实证据表明,大多数中国人只是通过糕点和冰激凌来消费牛奶。

㉑ 《上海牛乳场联合会尤志迈致上海特别市第一区公署卫生处》,1944年3月11日,卷宗号S118.1.20,第4页。

㉒《日用品浅说——牛乳》,《家庭星期》1935年12月15日,第1卷第4期,第13页。

㉓ 李伯龙(Y. Z. Lee)、卢维甫(William Luke)、傅若愚(Daniel C. Fu)、彼得森上尉(Captain K. E. Peterson)和尤志迈建立编辑委员会。见执委会记录,1944年5月13日,卷宗号S118.1.4,第15页。但是这份杂志是否正式付印出版还是未知,笔者也没有找到有关副本。

㉔ 李伯龙(Y. Z. Lee)在1945年2月担任过这个部门的领导。(S118.1.20,第22页)

㉕《执委会会议记录》,1944年5月13日,卷宗号S118.1.4,第14页。

㉖《上海牛乳场联合会致圣约翰大学农学院函》,1944年12月;《上海圣约翰大学校长沈嗣良致上海市牛乳场联合会函》,1945年1月12日,卷宗号S118.1.22,第6—9页。

㉗《乳品工业概况调查报告书》,1952年,S118.3.1,第1—5页。

㉘《上海公共租界工部局年报》,1923年,附录第5部分,第159页。

㉙ 上海市地方协会编:《上海市统计·补充材料》,1934年,第109页。

㉚《上海市统计·补充材料》,第108页。

㉛《上海年鉴》,(上海)上海通志馆1935年,第50页。

㉜ 在当时,一头良种奶牛每年产奶5000磅,可持续三年。卷宗号S118.1.17,第107页。

㉝ 吴信法:《牛乳及其制品》,第16页。

㉞ 除非另文注明,本部分的信息来自以下两组资料:《乳品业的过去和现在》,1952年12月,卷宗号S118.3.1,第6—11页;《乳品工业概况调查报告书》,1952年12月,卷宗号S118.3.1,第1—5页。前者呈现了早期报告的官方视角。重要的是,这份历史记录逐字重申报告,提供了一个更为清晰的叙事,并削弱了与汪伪"通敌"的指控。

㉟《纯净牛奶委员会报告》,《上海公共租界工部局年报》,1923年,第146页。

㊱《上海牛奶供应情况:租界以外的问题》,(上海)《北华捷报》1923年1月13日,第92页。

㊲《上海的牛奶:巴氏消毒的问题》,(上海)《北华捷报》1939 年 10 月 4 日,第 18 页。实际上,牛奶污染持续成为人们健康的一种威胁。1939 年 9 月的《上海公共租界工部局公报》记述,八月份收集的七十九例牛奶样品中,有四十例细菌指数超标。见《给编者的信》,《上海的牛奶:巴氏消毒的问题》,(上海)《北华捷报》1939 年 9 月 27 日,第 537 页。

㊳《上海公共租界工部局年报》,1923 年,第 147—171 页。

㊴《上海新闻:华人解决牛奶问题的成就》,(上海)《北华捷报》1923 年 1 月 27 日,第 237 页。

㊵ 第一条,卷宗号 S118.1.6,第 1 页。

㊶ 两个组织的宗旨不同。上海牛乳场联合会"研究及处理上海牛乳业各项事宜,维护应有之福利保障合法之权益,并在规定范围内推行会务,但以加入本会之会员为限",见第二条,卷宗号 S118.1.6,英文版第 11 页,中文版第 1 页。而日华乳业联合会则是:"本会以统制会员事业谋其发展,并期会员亲善为目的。"见第三条,卷宗号 S118.1.6,第 18 页。

㊷ 在英文版章程中,英语也是一种官方语言。第二十三条,卷宗号 S118.1.6,第 12—13 页。

㊸《日华乳业联合会筹委会成立会议记录》,1942 年 12 月 29 日,卷宗号 S118.1.6,第 22 页。

㊹ Frederic Wakeman, Jr, *The Shanghai Badlands: Wartime Terrorism and Urban Crime, 1937–1941*, Cambridge: Cambridge University Press, 1996, p.6. 译注:亦可参见中译本,魏斐德著、芮传明译:《上海歹土——战时恐怖活动与城市犯罪,1937—1941》,上海古籍出版社 2003 年,第 1 页。

㊺ 魏斐德这样描写道:"如果说,1936 年时上海工人的生活费用指数是 100,那么,到 1941 年 3 月时,食品的价格是 774,房租是 385,衣服是 503,燃料是 636,日用杂品则是 599。"同上,p.54,中文版第 60 页。

㊻ Parks M. Coble, *Chinese Capitalists in Japan's New Order: The Occupied Lower Yangzi, 1937–1945*, University of California Press, 2003, p.10.

㊼ Wang Ke-Wen, "Collaborators and Capitalists: the Politics of 'Material Control' in Wartime Shanghai, 1937–1945", *Chinese Studies in History*, Autumn

1992, Vol. 26, Issue 1, p. 47.

㊽ Wang Ke-Wen, p. 47.

㊾ 至于乳业领袖是否加入了由汪精卫和日本人在上海建立的商统会则不得而知。见王文,第49页。

㊿ 即使乳糖不耐症导致腹泻和呕吐都无法削弱牛奶的营养价值。

㉛ 《尤志迈致上海特别市政府第一区公署秘书处的信》,1944年2月11日,卷宗号 S118.1.19,第2页。

㉜ 第6255号布告,工部局总办,小沢成一(S. Ozawa),《大美晚报》1943年2月1日,卷宗号 S118.1.17,第125页。工部局请求领事团批准一项地方法规,授权上海工部局设置价格,自从1941年10月18日和20日开始对"日用零售物资"实行价格控制以后,工部局努力控制"日用必需品零售价"。见《上海公共租界工部局:控制零售物价》,(上海)《北华捷报》1941年10月22日。法国租界至少在一年前就已经引入了一种价格控制体系,见(上海)《北华捷报》1940年3月6日,第372页。

㉝ 《上海公共租界工部局物资统制处物资分配及采备科致外滩12号日本乳业株式会社笠野(Nyugyo K. K. Kasano)、上海静安寺路1477号上海牛乳场联合会尤志迈函》,1943年3月17日,卷宗号 S118.1.17,第3—4页。从以上内容来看,供应命令是14000品脱。这需要百分之六十的A级牧场的产量和百分之五十A级牧场和B级牧场合起来的产量。工部局将未登记牧场纳入预期,并估计最终需求可能达到百分之七十。

㉞ 《上海泰晤士报》1944年7月12日,卷宗号 S118.1.17,第94页。

㉟ 1943年8月28日,卷宗号 S118.1.13,第90页。

㊱ 《中国奶粉厂股份有限公司(自由农场和蓄植牛奶的一个代理处)致上海特别市第一区公署经济处牛奶组函》,上海,1943年11月30日,卷宗号 S118.1.17。

㊲ 《上海牛乳场联合会致某人(可能是给上海工部局的)函》,1944年3月,卷宗号 S118.1.17,第37页。牛奶商经常将问题归咎于送奶工。依照法律,执照牧场为自己所递送的牛奶负责。触犯法律者会被罚款、吊销执照,甚至监禁。同业公会无法说服第一区公署卫生处处长修订法则。见尤志迈《上

海牛乳场联合会致上海特别市第一区公署公共卫生处处长函》,1944 年 3 月 11 日,卷宗号 S118.1.20,第 4 页。

(58)《日用品情况:牛乳》,《家庭星期》1935 年 12 月 8 日,第 1 卷第 2 期,第 13 页。

(59) 上海牛乳场联合会:《奶牛折旧的备忘录》,卷宗号 S118.1.17,第 107 页。

(60)《泰晤士报》,1944 年 7 月 12 日,卷宗号 S118.1.17,第 94 页。

(61)《上海牛乳场联合会主席尢志迈致上海特别市物品配给处平野修(O. Hirano)》,1944 年 10 月 28 日,卷宗号 S118.1.17,第 64 页。

(62)《上海牛奶公司总经理彼得森致上海牛乳场联合会执行委员会》,1944 年 12 月 22 日,S118.1.17,第 2 页。

(63)《上海牛乳场联合会致上海特别市第一区经济处大久保隆三(R. Ohkubo)》,1944 年 1 月 5 日,卷宗号 S118.1.17,第 103 页。一些证据暗示直到 1944 年以后,牛乳场联合会才开始自己修订价格。这可能是因为当局允许他们在有限范围内修订价格。可参见《上海牛乳场联合会主席尢志迈致上海特别市第一区经济处平野修》,第 64 页。

(64)《上海牛乳场联合会致"亲爱的会员们"》,1943 年 11 月 27 日,卷宗号 S118.1.17,第 106 页。

(65) 参见《泰晤士报》1944 年 7 月 12 日,卷宗号 S118.1.17,第 94 页。

(66) 会议记录,1944 年 4 月 11 日,卷宗号 S118.1.4,第 6 页。

(67)《上海牛奶公司总经理彼得森致上海牛乳场联合会执行委员会》,1944 年 12 月 22 日,卷宗号 S118.1.17,第 2 页。

(68) 卷宗号 S118。译注:缺案卷号。

(69) 通常在英语著作中亦称为 CRB。1942 年早期,汪精卫在沦陷区发行中储券,以二比一的汇率代替了重庆国民政府发行的法币。见王克文《通敌者和资本家》,第 43 页。

(70)《霍扎菲尔(W. Holzapfel),邮政信箱 1169,及广东路 17 号勒和(Lehol)贸易公司致上海特别市第一区公署粮食处》,1944 年 8 月 5 日,卷宗号 S118.1.17,第 54—55 页。

㉛《第52号通告》，1943年4月13日。

㉜ Wang Ke-Wen, p.57.

㉝ 卷宗号 S118.29。译注：案卷号不全。

㉞《上海牛乳场联合会尢志迈致日本贩卖组合（Japanese Sales Association）现任主席》，1943年8月2日，卷宗号 S118.1.17，第14页。

㉟《联合会尢志迈致上海特别市物资配给处平野》，1943年8月5日，卷宗号 S118.1.17，第32页。

㊱ 例如，可参见《尢致上海特别市第一区公署经济处平野》，1944年7月29日；《尢致上海特别市物资配给处平野君》，1944年10月28日，卷宗号 S118.1.17，第62页。尢氏在战后也继续和日本当局会谈。1945年9月1日，他与"日本大使馆"会商讨论奶价。联合会通知第75号，1945年8月30日，卷宗号 S118.2.3。

㊲《会员大会会议记录》，1945年2月26日，卷宗号 S118.1.4，第51页。

㊳ 尢氏拥有自由农场，可能拥有或参与管理蓄植牛奶公司。

㊴《致上海特别市第一区公署公共卫生处副处长田代良显》，卷宗号 S118.1.15，第48页。

㊵《上海牛乳场联合会主席尢志迈致上海特别市政府第一区公署平野》，1943年9月27日，卷宗号 S118.1.17，第8页。

㊶《上海特别市第一区公署经济处处长致上海日本大使馆》，1944年5月2日，卷宗号 S118.1.17，第79页。

㊷《尢致平野》，1944年6月7日，卷宗号 S118.29。译注：此处卷宗号似有误。

㊸ 坦率地说，尢氏所谓的"病人"可能是对医院中受伤的日本士兵的误解。见《牛乳场联合会主席尢志迈致上海特别市第一区公署经济处平野函》，1944年12月12日，卷宗号 S118.1.17，第67—68页。

㊹《上海牛乳场联合会主席尢志迈致上海特别市第一区公署经济局物资配给处》，1944年4月4日，卷宗号 S118.1.13，第22页。

㊺《尢志迈致上海特别市第一区公署平野》，1943年9月13日，卷宗号 S118.1.17，第9页。

㉖ 《会员大会》，1945年7月20日，卷宗号S118.1.4，第81页。

㉗ 《上海牛乳场联合会致尤志迈便条》，1945年8月21日，卷宗号S118.1.1，第17页。

㉘ 卷宗号S118。译注：此处卷宗号不全。

㉙ 上海牛乳场联合会在这场聚会上花费了七万八千九百元（至少有一千一百元是募捐得来的），在铅笔上花费了五万一千九百元。《1944年10月31日至1945年12月31日期间开销收据的报表》和《1945年2月28日至3月31日期间开销收据的报表》，卷宗号S118.2.9，第3、71页。

㉚ 《1944年10月31日至1945年12月31日期间开销收据的报表》，卷宗号S118.2.9，第2—5页。

㉛ 《日用品浅说：牛乳》，《家庭星期》1935年12月8日，第1卷第2期，第13页。

㉜ 卷宗号S118.1.13，第39、42、59、60页。

㉝ 《上海牛乳场联合会主席尤志迈致上海特别市第一区公署经济局牛奶及饲料委员会》，1944年2月2日，卷宗号S118.1.13，第83页。

㉞ 《丽园农场致上海牛乳场联合会》，1944年1月8日，卷宗号S118.1.13，第84页。

㉟ Wang Ke-Wen, p.55.

㊱ 徐天锡：《上海市农业概况》，《上海园艺事业改进协会丛刊》第21种，1947年。

㊲ 上海牛乳场联合会在这一年中计划八次提价。国民党占领上海后的这次通货膨胀看似较为轻微。到1947年12月，联合会计划把A级牛奶涨价到26,000元。见《上海牛乳场联合会三十六年工作概况》，卷宗号S118.1.7，第15—19页。

㊳ 《上海牛乳场联谊会三十六年工作概况》，卷宗号S118.1.17，第15—19页。

㊴ 《乳品业的过去和现在》，第10页。

⑩⓪ 《会员大会记录》，1946年1月16日，卷宗号S118.1.4，第117页。

⑩① 《上海牛乳场联合会声明》，1948年3月6日，卷宗号S118.1.1，第

6 页。

⑩2《上海市工商业联合会筹备会备忘录》,1950 年 6 月 22 日,卷宗号 S118.4.7,第 3 页。

⑩3《乳品业的过去和现在》,第 10 页。

⑩4 Parks M. Coble, "Chinese Capitalists and the Japanese: Collaboration and Resistance in the Shanghai Area, 1937 – 1947," in Wen-hsin Yeh (ed.), *Wartime Shanghai*, Routledge, 2003, pp. 62 – 85. 该论文最初发表于"二十世纪中国的都市文化和社会现代化"研讨会,伯克利大学,1994 年 12 月 2—3 日。

⑩5 我再次感谢魏斐德教授提醒我注意这部重要的电影。

· 史料与考评 ·

维新事业在美洲的拓展与挫折
——梁氏档案藏康有为书札考释

张荣华

张荣华,复旦大学历史学系教授

　　《南长街54号梁氏档案》(两册,中华书局编辑部、北京匡时国际拍卖有限公司编,北京,中华书局2012年10月)下册收录康有为致梁启勋书札二十通。这是目前仅见的两人之间的通信,其内容在揭示保皇会海外活动面相、充实历史细节方面有着不可替代的价值。康氏手迹是出名的潦草难辨,原编者的辨识工作值得充分尊重,但提供的释文存在一系列错失,各函系年亦误,致使信函内容不能显明。兹据原稿影件重作辨识,按重订年月先后迻录于下,并就信件具体内容略作引论疏解。不当之处,还请方家是正。

一、1904年12月17日

仲策仁弟:

　　来书悉。久不见,想勉学所进如何。近人媚外太甚,乃尽全中国之所有而失自立之性。吾遍游欧十一国,深得其故,所过我者但物质耳。故今但师西之工艺物质足矣,如道德之本,中国自足。弟其思之,陶性情而勉道德为贵。杜威吾已知之,快入美相见。此问

　　动定

十一月十一日

此书用加拿大"北温哥华旅馆"信笺,系康氏1905年2月12日入美前写于温哥华。其时刚完成《物质救国论》一书的写作,书中总结1904年内6月至11月间游历意大利、瑞士、奥地利、匈牙利、法兰西、丹麦、瑞典、比利时、荷兰、德意志、英吉利十一国的观感所得,强调"一国之强弱在国民学、物质学二者"的思想宗旨,在此信中也有明白表露,康氏入美后的言行作为,也可以由此函所述得以理解。信中提及美国著名哲学家杜威,但在美期间并未有会见的记载。所谓"快入美相见",应是指与梁启勋会面。

二、1905年3月22日

得书悉。我久病数月,人事多,愈之甚难,故各处来书如山积,多不暇复。汝所言本甚是,何有所嫌耶?今在罗生租屋养病,俟愈后乃能游它埠。草此数字答汝。此问

　　仲策弟动定

二月十七日

此书用"保皇会会长用('Chinese Empire Reform Association Headquarter For Use of the President Only')"专笺,写于抵达美国洛杉矶一周后。康氏在1904年11月已患病,来美后由当地保皇

会负责人谭良(字张孝)、莫云屏照料生活起居。谭良外甥女谭精意曾回忆:"康在洛杉矶度过了两个月时间,主要由谭作东,在西湖公园边给康安排了住房。康不喜欢吃美国菜,他又安排康最喜欢吃的蒸鸡和蒸鸭。康称赞谭夫妇俩是真诚的爱国者和智者。"康氏在一年后仍对这段经历念念不忘,先后三次赋诗赠谭,感怀"门人谭良及莫云屏诸同志为予赁宅罗生之西湖养疴,每日夕绕湖一周,至乐"。后来两人因财务问题关系破裂,康诗收入《万木草堂诗集》时,题注中谭良之名均被涂去。

三、1905年6月16日

累书悉。此人本知其多术,不料其若是也,但不知有言我等避其教不耳。若然,则须驳之。今午已见总统(梁诚力阻三日)。总统言,禁约事不忍刻酷,必竭力挽回,上等人、游客、学生、商人必宽待云云。今再拟再见,与谈镑价事,欲我党领之。未知得否耳。

芝埠情已悉,国贤谓以支马车费耳。我到会所数次闻彼等何言,皆无言语。我问伟南,伟谓不须。后有数信请见,不过攻伟南、岐山、余支南等。各埠多有此,然吾实无术遍接大众也,今已函问之。纽埠尤散尤难。然吾实无权,奈何奈何!

章程仍望汝撰,因张孝等不如汝之深也,功课毕后为之亦可。须数目后乃能往纽约也。

横滨两电皆问款,已寄千元矣。一公电称津、汉、沪、港皆开拒约会,请汇款济云云。此复问

康氏于1905年6月10日离开洛杉矶抵达华盛顿,此书作于6月16日拜会罗斯福总统当日。(参谭精意《〈康梁与保皇会〉序》,

载方志钦主编《康梁与保皇会——谭良在美国所藏资料汇编》，天津古籍出版社 1997 年）阻挠他见美总统的梁诚时任清朝驻美公使，康不久后作《再论梁诚赈事》予以攻击。"禁约事"，指 1904 年美国国会通过排华条约永远有效的法令，禁止华工入境；1905 年 5 月 4 日康在洛杉矶已向各地保皇会发出公电，强调"此事关我华人生命，于粤人尤甚，计粤人在此岁入数千万，若能破约，岁增无量数。吾国生计已穷，若美工尽绝，势必大乱。望大集志士，开会鼓动，电政府及各督抚力争，并以报纸激发人心，或可挽回"（方志钦主编：《康梁与保皇会》，第 113 页）。待面见罗斯福时，康又重申废止华工条约之事，并得到后者善意的答复。"镑价事"，指《辛丑条约》所定巨额赔款原以银两结算，1904 年列强改定以金镑结算赔偿；康氏在加拿大时已闻此事，故打算再约见总统，争取以在野党首领身份谈判中止此变相勒索之举。但他是否如愿再见罗斯福，并无文献记载证实，须等到以后康氏《美国游记》刊布后印证。

此书的突出价值即在首次证实康氏确曾拜会美总统之事。康同璧在上世纪五六十年代为乃父续年谱时，对此事讳莫如深，绝口不提。鉴于当时国内反美情绪高涨的背景，此举似乎情有可原，但波及康氏遗作遭湮没则其咎难辞。康氏拜会墨西哥总统后，接连赋诗撰文以志其盛，在欧洲会见大小政要后亦莫不如此，准此而言，也必有诗文记拜会罗斯福事，而相关文字未见存世，也应归咎于其女。康同璧是系统整理康氏著述的第一人，《万木草堂遗稿》的编辑过程，也是遗稿受到删改的过程，例如将《印度游记》手稿与《遗稿》整理本对勘，不难发现原稿已被改得面目全非。

信中提及起草"章程"之事，并称将前往纽约，其中透露的信息颇具价值。7 月份康在纽约主持召开保皇会代表大会，这次会议的主要目的是颁行《保皇会会议改定章程》，它对指导保皇会未来发展方向至关重要。《二十世纪初康有为保皇会在美国华侨社会中的活动》(周伟浓著,学苑出版社 2009 年)一书考定该章程由康本人起草并改定(见该书第二章第一节),比照康信,此论应予纠正,这份章程必由梁启勋草拟。章程中不少条款与梁启超 1903 年游美时拟定的《罗生枝利保皇会章程》有雷同之处,可知梁启勋起草时是以乃兄之作为参考范本。

"此人"指孙中山,起首几句话反映革命党与保皇党各自为争取华侨的认同和资助,将相互攻击的战场延伸到了美国。芝埠、纽埠,指芝加哥、纽约。周国贤是康氏游欧时的亲信随从兼英文秘书,他在芝埠保皇会支取车旅费,引起当地会员的不满,使得康氏要亲自出马平息。其时他在给梁启超的信中叹苦经,表达难以掌控大局的失落感,间接反映出他与北美各保皇会的关系并不融洽,缺乏实际掌控权,这也是康氏要在 7 月召集代表开会以整顿会务的原因之一。

四、1905 年 6 月

离索久矣,不知弟意识德性若何(汝兄近困甚。未知汝学费接续否,吾筹得当以济汝)。得与张孝书,乃见弟之至性及才识,为之大喜。其"厚者薄而薄者厚"一语,可为论人之圭臬,亦为人之根柢。汝兄之好处,全在德性厚,不然今之聪明者多矣,何所用耶?吾一生作事任国,皆从不忍人之心出,非有所徇于外也。汝能若此,它日可成大才。吾喜极无似,不意能进德若是也。望终一身以汝之言为依归焉。所论某人精当万分,勉学自惭。下月当来。病无术可愈,非离美绝应酬不能望也。筹款无术,四面交迫,与汝兄皆苦甚,安得如汝之从容为学乎。此问

动定

两浑

此书未署年月日，当作于初离洛杉矶赴华盛顿等地参观之际。"下月当来"，指7月份在纽约开保皇会大会时与梁见面。所谓"筹款无术，四面交迫"，也是康氏要在大会上推出筹款新举措的直接动因。

五、1905年7月22日

得书甚喜。汝言是也。（我事多，一时误徇仪侃书而立发，未详思也。）我此次见汝，非常之喜，不独学问，乃办事、见识、耐苦无一不大进，再勉之。汝欲往何学，我必筹与汝。（闻有速成学，三年可入大学。）顷议院毕，所筹颇有得，各处银行股甚踊跃（不知将来能实行否）。拒约事尤得手，《时报》已公议拨美金万扶之。顺此告。罗昌忽来见，甚可喜。此问

仲策弟动定

六月廿日

信尾提到来见的罗昌，是美国檀香山华侨后裔，后娶康次女康同璧为妻，他于1906年春留学英国牛津大学，故此信应写于1905年。康先前在纽约已与梁启勋见面，信中对其多有奖饰之词，其中应有赞赏其起草大会章程之意。《保皇会会议改定章程》明示"顷商务惟以专办银行最为大利"，计划通过发行股票筹集资金。初期招股事项似乎进展顺利，康在信中流露出比较乐观的心情，期待能实现"集美金四五十万，便可得中国银一百万，即可开办一大银行"的预期目的。"仪侃"是陈继俨的字，他是万木草堂弟子，康氏倚重的保皇会骨干。"拒约事"，即6月15日函提到的抵制美国排华条约之事。狄葆贤创刊于上海的《时报》，是保皇会在国内的喉舌，在这次拒约运动中起了关键作用。

六、1905年9月25日

一、我遗下象牙嘴鞭竿一枝,未知遗下会所抑客栈,望即查获,代我存好。

一、我是又责芝埠十人甚重,彼等怒如何,可查告。各埠皆我演说后立题名,至少亦得百余,惟芝埠却我,乃竟三个月无人入联卫。

一、芝埠不独令牌不发,联卫不一做,乃至拒约款亦不一交。遍各埠无如芝之奇者,因何故?我欲再三函责之,可不可,复。

仲策弟

八月二十七日

再者,我今欲令梅圣杰为演说专员,兼收款,如梁文畅一样,汝谓如何,可商定。其人热心矣,操守如何?今发来文凭,若以为可,可给与之,若操守不足则收回,派镜泉。如何,可复。

(另纸附:"梅胜杰爱国热诚,辨才动众,派充办理联卫部专员,并保皇会演说员,所至催收公款,会同该埠董事签名办理。光绪卅一年八月。更生。南海康有为印")

保皇会大会结束后,康氏即在美境内漫游,此信用蒙大拿州比令市"北方旅馆"笺,主要谈及大会新定制度的施行情况。"联卫"是"联合卫身"的简称,联卫制是1905年保皇会大会新推出的会员福利保险制度,康氏将联卫部这一新设机构置于核心位置,会员"其不入联卫部者,几与不入会同"。加入联卫部并享受生老病死福利待遇的前提是交纳"月供费":"凡交联卫月供者,收足十二个月后方能照例保护。"除了一年的月供费（最低六元），尚有义务性质的联卫"月捐费"，两费相加后的数额非常可观。康氏规定收缴所得与入会费一样，三成留本会，七成汇交总会，这意味着他可以总会长名义支配大部分费用。《章程》中特地举出芝加哥等五地保皇会为样板，称许那里多人踊跃加入，已具体实施联卫制度。但康氏写信之际已悉实情，梁启勋拟《章程》所述只是一厢情愿之词，数月内芝加哥无一人加入联卫部。这无疑是在断其财路，故而康"再三函责"之余，另出招数，打算委派专员督办此事。事实上这也是无奈之举，当时芝埠保皇会长是梅宗周，梅氏家族在当地华侨中极具影响力，康氏既不便得罪梅姓势力，又想要财源通畅，遂有派梅氏宗亲成员督办的举措。信中提及的"梁文畅"即梁秋水，是康氏第二次桂林讲学时的学生，后受保皇会资助留学美国，时任加州圣克拉门托市保皇会负责人；冯镜泉原为日本华侨商人，曾任日本横滨保皇会负责人，时任蒙大拿州保皇会负责人。

七、1905 年 11 月 25 日

明日入墨矣。美约一事，美人似颇知我所为，若知可查报我。芝埠各事皆未举行，其它尚可。若联卫乃筹款之要。今派卅人日本游学，派十人欧美游学，若联卫不大成，则我担此款甚难矣。望弟留意。广智本太重实难，有累我大局。吾决归还新招之股（但不知连旧股清交好，抑听之人，汝思之），以松汝兄之担，俾汝兄得游学也。今往汝卅金可收，学费足否？可随时告我（有书寄黄宽焯转交可也）。墨总统有书来接，此行于辟地或少有得。南洋购得一地廿余哩，稍放心也。此问

仲策弟学益

明夷 十月廿九日

康氏写此信时身处美国西南毗邻墨西哥的德克萨斯州,用圣安东尼市"阿拉莫广场"笺。有关康第一次入墨的确切时间,《康南海先生年谱续编》及研究者的说法不一,据此函可确定为1905年11月26日。"美约一事"可参见1905年6月16日函释文。此信对实施联卫制遇阻事仍难以释怀,直言其不利于人才培养大计。他虽然流亡海外多年,但一直坚信有回国执政之日的到来,因而培养专门人才以备日后执政之需,成了康氏欧游以来一直萦绕心头的大事。信中透露已派定四十人分赴欧美、日本留学,其中包括梁启勋、麦鼎华、徐良、罗昌等,几乎清一色的亲信子弟及其后代,反映出康氏"用人唯亲唯旧"的理念。有关近代中国留学史的研究,实应补上万木草堂留学运动这一章。由于财务运转不畅,资金短缺,不久后资助留学规模便锐减至七人(参见1909年4月13日函)。

康在信中抱怨广智书局(保皇会投资创办于上海,由梁启超分工负责)股息负担重,无力承受向日本华侨股东派息之任,打算清退新招之股,目的也是想保证留学计划不受牵累。后来康并未行退股之策,改令香港总局输款顶股,但此举也未奏效,致使1907年出现因广智停息而股东哗闹之事。这件事也是导致康、梁不和的重要原因。

黄宽焯是墨西哥华侨巨富,也是墨西哥保皇会会长。康在墨半载,即由黄一手款待并提供自己在莱苑(Leon,今译莱昂)的住宅,他也直接参与了康在墨的各项商务活动。1908年时两人因财务问题闹翻。此信表明初次入墨的目的在买卖地皮以牟利,及至入境实地考察后,才逐渐酝酿形成开大银行、办大公司的计划。首次入境,他也并未见墨西哥总统,研究者皆误信《年谱续编》之说,实际是在第二次去墨西哥才拜会迪亚斯总统(参见1907年6月18日函)。

八、1905年12月13日

书悉。经年游美，所筹得联卫内外部计岁必得二三万圆，此外尚有公款清旧款、缴票款，一切累积之，以为杂费。今定以美金一万养欧美学者，华金一万养日本学者（恐不支，拟作商业支持之）。以此三万为度，真既竭吾力矣。派人除今林铎、国贤数人外，已令滨、沪、港公举同学有志者。岳崧之事我知之，其伙已有数书来，攻之甚至（汤甚横悍，甚至谓我召之，而欲登报攻我。可告人勿信之）。然此事我知根由，其汤某言不足信也。其人实无他，惟少不可则掉头而去，及不识人情耳（今其未接我书而去，想又有他支离）。汝有何他闻，可告我。今者汤言概不足信。此问

仲策弟学益

十一月十七日

此信作于抵达墨西哥半月后，康氏仍惦念着为实施留学规划筹措专款之事。他估算游美一年保皇会的各项岁入，对联卫一部所得寄予厚望，并据此定下每年拨付三万元作资助留学专款。信中指定其游欧亲信随从林铎、周国贤等为留学资助对象，并要横滨、上海、香港等地保皇会推举候选人。"联卫内外部"，指当年保皇会代表大会通过实行联卫制度后，新设立的联卫内部、联卫外部，前者从事"救国"大事、公事，后者经营"恤身"家事、私事。"公款清旧款"，指各地保皇会截留未汇交总会的会费。"缴票款"，指大会新定以会票作为会员身份凭证，会员领取会票时须交纳一美元。"岳崧"指陈岳崧，在美留学并参与保皇会事务，与康氏女儿康同璧关系密切。"汤"指汤昭，美东保皇会负责人之一，不知因何

事惹怒了康有为。但康在同时覆谭良函中也表达了对陈岳崧的不满:"极喜人人攻岳崧。我敢思之,行遍全美,不得一人兼中西文而办事妥当者也,独忽然引去一事为太奇特耳。"(1905 年 12 月 26 日与谭张孝书)

九、1906 年 1 月 16 日

  陈煦者,昔波士顿创会者,今欲返国创电事,请我借二百美银。此人若何,应如何覆之?若能婉却,弟就近代复。倘其人确有旧,宜照料。弟查明复我。陈文惠在芝埠与人若何,彼言余变局相攻,是否可查复。此问
仲策弟动定
十二月廿二日

"陈煦",即陈熙,字永海,广东新宁人,曾在纽约电机公司学习数年,后任职于宾州电机制造公司。他于 1903 年初发起成立波士顿保皇会并自任会长,但次年即辞去会长职,谋求回国发展电机制造业。纽约的《中国维新报》曾刊出驻美公使梁诚为他开具的回国执业凭照,有研究者认为此事既表明清政府驻美机构对保皇会的"暗中帮助",又属于保皇会为会员办好事的典型案例,"是保皇会为其骨干人员寻找的一条退路"。这是与史实不合的推论,陈熙此时与保皇会已无干系(波士顿保皇会长已是陈国瑞),必因资金短缺而不能成行,因而向康氏借钱。康与他并不相识,遂有此信委托梁启勋代为处置。"陈文惠",字菊庵,纽约保皇会会员,后颇得康氏信任,被派驻香港总会协助徐勤整顿《商报》及华益公司业务。

十、1906年3月8日

仲策弟：

久不得书，至念。顷欲招粤汉铁路股，望查美国各铁路公司获利实数，速交来以便作文。即派仪侃为招办人也。血书刻出无谓，前已令汝勿刻。今吾国人岂忧犹不能知此乎？此等过去已旧之方，服之何为？此问

学益

二月十四日

汝若难查，可嘱陈煜，并作我问之。新住址可付来。

粤汉铁路原系清政府在十九世纪末托付美国美华合兴公司承包修建，后于1905年9月赎回修路权，改令湘、鄂、粤三省筹款分段修建。此信应作于1906年。康氏与两广总督岑春煊有交谊，打算由保皇会牵头在北美招股集资，支援粤汉铁路建设，具体指派"仪侃"即陈继俨负责招股事宜。"血书"，指戊戌政变后谭嗣同的"狱中绝笔"，其中证实有光绪皇帝托交康氏的"衣带诏"。关于光绪密诏问题，学术界一直存在"伪造"、"改篡"两种说法，康氏信中称血书为"过去已旧之方，刻之何为"，"刻出无谓"，并不隐讳其只是时效性的谋略布置，似可进一步证实王照的"伪作"说。

十一、1906年3月28日

仲策仁弟：

两书悉，忙极。各事想悉，一切俟面。孝事欲托弟查也。复问

动定

三月四日

十二、1906年4月3日

九月后此学费可向张孝支取。代办总局收美中款,设于纽约,支离甚多。吾与张孝共事久,见其缜密精细周到,甚欲以财权托付之,惟其辈小而僻,汇兑还港及各处未便,汝谓如何?

汝兄决欲游学,吾甚以为然。昔苦无款,惟汝兄手尾须四万金,乃能掉臂游行,而学费、家费尚在外。此事极重大艰难,然欲汝兄成此学,不可以已。吾已拼力任之,已复汝兄矣。

今所最要者银行一事,各人皆不知,真可惜。今朱萱以五十万得江南全省,岂不大便宜!汝今歇学,可为我多作书,一鼓舞各埠(书当极详),一解明于滨、沪、港诸人,免人只知铁路而不知银行也(惟汝知之至详,又可为我作一详书寄加拿大君勉收,彼来招路股也)。

桂林拱藩皆佳。藩张鸣岐有书与汝兄,邀博往。吾欲博就袁,惟桂未有银行,我欲博领出国立银行,若领出后招股自易,此大机也不可失。可详告汝兄及博商之。铁路粤中已得五百万,不患不成。只为公益则成矣,无须吾会之助,而铁还为吾银行之累矣,今当力挽之。此复问

仲策弟动定

三月十日

此间无船往巴西,将再返美,不日行。此地华墨银行日间开,已电君力还司理。此间买地事诚可人,在美中有送我款者。吾买地二千九,一日而售得三千七。又买一地二千一,今

又有还三千者矣。吾今以保会合于商会,做此银行(已买地四万元),或美保会得所赢以还旧而养学者也。

此信写于墨西哥莱苑,用保皇会笺,所粘邮票上有硬笔字"4/3/06",即 1906 年 4 月 3 日。信首让梁启勋向谭良支取留学费用,因上一年定下留学规划后,康指派谭具体经管学费收支。此时康、谭两人关系密切,华墨银行开张之际,康首先也属意于谭担任行长。"代办总局",是为应对各埠保皇会私截会费等公款而设在纽约的临时机构,代替香港总会行使收款职能,但因具体负责的梁秋水等人未按康旨意办事,致使"支离甚多"。不久后康即决定以其本人为代办总局所在,直接从欧洲调派亲信来美充当收款人。信中对梁启超留学一事虽表示赞同,却又强调极其艰难,未必真想玉成其事。因此时康游兴未尽,颇思再作欧游并专心撰写新著,不想被具体会务牵绊,故前后致梁启超函皆嘱咐其"专心办事",梁在覆信中也未曾提及留学事。

有关 1906 至 1907 年间康氏在墨西哥经营商务投资活动的情形,一直因缺乏资料而成为研究空白点,此函及 1907 年 6 月 18 日函提供了颇有价值的相关信息。康氏入墨不久就形成通过炒地皮获利以开办银行的决策,认为"墨中办银行最宜,今决聚全力以为之"(1905 年 12 月 26 日致谭良函)。此信再次强调"今所最要者银行一事",并要梁启勋代他致书各地保皇会及在加拿大招股的徐勤(字君勉)等重申此要旨,俾全会思想行动一致。他希望弟子麦孟华(字孺博)也能去广西桂林办银行以便招股创业,而非应广西巡抚张铭岐之招充当幕僚,既便从政,也应入袁世凯幕。由此信可知,在墨西哥筹建华墨银行一事进展顺利,已在当年四月上旬正式开张,由康氏调派美国保皇会负责人梁启田(字君力,梁启超堂弟)入墨负责银行业务。据康氏当年一月、六月致谭良函,银行并非梁启田一人掌管,也不是研究者所言黄宽焯担任行长,而是实行多人共管。此前康氏已虑及一人操权的隐患:"墨银行大利矣,所信宽焯耳,以非常大利托之一人,险甚,然亦无如何也。"(1906年1月17日致谭良函)与墨西哥政府签约后,康氏即调来美方保皇会的谭良、梁启田与墨方保皇会的黄宽焯、黄日初、司徒国荫五人共管。银行的顺利开办,缘于投机炒地奏功而资金骤增。康氏在信中表明,是他用受赠的私款买地获利,凭一己之力办成大事。比照信中列示的获利数额,他在致梁启超信中另有算法:"墨地大溢利,吾去年以五百买之一博洛(block,墨西哥土地面积计量单位),今卖得八千,所获几廿倍,顷更待万数乃卖。"(1907年4月8日致梁启超函)两种计数出入大,原因不外乎地市行情持续兴旺。至1907年尾地价仍在上涨,促使康氏再度出手购进:"此次入墨为保会筹款,购得地十余博洛,可值十万金。今竭力设法,欲再得十余博洛,可望多十数万。保会向无根基,今乃得此可恃之巨款耳。"(1907年11月4日致梁启超函)然而到了年底至翌年初,墨西哥地产泡沫破灭,地价大跌,"墨地无人过问"。不过康氏依旧持乐观期待的心态:"墨事大差,地价减半,至每博洛仅得五千。计待电车成,可得万,故今决不可卖。""岁暮售墨地,必可得十万,然今春无法。"(1908年3月致梁启超函)以后的发展情形与他的乐观预期恰成反照,1909年3月25日,康氏外甥游师尹在墨写信向他报告:"虽墨地赚钱,惟地未卖,工金支销太多,至赚反舌。"地块卖不出,不能带来预期增值,反因雇工维护费支出大而亏损。迟至1910年,已栖身南洋的康氏仍巴望着尽快脱手以兑现:"今惟令卖墨中公私之业,吾亦有地,令卖之(恐卖不出)以糊予口。"(1910年3月23日致梁启超)依康氏的说法,他购进的墨地后来是被黄宽焯私割占有了。

十三、1906 年 11 月 2 日

仲策仁弟：

违离后未得书问，应商事如下（若铭三来，可示之同商）：

一、有多人言，岐山近大变（以讼落），不理会事（岐信酌投，若无济则不投也），并及弟绝不整顿者。应否另举人，或岐仍可策励之处，弟酌行。若易人则江昌绵极佳（若望不足，则天铎为正而昌绵副之，如何？），或由我派。抑不易正而生铎、绵二人为副，如何？或拔胜杰{以梅大姓}为副可否，可酌行（一一详复妥办）。今热心人甚多怨，望弟不能置之，否则为热心人所怪，则大失望。

一、制铁极要，惟林铎文弱（且文学甚优），宜于文科而不宜于工科，今虽已入学，似宜仍改归文学，以备将来开西报及外交之用可也。可与商定。（铎弟书来悉，即以此复，故学费未加。此剪示铎弟，并候国贤弟。）

一、陈煜，我许养其学费，不意张孝不理，致累之。弟提琼翠百金给之甚合，可源源照应。已告铭三，再给学费时，此百金即扣出。可告之。

一、吾今颇能为保会筹款（以墨地故），吾欲汝家支定款，及任支定款。久无复书，可复，以便此后照发。

一、陈煜若欲入必珠卜铁学，吾可荐之。必当觅一人入学。

一、电版可觅一人学之，以为诸报用。切嘱。此问

学益

更生　九月十六日

此信写于瑞典，起首一节是商讨芝加哥保皇会长人选事。"岐山"、"岐"均指梅宗周，时任会长，康氏听闻他因打官司败诉而不理会事，兼之该会拒绝推行联卫制度（参1905年9月25日函），遂起意更换会长。"天铎"即林铎，康亲信随从。信中虽未指定会长，而让梁启勋负责操办，但从今存江昌绵领衔芝埠保皇会致康函来看，梁最终还是让康称为"极佳"人选的江继任会长。

此信表明康有为继开办银行后，在开发实业方面形成了另一项投资决策，即创办炼铁厂。为此他想让保皇会资助留学的陈煜入"必珠卜"（Bridgeport，今译布里奇波特，美国康涅狄格州工业城市）钢铁学院学习，因康氏在美游览期间，该市"铁汽腾天，皆铁厂为之也，皆伽利忌之物也"的景象给他留下深刻印象，钢铁大王卡内基创办的钢铁学院也被他誉为"大地绝伦之铁校"。他从卡内基成为美国首富的经历中，从德、美两国成为世界"强霸"的现实中，体会到钢铁制造的重要性。他的思索所得集中在1906年撰写的《募开制铁厂章程序》一文，其中明白写道："吾尝论所以济中国、济同志者，曰纸铁、纸铁，凡文明之事物，利用前民之杂器，莫不赖铁焉！为纸币乎，吾既倡银行；为铁乎，当开铁厂。纸之与铁，为富强之具，阴阳相因相成而不安可缺一者也。"对于在墨西哥炒地获利前景的看好，则促使康氏急切开办炼铁厂。信中未谈及办厂具体步骤，但从这一年委托梁启超在东三省"试水"之事而言，康氏似属意于在国内办厂，只是因后来梁在东北被人骗去资金而告止。

信中提到的"琼翠"指琼彩楼酒店，参见1908年4月13日函释文；"铭三"，汤铭三，汤觉顿之侄，保皇会骨干，后自杀；"任"，梁启超。

十四、1906年11月31日

得十月廿六日书悉，宜怒极。云尽归诸款于寿、闲等，云今不可得，知在美者为尽力鼓舞股东，令其明知路已久截又腐败，不截亦不可交，令其改为铁厂，此为尽在美之力。至人才非所患，吾决用外人，瑞典(国小)人甚可用也。借才异地，今不得已也。汝笔舌并长，何不往纽助铭三乎。然无论如何，汝当专心成此大事。复问

仲策弟动定

十一月望

季直必为党魁，吾早言之。移植党于内地，今尚未能也，汝岂未知乎？然全问得款如何。今新改会，吾欲分数等会员（如各秘会法），以出款为定。汝可思之。其至下者，亦每人每年一二元（汝可与众商）。入会者须美银廿元。（至少十五元。汝谓如何？以致利为比，则应卅元。）

此信作于德国柏林，所述三点内容颇有助于了解康有为的商务谋略及保皇会内部改革情况。第一是粤汉铁路股资的归向之争。粤汉铁路于1905年收归国有，由广东等三省承建，保皇会遂在美洲进行招股活动以示响应，1906年4月3日函已提及委派徐勤在加拿大招股事。而同时香港保皇会华益公司总理叶恩也在美国招股，并顺利集得股款五十余万元。由于主持修路的广东官府营私舞弊，即徐勤向康报告所称"省中善棍把持路事，中外同愤"，因而路股截收后，康氏决意鼓动美侨股东将路股转为华墨银行股票，投资于制铁厂的建设。但叶恩以股东拒绝为由，不同意移作他用，仍将股款汇回香港华益。"寿、闲"，即邝寿文、梁应骝（字少

闲），均系华益公司司库。因而康要梁启勋代他游说股东转投股资于制铁厂，要他"专心成此大事"。

其二是雇用外国专门人才理财的设想。借才于异域之说，在戊戌时期康氏变法条陈中已有显现，在美洲的两年经历，随着对资本主义现代化经济的了解趋深，以及面对商务投资规模扩大带来人才匮乏的局面，康氏除了指定弟子留学深造，另一应急之法即"借才异地"，就像先前雇用美国人荷马李担任保皇会军事教官那样。此时他迫切想觅得的是金融管理人才，属意瑞典一地，盖因他游欧期间在那里逗留时间最长而已。信中提到的汤铭三，也在致谭良信中转达康氏旨意："佛甚欲用西人，罗生银行家可用否？乞细查复佛。"（《康梁与保皇会》，第72页）

第三是提高入会费标准。保皇会自1899年成立于加拿大以来，向无交纳入会费的规定，而是采取自愿捐款的形式，名曰"同志份金"，以一美元为最低额。1905年保皇会大会通过的章程中，新设"会费"一项，变自愿为强制，规定入会费为"美金五元"。此信距新规定施行不足两年，康又打算成倍增加入会费标准。这间接反映保皇会在美洲发展势头正健，他不担心因抬高入会门槛而遭冷遇。尤其是康氏受国内立宪运动发展的鼓舞，意欲将保皇会朝大政党方向改组。"季直"即张謇，1906年被推举为江苏咨议局局长，俨成国内宪政党领袖。康氏显然也以"党魁"自居，以往惯用的"会事"二字，也已改称作"党事"，他只是觉得"移植党于内地"的时机尚未成熟。康氏拟定的高额入会费，显然未得到梁启勋的应和，数月后召开的帝国宪政会大会，规定的入会费是"十大元"。保皇会收取入会费的举措，后来也为在北美的孙中山革命党所效法。

十五、1907年6月18日

仲策仁弟：

　　学生会事已决布告，将来拟拨些会费供笔墨。陈煜书收（可以此复之，不另），电车全未开，一二月亦难定，嘱其勿候，惟我或带彼往欧也。在墨已改百万大公司矣（去年旧公司，每股分五元），岐山、天铎等欲以芝埠铁路股改银行，可促其议定，以便登报。在此久候公司注册签名，竟费廿日，不自由莫甚。今尚须再候数日乃能了（事毕入墨京见总统，数日乃入美）。追思吾国二千年之自由（商务与官无关，亦不须律，而能泰能安），中国道之以德之极至，诚大地无有也。

　　此问动定

五月八日

　　此信写于墨西哥科阿韦拉州托雷翁城。康有为第二次入墨后的商务规划设想已非初入时可比，他要同时推进多种大的实业项目。此信谈及其中两件事的进展情况，一是承办电车公司，二是扩大银行规模。所谓"百万大公司"，必是指设在托雷翁的华墨银行，其性质是以贷款为基金的投资公司。康在第一次入墨后致谭良信中提及要先开一家"四五十万之银行，若有大力，则可作百万之银行"，因为贷款利率很高，"墨税甚贵，每百抽六"，"若自小公司展大者，则将来不须印花税。故今决先开小公司，以省将来之费也"。相比于银行的顺利扩充，电车公司之事则进展迟缓。1907年向墨政府申领承办的电车公司，地点设在墨中南部城市"莱苑"（Leon，今译莱昂），因保皇会在该地买进大片地皮，康氏期待通过建设有轨电车，改善交通设施，从而使地皮升值，其商业谋划可谓周详。康氏对此也抱有乐观预期,他通报梁启超:"墨中承得电车,长八英里,有非常大利,须款三十万。"(1907年4月8日致梁函)写此信时也认为一两个月内就能开工铺轨。然而事与愿违,因钱款不到位而不能动工,而承办合同规定1908年5月前不开工,"则墨官取还",即买下的电车公司由墨政府无偿收回。康氏自下半年起不断催促美保皇会负责人冯镜泉拨款,在地皮售不出、华墨银行巨款为广智书局支去的情形下,他只有让美国方面筹款。从冯在1909年9月至次年3月间给谭良的数封信中,可知他被康氏催款函逼得焦头烂额,"莱苑开电车,总长来书紧逼取款开办","总长屡次来信,云甚忧,莱苑电车开办,紧用大款","莱苑电车用款甚巨,总长来示甚急"。(《康梁与保皇会》,第169、173页)康氏也在信中表示:"今墨中电车路需款甚巨,日日催款,甚忧不能应之,则大局碍矣。"(1907年12月9日致梁启超函)他的话可谓"不幸而言中",至合同到期后此事仍无进展,对此康氏归咎于谭良擅自从美国的集款中挪走十六万。这也是两人1908年8月后关系决裂的主要原因。电车公司后来并未被墨政府收回,被康派去墨西哥收拾残局的徐勤,在1909年底致康信中建议:"电车出售为第一上策。"直到1910年3月,已在南洋过窘迫日子的康氏不得不黯然表态:"决意卖之,收拾余烬。"

信中提及拜会墨西哥总统事,康氏后来有长诗《谒墨总统爹亚士于其避暑行宫》及专文《谒墨西哥总统对问记》详述见面情节,时间是1907年6月29日。另据黄宽焯所述,陪同康会见的有其弟黄潮清等,时间为7月6日。(《康梁与保皇会》,第187、189页)与此信所述有出入,应以康说为准。康在此信中两用日语借词"自由"。颇具讽刺意味的是,他曾批评梁启超写作的恶习在于"掇拾东文入文",并谓:"汝观吾文,肯妄用一日本字乎?日本变新制可采,若以中文造恶俗字则不可从也。"康似乎与张之洞一样也遇到避无可避的窘境。

十六、1908年11月27日

仲策仁弟：

久不得问。顷上被袁贼毒弑，①吾哀痛甚，国事未可知也。党事所需甚多，而公款无出，今仗琼翠，②且须为广智交息。任日来请款而无以为计，今必须收琼翠全权乃能办。张孝不妥，不得令其再预琼翠事。谭昌奇横大胆，竟敢抗吾所命之黎华两月，又以卷盘据四层楼（所办画值十万，③今内地不销，当运返美，不能另租糜费）。谭昌一无所有，于吾借五百做股未还，又在公款借八百买妾，而敢如此纵横，实为奇横已极。吾决逐之（若再支离），并电芝革其会长。此事关吾党事甚大，吾拟派紫珊或逸君陆续来办。④唯彼盘据，有非常之心，弟可就近婉劝责之，令其勿生事、勿抗命，尚可从轻也。此问

　　动定

　　　　　　　　　　　　　　　　　　　更　十一月四日

此信写于马来西亚的槟榔屿，连同1908年12月20日函、1909年4月13日函、1909年5月2日函，四件信函的内容都与"琼彩楼"之争有关，为重新审视此案及康有为与谭良的关系，提供了难得的原始凭证。

作为保皇会在美洲的两件要案之一，"琼彩楼盗款案"因新出资料而引起关注，已有数篇论文进行专题探讨（如莫世祥《康门在商海中破裂——对有关芝加哥琼彩楼债务纠纷的若干信函的述评》，《近代史研究》1990年第2期；蔡惠尧《康有为、谭张孝、琼彩楼》，《历史档案》2000年第2期），若干传记和专著也辟有专节讨

论(如周伟浓《二十世纪初康有为保皇会在美国华侨社会中的活动》一书第3章第2节《琼彩楼债务案分析》)。这些研究的依据均出自谭良外孙女谭精意提供的一批资料(其中百分之三十的资料由方志钦先生编为《康梁与保皇会——谭良在美国所藏资料汇编》,天津古籍出版社1997年。按"汇编"应更正为"选编"),并且将此案等同于康、谭两人之间的分歧和冲突。然而细检这宗资料中康、谭往返书信内容,会发现他们之间并无原则性冲突,康氏问罪发难的理由多少都有些牵强,且经谭氏反驳后承认是误会所致。譬如康列出的一项最大"罪状",是谭擅借华墨银行十六万元而两年不交利息。谭则详细列出账目,证明两年里经手酒楼款共六万六千元,且属公用而非他个人借款:"请问代先生做生意之款,应责弟纳息否?""先生存弟之款,今日拨东,明日支西,款无停贮,支无定候,又安有息可生、有息可扣?而先生孜孜以此相责,岂能为无米之炊耶?譬如铺店之掌柜、阔老之管家,代人管银卖买,而东家必要该掌柜、管家纳息与之,有是理否?今先生之责弟纳息,何以异是?"对此反诘,康覆函承认自己"过疑",希望"各省躬思过",不再提十六万款数,转而责备谭借四千元商款两年而不付利息。谭对此并未否认:"至尚欠之款,尽法筹画得来,一笔还清固是大幸,倘事与愿违,亦止有照旧按日提还之策耳,望先生将就之。"四千元的利息,比起康动辄拨付爱女或梁启超数千百元来,实在是区区小数,尚不致使康与其倚重的骨干决裂。谭良在自辩信中主动表示配合账目核查:"各数之对否,琼楼数部对否亦可交铭三查办,余外如仲策、梦铎等亦可着其公同查复,以定弟子有无以多报少之罪。"那么康氏又何以要为派亲信查账一再受阻而发怒?

这些疑窦无法从谭良所藏资料及相关研究中得到解释,而康氏致梁启勋的这四件信函恰好起了解开疑团的作用。原来抵制康氏派人入店查账,被康视作眼中钉、必欲除之而后快的是谭良胞弟、负责琼彩楼日常运营的谭昌。四封信中先后胪列谭昌的各种"罪状",包括诡盗公款、抵制查账、拒绝任命、公款买妾、擅入外股、盘据公房等等,一些指责不惜前后重复,可以想见康氏执笔时的恼怒心态。而他的失态也缘于过度夸大琼彩楼的作用,在各项商务投资相继失利或陷于困境的情形下,视酒楼为振兴希望之所在,"芝楼所关大局甚要","党事所需甚多,全仗琼彩",而无视当初办酒楼的目的只为资助草堂弟子留学这一事实。谭良虽身在洛杉矶,不具体管理酒楼业务,但在康看来也难脱干系,要对乃弟的胡作非为负主要责任,也一并在驱逐之列。

十七、1908年12月20日

仲策仁弟：

国丧痛甚,惟袁贼毒弑,摄王甚恶之,⑤卫军亦与彼不对立。今《实录》已删戊戌,党禁计可开也。

芝楼所关大局甚要,已拨数万救任及政社、广智,⑥若不整顿,听谭横据(纽、港局今如此),无从筹款,任百饿死。今一切只望芝埠,谭昌横甚,敢抗我令(吾令不行,岂能办事,闻派季雨、黎华皆不受,⑦至数月)誓必逐之,并革会长,万不能留。(若不能,吾必布告,彼安能抗,徒激我怒耳。)弟可助铭三、黎华逐彼,切勿徇情(否则吾大怪弟)。以画十数万须运还芝,必须四楼(且须华照料),所关甚大。为此特告。即问
　学益

　　　　　　　　　　　　　　　甦　十一月廿七日

十八、1909年4月12日

振华大叛，明言不党。初则日言党党，今则言不党不党，敢于明叛，似挟官势，大奇大奇。盖铭伯大奸人，[8]卖吾党者也。诱得叛徒，又得二巨商有功者以售其奸为奔走，于是深入吾阻而刮数百万矣。盖奸人之雄也，全党皆为所卖矣。今虽能容之，后起者纷起，是引人人作叛，则诛之不可胜诛。旦诚如仪侃言，何以对织布一事也。[9]故因任、勉及党中大愤，召商已定，若彼决据，必函西抚撤之，并布告内外，令人收回股本。虽明知生大波而实无如何也。少闲面见，已一一供出。故已令少闲函告以决意事（一布告二函西抚），订明三月初一必须电复（陈兵以待）。今吾远游，两电港问未复，汝等就近，可与约问之。若彼决不归党，可电复我，俾我布告并函电西抚（此事已决裂）。若彼就抚，恐其（阳欺）一面据款，除已派勉为总理外，勉未到之前，派仲策代勉会办签名收款，随其游埠收款，并查前数，一一妥办详复。以仲策能严直不徇，故兹特派，俟勉来乃交卸，勿以方读书而诿卸也。特告此与

仲策、铭三弟，并示同璧、季雨

更生　闰二月廿二日

云樵已叛（彼曾在任前攻我，而任大责之，反告我），闻其攻我于仲远前，[10]仲远信之。可解告远。

此信写于瑞士中北部城市卢塞恩。被琼彩楼债务案和振华公司哗变案困扰的康有为，无心欣赏"欧洲大公园"的旖旎风景，忙于布置应对举措。信中所述反映出他处置振华案的谋划特点在于表里不一，内外表态有别，试图挽回案发后的败局，在财务上夺回

招股所得巨款,在政治上消弭因内讧而在美洲华侨中留下的负面影响。信中隐约显露的杀机,也让人对不足一月后发生的刘士骥遇刺案有不同角度的认识。

康有为在1909、1910年就振华案相继发布《振华公司股东禀帖》、《驳叶惠伯振华公司公告》、《请拿乱首欧榘甲等禀》、《张鸣岐受贿包庇逆贼欧榘甲据商谋乱刺杀刘道买凶诬仇证书》等多文,其中攻击的矛头均直指宪政会招股代表叶恩、欧榘甲、梁应骝以及广西巡抚张鸣岐,而对一同来美洲招股的广西候补道刘士骥则有褒无贬,称"刘道士骥身为大员,必不肯从彼党为乱者",着意将刘与诸人加以区别,认为后者担心刘士骥"知其隐情,皆必不能容者",故而有欧榘甲买凶刺刘之举。然而此信中对梁启勋表达的实际看法,反衬出这些说辞都是虚饰之言。信中直斥刘是胆敢明叛的"大奸人",是出卖全党的"奸人之雄"。他在稍前致梁启超信中,也在细数刘的罪状,视之为振华哗变的元凶,痛恨之意溢于言表:"龙门某道十年患难不改,乃今正资以卖我也。今闻其复勉等电,云振华为国不党,彼之心术乃大明白矣。今彼取吾之叶、刘诸元功,欧、梁诸同门至亲而利用之,乃深入吾重地,刮取数百万而去,乃又以奏案相恐压,日言为党,今则言为国不党矣。此事张坚伯亦为其所卖,彼弃两道缺不取而奔走于美,其意盖欲探取数十万为将来计。而吾某某乃皆有叛心而同唻厚利,于是内外合矣,大事成矣。人心之坏如此,可惊可畏。"两种说辞全然不同,其中必有难言之隐。此信中认为刘的叛变之举会被他人仿效,如果对此容忍,"是引人人作叛,则诛之不可胜诛"。类似杀气浮现的表述,在处理琼彩楼之争中已有显露,而振华诸人对保皇党的打击之大,远非谭昌可比。徐勤在党内负责处理善后事宜,专干"脏活",难保不会再启杀机。虽然康有为一再撰文为徐勤辩护,振华欧榘甲等人始终断定刘士骥为徐雇凶手所害,也并非空穴来风。

康氏写此信之际，振华招股诸人尚未离美，他布置了几条有针对性的回击措施，其中利用已倒戈屈服于康的梁应骝出面布告，并向张鸣岐发函陈情，以及任命梁启勋代替徐勤全权负责追款之事，都是今人相关研究中的盲点。

十九、1909 年 4 月 13 日

铭三、仲策弟（示同璧）：

　　铭书收悉。（尽税速办，安能问美领为据。）

　　二谭贼盗据公款数万，牵累大局，墨几倾倒，庇为救纽、墨亦力竭，⑪罪大恶极，实不能容。

　　此事铭误信彼于先，又纵奸于后，实误大事。即仲策自知内容之败而不发作，亦有咎焉。此事大谬，吾在美已知之，一派兆生，二派宜甫，三派铭三，四派雨，⑫皆不能办，无可如何。今至派璧及国贤办理，仲策闻甚出力，应于此次助同璧、贤彻底一清，勿使再累。吾去春为此事病数月，铭尚复置之不理。安禄山之叛，乃杨国忠养成，虎兕出柙，是谁之过？今宜助同大众一律清之。一言蔽之，谭贼大奸，吾党必不与之共事。吾身有几难，为之累呕血。彼实无一文之本（良四千，昌五百，皆借公款），必逐彼离店，代之顶股，一清百清乃可。再不得已，亦当令彼不得与事，同于外股（然此亦多萌孽，恐又生他患）。彼奸心，实办事以来未之见。彼挟出名，则可率全美各会作证，令攻彼伪医以去之。否则在粤抄没其产，必不容彼共事（勉尚有他言，可览其信，盖公款万难容其盗据也）。

　　办之之法，一面与各股东商布其罪（此则无可隐，否则布告全美），谭良盗《国事报》股数百，⑬经挟士多利全埠所攻，⑭良又欺薛锦琴为彼做工，⑮支工钱而在我处支款数百，经薛函

攻。此其猥琐之盗，真不可言也，可布告之。谭昌则汝等应知之矣。

汝二人皆与彼二贼相好，向来容庇，至生大祸，其故不解。即或汝二人或因学费不足，时与借贷，亦贷公款，与彼无与。勿因感彼区区小惠而不顾大局也，可破除情面办之。彼向以汝二人为饵，而彼收其实利，今铭三几身破名裂，实为彼所卖，岂尚不知悔悟耶？譬在罗生，彼供养我甚好，然所谓饵也，彼以吾与汝二人为鱼而少投其饵。今出钩之后，恨应彻骨，岂可复感激投饵之人。故铭三之愚亦至甚矣。及今改之，要之今者是对待大贼，尽力尽德办理，无复分毫之情。若汝二人尚存情，则是不顾败大局而感小饵。则非特愚不可及，几于助叛同科，则与彼并分其罪，非吾所知也。国贤、振华二人与彼无交，可尽力办之（此书或并示贤华）。此告。并问近好。

闰二月廿三日

党内及国事，汝等想得任书应知之。任即起用，惟苦用度皆绝。（东中学者久支半费，今乃至半费亦无，频书告急。纽、港、庇皆竭，今惟有芝耳。）吾令任向芝取款，可筹美金一千应之，多更好。（吾嘱电二千来，为分与任也。若未全汇来，我可分半电汇任。）至美中各人学费，去腊函璧已转告，想知照矣。百度尽绝（同照可恶，⑯决勿支费），实无力再养学生。今除仲策四百、国贤四百、林铎四百、徐良、王驹四百（另尹限三百，璧五百），⑰此外皆停。今夏课已将停，至六月后各应停者，皆告知自为计可也（良、驹已由庇照料）。以上数人岁共支二千四百耳，以此为定。

一、芝楼之老本息，未分过一分文（孝原议章，订每两月将溢利分一次，充学费），其借去二万四千，三年未交一文之息。孝贼欲以所支万余金扣本，无论初办芝楼专为养学，而所交商本年年须息，万难扣此巨金以作学费。今即无老本息可分，而借去之二万四千，三年之息亦应万余。所立之单，皆一分息，每三月转单，本息清还，息上加息，必应万余。即以此扣支去学费可也。若欲以所(赚)得之钱扣老本，而三年数万之息一文不交，在贼则智矣，其如公款何？吾写此事不啻百回，而铭三两年不以此事复一字，不能不大怪恨之也。今决定，义必当追息上加息之息，以支学费(二万四，三年)。其股票本钱初次一万四千五百(内二千五百不属公款)，后二万七千五百，实为老本。惟彼后次擅作一万六千股票，必当理清。若必不得已(度讼不胜)，则此十一万五千之本，亦当作借款追其息也。

大端略具于此。言之千万，铭应了然，但徇情耳。今必宜照办。铭徇情一年，又不知去实利万千数，诚可怪也。且闻铭为总理而先签名于银，则听昌取款，致有借外款入外股之事，铭尤不能辞咎。欲面面皆关，必致累，面面不关，而自累其面而已。

闻今已入外股，又借外债，以为牵制之具。谭贼昔年强借二万七千五百之款，为陈氏擅入外股万余而赎之起见。铭三破例擅与巨款以赎此，盖以外股外债之万不可云尔。今亲在芝督理，一一皆须签名，奈何亲蹈覆辙，实不可解，既纵容谭昌作弊，复不告变，真是养成大患。一一皆汝铭三之由，吾无以为汝解也。此责铭三。

更生

（以上诸纸言芝）

二十、1909年5月2日

仲策仁弟：

　　来书悉。近闻党禁将解，书到或先知之，汝兄或先还用也。顷因芝琼牵动，内外困绝，东京学者皆停饷。张孝诡盗，铭三误发数万款与之，致令牵倒一切，墨事几败。累派铭、雨等严办，彼皆徇畏，无可如何，派同璧督同周国贤办理。谭贼之据此楼，实出梦外，宜勉欲杀之也。[18]今全局几全败于此，弟学费亦无出。可帮阿璧严办，逐阿昌，务令谭贼脱股，收回全权，乃为了事。张孝本三千，昌五百，皆借自公款。彼实无一文，而借养学生为名诱我，借数万之款，息一文未交，而欲以支迻汝等（养学生）万金扣本，此万不可行也。馀问铭三尽悉。若谭贼真敢悖出名相争，必将布告，合全美各埠攻之，并在内地抄其家。岂有全会公款而可以一人窃据者乎！惟汝善为之。此问

　　近好

三月十三日

有信寄曼宣转可也，[19]吾行近无定。

　　上列书信凡二十通，均写于1904年12月至1909年5月间。期间康有为行止无定，但主要滞留在美国和墨西哥，尤以居美时间为久。受信人梁启勋（1879—1965），字仲策，系梁启超仲弟，早年也入万木草堂师事康有为，后赴美留学于哥伦比亚大学经济系，1912年回国。康氏致梁启勋的书信，此前从未面世过，这批信函借梁氏档案公布而首次披露，不啻向研究者开启了一扇窗口，它不仅为具体了解康氏海外行踪提供了准确线索，为梳理康氏与美洲

各地保皇会、宪政会之间的人事纠纷和亲疏离合状况提供了不为人知的真实细节，更重要的是为研究康有为领导的保皇、宪政运动的性质、规模及其兴衰过程提供了可靠依据。

戊戌维新变法时期，康有为已在初步构想超越"以农立国"的传统小农经济社会水平，代之"以工立国"、"以商立国"的现代社会发展蓝图。此后多年浮槎海外，直接接触西方世界各种新气象，对资本主义国家的发展理念和运作模式有了切身体会。这批信函在相当程度上表明，他在深化认识和开阔视野的同时，试图从各方面推进和拓展戊戌时期的维新变革主张。除了通过两次保皇会代表大会的章程修订，试图引入现代政党的运作机制，康有为在借鉴资本主义先进经验以振兴商务、开发实业上，更是雄心勃勃地大胆实践，在招股集资开发金融业、开拓实业建设方面多头并举，推出一系列领国内风气之先的举措。为了给各项事业的可持续发展提供人才保障机制，他又颇具匠意地开启保皇会留学运动，选派弟子或弟子的后代分赴欧美国家接受先进的专业教育，并藉此为未来执政储备管理人才，其中不少人在民国历史舞台上留下了活跃的身影。康有为在海外的一系列言行举措，随着新资料的陆续公布而渐趋清晰，构成中国现代化史上尚待书写的新篇章。康与保皇会在美洲的所作所为，即为继踵而至的革命党人所效仿，如果不以成败论英雄，可说在相当程度上孙中山充当了康氏现代化规划的具体执行人。

---

① 光绪帝死于1908年11月14日，康有为认为是袁世凯下毒所致。
② 琼翠：即琼彩楼。1905年10月谭良建议保皇会开办酒店，以赢利所得作为资助留学款。康予支持并称此为"兴学育才之大举"，并命谭全权办理，酒店于1906年夏在芝加哥开张，店名"琼彩楼"当出自谭良。康曾去信表示："知芝楼批成'琼彩'，二字太劣，何不曰'华严楼'，抑曰'移风'、曰'华

粹'、曰'馔玉'?"因谭良久在洛杉矶开业行医,酒店日常营业由其弟谭昌具体负责。琼彩楼至二十年代后仍在营业。

③ 所办画值十万:康氏游欧期间陆续买入一批油画和古董,曾运往香港沽售,梁启超在1908年1月26日向康报告:"香港一帮古董,困死十余万,弟子谓当减价售去,先生谓如何?特恐减价亦无过问者。"康在3月9日回信说要将画作"陆续运还美估之",写此信时当已运抵。估计这批画数量较大,须占用酒店第四层楼摆放,谭昌家眷正居该层而不肯让出,故招来康的怒斥。

④ "紫珊"指冯镜泉,"逸君"指陆敦骙。

⑤ 摄王:摄政王载沣。溥仪继位为宣统帝,因年幼而以其父为摄政王。

⑥ 任:梁启超;政社:政闻社;广智:广智书局。

⑦ 季雨:康有需字广泽,号季雨,康有为堂弟。

⑧ 铭伯:刘士骥,与康有为是同科举人。

⑨ 织布:织布局,1906年由叶恩设立于香港,该局也在美洲成功招股二十万,具体事务由陈继俨(字仪侃)负责。

⑩ 云樵:欧榘甲;仲远:陈焕章。

⑪ 庇:庇能;纽:纽约。

⑫ 四人分别指林兆生、陈宜甫、汤铭三、康有需。

⑬ 国事报:指《国事日报》,保皇会在国内的喉舌,1906年9月创刊于广州,由徐勤负责。

⑭ 挨士多利:美国俄勒冈州的Astoria市。

⑮ 薛锦琴:保皇会针对慈禧偏爱女留学生的特点,于1905年资助薛留学美国,是要她日后归国伺机刺杀慈禧。康有为与谭良往返书信中在"养五十"一事上有分歧,有研究者考证其意是供养五十名刺客,显然是误解。"五十"典出李商隐诗"锦瑟无端五十弦",代指薛锦琴。

⑯ 同照:康同照,康有为堂兄之子。

⑰ 仲策:梁启勋;国贤:周国贤;徐良:徐勤之子;王驹:王觉任之子;尹:游师尹,康有为外甥;璧:康同璧。

⑱ "勉"指徐勤,此处披露他曾想杀掉谭昌。

⑲ "曼宣":麦仲华,字曼宣,麦孟华之弟,后娶康氏长女同薇为妻。

基督新教传教士在杭州的早期活动考述

章 可

摘要：本文旨在考证基督新教各差会进入杭州开教的过程，并纠正以往流传的误说。新教传教士在1859年之前就已经多次进入杭州。1859年包尔腾和倪维思夫妇到杭州建立传教点，但由于第二次鸦片战争影响而在当年撤出。1864年太平军退出杭州后，英国圣公会最早在杭州建立传教点，其后各差会陆续派人前来，正式开创杭州传教事业。

关键词：杭州，基督教，开教

章可，复旦大学中华文明国际研究中心助理研究员

杭州在中国基督教史上具有独特地位。明末清初西方天主教传教士在杭州活动很多，而当时本土奉教士人所谓"三大柱石"之中，有两位（杨廷筠、李之藻）是杭州人。清代中叶禁教时期，天主教在杭州的活动陷入停顿。至十九世纪中叶，教禁解弛，在天主教之外，基督新教传教士也开始进入杭州。

就整个浙江省来看，新教传教士早期的活动可分为两个阶段。[①]1858年前，依条约规定，传教士的活动只限于通商口岸，宁波是其活动主要据点。到第二次鸦片战争后，传教事业向省内其他地区拓展，其中心则开始向杭州转移。近年来学界对前一阶段的

关注较多,已出现不少研究成果,②但对于1860年前后新教各差会进入杭州的过程,仍缺乏细致清楚的考察。新时期来陆续编成的《杭州市志》和《杭州民族·宗教志》,对此记载也多有不准确之处。本文试图综合新发现的材料,尤其是利用西方传教士的记述,对基督新教各差会进入杭州的过程作一考述。按时间顺序,本文叙述分为1859年前的活动、1859年开教、太平天国运动后的重建这三个部分。

一、1859年前踏足杭州的西方人

明末清初时,杭州是天主教在华活动中心之一。1611年耶稣会士郭居静(Lazzaro Cattaneo)在杭州开教,此后大批传教士在杭州聚集,出版了许多西学书籍。③康熙末年,禁教开始。雍正帝颁布禁教令后,杭州天主堂被浙江总督李卫改为天后宫,传教士们也被强行驱逐。然而,在此后一百多年禁教期里,仍有许多天主教士秘密来到杭州:雍乾时期有法国人卜文起(Louis Porquet)、德玛诺(Romain Hinderer)、卜日升(Jean Baborier)以及葡萄牙人黄安多(Antonio-Jose Henriques);④嘉道年间,则有遣使会士金神父、李玛窦、王儒翰等人来杭。⑤可见在当时险恶环境下,杭州对天主教士仍有相当大吸引力。但此阶段要在城中继续传教已极为艰难,传教士活动多是重修或视察城西的大方井教士墓地。

禁教时期来到杭州的西人并不仅是天主教士。1793年,英国马戛尔尼使团来华,回程时沿运河南下,在当年11月9日到达杭州。使团在杭州城停留数日,其中不少成员还游玩了西湖。⑥使团中的画家亚历山大(William Alexander)则留下了关于杭州的珍贵绘画图像。⑦其后阿美士德使团于1816年来华。丁韪良(W. A. P. Martin)曾说,在新教传教士前,阿美士德使团是最后到过杭州的外国人。⑧但实际上,阿美士德使团在回程中并没有经过杭州。该使团沿运河南下,过扬州之后转入长江,沿江而上在鄱阳湖登岸,再南下广州。⑨

鸦片战争后,随着条约签订和口岸开放,中外关系进入新阶段。新教传教士入华以来,早在浙江沿海已有不少活动,迨宁波开放后,各差会都陆续派来传教士。就全国层面看,尽管条约规定只能"于通商五口地方建堂礼拜,断不越界传教",但传教士们并不满足于只在口岸的狭小范围内活动,越界潜入内地游历考察的情况相当多见。⑩在宁波传教士眼中,作为浙江省城的杭州是他们希望考察的重要地点。杭州对于欧美人来说并不陌生,《马可·波罗游记》塑造出来的富庶华美的"东方天城"形象一直在西方流传。1842年《中国丛报》曾登载文章介绍浙江省,其中详细介绍杭州的情况,并大段引用马可·波罗的游记和马戛尔尼使团副使斯当东的记述。⑪

从目前的材料看,最早到杭州活动的新教差会是美国长老会。根据季理斐(Donald MacGillivray)记录,在1854年就有长老会的中国同工从宁波到杭州活动。⑫随后,在1855年长老会传教士丁韪良和兰金(Henry Rankin)也到过杭州。丁韪良后来还自豪地回忆说,这是当时"白人第一次踏上杭州的街道"。尽管也曾尝试布道,但他们这次进入杭州并没有设立传教点目的,只是其省内游历的一站。⑬在长期隔膜的环境下,杭州的许多民众对外国人并不熟悉,有人还把他俩视为"倭寇"。饶是如此,这次潜入没有遭到当地官吏驱逐,两人甚至在西湖边的寺庙中过了一夜才离开。⑭

对杭州有兴趣的并不止美国长老会传教士。1858年初,英国圣公会传教士禄赐悦理(William Russell)、美国长老会传教士倪维思(John Nevius)以及美国驻宁波领事俾列利(C. W. Bradley)三人又一同来到杭州。相比于丁韪良二人,此次禄赐悦理等人的杭州之行则带有较明确的目的,即考察在此建立传教点的可行性。⑮根据慕稼穀(George E. Moule)所说,这次旅行最初是出于禄赐悦理的朋友、一位陆姓(Lu,音译)绍兴茶商的邀请。这位茶商允诺全程陪同和护送他们。⑯禄赐悦理一行人从绍兴经过,在钱塘江边的闸口登岸进入杭州。但当他们在西湖边游览时,恰巧遇到了一些路经此处的官员,于是被要求立即离开。他们随即被带到衙门,并由一队士兵解送回程。⑰当队伍夜晚路过绍兴时,那位茶商偷偷逃走,而三个外国人则一路回到宁波。⑱

1858年6月,清廷与俄、美、英、法等国分别签订《天津条约》,其中明确了基督教在中国传教的权利,而在中英《天津条约》里有一款申明,英国人只要持有"执照"便可进入中国内地游历。⑲得此条件,在宁波的英美新教差会便正式将传教事业向杭州的发展提上日程。

1858年11月8日,在英国圣公会传教士会议上,施美夫主教(George Smith,维多利亚会督)提出:"我们应该考虑立即到杭州,建立宁波之外的第二个传教基地。"⑳会议之后,在当年12月,禄赐悦理护送施美夫主教及家人前往上海。他们没有走海路,而是选择了走陆路。当经过杭州时,由于当地船只成批被清军征调去与太平天国作战,根本无法找到船继续前行。情急之下,禄赐悦理只好前往钱塘县县衙,尽管他身上没有携带经过中外两方官员核准的执照,但依然得到帮助。知县迅速为他们找来了两条宽大的船只,并派人护送他们,最终安全抵达上海。事后,施美夫主教还在《公会传教通讯》(*Church Missionary Intelligencer*)上撰文记录了他们这次旅行。㉑

实际上,新教差会之所以希望在杭州建立传教点,除了因为杭州人口众多,政治、文化地位重要外,还由于杭州乃是上海与宁波两个口岸之间陆路交通的中点。来往上海与宁波当然可以走海路,但当时这一片海域的海盗活动十分猖獗,旅客安全经常受到威胁。禄赐悦理和丁韪良在1855年就曾被海盗抓获,所幸只损失了些财物。[22]而长老会的娄礼华(Walter Lowrie)则更为不幸,他在1847年由上海返回宁波的途中遇到海盗,财物被劫掠之后,还被抛入海中杀害。此事对上海、宁波两地的外国人震动极大。[23]因此,从陆路绕经杭州便成为他们的另一选择。

1857年8月,《泰晤士报》通讯记者柯克(George Wingrove Cooke)从上海去宁波,走陆路并通过运河到杭州,据他说,此前在上海的伦敦会传教士艾约瑟(Joseph Edkins)也曾试图潜入杭州,但被发现并被解送离开。[24]而美国浸礼会传教士玛高温(Daniel Macgowan)在1858年前也多次路经杭州,[25]1858年12月,他在钱塘江边的六和塔寺院中居住了五天,每日都出去布道,在城中向民众分发了许多基督教书籍。[26]综合以上可见,在1850年代,新教各差会对进入杭州都早有规划,并多次试探。

二、1859年传教点的设立

《杭州市志》"宗教"部分和《杭州民族·宗教志》都记载:"清咸丰八年(1858),美国基督教北长老会差会的中国传道张澄斋从宁波来杭,寓于紫阳山汪王庙,租赁剪刀巷费姓房屋开始布道。"[27]然而在外国传教士记述中,并没见到他们提及张澄斋当时有单独活动。新教差会正式派出传教士,试图建立杭州传教事业是在1859年。该年1月,英国圣公会传教士包尔腾(John Shaw Burdon)从上海赴杭。他穿着西人服装进城,并没有遭到驱逐。起先他并非如《市志》所说"居住城隍山开始布道",而是在杭州城外新马头的一条船上居住了一个多月。

到3月初,倪维思和几个中国同工从宁波赴杭,此行希望在城中找到地方,设点售卖基督教书籍。倪、包两人会合后,在城隍山一个庙里租了两间小屋。[28]包尔腾其后一直住在该处。大约一个月后,倪维思又在六和塔的寺院里租到更大的屋子。于是在4月初倪维思又回宁波,带上他妻子以及另两个中国同工一起来杭州。[29]当月正好是大批香客来寺里进香时节,倪维思夫妇藉此接触到许多当地人,但也不胜其扰。期间倪维思在杭州城里到处活动,与一些官员也有来往。很快,夫妇俩又在紫阳山一座庙里租到了房屋并搬去那里。[30]根据倪维思夫人的回忆,该庙的房主姓"汪"(Wang),笔者认为极可能就是汪王庙(该庙祭拜汪氏祖神)。[31]如此看来,张澄斋"寓于紫阳山汪王庙"至早也在1859年4月,而不是《市志》所说"咸丰八年"。

传教点开辟之初,倪维思夫妇、包尔腾的两处驻所都迎来大量好奇的本地访客,与他们讨论有关基督教话题,传教士们也满怀希望。在英国圣公会方面,也有向杭州传教点加派人手,拓展事业的计划。[32]但形势很快发生变化,1859年6月底,清军与英、法两国海军在天津大沽口开战,结果英法炮舰败退,双方外交关系破裂。7月,杭州本地官员要求倪、包等外国传教士离开杭州。

作为美国人,倪维思起初还想继续驻留,等待事态发展,但钱塘知县令人抓捕了他的房东,并声称如果倪氏夫妇限时仍不离开,就对房东施以杖刑。同时他们还收到美国驻宁波领事俾列利的信,建议退出。最终,倪维思夫妇在8月底离杭回到宁波。[33]包尔腾在撤出后于10月再次回到杭州试图继续工作,但还是迫于压力在1859年11月28日离开。[34]当年开辟的传教事业由此戛然中止。尽管这期间传教士和杭州民众多有交往,但真正有兴趣入教的民众寥寥无几。倪维思夫妇周围的慕道者只有两人,其中一位苏姓(Su,音译)妇女是个裁缝的妻子,在几年后迁居到了宁波地区,并最终在那里受洗入教。[35]

三、太平天国运动后传教事业的创建

咸丰末年政治情势复杂,清政府、太平天国与外人三方关系纠缠,不断角力。1860年3月间,李秀成率领的太平军奇袭杭州,攻克之后又很快撤退。[36]在北方,该年10月英法联军攻入北京,与清廷签订《北京条约》。从此,基督教进入中国内地传教再无条约阻碍。尽管如此,新教差会并没有立即恢复杭州传教。1860年《北京条约》签订后,包尔腾和英国圣公会的弗莱明(T. S. Fleming)、美国浸礼会的罗尔梯(E. C. Lord)三人再次到杭州,他们没有被直接驱逐,但当地官员郑重请求他们不要进城,因为此时战事吃紧,为防备太平军,杭州城处于严密戒守中。鉴于此情势,三人只好离开。[37]

1861年底,李秀成率太平军再次攻陷杭州城,杭州官员自浙江巡抚王有龄以下,大多自杀或被俘。从此到1864年3月,杭州城一直为太平军占据。实际上,从1860年一直到太平军撤出杭州为止,期间没有西方传教士进入杭州传教。其原因当然是江南战事不断,外国军队在宁波与上海都与太平军直接交战,处于敌对状态。另一方面,新教差会在这时期也缺乏人手。早先到过杭州的倪维思和包尔腾都在1861年离开江南去了华北。而以英国圣公会为例,该会1862至1863年间在宁波的传教士一度只有慕稼榖和慕雅德(Arthur E. Moule)兄弟两个,自顾尚且不暇。

但1864年太平军撤出杭州后,新教差会立即着手重整杭州传教事业,走在最前面的仍是英国圣公会和美国长老会。以下我们分差会叙述:

(1)英国圣公会 1864年5月,法兰丁(Jarvis D. Valentine)夫妇到达宁波,慕氏兄弟得到了支援。起初,慕稼榖对是否马上向西拓展传教事业仍有顾虑,到当年11月,在两名中国信徒的劝说之下,慕稼毂决定带他们一同前往杭州重建传教点。㊳由于事先通过朋友的关系已有所安排,他们进城后在马所巷租得房屋住下。根据慕稼毂回忆,当时的杭州满目疮痍,城周围山上遍布饿死或战死者的新坟,城内房屋毁损大半,官府衙门和各处寺庙毁坏也十分严重。㊴

(2)美国北长老会 其实,北长老会的格林(D. D. Green)和陶锡祁(Samuel Dodd)早在1864年4月,也就是太平军撤出一个月后,就曾到过杭州城考察。在获悉慕稼毂的行动后,格林夫妇和张澄斋于1865年1月也来到杭州。他们先在慕稼毂的马所巷寓处住了几天,随后在皮市巷租得"五开间楼厅一所"并搬去那里。㊵其后在1867年和1870年,陶锡祁夫妇和来恩施(D. N. Lyon)夫妇相继到来。

(3)美国浸礼会 《杭州市志》说"同治五年(1866),美国基督教浸礼会差会传教士秦镜来杭",㊶并不正确。实际上,浸礼会最早来到杭州的传教士是金楷理(Carl T. Kreyer)。金楷理是德意志人,年幼时随家人移居美国。㊷他与夫人在1866年5月来到宁波,该年8月就到杭州视察,11月在杭州大井巷租屋建立布道站。㊸金楷理到杭州后与几个宁波来的教友一起,又找到了两处地方建立传教点,但他本人于1869年底突然接受江南制造局教习的职位去了上海。而秦镜(Horace Jenkins,又名秦贞)则是在金楷理离开之后才来杭州接手教务的,但不久后也生病告假离开。㊹

(4)中华内地会 1866年11月,以戴德生(James Hudson Taylor)为首的中华内地会传教士也来到杭州。此时内地会刚成立不久,杭州是内地会最早的传教点和总部所在。戴德生等人初到杭州时,住在金楷理位于大井巷的寓所内,但很快在新开弄口租下了房屋。㊺新开弄的房屋较大,有许多房间,他们在很短的时间里就建起了礼拜堂、诊所、印刷房以及男女传教士的宿舍。到1857年初,该处就已开堂传教,诊所也在2月开始接待病人。[46]比较而言,内地会的外国传教士大多穿着中国服装,他们更容易被杭州民众接受。戴德生本人自1867年起就深入其他地区传教,其后杭州的中华内地会教务实际由1867年到来的麦加第(John McCarthy)夫妇主持。[47]

(5)美国南长老会 《杭州市志》提到,"咸丰十年(1860),美国基督教南长老会差会传教士胡思登及郝里美来杭",此系明显错误。美国南长老会是在1861年美国南北战争爆发之后,才从长老会当中分裂出来的,[48]至于向中国派出传教士则要更晚。胡思登(M. H. Houston,又名吴思敦)、郝理美(Benjamin Helm)和司徒尔(J. L. Stuart,司徒雷登的父亲)三人在1868年才来杭州,[49]他们是南长老会总部派出前往中国的第一批传教士。在他们之前,南长老会已有应思理(Elias B. Inslee)在杭州。应思理曾经隶属长老会,1857年开始在宁波活动,还主编过《中外新报》,1861年回美国,在国内与(北)长老会脱离关系,并在1864年又到中国。[50]1867年,他到杭州大井巷住下。后来应思理在1870年回国,司徒尔则因病回国休养后于1874年再回杭州。[51]

胡思登和郝理美来杭州后,很快在管米山买到一处地产并建起洋房,此事随即引起纠纷。1872年8月,浙江布政使卢定勋的一个儿子和妻子连续亡故,而他请来的堪舆师则告诉他,这是由于洋人在管米山的房屋正对着藩台衙门,破坏了风水。于是卢定勋给钱塘、仁和两县的知县施压,将所有曾售卖和出让地产房产给外国传教士的人都一并抓捕,牵涉的不仅是南长老会,也包括当时在杭所有差会地产的原主人。由于担心此事会导致彻底孤立,在杭新教传教士集体表示不满。时任美国驻宁波领事罗尔梯接信后,立即来杭交涉。一个多月后,所有涉案人员都被释放。[52]此事的另一结果是,卢定勋在1873年为南长老会在天水桥附近取得地皮,后来胡、郝二人建起礼拜堂并搬到那里,即为天水堂。

四、结　语

早在1835年,来华新教传教士的"先锋"之一郭实猎(Karl Gützlaff)在通信中独独推荐杭州作为将来在中国大陆传教的基地。[53]这不是他偶然的心血来潮,而带有极深的考虑。杭州作为江南的中心城市之一,不但有着重要的历史、经济和文化地位,在"传教地理"上也是由口岸(上海、宁波)向内地延伸的轴点,以此为基地可进一步向华东地区深入。后来历史的发展似乎在回应郭实猎的规划,1858年条约签订后,杭州成为口岸之外最早开教的内地大城市之一,而当时一些新创立差会,如美国南长老会、中华内地会等,都选择杭州作为最先向中国派出传教士的城市。

然而,传教点的开辟并不意味着这时期的基督教事业取得了多大成功。《北京条约》签订后相当一段时间,进入中国内地的新教传教士往往遭遇两面受压的尴尬局面。一方面,由于不平等条约激起的反抗情绪和中国官民历来的"反教"态度,[54]受洗入教的中国人为数极少;另一方面,传教士也很难得到自身国家无保留的外交支持,以英国为例,以阿礼国(R. Alcock)为代表的外交官当时就主张限制传教士在内地的工作,以免对英国的通商利益造成不利影响,这一主张还得到了女王和首相的支持。[55]

所以,初入内地,新教传教士的活动大多举步维艰,杭州就是典型的例证。直到进入十九世纪七十年代后,随着一批教会学校、报刊、医院等社会事业的创办,基督新教才真正开始融入中国本土社会,其引发的问题也从政治、外交领域转入了社会、文化领域。

---

① 沈雨梧:《近代基督教在浙江》,《近代史研究》1996 年第 4 期,第 63 页。

② 龚缨晏:《浙江早期基督教史》,杭州出版社 2010 年;俞强:《鸦片战争前传教士眼中的中国——两位早期来华新教传教士的浙江沿海之行》,山东大学出版社 2011 年。

③ 龚缨晏:《欧洲与杭州:相识之路》,杭州出版社 2004 年,第 138—152 页。

④ 龚缨晏:《欧洲与杭州:相识之路》,第 176、184 页。

⑤ 浙江通志馆修:《重修浙江通志稿》,见张先清、赵蕊娟编《中国地方志基督教史料辑要》,东方出版中心 2010 年,第 374 页。

⑥ 斯当东著,叶笃义译:《英使谒见乾隆纪实》,上海书店出版社 1997 年,第 454—459 页。

⑦ 阿罗姆绘图,李天纲编著:《大清帝国城市印象:19 世纪英国铜版画》,上海古籍出版社 2002 年,第 62—68 页;刘潞、吴芳思编译:《帝国掠影:英国访华使团画笔下的清代中国》,中国人民大学出版社 2006 年。

⑧ W. A. P. Martin, *A Cycle of Cathay, or China, South and North, with Personal Reminiscences*, New York: Fleming H. Revell Company, 1900, p. 112.

⑨ 参见 Clarke Abel, *Narrative of a Journal in the Interior of China, and of a Voyage to and from That Country, in the Year 1816 and 1817*, London: Longman, Hurst, Rees, Orme and Brown, 1818, pp. 397–402.

⑩ 张力、刘鉴唐著:《中国教案史》,四川省社会科学院出版社 1987 年,第 332—333 页。

⑪ *The Chinese Repository*, Vol. 11, No. 2. 1842. pp. 104–110.

⑫ Donald MacGillivray, *A Century of Protestant Missions in China, 1807–1907*, Shanghai: American Presbyterian Mission Press, 1907, p. 382.

⑬ W. A. P. Martin, *The Awakening of China*, New York: Doubleday, Page & Company, 1907, p. 22. 但按季理斐说法,这次旅行在 1857 年,见 *A Century of Protestant Missions in China*, p. 382. 此处采丁韪良自述说法。

⑭ W. A. P. Martin, *A Cycle of Cathay, or China, South and North, with Personal Reminiscences*, p. 113.

⑮ Frederik D. Cloud, *Hangchow, The City of Heaven*, Shanghai: Presbyterian Mission Press, 1906, p. 33.

⑯ George E. Moule, *Notes on Hangchow, Past and Present*, Shanghai: Kelly & Walsh, 1907, p. 23. 前引克劳德(Cloud)书中将这次旅行的时间记为 1858 年，前引季理斐书同，而根据慕稼穀回忆，禄赐悦理等人的杭州之行就在他到宁波前不久，慕稼穀到宁波的具体时间是 1858 年 2 月，参见 Handley Moule, *George Evans Moule, Missionary and Bishop in China*, London: Church Missionary Society, 1920, p. 6. 故将上述旅行时间定为 1858 年初，在《天津条约》签订前。

⑰ D. N. Lyon and J. H. Judson, "Historical Sketch of the Hangchow Station", in J. C. Garritt ed., *Jubilee Papers of the Central China Presbyterian Mission, 1844–1894*, Shanghai: American Presbyterian Mission Press, 1895, p. 78.

⑱ George E. Moule, *Notes on Hangchow, Past and Present*, p. 24.

⑲ 见王铁崖编《中外旧约章汇编》第一册，三联书店 1957 年，第 97 页。中美《天津条约》并无此条，但却有各国权益"均沾"的条款，见同书第 95 页。

⑳ Arthur E. Moule, *The Story of the Cheh-Kiang Mission of the Church Missionary Society*, London: Seeley, Jackson & Halliday, 1878, p. 41.

㉑ George E. Moule, *Notes on Hangchow, Past and Present*, p. 24.

㉒ W. A. P. Martin, *The Awakening of China*, p. 18.

㉓ 龚缨晏：《浙江早期基督教史》，第 161—162 页；吴义雄：《美国传教士娄礼华在华活动述论》，《中山大学学报》1998 年第 4 期。

㉔ George W. Cooke, *China and Lower Bengal*. London: Routledge, 1861, p. 118.

㉕ "Journal of Dr. Macgowan", in *The Missionary Magazine*, Vol. 38, 1858, p. 325.

㉖ "Journal of Dr. Macgowan", in *The Missionary Magazine*, Vol. 39,

1859, pp. 183 – 184.

㉗ 杭州市地方志编纂委员会编:《杭州市志》第九卷,第449页。《杭州民族·宗教志》,杭州出版社2012年,第342页。

㉘ Arthur E. Moule, *The Story of the Cheh-Kiang Mission of the Church Missionary Society*, p. 41.

㉙ Helen S. Coan Nevius, *The Life of John Livingston Nevius, for Forty Years a Missionary in China*, New York: Fleming Revell Company, 1895, p. 167.

㉚ D. N. Lyon and J. H. Judson, "Historical Sketch of the Hangchow Station", p. 80.

㉛ Helen S. Coan Nevius, *The Life of John Livingston Nevius, for Forty Years a Missionary in China*, pp. 173 – 175. 倪维思夫人和来恩施(D. N. Lyon)都说是倪维思本人租到此庙房屋,而非中国同工帮助。

㉜ Arthur E. Moule, *The Story of the Cheh-Kiang Mission of the Church Missionary Society*, pp. 41 – 42.

㉝ Helen S. Coan Nevius, *The Life of John Livingston Nevius, for Forty Years a Missionary in China*, pp. 185 – 194.

㉞ Arthur E. Moule, *The Story of the Cheh-Kiang Mission of the Church Missionary Society*, p. 42.

㉟ D. N. Lyon and J. H. Judson, "Historical Sketch of the Hangchow Station", p. 82.

㊱ 王兴福:《太平天国在浙江》,社会科学文献出版社2007年,第48—51页。

㊲ George E. Moule, *Notes on Hangchow, Past and Present*, pp. 26 – 27.

㊳ Arthur E. Moule, *The Story of the Cheh-Kiang Mission of the Church Missionary Society*, pp. 64 – 65.

㊴ George E. Moule, *Notes on Hangchow, Past and Present*, p. 28.

㊵ D. N. Lyon and J. H. Judson, "Historical Sketch of the Hangchow Station", p. 82. 亦见《杭州市志》第九卷,第451页。《市志》所载同治三年"11月、12月"均应为中国旧历。

㊶ 杭州市地方志编纂委员会编:《杭州市志》第九卷,第 449 页。

㊷ 参见高田时雄《金楷理传略》,日本京都大学人文科学研究所主编:《日本东方学》第一辑,中华书局 2007 年,第 260—276 页。

㊸ D. MacGillivray ed., *A Century of Protestant Missions in China, 1807 - 1907, being the Centenary Conference Historical Volume*, New York: American Tract Society, 1907, p. 337.

㊹ 吴立乐编:《浸会在华布道百年略史》,中华浸会书局 1936 年,第 121 页。

㊺ George E. Moule, *Notes on Hangchow, Past and Present*, p. 28.

㊻ J. Hudson Taylor, *Three Decades of the China Inland Mission*, Toronto: The China Inland Mission, 1895, p. 33.

㊼ 史蒂亚著,梁元生译:《戴德生:挚爱中华》,中国友谊出版公司 2006 年,第 140—141 页。亦可参考 M. Geraldine Guinness, *The Story of the China Inland Mission*, London: Morgan & Scott, 1894, Vol. 1, pp. 305 - 307.

㊽ Philip C. Bondi, *A Study of the History and Development of the Presbyterian Church in the South*, Florida: Florida Southern College, 1948, p. 19.

㊾ D. MacGillivray ed., *A Century of Protestant Missions in China, 1807 - 1907*, p. 398. 也可参考 1869 年《教务杂志》刊登的在华新教传教士列表:*The Chinese Recorder and Missionary Journal*, Vol. 2, No. 3, p. 59.

㊿ Alexander Wylie, *Memorials of Protestant Missionaries to the Chinese*, Shanghai: American Presbyterian Mission Press, 1867, p. 243.

(51) 司徒雷登著,程宗家译:《在华五十年——司徒雷登回忆录》,北京出版社 1982 年,第 4—5 页。

(52) 相关传教士信函可见中国第一历史档案馆与福建师范大学历史系合编《清末教案》第五册,中华书局,2000 年,第 97—123 页。需说明的是,该书译者将“管米山”误译成了“孔弥珊”(第 110 页)。

(53) Arthur E. Moule, *The Story of the Cheh-Kiang Mission of the Church Missionary Society*, p. 65.

(54) 参见章可《概念史视野中的晚清天主教与新教》,《历史研究》2011 年第 4 期。

㊺ 参见《英国传教士在中国内地定居问题的往来文件》,《清末教案》第六册,第 136—146 页。

· 研究综述 ·

新世纪以来大陆的新文化史研究

张仲民

张仲民,复旦大学历史学系副教授

新文化史作为一种史学研究实践,同时又作为一种研究典范,已经为越来越多的史学工作者接受和追随。二十一世纪以来,经由台湾学者和大陆西方史学工作者的译介,特别是经由台湾史学界的实践示范,它也逐渐影响到一部分中国大陆史学工作者的研究。[①]受此冲击,一些近代史研究者也身体力行,相继写出了自己的新文化史作品,尽管其中一些研究不乏模仿和稚嫩成分,但仍然给人耳目一新的感觉,激发了更多的学者关注新文化史并加入这个阵营,也进而尝试写作自己的新文化史作品。

根据大陆学者这些年出版的专著(包括学位论文)或他们发表的实证文章(收入论文集的,则以发表论文的原始期刊为准,属于专书或博士论文一部分的,则以专书与原来的博士论文为准),笔者这里就简单盘点这十余年来大陆近代史学者的新文化史研究成果,至于港台学者及欧美、日本等海外学者(包括华裔)在境内出版或发表的相关论著、译著、论文集,则不在其列。

一、政治文化

较之对政治文化的关注,中国学者似乎更偏爱传统的政治史研究,但也有一些学者试图从政治文化的角度,来处理一些传统政治史不愿处理或没有很好处理的题目。如李恭忠对中山陵的研究,他从墓葬与政治的关系入手,从陵墓、葬礼和纪念仪式等方面考察了孙中山身后形象的塑造过程,并将之与二十世纪二十年代的国民革命和"党治国家"体制建立过程结合起来分析,展现了国民党人如何借助墓葬途径,通过丧葬政治运作,来塑造关于"国父"的历史记忆及相关认同的。[②]陈蕴茜关注的也是近代新型政治文化中的历史记忆建构问题,她是以近代中国的孙中山崇拜为讨论对象,使用了大量资料,尤其是地方志、文史资料、游记、小说、漫画、实物等一切与孙中山符号相关的资料,从仪式、时间、空间与社会记忆的角度,运用人类学、社会学与历史学相结合的研究方法,对孙中山符号的建构与传播进行了解读。[③]与前述李书正可互相参证,但相较起来,李书的传统政治史取向更为浓厚一点,而陈书则没有考察汪伪政权对孙中山符号的利用情况。

王建伟的专著关注了二十世纪二十年代中国的政治"口号",讨论了当时流行的"反帝"、"打倒军阀"、"废除不平等条约"、"反赤化"等口号。可以看出,王书一定程度上也受到"政治文化史"研究的影响,但这种影响似乎并不深入,它缺乏对大众集体心态的分析与解读,对于口号的政治修辞及隐喻的讨论,也不足够。另外,书中使用的材料主要局限于报刊和政治精英的言说,也显得比较单薄与同质化。[④]冯佳则从政治文化史角度在考察了隆裕太后葬礼,试图由此仪式政治入手,进而探索民国初年清廷与民国在这次葬礼中的复杂关系。⑤王奇生对"反革命罪"在中国社会的建构经过进行了考察,认为是在国民革命军北伐攻下武汉后出现的,以审判守城败将陈嘉谟和刘玉春为契机,中国历史上第一个《反革命罪条例》出笼。从此以后,"反革命"既是一个相当随意的政治污名,又是一项可以致人于死命的法律罪名。⑥任伟则以1930年上海租界放映的一部美国影片《不怕死》为中心,详细描述了时人抵制该影片的前因后果,并分析了抵制背后各方的作为、矛盾与利益关怀,揭示了当时中国社会的复杂性,进而也试图指出当时所谓的民族主义表述,多是知识精英的建构,大多数沉默的观众实是旁观者。⑦

二、医疗文化

近代西方医学和卫生学的传播同帝国主义的扩张与殖民征服有密切的关系,它们实质充当了证明西方文明和科技及帝国优越性的角色,并反衬了殖民地、半殖民地落后、野蛮。近代以来,来华的西学传教士和西医不同程度上也有类似作用,但他们在中国的具体行为及其后果又有其特性和多样性。但很多研究者只看到近代西方医学和卫生的文明与近代化方面,以及带给中国的"进步"和对民族主义的刺激,而忽略和无视了其残酷性、压迫性与东方主义色彩,更无视了在地中国人的主体性及其对西方医学、卫生学的复杂态度。⑧故此,从殖民医学的视角研究近代医学史,是目前国际医学史界普遍采取的做法,也是这些年新文化史视野下的中国近代医疗史研究的前沿做法,胡成的研究堪为代表。

较之大多数大陆医学史研究者从近代化(现代化)视角对近代中国医学史的研究,胡成则主要从殖民医学的视角来进行医学史和卫生史的研究,其研究成果丰富,涉及面广,材料扎实,观点新颖,关注的多是近代医学史、卫生史中的关键问题,非常值得注意和尊重。⑨不仅如此,胡成自己还写有多篇理论反思文章,思考自己与当下有关的实证研究,及未来中国近代史研究可能存在的问题与走向。⑩类似的研究视角,亦见之于张仲民对近代中国卫生史的研究中。但张著主要从书籍史和阅读史的角度切入,使用了大量一手资料,研究晚清生理卫生特别是生殖医学书籍的出版与传播,进而探讨了人们生理卫生观念、生殖观念乃至性观念的变化,在新型消费文化、阅读文化的背景中,人们的集体心态如何被打造、又产生怎样的影响等情况。该书亦重点讨论了读者的阅读反应和商业对"卫生"书籍出版的影响,还结合当时消费文化的建构讨论了晚清以来泛政治化的新型政治文化在中国的兴起与影响。但书中的一些讨论,仍有不少可以商榷之处。⑪杨念群的专著《再造"病人"》,⑫明显受到了福柯等西方社会学家的影响,重点关注外界有关疾病和病人的规训,以及有关疾病和病人的隐喻,尤其注意从在地的视角看待疾病,但该书表现出更为明显的思想史和社会史特色,的确是一部融汇各种研究方法的引领潮流之作。

三、出版文化

出版文化史是新文化史中一个正在快速扩张的热点领域。这里我们首先提到的是程美宝的专著《地域文化与国家认同:晚清以来"广东文化"观的形成》,⑬该书并非要谈什么是广东文化,关注的是近代"广东文化"自晚清以来的建构过程。程书具有很强的方法论色彩,作者希望藉此个案,来提出一个便于理解晚清以来中国地方文化观之形成过程的分析框架。相比很多思想史、观念史研究者不加考辨直接采信文献的做法,作者在书中尤其重视对表达地域文化的文类及文献本身的形成过程进行分析,这是非常有意义的。程美宝另外还有多篇论文处理近代出版文化的问题,如她关注《国粹学报》所刊载的博物图画的特色、来源及其印刷技术。⑭这样的研究讨论的问题非常细小,但却令人印象深刻,非常契合当代西方出版文化史的研究趋势,也大大加深了对《国粹学报》与清末西学东渐史的研究。黄江军(秋韵)从一个独特文本《田家读者自传》入手,将其置于历史脉络中,细致分析其建构过程和主要内容,并结合有关语境,揭示出《田家读者自传》一书的编辑情况、所收自传的作者情况、作者地域分布、自传的大致内容、自传的书写策略和特性,进而在方法论上提出书写农民史的可能。⑮

王奇生从传播学角度对《新青年》创新进行了研究,他认为《新青年》之所以从初期寂寂无闻到后来影响广大,是以陈独秀为代表的《新青年》同人"运动"出来的,跟《新青年》作者队伍的改变、思想主张的激进化以及社会时代环境之变动,特别是五四运动的发生有关,也跟陈独秀等人对媒体传播技巧的娴熟运用大有关系。⑯张仲民则以五四新文化运动时期一个湖南地方知识分子舒新城的有关活动为中心,也从传播学角度,试图说明在五四前后,新文化运动给类似舒新城这样的地方青年知识分子所带来的影响与机遇,以及他们做出的回应和取舍。张的研究亦试图对王文进行补充,旨在说明新文化之所以成为影响深远的"运动",同像舒新城这样的地方知识分子对其的接受和传播有重大的关系。⑰冯佳对五四后期发生的科玄论战重新加以考察,从思想社会史角度关注了《科学与人生观》的编纂层面,以及相关的论战文献版本、修辞特点、背后的商业利益、派系矛盾等因素。⑱冯佳此前也曾对《古史辨》以书信体为主的编纂形式进行了研究,但处理稍显生硬。⑲

四、物质文化和消费文化

物质文化史研究是从文化的视角而非经济的或社会的观点来进行探讨,对其进行的研究多同对消费、日常生活的考察结合起来。徐敏以鸦片和轮船这两种物质为代表,以晚清人们对于那些来自西方的全新物质的看法、思考、反应,及相关社会实践为主要内容,旨在探讨建基于鸦片和轮船之上的中国近代集体想象的变化,通过描述鸦片和轮船的符号化与政治化,希望重新思考物质文化对于中国自晚清以降的现代化之影响力,从而构建出中国近代文化之现代性的物质维度。[20]不过,该文表述太过理论化,文中个别细节的讨论仍比较生硬和简单。张仲民则对艾罗补脑汁这个近代中国最重要的补脑药进行了考察,尝试分析在近代中国的身体建构过程中,以广告为媒介的商业与消费所起的作用及意义。作者的研究不仅关注广告中的言说,还吸取文化研究的分析技巧,重点分析广告的叙述结构与修辞特色。同以往广告研究者不同的是,该研究还特别对广告的作者来源进行了考察,更找到大量读者和消费者对艾罗补脑汁及其广告的回应资料。[21]曹南屏则写出了玻璃在近代中国的物质文化史,他认为,自十九世纪下半叶开始,通过卫生知识的普及、文明话语的渲染,以及西方生活习尚的深入人心,外加"物"的象征性和消费性的充分凸显,中国各阶层人士对玻璃的喜好和追逐,已经在这一时期被成功构建。由此,玻璃获得了前所未有的普及契机,开始逐渐进入中国人日常生活的方方面面。潘玮琳则尝试书写一部关于锡箔的社会文化史,作为中国大众宗教仪式实践中的常见宗教消费品,锡箔在中国社会中承载着重要的社会功能与文化内涵。潘文不仅想要展现民国江浙一带人们如何制造、销售锡箔,也想探讨这种社会经济活动与人们所赋予锡箔的社会功能、文化意义之间的关联。[22]

章思睿以1949年前后上海的咖啡馆为研究对象,将喝咖啡的人的消费行为放入具体特定的社会历史条件中加以考察,通过描述不同时期的外在消费环境及其所营造的消费氛围,借此论述消费文化和社会、政治的互动,乃至消费与认同的关系。类似的,侯艳兴则以旅馆为考察对象,关注上海旅馆从晚清到民国二三十年代的发展过程,和以旅馆作为消费空间的消费文化特色,特别是消费和认同、政治的关系。[23]以上两文都是以空间为依托来讨论消费文化,视角很好,但在具体论证上两文都有不少可以升华的空间,特别是在材料使用、消费同认同关系的探讨上。皇甫秋实的博士学位论文则以二十世纪三十年代经济危机中的中国卷烟市场为例,从消费者的角度,借助消费文化史的研究路径,探讨经济压力下卷烟消费的社会功能和文化意涵,试图在消费文化的研究中找回经济因素,还原消费文化在现实利益碰撞中的形塑过程。[24]

五、大众文化

瞿骏的专著关注了辛亥革命在上海的文化史,他从政治文化、阅读、历史记忆、消费等视角出发,揭示了不少以往未被多加关注的辛亥革命面相,比如多如牛毛的烈士追悼、纪念仪式如何打造了一个至今仍未改变基本样式的"革命历史记忆仓库";因革命而起和与革命相关的生意有哪些,它们如何被消费,发挥了怎样的影响。[25]陈蕴茜则以空间特别是近代中国的公园为中心,进行了一系列的研究,藉此揭示近代公园等空间场所带来的视觉冲击和视觉规训,及由此展现出来的中西文化交流、冲突、殖民主义与民族主义的矛盾等情况。[26]贾钦涵则从性别史与日常生活史的角度对麻将游戏进行了研究,考察了麻将在近代女性日常生活中的重要作用,以及女性广泛参与这项娱乐活动过程中展现出的悖论。[27]张仲民关注了清末知识精英对大众阅读文化的改造问题,清末启蒙精英鉴于义和团事件的教训,将阅读和启蒙同民族国家联系起来,决心努力创造出"淫辞小说"的替代品——新小说、新戏曲,改造民众的阅读文化,以开民智,打造新国民。但新小说和改良戏曲也一样是众声喧哗、多音复义的论述空间,况且民众阅读文化本身也有其内在逻辑,不可能完全受制于外来的规训,清季启蒙人士借助新小说与改良戏曲来改造民众阅读文化的成效,终归有限。[28]黄兴涛则写出了一部精彩的微观史著作,他从一个具体的语言符号——五四时期所发明的"她"字入手,旁征博引,还引入性别的视角,研究"她"的诞生、早期书写实践和社会化认同的传播过程,讲出了"她"字所具有的以及被人们所赋予的丰富多彩、生动曲折的含义,亦不忘关注具体的社会语境、历史主体的作用,社会对"她"的接受情况,提醒了我们从传播史角度讨论概念、制度的必要性。[29]

　　再现"没有历史的人"的声音,也是大众文化史研究的重中之重。许多研究者也注意到这个问题,也在试图去书写他们的历史。程美宝教授在这方面的努力尤多,如她曾探讨近代早期来华外国家庭中的中国佣人,为欧美来华贸易船只担任"引水人"的船民,以及其他一些中西交往中的小人物,包括一些在二十世纪英国活动过的中国普通人。[30]这些人物都是在中西交流史上为人所忽略的,但他们却扮演着重要的角色。程美宝的努力告诉我们,只要足够仔细地发掘与解读资料,一样可以重建他们的历史。同样,也有学者关注晚清至民国时期粤语流行区内的一种失明弹唱女艺人——瞽姬。[31]类似这样的努力都值得称道,但还有进一步提高拓展的空间,特别是需要同欧美下层研究、印度的庶民研究学派进行对话,吸收他们的研究成果,进一步提高我们大陆学者的研究水准,而不是只满足于在宏大的框架内展现失语者的若干言行。

六、历史记忆

现在越来越多的西方学者都开始认为历史本质上就是一种记忆，而从记忆的角度来研究历史，可以让我们更深刻地认识到现在是如何建构关于过去的记忆的，而关于过去的记忆是如何被生产出来、又是如何发展成现在样子的。这些年，很多大陆学者也在试图从历史记忆的角度来研究历史，成果颇为不少，除了前引陈蕴茜的关于孙中山崇拜的专书，她及其合作者还有多篇文章处理这个问题。如她曾从南京国民政府成立后出现的各种关于辛亥革命的地方展览，来揭示当时的当政者如何借此塑造辛亥革命的记忆，以合法化与强化国民党统治的合法性。[32]她亦与人合作讨论民国肇建后各地兴建的烈士祠同传统祠堂的关系，以及对关于辛亥革命的历史记忆的打造。[33]侯杰及其合作者学者则以二十世纪三十年代传媒有关赛金花的表述为中心，来探讨各种有关的历史记忆之形成原因和意义，并加入性别与战争视角，进行分析。[34]

李晓方以家乡赣南下村为个案，试图在对村落、建筑及其承载的故事进行叙事与分析的基础上，探讨相对缺乏历史书写的广大乡村社会的集体记忆与历史事实之间的逻辑关系，试图为书写下层民众史进行一些探索。[35]张仲民则就近代中国关于印刷术何以成为四大发明之一、四大发明的历史记忆是如何产生的情况进行研究，考察了关于四大发明的知识起源，实来自于培根的三大发明说，而培根的三大发明说经由日本渠道，在清末就为中国人所知，之后在民族主义大潮中，经由历史书写，逐渐演变为四大发明，且专指中国的四大发明，实际上，培根的三大发明说根本是在讲欧洲，与中国完全无关。[36]

七、专题的理论探讨

之前也有学者就身体史研究进行过讨论，但比较简单，也未将其置于新文化史的脉络中。刘宗灵则详细梳理了身体史在西方的发展历程与研究现状，并评述了海外汉学界、中文学界的身体史研究情况及未来的发展空间，文章材料丰富，可以为读者提供不少研究线索与启发。闫鸣则通过对近年来出版的几部以中国城市文化为研究对象的重要论著进行述评，来考察中国城市文化史研究的兴起过程与现状，并结合二十世纪中叶以来欧美学界城市文化史的研究状况，进一步探讨作为一种新取向的城市文化史在中国城市史研究领域中的重要意义。图像材料目前日益引起历史学家的重视，更是新文化史研究者频繁使用的材料，曹南屏在新文化史脉络里，试图梳理西方学术界关注图像资料的理论渊源及其研究实践，同时也对目前中国研究领域的学者利用图像资料从事研究的情况，做了细致的回顾。文章指出，史学研究中利用图像资料，在西方史学界也有着一个很长的演变过程，当下的图像研究其各自不同的研究取向与操作方法，既体现着原本学科疆界的分明，同时也体现着如今日益风行的跨学科研究的趋势。在当今的局面之下，艺术史、历史学、视觉文化等等学科分支领域渐渐日益合流而变得难以区分。[37]可惜的是，包括此文在内，在关于图像的实证研究方面，大陆学者尚缺乏足够有说服力的实证研究。

八、结　　语

有必要说明的是，一些学者虽然在新文化史的实证研究方面没有太用力，像姜进教授，但她主编的新文化史译丛，对大陆新文化史研究的推动,实在是功莫大焉。其余一些学者如李宏图、周兵、杨豫等的译介之功,包括一些学术机构的领导人的保驾护航之功,诸如此类,都值得专门提及。

最后需要特别指出的是,这里虽然讲新文化史在大陆的实践情况,但新文化史在西方、在台湾或是在大陆,如彼得·伯克(Peter Burke)所言的,都远非是历史研究的最佳形式,它只是一种研究方法或研究领域,并不需要大家唯其马首是瞻。本文仅就其在大陆的应用情况做了简单钩沉,从中可以看出,事实上,新文化史也并没有得到多少大陆近代史史家的惠顾与效法,取得的成果也比较有限,需要提高的空间很大。饶是如此,它依然为我们整体的近代史研究做出了贡献,或许这就是此盘点的意义所在。然而,由于笔者的水平有限,以上的列举难免会有挂一漏万、以偏概全、言不及义之处,读者鉴之谅之。

注:本文节本原刊于《历史教学问题》2013年第1期,但刊出时,不知何故,注释全部缺失。

---

① 有关新文化史在欧美汉学界的情况、在台湾的情况,以及在大陆学术界的译介情况,可参看:王笛:《大众文化研究与近代中国社会——对近年美国有关研究的述评》,《历史研究》1999年第5期,第174—186页;沙培德(Peter Zarrow)著,洪静宜译:《西方学界研究中国近代史的最新动向》,《汉学研究通讯》第22卷4期,2003年11月,第15—22页;卢建荣:《台湾史学界的后现代状况》,《汉学研究通讯》第21卷第1期(总81期),2002年2月,第6—10页;李孝悌:《明清文化史研究的一些新课题》,李孝悌主编:《中国的城市生活》,台北联经出版公司2005年版,第 i—xxxv 页;卢建荣:《新文化史的学术性格及其在台湾的发展》,蒋竹山编:《新史学——新文化史专号》,大象出版社2005年,第138—159页;周兵:《西方当代新文化史研究》,复旦大学历史系

博士论文,2005年11月;张仲民:《典范转移:新文化史的表达与实践》,《社会科学评论》2006年12月,第56—58页;等等。

② 李恭忠:《中山陵:一个现代政治符号的诞生》,社会科学文献出版社2009年。

③ 陈蕴茜:《崇拜与记忆——孙中山符号的建构与传播》,南京大学出版社2009年。

④ 王建伟:《民族主义政治口号史研究(1921—1928)》,社科文献出版社2011年。

⑤ 冯佳:《"国"与"君"——政治文化视角下的隆裕太后葬礼》,《中国农业大学学报》2009年第3期。

⑥ 王奇生:《北伐时期的地缘、法律与革命——"反革命罪"在中国的缘起》,《近代史研究》2010年第1期。

⑦ 任伟:《娱乐、商业与民族主义——以1930年"辱华"电影〈不怕死〉引起的纷争为中心》,《学术月刊》2011年第2期。

⑧ 李尚仁主编:《帝国与现代医学》,中华书局2012年;张仲民:《出版与文化政治:晚清的"卫生"书籍研究》,上海书店出版社2009年,第93—95页。

⑨ 胡成:《现代经济扩张与疫病的跨区域蔓延:以上海、东北铁路港口中心城市为中心的观察》,《中研院近代史研究所集刊》2006年3月号;胡成:《"不卫生"的华人形象:中外间的不同讲述——以上海公共卫生为中心的观察(1860—1911)》,《中研院近代史研究所集刊》2007年6月号;胡成:《检疫、种族与租界政治——1910年上海鼠疫病例发现后的华洋冲突》,《近代史研究》2007年第4期;胡成:《东北地区肺鼠疫蔓延期间的主权之争》,《中国社会历史评论》2008年7月;胡成:《何以心系中国——基督教医疗传教士与地方社会》,《近代史研究》2010年第4期;胡成:《中日对抗与公共卫生事业领导权的较量——对"南满洲"铁路、港口中心城市的观察(1901—1911)》,《近代史研究》2011年第1期;胡成:《上海禁娼与在华西人的道德焦虑:以上海进德会为中心的观察(1918—1924)》,《新史学》2011年3月号;胡成:《晚清"西医东渐"与华人当地社会的推动》,《史林》2012年第4期;胡成:《西洋医生与华人医药——以在华基督教医疗传教士为中心(1825—1916)》,《中

研院历史语言研究所集刊》2012年9月号。

⑩ 胡成:《全球化语境与近代中国半殖民地问题的历史叙述》,《中国学术》第13辑,商务印书馆2003年2月;胡成:《叙述转向与新旧之间的整合——新世纪中国近现代史研究面临的一个问题》,《近代史研究》2008年第1期;胡成:《全球化时代与中国历史的书写——以1930年代的两个主流学术典范为中心》,《史林》2010年第3期;胡成:《我们的中国史研究如何走向世界?——以台湾地区及日本的中国史研究为镜鉴的思考》,《史林》2011年第5期。

⑪ 参看张仲民《出版与文化政治:晚清的"卫生"书籍研究》,上海书店出版社2009年。

⑫ 杨念群:《再造"病人"——中西医冲突下的空间政治(1832—1985)》,中国人民大学出版社2006年。

⑬ 程美宝:《地域文化与国家认同——晚清以来广东文化观的形成》,生活·读书·新知三联书店2006年。

⑭ 程美宝:《晚清国学大潮中的博物学知识》,《社会科学》2006年第4期;程美宝:《复制知识——〈国粹学报〉博物图画的资料来源及其采用之印刷技术》,《中山大学学报》2009年第3期。

⑮ 黄江军(秋韵):《发现农民的历史:〈田家读者自传〉述略》,复旦大学历史系硕士论文,2012年10月。

⑯ 王奇生:《新文化是如何"运动"起来的——以〈新青年〉为视点》,《近代史研究》2007年第1期,第21—40页。

⑰ 张仲民:《时代思潮的地方回应——舒新城与五四新文化运动》,卢建荣主编:《社会/文化史集刊》第3集,台北时英出版社2010年,第101—136页。

⑱ 冯佳:《版本、编纂与修辞:思想社会史视角下的科玄论战》,《南京大学学报》2009年第5期。

⑲ 冯佳:《"层累地造成的中国古史"及其修辞》,《中国农业大学学报》2007年第4期。

⑳ 徐敏:《鸦片和轮船:晚清中国的物质、空间与历史叙述》,《清华大学

学报》2009 年第 3 期。

㉑ 张仲民:《补脑的政治学:"艾罗补脑汁"与晚清消费文化的建构》,《学术月刊》2011 年第 9 期;张仲民:《晚清中国身体的商业建构——以艾罗补脑汁为中心》,杨念群主编:《新史学》(第 5 辑),中华书局 2011 年,第 233—263 页。

㉒ 潘玮琳:《锡箔的社会文化史:以民国江浙地区为中心》,复旦大学历史系博士论文,2010 年 5 月。

㉓ 以上两文都收入笔者所编《新文化史与中国近代史研究》一书中,参见复旦大学历史学系、复旦大学中外现代化进程研究中心编《新文化史与中国近代史研究》,上海古籍出版社 2009 年。

㉔ 皇甫秋实:《中国近代卷烟市场研究(1927—1937):企业发展、消费文化、经济危机》,复旦大学历史系博士学位论文,2012 年 6 月。

㉕ 瞿骏:《辛亥前后上海城市公共空间研究》,上海辞书出版社 2009 年。

㉖ 陈蕴茜:《论清末民国旅游娱乐空间的变化——以公园为中心的考察》,《史林》2004 年第 5 期;陈蕴茜:《日常生活中殖民主义与民族主义的冲突——以中国近代公园为中心的考察》,《南京大学学报》2005 年第 5 期;陈蕴茜:《城市空间重构与现代知识体系的生产——以清末民国南京城为中心的考察》,《学术月刊》2008 年 12 月号;等等。

㉗ 贾钦涵:《玩物丧志?——麻将与近代中国女性的娱乐》,《学术月刊》2011 第 1 期。

㉘ 张仲民:《清季启蒙人士改造民众阅读习惯的论述》,《中研院近代史研究所集刊》2010 年 6 月号。

㉙ 黄兴涛:《"她"字的文化史:女性新代词的发明与认同研究》,福建教育出版社 2009 年。

㉚ 刘志伟、程美宝:《18、19 世纪广州洋人家庭里的中国佣人》,《史林》2004 年第 4 期。

㉛ 李淑蘋、王晓娜:《瞽姬与清末民初广州城市文化娱乐生活》,《历史教学》2009 年第 2 期。

㉜ 陈蕴茜:《地方展览与辛亥革命记忆塑造》,《江海学刊》2011 年第

4期。

㉝ 王楠、陈蕴茜:《烈士祠与民国时期辛亥革命记忆》,《民国档案》2011年第3期。

㉞ 侯杰、王晓蕾:《记忆·文本·性别——以20世纪30年代赛金花为中心》,《郑州大学学报》2011年第3期。

㉟ 李晓方:《村落、建筑与记忆:赣南下村的历史叙事》,《历史教学问题》2010年第3期。

㊱ 张仲民:《历史书写与记忆塑造——古腾堡在近代中国》,《学术月刊》2012年4、5月号连载。

㊲ 以上三文均见《新文化史与中国近代史研究》一书,第287—384页。

一种医患关系的历史如何可能?
——"医家、病家与史家:以医患关系为中心"工作坊侧记

陈 昊

陈昊,中国人民大学历史学院讲师

近七十年前,D. Guthrie 曾发出这样的呼吁,在医学史的研究中,病人是被忽视的因素,我们需要找到将其放入医学史的方式。[1]直到四十年后,这个呼吁才得到实质性的回应,[2]虽然这样的回应已分两途。Roy Porter 将病人的视角,看作一种"自下而上"颠倒原有医学史权力关系的路径,将疾病中的煎熬、医生和病人各自的权力放到医学史的叙述之中。[3] Edward Shorter 则被当代医患关系的紧张和不信任感所困惑,试图从历史中找到根源,于是他尝试写作一种关于医学职业权威和医患关系的历史。[4]两种路径之间的张力一直在塑造着医学史家对病人的研究。三十年后,复旦大学中外现代化进程研究中心主办的"医家、病家与史家——以医患关系为中心"工作坊也依然在遭遇此种张力:中国医学史叙述中病人的缺席与当代中国日渐激化的医患矛盾。[5]

一、职业化与组织化:如何理解中国医者的历史

试图追寻一种关系的历史,需先廓清构成关系之两端,并反思其各自的历史研究路径。医者历史的研究,在中国医学史中有长期的传统,其现代性的写作可以追溯到陈邦贤的《中国医学史》。在《中国医学史》正式出版之前,该书序言的初稿就曾以《医史研究会小启》为题在1914年《中西医学报》上发表。[6]陈先生在此序言中指出其研究问题及其来源:"晚近世界研究医史学之问题,可分为三大类,一关于医家地位之历史,一为医学知识之历史,一为疾病之历史。邦贤斯编,亦本此意。"[7]其中强调医家地位之历史是医史研究的重要议题,只是之后对医家历史的研究,或限于医事制度的钩沉,或关注个体医者的传记。惟有文树德(Paul Unschuld)尝试突破名医与医者的简单叙述模式,尝试在整体的思想观念背景叙述医学观念的演进,并勾勒医者作为社会群体的角色。[8]金仕起1995年发表《古代医者的角色——兼论其身份与地位》一文,其中指出陈邦贤先生以下近六十年来,有关传统医者活动之研究,仍集中在个别医学人物的行谊、贡献与历代医政制度的演进,至于将医者视为人民群众之一,根据其专业特性,考察其角色、身份与地位变迁的著述并不多见,但因为史料记载的限制,根据少数片面的医者推测全体医者的活动状况,论断其角色、身份与地位,需要谨慎处理。因此他尝试透过古代医者服事的人群类别、职任的特性以及社会人群医疗行为的一般情况,分析医者在社会整体医疗活动中扮演的角色,并经由古代人群对医者的评价、医者的自我期望,考察其身份地位。[9]杜正胜对医家族群和学术归类的讨论则有更多的期待,他特别重视医家与其他群体的关系(巫、道、儒的关系):"医疗是特殊的技术,医家或医者遂成为特殊的族群,

他们与社会其他族群的归属关系,似乎也可觇测一些时代风貌。中国历史上的医家或医者,大致可按三大阶段分作三种类型,上古混同于巫,战国至李唐通合于道,宋代以下攀援于儒。当然,这是很概括的分法,但多少可以反映一点不同时代的社会风气。"[10]

但本次会议中,却将一个更具有现代性的问题——"职业化"作为核心,来探索医者历史。这个问题起源于医学史最初对医学职业群体来源的追溯,也帮助我们更容易理解近代以来医学群体演变的历史。[11]会议的与会者希望提醒医学史的研究者,如果我们回到近代以来医学职业化的过程中,可以发现近代的医学职业化并非简单的群体身份化,也是医学群体多元身份分化和拉扯的过程。Yunyoung Hur 将职业化的问题带入到博医会医学传教的争议之中,于是医学传教不再仅仅被看成目的之争,也需要放在宗教信仰团体和医学本身职业化的张力之中。[12]但对职业化的关注也造成一个问题,正如周启荣先生指出的,在中国医学群体尚未职业化之前,如何理解其构成及所造成的权威性。[13]如果我们借用李建民先生对于正典性(canonicity)与医学共同体边界的观察:"我特别注意古代医学'正典'的形成史。所谓正典,是一门学科的范例性文本(exemplary texts)。中医的文献固然浩若烟海、数以万计,但作为医学社群规范与权威的必读典籍(如《内经》等)也不过数种;其生产、维系及变迁的过程,涉及书籍在学科成员专业身份的确立、学科边界的划定与学术传统的建立等方面所扮演的角色。"[14]也许将中国古代医学群体的身体认知与医学正典所造成的边界相联系。但是,在本次会议上,谢柏晖关于脉学经典的研究显然提供了更多的复杂性,怎样的书籍可以变成正典,围绕起的解释可以有多少争议,在这样的争议中如何分化乃至重塑了医学知识群体。[15]

由此,医疗群体所创立的组织成为职业化之外,本次会议关注医学群体的另一个重要角度。Yunyoung Hur 关注博医会,张勇安关注美国医学会,[16]李磊和温红娟则将目光投向中国汉医会,组织化与医学群体之间关系的多样性被揭示出来,如果说 Yunyoung Hur 关心组织化与职业化之间的互动的话,张勇安、李磊和温红娟则展示出组织与外部力量互动的两面,张勇安揭示出组织可能对医学群体之外,包括政府政策乃至法律造成的影响,李磊和温红娟揭示出伪满政府成立中国汉医会背后种种动因的改变,及其对医学群体的"改造和利用"。[17]

二、我们能听到病人的声音吗?

自下而上的医学史试图颠倒现代专业医学中的权力关系,却往往面临一种悖论,自下(病人)而上(医学群体)的医学史,却往往不得不颠覆自下(社会下层或大众)而上的社会史,回到历史中拥有权力或者著名人物的世界里,以他们作为病人的状态,试图观察那个时代大多数病人的处境。但是我们如何才能避免陷入 Roy Porter 所言的"名人的著名疾病"的陷阱呢?[18]

近代以来的中西医论争提供了一个很好的角度,在本次会议上,皮国立讨论胡适,叶宗宝讨论王锡彤,都从这样的一个视角切入。皮国立以胡适为例,展示其对于医学分裂乃至冲突性的价值和立场,一方面是作为病患的胡适在生活经历和日常经验中形成的择医习惯和选择,另一方面是作为试图"改造国民性"的知识分子所呈现出的价值和立场,两种角色之间的张力共同构成了作为"病人"的胡适。[19]叶宗宝则为皮国立提出的问题提供了一个更接近生活史的理解维度,即病人的择医选择并非只与其政治和知识立场相关,也是在社会网络和自身的生活经历中逐渐"习得"的过程,选择的困境显然意味着其原有的"习得"与现有的理念立场呈现出分裂乃至冲突。[20]

赵婧[21]和龙伟[22]则以医疗纠纷为切入口,试图在其中聆听病人的种种遭遇和诉求。只是病人的声音依然零散而微弱,这可能是因为他们总在自身的社会位置与医疗市场所能提供的可能性之间的张力中被拉扯,也可能是他们的表述和实践呈现出种种差异。赵婧的研究更以性别为切口,强化了这一点,以性别身体的社会区隔为基础建立的产科实践,却不一定能反映病人性别身体的自我感知。

于是,历史中病人呈现出三个不同层次:一,罹患疾病者的生活经验和医疗习惯;二,面对医学权威和机构时他们的反应,只是大部分的声音都以抱怨乃至反抗的形式呈现出来;三,在国家、族群象征意义上的病人。只是与医学群体的组织化相比,这种形象显得零散,相互之间也存在着种种冲突。

于是,当病人的声音进入医学史的写作中,一个问题也总在困惑着我们,在一个关于知识权威兴起及其相关身份群体的历史叙述,和一个零散的个体化的关于自身的痛苦和创伤的叙述之间,我们有整合或者仅仅是组合出"一个"故事的可能吗?或者说,一种关于"关系"的历史怎样才能被叙述?在这里,我们开始关注,一种关于"关系"的历史如何成立。

我们回到了一个话题,即如何描述这样的关系。在此之前,已有种种描述的模式。比如医学/医学群体创造"病人",即所谓医疗化"medicalization"的问题。Adele Clarke 等将其界定为这样一个过程,非医学的问题通过疾病和(身心机能的)失调的术语被界定为医学问题,然后以医学的方式进行治疗。[23]近四十年来,社会学、人类学和历史学、生物伦理学和医生都在关注这个问题,为何过重(obesity)、产育、睡眠问题、上瘾,以及心理问题的边界扩大,都成为关注的重点。在此次会议上,参与者也一直在追问,什么人成为了"病人",医疗过程是在扮演怎样的角色。张勇安试图论述

《哈里森法》的颁行和医生的自律推动了麻醉品成瘾者的社会构成和性质的改变。赵婧则一再提醒我们,产妇是"病人"吗? 如果她们不是,是如何被医学权威和医学群体塑造的。

于是我们开始思考,医学群体是否/如何遮蔽了病人的声音? 病人与疾病两个范畴本身成为了我们观察现代医学的一个分析工具:在现代医学中,疾病变成了医学的中心,而病人只是疾病的载体,他们的声音逐渐被遗忘。这样的洞见源自于 Charles Rosenberg 对现代诊断学的观察:疾病的专一性以及这样的一种观念,即疾病(diseases)可以且应该被视为是外在于个人病痛(illness),具有独特临床表现的实体存在。[24]雷祥麟在分析近代中西医论争时也延续这样的观察方式:中医负责的对象是病人而并非疾病本身的定义,疾病成为医生负责的对象与细菌学的知识传入有关。[25]雷祥麟的分析在本次会议中显然有颇多支持者,但是我们是否应该进一步思考在疾病成为医学的中心之后,病人的声音如何被遮蔽了。同时,在我们追寻病人声音的时候,即使他们的声音被医学权威所遮蔽,我们也不能忽视他们自身的能动性,及这种能动性对医学知识的影响。这一点已为之前的研究所阐明,比如 Maria H. Frawley 曾尝试揭示在十九世纪的英国文化中,哪些特殊和区别性的特征成为人们通常将自己和别人界定为病弱的因素,从而分析十九世纪对病弱的接受如何使得生产力身体化,同时成为疲劳和消耗的象征。在病弱的叙述中,病弱并不仅仅是一种模糊的医疗形象,同时也是一种具有多样性的行动者,其扮演病者的角色受到社会和身份认同其他纬度(包括性、阶层、国族性和宗教信仰)的影响。作者指出病弱应在十九世纪社会变革的语境下加以理解,但并不能认为是社会冲突引起了病弱,而是对十九世纪英国现代性逐渐侵蚀传统社会的响应。[26]

但是,我们也需要一个反向的追问,在怎样的情况下,病人会创造医学群体呢？或者我们略后退一步，医学知识及其群体的塑造是否与广泛的社会病人群体及其文化相关。Michael Sappol 曾有一个精彩的研究，他讨论了十九世纪美国的解剖学与中产阶级社会身份认同的身体化(embodyment)之间的互动。书中指出，在十九世纪美国解剖的使用与中产阶级试图创造具有区隔性(distinctive)的社会秩序与文化相关，在中产阶级兴起这一重要的历史时期中，解剖学在医学专业化和中产阶级自我塑造的文化政治中扮演了一个至关重要和积极参与的角色，而解剖学的身体成为关于自我的主流想法，这与中产阶级对其的使用密切相关。解剖学的事业动员了解剖学家、学生、盗尸者、治疗者、病人、大众读物的作者和听众，逐渐取得一种胜利的话语，但是在取得胜利之后，它与中产阶级逐渐失去了原有的一致性。[27]

当我们开始这样追问的时候，也许病人的声音不仅仅在医学史中有意义，也成为理解更广泛文化和社会的角度。比如，Mathew Thomson 曾讨论过二十世纪的英国人如何通过心理学与心理健康的术语来看待其自身及其世界的过程，不仅仅是其对自身理解的问题，也是基于人类本质的相关社会、经济、政治和族群问题。心理学如何在不同环境下鼓励"自我"不同纬度的想象，其中特别重视与性别、阶层和国族相关的认同。[28]这样病人的自我叙述、医学知识的变迁就与社会历史关心的性别、阶层、国族认同成为可互动的话题。

三、界定"关系"

在分析了医者和病人之后，我们可以将目光转向两者之间的关系。要回答这样的问题，我们似乎不能再沉溺于关系的表面，我们总会追问是什么造成了某种关系？那又是什么造成/建构/架构了医患关系?

在一个纵向的层面上,这个会议中的论文讨论了医患关系在不同层面上的展开:国家/政府的层面、地方的层面与民众的生活世界。不同层面之间关于医疗的认识和行为差异,如何构成冲突。罗婉娴讨论1894年香港爆发鼠疫时,香港政府执行以西方医学为原则的鼠疫防治措施,及其与在港华人之间激烈的冲突。㉙李传斌则揭示出民国时期乡村建设运动中医学在乡村推进中逐渐呈现出医患关系的特质。㉚

这些论文中展示出相当复杂的历史图像,比如在罗婉娴的研究中,显然不仅是香港政府与在港华人的冲突,其中还揭示出种种对立:殖民者与被殖民者、华人与洋鬼子、预防医学与地方性知识。㉛其中任意一个角度与医学史的结合都可以带来丰硕的成果,比如殖民的身份问题与医学身份交织所可能带来的火花,已为之前的研究者所重视。1996年在牛津举行的医学社会史学会(the Society for the Social History of Medicine)年会就是以医学与殖民身份为讨论主题,在2003年出版的会议论文集序言中,主编吴章(Bridie Andrews)和 Mary P. Sutphen 这样总结与会者对于殖民地的身份认同与医学之间的关系,即身份认同是由不同话语和策略所交织而建构的,医学即是其中的一类话语,被历史行动者用来"缝合"其身份认同的不同方面。他们希望对殖民身份建构中偶然性和混杂性的展示,能够使殖民历史中的"他者"显得较为本土化,同时使历史行动者通过自己的语言表达其最关心的问题,进而展示医学观念、行动、思想体系和实践可能为殖民身份建构的研究提供新的视角。㉜

在地域的层面,杨齐福以一个比较的视野,讨论鼠疫在福建地区的特质。㉝肖荣讨论南朝地域、疾病与医疗,其论文中充分展示出"地域"的复杂性:㉞地域究竟是一种医学地理学式的概念,㉟还是一个文化性的区域,[36]或者是分立的政权(南朝)。地域成为医学的风土本已是中国医学史中一直关注的问题,需要进一步追问的也许是,肖荣文中展示的诸种因素在这个"风土化"(acclimatization)的过程中如何运作。

同时,会议上的论文也展示出多样性的社会和文化因素在医患关系中的作用。周启荣试图观察清代慈善机构的大量出现对医患关系所造成的影响,并试图将其放置在更大的社会变动背景之下,即士商群体的出现和其互助组织的演变,进而观察经济因素对医疗场域(field)的作用。[37]前文已经提到龙伟和赵婧对法律与医疗运作互动之间关系的讨论。蒋竹山分析医者和病人如何通过报纸媒体互动,既呈现出新媒体平台如何塑造新的医患互动,同时也展示出私密性的医疗问题如何创造出新的读者群体乃至媒体文化。[38]张仲民[39]和孙煜[40]对于药物广告乃至"虚假广告"的讨论,不再局限于销售者的创造,而进一步试图通过消费群体和社会媒体对其的反映,将其作为切入当时消费文化中种种隐含的价值预设和群体认知的路径。陈明以佛经记载讨论印度古代的医师形象与医患关系,实际也是提供了宗教经典中如何理解乃至挪用医患关系的视角。[41]乃至,于赓哲试图将医患关系纳入更大的中国古代疾病和医学的思维世界中。[42]借周启荣的分析术语,在这些论文中所展示的,医疗(医患关系)已经成为诸种社会文化力量运作的场域(field)。或者我们仿照 Joan Scott《性别:历史分析的有效范畴》的论断,[43]我们是否也可以宣称医患关系可以成为一种历史分析的有效范畴,而我们也不只是在原有历史整体叙述之外补上医生和病人的故事,而是以医患关系切入,也可以有一种整体理解过去世界的方式。

在二十二年之后,《美国历史评论》组织"重访《性别:历史分析的有效范畴》"(Revisiting "Gender: A Useful Category for Historical Analysis"）的论坛，Joan Scott 在其论文《尚未回答的问题》（"Unanswered Questions"）中抖出当年的"秘辛"，强调当年她文章的题目本是一个疑问句，在编辑的要求之下，改为陈述句。但到今天，她仍然坚持，这依然是一个疑问。"性别"是一种对于历史问题的追问，而非标题式或方法论式的论述。它是尝试激发对性属化（sexed）身体如何被生产、使用和改变的意义的批判性思考，而这也最终会成为其长青的保证。但目前的研究中，过多地将性别当作固定的范畴，研究"性别对政治的建构"（"gender constructs politics"），却反而很少疑问"政治怎样建构了性别"（"politics constructs gender"）。她强调，当我们将"女性"历史化为其范畴中的固定意义时，我们也就将女性放在了女性史之外。如果说二十二年带着"性别"的旅行，[44]在被不断地追问、诘问乃至责问的过程，斯科特将其看作一种追问的方式。几乎在斯科特的文章发表的同时，Jeanne Boydston 亦撰文指出，性别是一个历史分析的问题（question），而非范畴。她强调性别不是一系列普世的默认，而应该是一系列相对开放的问题，能够实际运用于不同时段和地域的历史追寻。[45]于是也许我们应该从中汲取经验，自一开始就不要将"医患关系"想象成为理所当然的固定范畴。这样的路径是我们反思在职业医生与被现代医学造成的身份对立之间，是否有其他的身份存在者。比如日渐受到关注的医疗照顾者（caregiver）的角色以及自我医疗的问题。[46]这些问题，一则，打破了医生和患者固定的身份区隔，帮助我们理解医学实践和病人需求的多样性；二则，让我们重新理解什么是医疗过程，在此过程中的各种角色需要如何理解；三则，也使我们思考在职业性的医学身份成立之前，医者和病人的身份是否可能流动而多样，甚至可能相互转化。

四、核心概念的"历史化"/社会化

由此,如果我们想要寻找医患关系中的问题内核,就需要回到被反复提及的关键概念中,比如"医学权威"、"信任"、"利益"等等,这些话题频繁出现在医者、病人、政策制定者乃至研究者的言说中,但是我们如何将其转化为历史分析的工具,尚是疑问。正如 A. R. Josen 所追问的那样,我们需要重新追问在做出医学决定的过程中,其权威何在,这是一种历史性的变化吗?[47]

如 R. Fox 所言,在历史中,人们对于医学职业本来就带有着相互矛盾的情感。[48]随着现代医学的发展,专业化和知识排外性的增加,社会大众在与医学专业群体的博弈中日益被放置于一个不利的位置。[49]B. Barber 因此将信任作为一种话语的衍生,看成是在现代社会之下,将信任作为医患关系的核心,是对此不平衡的社会控制。但这种方式,却也助长了公众对于专业化医学群体的期待。[50]信任的失去,是当职业中的个体无法将职业化的承诺具体化或者个体过于追逐自我的利益。[51]职业性的利他主义,可能会变成一种欺骗病人和医学群体的幻觉。但这样的论断是否在历史叙述中成立,或者如胡颖翀所言:"病者与医者间的张力与矛盾始终存在,医者好利与病者多疑,实为常态,医者与病者自有策略应对之。"[52]惟有不要将"利益说"本质化,而是以其为核心话语,探索其在历史和社会中的衍生过程,才有可能进而揭示出医者和病者在历史中的种种生存策略。

由此为例,当前医患关系中的核心词汇,比如"态度"、"无理取闹"也许也有历史化的可能,为何在一个理想的专业关系中,执业者的"态度"会成为冲突的核心,病人的反抗为何会被解读为"无理",而且需要以"闹"的方式一再呈现。在这个意义上,医患关系的历史将不再仅仅是为当代医患关系的紧张提供一种历史根源的解释或者替代性的借鉴,也不仅是对现代医学造成的种种权力关系的反思和批判,而是提供医者、患者和社会其他群体多种声音和复杂图景的历史叙事。

---

① D. Guthrie, "The Patient: a Neglected Factor in the History of Medicine", *Proceedings of the Royal Society of Medicine*, XXXVII, 1945, pp. 490 – 494.

② 在此之前,医学人类学已对此问题开始探索,见 Arthur Kleinman, *Patients and Healers in the Context of Culture*, University of California Press, 1980. 其中强调治疗者与病者互动之下创造出的疾病认识模式,治疗者需要从病者的角度理解其对疾病的理解和叙述,从而找到疾病的所谓"原因"。

③ Roy Porter, "The Patient's View: Doing Medical History from Below", *Theory and Society*, 14 – 2, 1985, pp. 175 – 198.

④ Edward Shorter, *Bedside Manners: The Troubled History of Doctors and Patients*, New York: Simon & Schuster, 1985.

⑤ 本次工作坊 2014 年 7 月 5—6 日在复旦大学举行,工作坊的第一个讨论组邀请医生和医学行政管理者对当代中国社会的医患关系进行了展示和讨论,另可参见黄荣贵等《当代中国医生心态研究》,上海社会科学院出版社 2014 年。

⑥ 按照李剑先生的研究,陈邦贤在《中西医学报》上发表的《医史研究会小启》内容与《中国医学史》的序言大致相同。参见李剑《民国时期的医史学术团体》,《中华医史杂志》1992 年第 2 期,第 20 页。

⑦ 陈邦贤:《中国医学史》,上海医学书局文言铅印本 1920 年。此据台北广文书局 1979 年重印本,第 1 页。

⑧ Paul Unschuld, *Medizin in China. EineIdeengeschichte*, Munich: C. H. Beck Verlag, 1980; expanded and revised English version: *Medicine in China: A History of Ideas*, Berkeley: University of California Press, 1985, pp. 155 – 160.

⑨ 金仕起:《古代医者的角色——兼论其身份与地位》,《新史学》第 6 卷

第 1 期,1995 年。此据李建民主编《生命与医疗》,中国大百科全书出版社 2005 年,第 1—35 页。

⑩ 杜正胜:《作为社会史的医疗史并介绍"疾病、医疗与文化"研讨小组的成果》,第 121 页。

⑪ 参见 C. Webster ed., *Health, Medicine and Mortality in the Sixteenth Century*, Cambridge, 1979. T. Gelfand, *Professionalizing Modern Medicine*, Westpoint, Conn, 1980. G. Holmes, *Augustan England: Professions, State, and Society 1680 – 1730*, London, 1982.

⑫ Yunyoung Hur, "Professional Medicine and Evangelism: Medical Missionary Society in Qing China, 1838 – 1886". 后文未说明出处的文章均为本次工作坊的论文,不再一一说明。

⑬ Chow Kai-wing, "Healing the Publics: Auto-organizations and Medical Services in Qing China".

⑭ 李建民:《中国医学史研究的新视野》,《新史学》第 15 卷第 3 期,2004 年,第 203—225 页。

⑮ 谢柏晖:《明清时期诊脉知识的标准化》。

⑯ 张勇安:《美国医学会与毒品管制的政治学》。

⑰ 李磊、温红娟:《伪满时期中央汉医会研究》。

⑱ Roy Porter, "Introduction", Roy Porter ed., *Patients and Practitioners Lay Perceptions of Medicine in Pre-industrial Society* (Cambridge Studies in the History of Medicine), London and New York: Cambridge University Press, 1985, pp. 4 – 5.

⑲ 皮国立:《国族、国医与私人的近代身体——兼论胡适的择医观》。

⑳ 叶宗宝:《医家与病家:王锡彤日记所见民国时期的医患关系》。

㉑ 赵婧:《性别、医事纠纷与医患关系——以民国时期的产科为例》。

㉒ 龙伟:《民国的医疗诉讼与医疗社会:基于〈医讼案件汇抄〉的观察》。

㉓ Adele Clarke, Janet K. Shim, Laura Mamo, et al., "Biomedicalization: Technoscientific Transformations of Health, Illness, and U. S. Biomedicine", *American Sociological Review*, 68, 2003, pp. 161 – 194. Adele Clarke, Janet K.

Shim, Laura Mamo, et al., *Biomedicalization: Technoscience, Health, and Illness in the U.S.* Durham, NC: Duke University Press, 2006.

㉔ Charles Rosenberg, "The Tyranny of Diagnosis: Specific Entities and Individual Experience", *Milbank Quarterly*, 80, No. 2 (Summer 2002), pp. 237-260.

㉕ 雷祥麟:《负责人的医生与有信仰的病人——中西医论争与医病关系在民国时期的转变》,《新史学》第14卷第1期,2003年,第62—69页。

㉖ Maria H. Frawley, *Invalidism and Identity in Nineteenth-Century Britain*, Chicago and London: the University of Chicago Press, 2004.

㉗ Michael Sappol, *A Traffic of Dead Bodies: Anatomy and Embodied Social Identity in Nineteenth-Century America*, Princeton and Oxford: Princeton University Press, 2002.

㉘ Mathew Thomson, *Psychological Subjects: Identity, Culture, and Health in Twentieth-Century Britain*, Oxford: Oxford University Press, 2006.

㉙ 罗婉娴:《"期待"与"失望":香港政府与在港华人关于1894年香港鼠疫防治的争论》。

㉚ 李传斌:《选择与接受:民国乡村卫生建设中的医患关系(1927—1937)》。

㉛ 罗婉娴:《"期待"与"失望":香港政府与在港华人关于1894年香港鼠疫防治的争论》。

㉜ Bridie Andrews and Mary P. Sutphen, "Introduction", Mary P. Sutphen and Bridie Andrews eds., *Medicine and Colonial Identity*, London and Routledge, 2003, pp. 1-13.

㉝ 杨齐福:《疾病史的区域研究:以近代福建鼠疫为例》。

㉞ 肖荣:《东晋南朝地域、人群、疾病与本土医疗之形成》。

㉟ 此点可参考梁其姿《疾病与方土之关系:元至清闲医界的看法》,《第三届国际汉学会议论文集》,(台北)中研院历史语言研究所2002年。此据李建民主编《生命与医疗》,中国大百科全书出版社2005年,第366—368页。

㊱ 此点可参考左鹏《汉唐时期的瘴与瘴意象》,荣新江主编:《唐研究》第

8卷,2002年,第257—275页。参见于赓哲《蓄蛊之地:一项文化歧视符号的迁转流移》,《中国社会科学》2006年第2期,第191—204页。

㊲ Chow Kai-wing, "Healing the Publics: Auto-organizations and Medical Services in Qing China".

㊳ 蒋竹山:《医生、病人与媒体:民国上海〈金刚鑽报〉中的"医药问答"专栏初探》。

㊴ 张仲民:《近代上海虚假医药广告的社会反应》。

㊵ 孙煜:《"背痛乃肾弱之兆也"——兜安氏秘制保肾丸研究(1909—1941)》。

㊶ 陈明:《印度古代的医生与病人——以佛经的记载为中心》。

㊷ 于赓哲:《弥漫天地之间——古代瘟疫致病观及其应对思维》。

㊸ Joan Scott, "Gender: A Useful Category for Historical Analysis", *American Historical Review*, 91, 1986, pp. 1053 - 1075.

㊹ 这二十二年的研究变化,可参考 Laura Lee Downs, *Writing Gender History*, London and New York: Oxford University Press, 2004. 而她也是 Joan Scott 最早的批评者之一,见 Laura Lee Downs, "If 'Women' is Just an Empty Category, Then Why Am I Afraid to Walk alone at Night? Identity Politics Meets the Postmodern Subject", *Comparative Studies in Society and History*, 1993, pp. 414 - 437.

㊺ Jeanne Boydston, "Gender as a Question of Historical Analysis", *Gender & History*, 20 - 3, 2008, pp. 558 - 583.

㊻ Authur Kleinman, "Catastrophe and Caregiving: The Failure of Medicine as an Art", *Lancet* 371 (9606), 22 - 23. Idem., "Caregiving: The Odyssey of becoming more Human", *Lancet* 373 (9660), 292. Idem., *Today's Biomedicine and Caregiving: Are they Incompatible to the Point of Divorce?* Brill: Leiden, 2007. Aaron Alterra, The Caregiver: A Live with Alzheimer's, ILR Press, 2007.

㊼ A. R. Jonsen, *The New Medicine and the Old Ethics*, Cambridge, Mass.: Harvard University Press, 1990.

㊽ R. Fox, *Essays in Medical Sociology*, New York: John Rileys and Son, 1979.

㊾ E. Pellegrino, "The Healing Relationship: the Architectonics of Clinical Medicine", E. E. Shelp ed., *The Clinical Encounter*, Dordrecht, Holland: D. Reidel Publishing Company, 1983, pp. 153-172.

㊿ B. Barber, *The Logic and Limits of Trust*, Rutgers, New Jerseys: Rutgers University Press, 1983.

㉑ J. Katz, *The Silent World of Doctor and Patient*, New York: Macmillan, 1984.

㉒ 胡颖翀:《论〈史记·扁鹊仓公列传〉中"病有六不治"之说》。

· 书评选刊 ·

多重视野下的中国烟草史
——读 Golden-Silk Smoke: A History of Tobacco in China, 1550－2010

韩炅(Luke Hambleton)　皇甫秋实

韩炅(Luke Hambleton),北京师范大学历史学院历史文献学博士研究生

皇甫秋实,复旦大学历史学系讲师

班凯乐(Carol Benedict)1992年取得斯坦福大学的历史学博士学位,现任乔治城大学历史系副教授,继1996年出版了她的博士论文,即第一本关于十九世纪中国鼠疫的英文专著之后,[①]2011年她又推出了第一部全面考察晚明至当代烟草史的英文专著——《金丝烟:中国烟草史(1550—2010)》。该书向我们展示了,烟草这份富有争议的来自新大陆的"礼物",如何经历文化移植,在中国的文化土壤中生根发芽。[②]

这本书将中国五百年的吸烟史简洁地划分为两部分。第一部分主要致力于在跨文化的全球视野中,横向检视烟草于晚明传入

中国的历史,追溯在第一个百年之中,烟草通过欧亚贸易网络,进入中国的农业实践,以此说明"中国与近代早期世界的联系越来越密切"。③其余章节则从空间、时间、社会经济和性别的角度,纵向考察了从帝国晚期到近代早期,中国文化中烟草消费的延续与演变,促使我们"根据几个世纪以来所发生的事实,而不是参照一个基于西欧或北美模式的单一化'消费社会'的理想化标准",来看待中国消费的历史。④

在第一章《近代早期全球化与烟草在中国的起源,1550—1650》中,班凯乐通过对烟草史的研究,令人信服地描述了即便在"孤立的"明代,事实上中国仍与外部世界保持着良好的联系。通过广泛利用原始及二手资料,班凯乐生动地展现出,正是无数亚洲贸易商和投机者,而不仅仅是欧洲商人,扮演了烟草在欧亚大陆传播的催化剂。班凯乐还证明了烟草传入广西及其他中国南部沿海地区的考古证据,仅仅是理解中国人如何开始吸烟的拼图玩具中的一片拼图而已。⑤

第二章是关于早期本土烟草种植与中国人开始吸烟的途径。有关明末清初烟草栽培的普及,已有大量中文和日文的研究,在这一章中,班凯乐可以说对此并没有做出什么新的贡献。但是这一章极具可读性,并且娴熟地呈现出有关高地经济作物的复杂图景,其中涵括了江西与福建交界处的客家农夫,四川、陕西和甘肃的汉族农民,以及长江三角洲的富商。⑥

不难发现,第三章所处理的问题是该研究的精髓,班凯乐称之为烟草的"向内流动、向上汇聚"(trickle-in trickle-up)理论。⑦换言之,烟草在东亚大陆的早期栽培和使用,始于处在文明边缘的少数民族,之后才在"文明的"汉族中间推广开来。⑧本章出色地展现了该书的一大特点,即兼收并蓄地使用笔记、诗词和地方志等原始资料。对于关注中国吸烟史的学者而言,特别有价值的是关于平民和妇女的部分。有关平民的第一部分,很好地利用了十八世纪末和十九世纪初,欧洲耶稣会士和商人对普通中国人吸烟习惯的记述。[9]而关于清代妇女,班凯乐利用大量文献,主要是至今几乎未被该领域的学者重视的诗歌,进行了详细的描述。[10]虽然妇女在公开场合吸烟的确是一种社会禁忌,但班凯乐令人信服地论证了在私下吸烟,给男性和女性都提供了令人愉悦的社会平台与兴奋剂。例如,班凯乐描述了袁枚(1716—1798)的两名女弟子如何享受吸烟,视之为一种放松和为写诗而净心的方式。[11]

在第四章《明清医学文化中的烟草》之中,班凯乐考察了烟草如何自然而然地掺入了晚明时期少食和养阳的中医理论,而且她注意到,与当时欧洲的医学思想不同,中国人从一开始就指出了过度吸烟的负面影响。[12]此处很有价值的是,班凯乐将烟草在中医中的使用,视为一种描述明末清初传统中医经历地域主义变革的方式。根据韩嵩(Marta Hanson)的研究,十八至十九世纪江南温病学派逐步成为了主流,[13]他们认为由于气候和地理区域的不同,人体也有天生的差异,班凯乐巧妙地展现出烟草如何被编织入这种基于医学的环境话语。引用赵学敏(1719?—1805)《本草纲目拾遗》等药学名著,班凯乐写道:"石码和潮州的烟叶所产生的刺鼻的烟,显然不适合生育年龄的妇女、老人和南方体虚的学者,但他们可以吸食味道更淡,并且更芳香的,产自常山或衡阳的烟叶。"[14]以此为例,依地区而异的医学关怀,深深影响了当时许多中国人对烟草挑选和消费。

第五章《烟草的时尚消费,1750—1900》涉及帝国时期的吸烟文化,班凯乐描述了一种与原先"向上汇聚"的中国吸烟文化相反的现象,即中国社会中的精英阶层虽然彰显了对著名地区的土产烟草、进口欧洲鼻烟及之后水烟的炫耀性消费,但久而久之,这种消费会"向下渗透"到下层社会。与此同时,班凯乐出色地整合了大量中、西文材料,使读者领略到清帝国积极参与国际贸易的生动图景,从与葡萄牙人交易的上等巴西鼻烟到阿拉伯水烟,都成为清朝烟草文化的重要组成部分。[15]

第六章概览式地介绍了1880至1937年的中国卷烟业。但卷烟的供应面显然不是该书论述的重点,班凯乐对三类主要的卷烟供应者——驻华英美烟公司、华资卷烟公司和手工卷烟业的介绍,主要依赖高家龙(Sherman Cochran)、Howard Cox、方宪堂和杨国安等学者的研究,[16]无论是观点还是资料,都较乏新意。而值得称道的是,班凯乐将卷烟消费置于烟草史的广阔时空背景中,从而揭示出卷烟融入中国社会的"向下渗透"过程与早先其他烟草制品的共通之处。[17]此外,班凯乐利用有关东南亚吸烟史、华侨和贸易的研究成果,梳理了在来自英美的机制卷烟登陆中国之前,手工卷烟由东南亚传入广东和上海的线索,[18]从而修正了过去普遍认为"手工卷烟由仿制机制卷烟而产生"的观点。[19]

第七章《南京国民政府时期社会与空间分野下的烟草消费,1927—1937》,填补了以往关于近代中国卷烟消费研究的空白。在资料稀缺而分散的情况下,班凯乐主要利用一份难得的资料——1938年Barnard Gibbs关于中国烟草生产和消费的调查,对南京国民政府时期的全国烟草消费概况进行了定量分析。[20]此外,她分别对上海、北平和定县三地的烟草市场进行了定量和定性分析,从而揭示出烟草消费模式的地域、城乡和社会差异。班凯乐在这一章中,具有开拓性地考察了沿海口岸以外,内地城市和乡村的烟草消费,并发现了长期被忽略的手工卷烟在这些地区的烟草消费中所扮演的重要角色,也由此修正了以往根据上海经验对全国机制卷烟普及程度的过高估量。

正如班凯乐在前一章中所揭示的,二十世纪上半叶,中国烟草消费差异的根源在于社会经济和地区的不平等,第八章则在此基础上，探讨了在帝国主义全球扩张的政治经济背景中，"海派"和"京派"作家分别如何在文学作品中塑造并诠释"城市卷烟和乡村旱烟"的分野。在分析了穆时英、老舍、沈从文、吴组缃等人的作品后，班凯乐发现，尽管最初输入中国的卷烟是来自东南亚的手工制品，而且民国卷烟市场中充斥着廉价的手工土制卷烟，但民国知识精英仍与其他殖民地、半殖民地的知识分子一样，将卷烟与现代、西方和都市联系在一起，而以旱烟代表传统、本土和乡村。沪京两派作家的区别体现于对香烟所代表的西方资本主义的评价。"海派"文人赞美卷烟是构建光怪陆离的现代都市景观不可或缺的道具，而"京派"作家则哀叹卷烟是中国传统价值日趋堕落的象征，他们向往旱烟所代表的恬静安适的传统田园生活，希冀能以乡村为基础，找到另一条通往现代的道路。[21]

在最后一章《新女性、摩登女郎与女性吸烟的减少，1900—1976》中，班凯乐追溯了吸烟女性的形象，如何从标新立异的新女性，转变为道德沦丧的摩登女郎。她多方位地展现了，自从民国初年女性吸烟进入公共视野后，受欧美东方主义观点影响的知识精英、基督教妇女节制会、民族主义者等多方力量对女性吸烟"污名化"的过程。也为1949年以后，女性吸烟率不断下降，提供了一个富有启发性的解释。此外，值得一提的是，班凯乐恰到好处地使用了照片、漫画、烟画、广告和年画等图像资料，生动地呈现出女性吸烟的场景以及时人对此的看法。

这部学术著作的诸多优点之一，在于作者借此轻松地将历时几个世纪的中国吸烟史和吸烟文化展现在读者面前。要利用如此纷繁的史料，雕琢出一部条理清晰、通俗易懂的学术作品，可谓是一个巨大的挑战，而班凯乐则成功地应对了这个挑战。此外，作者虽以"中国烟草史"为题，但并未将视野局限于"中国"和"烟草"，而是在跨文化的视野中，比较中国与其他社会的异同，同时凭借对烟草史的深入研究,参与到对全球化、本土化、商品经济、医疗文化、消费文化及社会性别等重要议题的讨论中,令我们对这些议题又有了新的认识。

事实上,正是由于眼前这项研究的任务浩繁,班凯乐的中国烟草史仍留下了有待完善的空间。在她最初对烟草传入中国的讨论中,并未涉及明朝中晚期的倭寇现象及其对中国南部沿海地区的社会经济影响。该书前半部分大都围绕着烟草通过多种亚洲边缘渠道进入中国的想法展开,而缺乏对倭寇现象的探讨。1986年郑超雄的考古学家团队在广西沿海地区发现了吸烟器具,将烟草看作近代早期全球化的例证之一而产生的兴趣也随之涌现。[22]郑超雄的发现很快在日本学者中引起了轰动,当时他们正热切地探索烟草传入日本的路径,并试图将江户时代的日本航海商人置入全球商业的图景之中。[23]这与已获得深入研究的所谓"日本倭寇"的历史紧密相关,他们于烟草传入中国的时代,活跃在中国沿海一带。对此,班凯乐仅仅一两次提到"走私者"或"沿海贸易",而靠种植烟草来贴补收入的非法沿海社群,是一个值得更多关注的重要课题。

进言之,在第二章中班凯乐开始描述烟草向福建和江西腹地的传播,正如上文所提到的,这章对傅衣凌、曹树基、陶卫宁、黄志繁、廖声丰等学者已经完成的工作,并没有做出什么新的贡献。[24]她对此的论述,或许可以从方法论的角度加以改进,比如吸收一些最近由 James C. Scott 在 *The Art of Not Being Governed: An Anarchist History of Upland Southeast Asia*(New Haven: Yale University Press, 2009)中所提出的边缘社群理论。Scott 深入研究了华南与东南亚的高地及沿海地区人群的社会经济行为,这些群体被逃避国家税收与控制的愿望所驱使,尤其在十六至十九世纪,Scott 的研究会非常有助于为班凯乐此处总结的论点还原背景。

再者，第三章和第五章对盛清烟草文化的研究，如果能涉及十八至十九世纪烟草谱录的传统，应该会更为完善。日本学者田尻利已经完成了这样一本研究关于烟草谱录发展的著作。[25]班凯乐的确经常征引这些文本，但如果她能向对此较少了解的读者介绍谱录这一特殊类别的文献，会更有益于这本著作。

第六章中班凯乐着力不多的卷烟供应面，尽管已有较多前人研究，但仍有不少问题留待解决。例如：高家龙所描绘的"大企业竞争"随着南洋兄弟烟草公司在三十年代的衰落而告终结，但英美烟公司为何仍未能如愿垄断中国卷烟市场？甚至其市场份额反而不断下降，直至1934年跌至其销售史上的最低点——54.9%。[26]这一时期，众多中小华商卷烟公司市场份额增长的原因何在？伴随着日本在华军事势力的扩张，日本在华卷烟业又有怎样的发展？手工卷烟业于三十年代兴起的原因何在？在种种政策限制之下，手工卷烟怎样进行合法或非法运销？班凯乐对上述问题均未给出令人满意的答案，这些都是有待进一步研究的课题。

第七章所涉及的南京国民政府时期，中国经济深受世界经济大萧条、自然灾害、日本入侵等因素影响，而班凯乐却没有考虑到，这一时代背景对当时的卷烟生产和消费造成的影响。本章所揭示的机制卷烟普及率低下，低档机制卷烟、手工卷烟及旱烟流行等现象，究竟是民国时期的普遍现象，还是特殊时代背景中的特殊状况呢？

此外，笔者认为，选择定县作为中国农村卷烟消费的代表，值得商榷。首先，定县是乡村建设运动的试点县，处在被改造、被观察的状态，调查所得的卷烟消费状况很可能与事实不符。其次，以地处华北的定县一地代表全国农村的普遍状况，很可能低估了农村卷烟消费的水平。实际上，正如班凯乐通过高家龙和 Howard Cox 的研究所了解到的那样，英美烟草公司等在华卷烟企业早就瞄准了中国广大的农村市场。他们采取各种宣传手段,利用农村传统的集市、庙会和节日,将卷烟销往全国各地的农村市场。英美烟草公司的产品在农村占有很高的市场份额,可以说,英美烟草公司在中国的成功,很大程度上是它在中国农村市场的成功。[27]而三十年代中期爆发于浙江等省乡村社会的禁吸卷烟运动,以及中外卷烟公司的积极应对,正说明了机制卷烟在农村的普及。[28]因此,很有必要进一步研究农村,以及上海和华北以外地区的卷烟消费。

第八章揭示了民国时期的文学作品中,代表西方、现代、城市的卷烟,与象征本土、传统、乡村的旱烟之间的张力。但随着卷烟工业供、产、销的全面本土化,人们对卷烟的认知也经历了一个本土化的过程,中外卷烟厂商的广告都试图将卷烟包装成一种"既中国又现代"的商品,这与文学作品中所呈现出的将"现代"等同于"西方",且与"中国"相对立的情形大相径庭。若将广告等其他媒体与文学作品结合起来考察,会更丰富地呈现出民国时期对卷烟消费的认知。

第九章对女性吸烟的讨论,也有一些可议之处。首先,班凯乐并无确凿的证据证明民国时期女性烟民的数量下降,仅有数据显示1949年以后吸烟女性大幅减少,但她却以此结果为预设,向前倒推其原因,因而仅呈现出反对女性吸烟的面向,却忽略了一直与之并存的鼓励女性吸烟的声音。其次,班凯乐所谈及的反对吸烟的团体和运动都普遍反对吸烟,而并非像她所论述的那样特别针对女性。再者,所有反对吸烟的言论和运动都针对的是卷烟,而非其他烟草制品,这是否论证了卷烟的普及?或者反映出这些禁吸卷烟运动的范围都局限在普遍消费卷烟的地域或阶层?此外,根据已有的对中国近代历次反烟草运动的研究,无论在国家、精英,还是民众层面,这类运动根本上是出于经济上的考量。[29]而作者仅从生理健康的角度论述禁吸卷烟的目的,并没有抓住问题的本质。

此外，从标题上看，该书的研究时段虽跨越了近五百年，但实际上，班凯乐对 1937 年以后的情形，着墨甚少。而抗日战争以后的烟草史无疑是亟待开拓的领域。

总而言之，尽管还存在一些不足，班凯乐的《金丝烟》在多重视野下对中国烟草史的考察，为开拓中国消费史、物质文化和医学文化的研究，均提示了不少新的方向，希望会激发更多佳作的涌现。

① Carol Benedict, *Bubonic Plague in Nineteenth-Century China*, California, Stanford University Press, 1996.

② Carol Benedict, *Golden-Silk Smoke*: *A History of Tobacco in China, 1550 -2010*, Berkeley, University of California Press, 2011, pp. 2 - 3,61.

③ Benedict, p. 18.

④ Benedict, pp. 3 - 4.

⑤ Benedict, pp. 19, 31 - 33.

⑥ Benedict, pp. 35 - 60.

⑦ Benedict, p. 63.

⑧ Benedict, pp. 64 - 65.

⑨ Benedict, pp. 73 - 75.

⑩ Benedict, pp. 76 - 80.

⑪ Benedict, pp. 83 - 84.

⑫ Benedict, pp. 88 - 89.

⑬ 参阅 Marta Hanson, "Robust Northerners and Delicate Southerners: The Nineteenth-Century Invention of a Southern *Wenbing* Tradition", *Positions*: *East Asia Cultures Critique* (6.3) 1998, pp. 515 - 549. "Northern Purgatives, Southern Restoratives: Ming Medical Regionalism", *Asian Medicine*, (2.2) 2006, pp. 115 - 170.

⑭ Benedict, p. 107.

⑮ Benedict, pp. 117-130.

⑯ 参阅 Sherman Cochram, *Big Business in China: Sino-Foreign Rivalry in the Cigarette Industry, 1890-1930*, Cambridge, Massachusetts: Harvard University Press, 1980. 该书中文译本为樊书华、程麟荪译《中国的大企业——烟草工业中的中外竞争(1890—1930)》,商务印书馆 2001 年。Cox, Howard, *The Global Cigarette: Origins and Evolution of British American Tobacco, 1880-1945*, Oxford: Oxford University Press, 2000. 方宪堂:《上海近代民族卷烟工业》,上海社会科学院出版社 1989 年;杨国安:《中国烟业史汇典》,光明日报出版社 2002 年。

⑰ Benedict, p. 132.

⑱ Benedict, p. 134.

⑲ 杨国安、中国烟草通志编纂委员会:《中国烟草通志》,中华书局 2006 年,第 264 页。

⑳ Gibbs, Barnard J., *Tobacco Production and Consumption in China*, Washington DC: U.S. Bureau of Agricultural Economics, 1938.

㉑ Benedict, p. 196.

㉒ 郑超雄:《从广西合浦明代窑址内发现瓷烟斗谈及烟草传入我国的时间问题》,载《农业考古》1986 年 2 期,第 383—387、391 页。

㉓ 参阅[日]田中富吉《南蛮キセルのなぞ日本の風俗画屏風にみる初期キセル》,载《たばこ史研究》1987 年 20 期,第 742—795 页;郑超雄著,[日]丸山智大译:《合浦県の雁首とたばこの中国伝来》,载《たばこ史研究》1989 年 29 期,第 1160—1169 页;[日]田中富吉:《中国合浦県発掘の瓷器煙管について》,载《たばこ史研究》1989 年 30 期,第 56—63 页。

㉔ 傅衣凌:《明清社会经济史论文集》,中华书局 2008 年;曹树基:《明清时期湘鄂皖赣浙地区的人口迁移》,复旦大学博士论文,1989 年;陶卫宁:《论烟草传入我国的时间及其路线》,《中国历史地理论丛》1998 年 3 期,第 153—160 页;陶卫宁:《明末清初吸烟之风及烟草在国内的传播方式与途径研究》,《中国历史地理论丛》2002 年 6 期,第 97—106 页;黄志繁、廖声丰:《清代赣南商品经济研究——山区经济典型个案》,学苑出版社 2005 年。

㉕ [日]田尻利:《清代たばこ史の研究》,東京:築波書房,2006年。

㉖ 上海社会科学院经济研究所编:《英美烟公司在华企业资料汇编》,中华书局1983年,第512、733页。

㉗ Benedict, p. 137.

㉘ 参阅 Wennan Liu, "No Smoking for the Nation: Anti-Cigarette Campaigns in Modern China, 1910–1935", PhD Dissertation, University of California, Berkeley, 2009. 皇甫秋实:《新生活运动的"变奏":浙江省禁吸卷烟运动研究(1934—1935)》,《近代史研究》2010年第6期,第95—112页。

㉙ 除上述刘文楠(Liu Wennan)与皇甫秋实的相关研究外,还可参阅王文裕《明清的烟草论》,"国立"台湾师范大学历史研究所博士论文,2002年。

· 附录 ·

与本辑主题相关的论著目录
（英文部分）

潘玮琳

编者按：本书目为配合本辑主题"近代中国的物质文化"而编选，以英文发表的相关专著、编著与期刊论文为限。有关中国物质文化史的研究方兴未艾，其研究对象驳杂，学科背景多元，且部分研究因议题关系，所涉时段跨度较大，往往越出我们习惯上对"近代"（1840—1949年）的限定。因此，本编书目为尽可能展现英文世界相关研究成果的概貌，选编论著在所涉时段上以晚清至民国为主，兼及有关明清与当代史部分的经典与前沿作品。书目编排以作者英语姓氏为序。此外，凡收入于著作、论文集中出版的重要论文，如已列出该著作或论文集，就不再单独列入论文部分。由于编者的涉猎所限，疏漏在所难免，恳请读者识之谅之。

一、著　作

Adshead Samuel Adrian Miles, *Material Culture in Europe and China, 1400 – 1800: The Rise of Consumerism*, New York: St. Martin's Press, 1997.

塞缪尔·艾德谢:《欧洲与中国的物质文化,1400—1800 年:消费主义的兴起》,纽约:圣马丁出版社,1997 年。

Barnes Amy Jane, *Museum Representations of Maoist China: From Cultural Revolution to Commie Kitsch*, Farnham: Ashgate Publishing Ltd., 2014.

艾米·巴恩斯:《毛时代中国的博物馆呈现:从文革到波普化的共产艺术》,法恩汉姆:艾什盖特出版社,2014 年。

Benedict Carol, *Golden-Silk Smoke: A History of Tobacco in China, 1550 – 2010*, San Francisco: University of California Press, 2011.

班凯乐:《金丝烟:中国烟草史(1550—2010)》,旧金山:加州大学出版社,2011 年。

Brook Timothy, *Vermeer's Hat: The Seventeenth Century and the Dawn of the Global World*, New York: Bloomsbury Publishing USA, 2010.

卜正民:《维梅尔的帽子:十七世纪全球贸易的诞生》,纽约:布卢姆斯伯里出版社,2010 年。

Cheung Sidney, David Wu (eds.), *The Globalization of Chinese Food*, Honolulu: University of Hawai'i Press, 2002.

张展鸿、吴燕和编:《中国食物的全球化》,火奴鲁鲁:夏威夷大学出版社,2002 年。

Cheung Sidney, David Wu (eds.), *Food and Foodways in Asia: Resource, Tradition and Cooking*, London: Routledge, 2007.

张展鸿、吴燕和编:《亚洲的食物与食之道:资源、传统与烹饪》,伦敦:罗德里奇出版社,2007年。
Chow Kai-wing, *Publishing, Culture, and Power in Early Modern China*, Stanford, Calif.: Stanford University Press, 2004.
周启荣:《早期现代中国的出版、文化与权力》,斯坦福:斯坦福大学出版社,2004年。
Chow Kai-wing, Brokaw Cynthia (eds.), *Printing and Book Culture in Late Imperial China*, San Francisco: University of California Press, 2005.
周启荣、包筠雅编:《晚期帝制中国的印刷和书籍文化》,旧金山:加州大学出版社,2005年。
Clart Philip, Scott Gregory Adam, *Religious Publishing and Print Culture in Modern China: 1800 – 2012*, Berlin: Walter de Gruyter GmbH & Co KG, 2014.
菲利普·克拉特、格利高里·斯科特:《现代中国的宗教出版和印刷文化:1800—2012年》,柏林:瓦尔特·德·格鲁伊特出版公司,2014年。
Clunas Craig, *Fruitful Sites: Garden Culture in Ming Dynasty China*, Durham: Duke University Press, 1996.
柯律格:《硕果之境:明代中国的园林文化》,杜勒姆:杜克大学出版社,1996年。
Clunas Craig, *Pictures and Visuality in Early Modern China*, Princeton: Princeton University Press, 1997.
柯律格:《早期近代中国的图画与视觉性》,普林斯顿:普林斯顿大学出版社,1997年。
Clunas Craig, *Superfluous Things: Material Culture and Social Status in Early Modern China*, Honolulu: University of Hawai'i Press, 2004.

柯律格:《长物志:早期现代中国的物质文化与社会地位》,火奴鲁鲁:夏威夷大学出版社,2004 年。
Clunas Craig, *Screen of Kings: Royal Art and Power in Ming China*, London: Reaktion Books, 2013.
柯律格:《藩王的屏风:明代中国的皇家艺术与权力》,伦敦:瑞克逊图书公司,2013 年。
Cohn Don J. (ed.), *Vignettes from the Chinese: Lithographs from Shanghai in the Late Nineteenth Century*, Hong Kong: Research Centre for Translation, Chinese University of Hong Kong, 1987.
唐纳德·科恩编:《中华剪影:十九世纪末上海平板印刷》,香港:香港中文大学翻译研究中心,1987 年。
Cochran Sherman (ed.), *Inventing Nanjing Road: Commercial Culture in Shanghai, 1900-1945*, East Asia Program, Ithaca, NY: Cornell University, 1999.
高家龙编:《发明南京路:上海的商业文化(1900—1945)》,绮色佳:康奈尔大学东亚研究项目,1999 年。
Cochran Sherman, *Chinese Medicine Men: Consumer Culture in China and Southeast Asia*, Cambridge, Mass.: Harvard University Press, 2006.
高家龙:《中华药商:中国和东南亚的消费文化》,麻省剑桥:哈佛大学出版社,2006 年。
Dikötter Frank, *Things Modern: Material Culture and Everyday Life in China*, London: Hurst, 2007.
冯客:《摩登玩意:中国的物质文化与日常生活》,伦敦:赫斯特出版社,2007 年。
Dolin Eric Jay, *When America First Met China: An Exotic History of Tea, Drugs, and Money in the Age of Sail*, New York: W. W. Norton & Company, 2012.

艾瑞克·朵林:《当美洲初遇中国:航海时代茶叶、药品和金钱的奇异历史》,纽约:诺顿出版公司,2012年。

Eyferth Jacob, *Eating Rice from Bamboo Roots: The Social History of a Community of Handicraft Papermakers in Rural Sichuan, 1920–2000*, Cambridge, Mass.: Harvard University Asia Center, 2009.

雅各布·伊弗斯:《靠竹根吃饭:四川农村的一个手工造纸业社群的社会史,1920—2000年》,麻省剑桥:哈佛大学亚洲中心,2009年。

Evans Harriet, Donald, Stephanie (eds.), *Picturing Power in the People's Republic of China: Posters of the Cultural Revolution*, Lanham, MD: Rowman & Littlefield, 1999.

哈里耶特·伊文思,史蒂芬妮·唐纳德编:《中华人民共和国的图像权力:文化大革命海报》,兰汉姆:罗曼与利特菲尔德出版公司,1999年。

Finlay Robert, *The Pilgrim Art: Cultures of Porcelain in World History*, San Francisco: University of California Press, 2010.

罗伯特·芬莱:《朝圣者的艺术:世纪历史中的瓷器文化》,旧金山:加州大学出版社,2010年。

Gerth Karl, *China Made: Consumer Culture and the Creation of the Nation*, Cambridge, Mass.: Harvard University Asia Center, 2003.

葛凯:《中国制造:消费文化与国家形成》,麻省剑桥:哈佛大学亚洲中心,2003年。

Harris David, *Of Battle and Beauty: Felice Beato's Photographs of China*, Santa Barbara: Santa Barbara Museum of Art, 1999.

戴维·哈里斯:《战斗与美:比托的中国摄影》,圣巴巴拉:圣巴巴拉美术馆,1999年。

Hay Jonathan, *Sensuous Surfaces: The Decorative Object in Early Mod-*

ern China, London: Reaktion Books, 2010.

乔迅:《感官的表面:早期现代中国的装饰物品》,伦敦:瑞克逊图书公司,2010 年。

Henriot Christian, Yeh Wen-hsin (eds.), *Visualising China, 1845 - 1965: Moving and Still Images in Historical Narratives*, Leiden: BRILL, 2012.

安可强、叶文心编:《视觉中国(1845—1965):历史叙事中的动态与静态影像》,莱顿:博睿出版社,2012 年。

Kieschnick John, *The Impact of Buddhism on Chinese Material Culture*, Princeton: Princeton University Press, 2003.

柯嘉豪:《佛教对中国物质文化的影响》,普林斯顿:普林斯顿大学出版社,2003 年。

Ko Dorothy, *Cinderella's Sisters: A Revisionist History of Footbinding*, San Francisco: University of California Press, 2005.

高艳颐:《缠足史:金莲崇拜的盛衰》,旧金山:加州大学出版社,2005 年。

Ko Dorothy, *Every Step a Lotus: Shoes for Bound Feet*, San Francisco: University of California Press, 2001.

高艳颐:《三寸金莲》,旧金山:加州大学出版社,2005 年。

Laing Ellen Johnston, *Selling Happiness: Calendar Posters and Visual Culture in Early-Twentieth-Century Shanghai*, Honolulu: University of Hawai'i Press, 2004.

梁庄爱伦:《出售幸福:二十世纪初上海的月份牌和视觉文化》,火奴鲁鲁:夏威夷大学出版社,2004 年。

Liang Samuel Y., *Mapping Modernity in Shanghai: Space, Gender, and Visual Culture in the Sojourners' City, 1853 - 1898*, London: Routledge, 2012.

塞缪尔·梁:《绘制上海现代性的地图:移民城市的空间、性别与视觉文化(1853—1898)》,伦敦:罗德里奇出版社,2012年。

Lin Pei-yin, Tsai, Weipin (eds.), *Print, Profit, and Perception: Ideas, Information and Knowledge in Chinese Societies, 1895 – 1949*, Leiden: BRILL, 2014.

林姵吟、蔡维屏编:《印刷、利润与认知:中国社会的观念、信息和知识(1895—1949)》,莱顿:博睿出版社,2014年。

McCausland Shane, Hwang Yin (eds.), *On Telling Images of China: Essays in Narrative Painting and Visual Culture*, Hong Kong: Hong Kong University Press, 2013.

马啸鸿、黄韵编:《中国图说:叙事画与视觉文化论文集》,香港:香港大学出版社,2013年。

Metrick-Chen Lenore, *Collecting Objects / Excluding People: Chinese Subjects and American Visual Culture, 1830 – 1900*, SUNY Press, 2012.

雷诺尔·美特里克—陈:《集物/赶人:中国主题与美国视觉文化(1830—1900)》,纽约州立大学出版社,2012年。

Pang Laikwan, *The Distorting Mirror: Visual Modernity in China*, Honolulu: University of Hawai'i Press, 2007.

彭丽君:《哈哈镜:中国的视觉现代性》,火奴鲁鲁:夏威夷大学出版社,2007年。

Reed Christopher A., *Gutenberg in Shanghai: Chinese Print Capitalism, 1876 – 1937*, Vancouver: University of British Columbia Press, 2004.

芮哲非:《古滕堡在上海:中国的印刷资本主义(1876—1937)》,温哥华:不列颠哥伦比亚大学出版社,2004年。

Rose Sarah, *For All the Tea in China: How England Stole the World's Favorite Drink and Changed History*, New York: Viking, 2009.

萨拉·罗斯:《为了所有的中国茶叶:英国是如何偷窃最风靡世界的饮料并改变世界的》,纽约:维京出版社,2009年。
Rujivacharakul Vimalin, ed. *Collecting China: The World, China, and a History of Collecting*. Newark: University of Delaware Press, 2011.

维马琳·鲁吉瓦查拉库勒编:《收藏中国:世界、中国与收藏的历史》,纽瓦克:特拉华大学出版社,2011年。
Schäfer Dagmar (ed.), *Cultures of Knowledge: Technology in Chinese History*, Leiden: BRILL, 2011.

薛凤编:《知识的文化:中国历史上的技术》,莱顿:博睿出版社,2011年。
Schäfer Dagmar, *The Crafting of the 10,000 Things: Knowledge and Technology in Seventeenth-Century China*, Chicago: University of Chicago Press, 2011.

薛凤:《天工开物:十七世纪中国的知识与技术》,芝加哥:芝加哥大学出版社,2011年。
Schrift Melissa, *Biography of a Chairman Mao Badge: The Creation and Mass Consumption of a Personality Cult*, Rutgers, NJ: Rutgers University Press, 2001.

梅丽莎·斯里夫特:《毛泽东像章的传记:个人崇拜的形成与大众消费》,罗格斯:罗格斯大学出版社,2001年。
Strand David, *Rickshaw Beijing: City People and Politics in the 1920s*, San Francisco: University of California Press, 1989.

史谦德:《北京人力车:二十世纪二十年代的城市人口与政治》,旧金山:加州大学出版社,1989年。
Swislocki Mark, *Culinary Nostalgia: Regional Food Culture and the Urban Experience in Shanghai*, Stanford, Calif., Stanford University

Press, 2009.

马克·斯维斯洛基:《舌尖上的乡愁:地方食物文化与上海的城市体验》,斯坦福:斯坦福大学出版社,2009年。

Thiriez Regine, *Barbarian Lenses*: *Western Photographers of the Qianlong Emperor's European Palaces*, Amsterdam: Gordon and Breach, 1998.

雷琴·斯利兹:《蛮夷的镜头:西方摄影师眼中的乾隆皇帝的欧洲宫殿》,阿姆斯特丹:戈登与布里奇出版社,1998年。

Wong Young-tsu, *A Paradise Lost*: *The Imperial Garden Yuanming Yuan*, Honolulu: University of Hawai'i Press, 2001.

汪荣祖:《追寻失落的圆明园》,火奴鲁鲁:夏威夷大学出版社,2001年。

Wue Roberta, *Art Worlds*: *Artists, Images, and Audiences in Late Nineteenth-Century Shanghai*, Hong Kong: Hong Kong University Press, 2014.

伍美华:《艺术世界:十九世纪上海的艺术家,形象与观众》,香港:香港大学出版社,2014年。

Yeh Wen-hsin, *Shanghai Splendor*: *Economic Sentiments and the Making of Modern China, 1843–1949*, San Francisco: University of California Press, 2007.

叶文心:《上海繁华:经济感和现代中国的形成,1843—1949年》,旧金山:加州大学出版社,2007年。

Zheng Yangwen, *The Social Life of Opium in China*, Cambridge: Cambridge University Press, 2005.

郑扬文:《鸦片在中国的社会生命》,剑桥:剑桥大学出版社,2005年。

二、论　　文

Barlow Tani E., "Buying In: Advertising and the Sexy Modern Girl Icon in Shanghai in the 1920s and 1930s", in Weinbaum, Alsy Eve et al. (eds.), *The Modern Girl Around the World: Consumption, Modernity, and Globalization* (Next Wave: New Directions in Women' Studies), Durham: Duke University Press, 2008, pp. 288 – 316.

白露:《二十世纪二三十年代上海的广告与性感摩登女郎偶像》,载埃尔西·维恩鲍姆等编《摩登女郎世界行:消费、现代性与全球化》,杜勒姆:杜克大学出版社,2008 年,第 288—316 页。

Bedford Elizabeth, "Moon cakes and the Chinese mid-autumn festival: A matter of habitus", in Hulsbosch Marianne, et al. (eds.), *Asian Material Culture*, Amsterdam: Amsterdam University Press, 2009, pp. 17 – 36.

伊丽莎白·贝德福德:《月饼与中国人的中秋节:习惯问题》,载玛丽安娜·霍尔斯博施等编《亚洲物质文化》,阿姆斯特丹:阿姆斯特丹大学出版社,2009 年,第 17—36 页。

Benson Carlton, "Story-Telling and Radio Shanghai", *Republican China*, April 1995, Vol. 20, No. 2, pp. 117 – 146.

卡尔顿·班森:《讲故事与上海的广播电台》,《民国史研究》20 卷第 2 号,1995 年 4 月,第 117—146 页。

Bickers Robert, "Transforming Frank Peasgood. Family Photographs and Shanghai Narratives", in *European Journal of East Asian Studies*, 2007, Vol. 6, No. 1, pp. 129 – 142.

毕可思:《改造弗兰克·皮斯古德:全家福与上海叙事》,《欧洲东亚研究》6 卷第 1 号,2007 年,第 129—142 页。

Bogel Cynthea A., "Situating Moving Objects: a Sino-Japanese Catalogue of Imported Items, 800 C. E. to the Present", in Mrázek Jan; Pitelka Morgan, eds. *What's the Use of Art? Asian Visual and Material culture in context.* Honolulu: University of Hawai'i Press, 2008, pp. 142–176.

辛西娅·博格尔:《移动物品:一份中日随身物品目录(公元800年至今)》,载杨·马拉泽克、摩根·皮特卡编《艺术何用?:语境中的亚洲视觉与物质文化》,火奴鲁鲁:夏威夷大学出版社,2008年,第142—176页。

Broudehoux Anne-Marie, "Selling the Past: Nationalism and the Commodification of History at Yuanmingyuan", in *Making and Selling of Post-Mao Beijing*, London: Routledge, 2004, chapter 3.

安玛莉·布鲁德乌丝:《出售过去:民族主义与圆明园历史的商品化》,载氏著《制造与出售后毛时代的北京》第三章,伦敦:罗德里奇出版社,2004年。

Cheang Sarah, "Dragons in the Drawing Room: Chinese Embroideries in British Homes, 1860–1949," *Textile History*, November 2008, Vol. 39, No. 2, pp. 223–249.

莎拉·张,"客厅里的龙:英国家居中的中国刺绣,1860—1949年",《纺织史》39卷第2号,2008年11月,第223—249页。

Chen Hsiu-Fen, "Nourishing Life, Cultivation and Material Culture in the Late Ming: Some Thoughts on *Zunsheng bajian* (*Eight Discourses on Respecting Life*, 1591)", in *Asian Medicine: Tradition and Modernity*, 2008, Vol. 4, No. 1, pp. 29–45.

陈秀芬:《晚明的养生、修身与物质文化:有关〈遵生八笺〉的若干思考》,《亚洲医学:传统与现代》4卷第1号,2008年,第29—45页。

Cheung Sidney, "Consuming 'Low' Cuisine after Hong Kong's Handover: Village Banquets and Private Kitchens", *Asian Studies Review* (special issue on 'Edgy things: Negotiating borders and identities through Asian material culture'), 2005, Vol. 29, No. 3, pp. 259-273.

张展鸿:《香港回归后的"低端"饮食消费:村宴与私房菜》,《亚洲研究评论:"边缘事物:亚洲物质文化中的边界与身份协商"专刊》29 卷第 3 号,2005 年,第 259—273 页。

Claypool Lisa, "Painting Manuals and Gendered Modernity in Republican Era Shanghai", in Wong, Aida Yuen (ed.), *Visualizing Beauty: Gender and Ideology in Modern East Asia*, Hong Kong: Hong Kong University Press, 2012, pp. 23-44.

丽莎·克雷普尔:《民国上海的画谱与性别化的现代性》,载阮圆编《美人的可视化:现代东亚的性别与意识形态》,香港:香港大学出版社,2012 年,第 23—44 页。

Clunas Craig, "Books and Things: Ming Literary Culture and Material Culture", in Frances Wood ed., *Chinese Studies: British Library Occasional Papers No. 10*, London: British Library, 1988, pp. 136-143.

柯律格:《书与物:明代文人文化与物质文化》,载吴芳思编《中国学:大英博物馆不定期论文集》(第十辑),伦敦:大英博物馆,1988 年,第 136—143 页。

Clunas Craig, "Furnishing the Self in Early Modern China", in Berliner Nancy Zeng (ed.), *Beyond the Screen: Chinese Furniture of the Sixteenth and Seventeenth Centuries*, Boston: Museum of Fine Arts, 1996, pp. 21-35.

柯律格:《早期现代中国的唯我装潢》,载楠希·白灵安编《屏风之外:十六、十七世纪的中国家具》,波士顿:波士顿艺术博物馆,1996 年,第 21—35 页。

Cochran Sherman, "Marketing Medicine and Advertising Dreams in China, 1900 – 1950", in Yeh Wen-hsin (ed.), *Becoming Chinese: Passages to Modernity and Beyond*, San Francisco: University of California Press, 2000, pp. 62 – 97.

高家龙:《中国的医药市场与广告幻梦(1900—1950)》,载叶文心编《成为中国人:通往和超越现代性之途》,旧金山:加州大学出版社,2000 年,第 62—97 页。

Dal Lago Francesca, "How 'Modern' Was the Modern Woman?: Crossed Legs and Modernity in 1930s Shanghai Calendar Posters, Pictorial Magazines, and Cartoons", In Wong Aida Yuen, *Visualizing Beauty: Gender and Ideology in Modern East Asia*, Hong Kong: Hong Kong University Press, 2012, pp. 45 – 62.

弗兰:《现代女性有多"现代":二十世纪三十年代上海的月份牌和画报中的交叉双腿与现代性》,载阮圆编《美人的可视化:现代东亚的性别与意识形态》,香港:香港大学出版社,2012 年,第 45—62 页。

Dikötter Frank, "Objects and Agency: Material Culture and Modernity in China", in Harvey Karen (ed.), *History and Material Culture: A Student's Guide to Approaching Alternative Sources*, London, Routledge, 2013, pp. 158 – 172.

冯客:《物品与中介:中国的物质文化与现代性》,载凯伦·哈维编:《历史与物质文化:非传统资料使用的学习指南》,伦敦:罗德里奇出版社,2013 年,第 158—172 页。

Dong Madeleine Yue, "Who Is Afraid of the Chinese Modern Girl?" in Weinbaum Alsy Eve et al. (eds.), *The Modern Girl Around the World: Consumption, Modernity, and Globalization*, Durham: Duke University Press, 2008, pp. 194 – 219.

董玥:《谁在害怕中国摩登女郎?》,载埃尔西·维恩鲍姆等编《摩登女郎世界行:消费、现代性与全球化》,杜勒姆:杜克大学出版社,2008年,第194—219页。

Eyferth Jacob, "De-Industrialization in the Chinese Countryside: Handicrafts and Development in Jiajiang (Sichuan), 1935-1978", China Quarterly, March 2003, No.173, pp.53-73.

雅各布·伊弗斯:《中国农村的去工业化:四川夹江的手工业和发展(1935—1978)》,《中国季刊》第173号,2003年3月,第53—57页。

Eyferth Jacob, "Craft Knowledge at the Interface of Written and Oral Cultures", East Asian Science, Technology and Society: an International Journal, 2010, Vol.4, No.2, pp.185-205.

雅各布·伊弗斯:《书写与口传文化交界处的手工知识》,《东亚科技与社会国际杂志》4卷第2号,2010年,第185—205页。

Evans William S., Jr., "Food and Fantasy: Material Culture of the Chinese in California and the West, circa 1850-1900", in Schuyler Robert L., ed. Archaeological Perspectives on Ethnicity in America: Afro-American and Asian American Culture History. New York: Baywood Publishing, 1980, pp.89-96.

威廉·伊文思:《食物与幻想:美国加州与西部的华人物质文化(1850—1900)》,载罗伯特·舒怡勒编《美洲民族志的考古视野:亚非裔美国人的文化史》,纽约:贝伍德出版社,1980年,第89—96页。

Feltham Heleanor B., "Everybody was Kung-Fu fighting: The Lion Dance and Chinese National Identity in the 19th and 20th Centuries", in Hulsbosch, Marianne, et al. (eds.), Asian Material Culture, Amsterdam: Amsterdam University Press, 2009, pp.103-140.

海伦诺·菲尔特汉姆:《人人都有功夫:十九—二十世纪的舞狮与中国人的国族身份》,载玛丽安娜·霍尔斯博施等编《亚洲物质文化》,阿姆斯特丹:阿姆斯特丹大学出版社,2009年,第103—140页。

Feuchtwang Stephan, "Exhibition and Awe: Regimes of Visibility in the Presentation of an Emperor", in *Journal of Material Culture*, March 2011; Vol. 16, No. 1, pp. 64 – 79.

卫思谛:《展览与敬畏:皇帝形象呈现中的可视性政权》,《物质文化杂志》16卷第1号,2011年3月,第64—79页。

Finnane Antonia, *Changing Clothes in China: Fashion, History, Nation*, New York: Columbia University Press, 2013.

安东篱:《中国的服饰变化:时尚、历史、国家》,纽约:哥伦比亚大学出版社,2013年。

Greenfield Mary C., "'The Game of One Hundred Intelligences': Mahjong, Materials, and the Marketing of the Asian Exotic in the 1920s", in *Pacific Historical Review*, August 2010, Vol. 79, No. 3, pp. 329 – 359.

玛丽·格林菲尔德:《"百智戏":麻将,物质与二十世纪二十年代亚洲风情物德市场推广》,《太平洋历史评论》79卷第3号,2010年8月,第329—359页。

Hay Jonathan, "The Diachronics of Early Qing Visual and Material Culture", in Struve, Lynn A. (ed.), *The Qing Formation in World-Historical Time*. Cambridge, Mass.; London: Harvard University Asia Center, 2004, pp. 303 – 334.

乔迅:《清初视觉与物质文化的历时性变化》,载顾琳编《世界历史时间中清代的形成》,麻省剑桥,伦敦:哈佛大学亚洲中心,2004年,第303—334页。

Henriot Christian, "Preamble 'Common People and the Artist in Republican China: Visual Documents and Historical Narrative'", in *European Journal of East Asian Studies*, 2007, Vol. 6, No. 1, pp. 5 – 11.

安克强:《"民国的普通民众与艺术家:视觉档案与历史叙述"绪论》,《欧洲东亚研究》6 卷第 1 号,2007 年,第 5—11 页。

Hevia James L., "Beijing 1860: Loot, Prize, and a Solemn Act of Retribution", in *English Lessons: The Pedagogy of Imperialism in Nineteenth-Century China*, Durham, NC; London: Duke University Press, 2003.

何伟亚:《北京 1860:劫掠、奖金和果报的神圣行为》,载氏著《英国的课业:十九世纪中国的帝国主义教程》,杜勒姆,伦敦:杜克大学出版社,2003 年。

Hevia James L., "Plunder, Markets, and Museums: the Biographies of Chinese Imperial Objects in Europe and North America", in Mrázek Jan, Pitelka Morgan, eds. *What's the use of art? Asian Visual and Material Culture in Context.* Honolulu: University of Hawaii Press, 2008, pp. 129 – 141.

何伟亚:《掠夺、市场和博物馆:欧美中国皇家物品传》,载杨·马拉泽克、摩根·皮特卡编:《艺术何用:语境中的亚洲视觉与物质文化》,火奴鲁鲁:夏威夷大学出版社,2008 年,第 129—141 页。

Hevia James L., "The Photography Complex: Exposing Boxer-Era China (1900 – 1901), Making Civilization", in Morris Rosalind C., ed. *Photographies East: the Camera and Its Histories in East and Southeast Asia.* Durham, N. C.; London: Duke University Press, 2009, pp. 79 – 119.

何伟亚:《摄影的复合体:展现义和团时期(1900—1901)的中国与创造文明》,载罗萨琳德·莫里斯编《东方摄影:东亚与东南亚德照相机及其历史》，杜勒姆，伦敦：杜克大学出版社，2009年，第79—119页。

Ip Hung-yok, "Fashioning Appearances: Feminine Beauty in Chinese Communist Revolutionary Culture", In Wong Aida Yuen, *Visualizing Beauty: Gender and Ideology in Modern East Asia*, Hong Kong: Hong Kong University Press, 2012, pp. 63-78.

叶红玉：《时世装：中国共产革命文化中的女性美》，载阮圆编《美人的可视化：现代东亚的性别与意识形态》，香港：香港大学出版社，2012年，第63—78页。

Ellen Johnston Laing, "Visual Evidence for the Evolution of 'Politically Correct' Dress for Women in Early Twentieth Century Shanghai", *Nan Nü*, 2003, Vol. 5, Issue 1, pp. 68-112.

梁庄爱伦：《二十世纪初上海女性着重"政治正确性"演变的视觉证据》，《男女》5卷第1号，2003年，第68—112页。

Lee Haiyan, "The Ruins of Yuanmingyuan: Or, How to Enjoy a National Wound", in *Modern China*, March 2009, Vol. 35, No. 2, pp. 155-190.

李海燕：《圆明园遗迹：或如何欣赏一个国族的伤口》，《近代中国》35卷第2号，2009年3月，第155—190页。

Liang Samuel Y., "Ephemeral Households, Marvelous Things: Business, Gender, and Material Culture in *Flowers of Shanghai*," in *Modern China*, 2007, Vol. 33, No. 3, pp. 377-418.

塞缪尔·梁：《〈海上花〉里的生意、性别和物质文化》，《近代中国》33卷第3号，2007年，第377—418页。

Liu Lydia H., "Robinson Crusoe's Earthenware Pot", in *Critical Inquiry*, January 1999, Vol. 25, No. 4, pp. 728-757.

刘禾：《鲁滨逊的瓦罐》，《理论学刊》25卷第4号，1999年1

月,第 728—757 页。

Lu Hanchao, "Out of the Ordinary: Implications of Material Culture and Daily Life in China", in Dong Madeleine Yue, Goldstein Joshua L. (eds.), *Everyday Modernity in China*, Seattle: University of Washington Press, 2006, pp. 22 – 51.

卢汉超:《从普通人中来:中国物质文化与日常生活的意义》,载董玥、约书亚·戈德斯坦编《中国的日常现代性》,西雅图:华盛顿大学出版社,2006 年,第 22—51 页。

McCausland Shane, "The History and Historicity of a Chinese Handscroll Painting", in *East Asia Journal: Studies in Material Culture*, 2003, Vol. 1, No. 1, pp. 71 – 84.

肖恩·麦克考斯兰德:《一幅中国卷轴画的历史与历史性》,《东亚物质文化研究杂志》1 卷第 1 号,2003 年,第 74—84 页。

Mittler Barbara, "Gendered Advertising in China: What History Do Images Tell?" in *European Journal of East Asian Studies*, 2007, Vol. 6, No. 1, pp. 13 – 41.

梅嘉乐:《性别化的中国广告:图像诉说了怎样的历史?》,《欧洲东亚研究》6 卷第 1 号,2007 年,第 5—11 页。

Mintz Sidney W., "Fish, Food Habits and Material Culture", in *Hong Kong Anthropologist*, 1996, no. 9, pp. 2 – 10.

西德尼·敏兹:《鱼、饮食习惯和物质文化》,《香港人类学者杂志》第 6 号,1996 年,第 2—10 页。

Myatt Tim, "Looting Tibet: Conflicting Narratives and Representations of Tibetan Material Culture from the 1904 British Mission to Tibet", in *Inner Asia*, 2012, Vol. 14, No. 1, pp. 61 – 97.

蒂姆·梅亚特:《劫掠西藏:1904 年英国出使西藏中西藏物质文化的冲突叙事与呈现》,《内亚杂志》14 卷第 1 号,2012 年,第

61—97页。

Pagani Catherine, "Chinese Material Culture and British Perceptions of China", in Barringer Tim, Tom Flynn (eds.), *Colonialism and the Object: Empire, Material Culture and the Museum*, London: Routledge, 1998.

凯瑟琳·帕加尼:《中国物质文化与英国的对华认知》,载蒂姆·巴林格、汤姆·弗林恩编《殖民主义与物品:帝国,物质文化与博物馆》,伦敦:罗德里奇出版社,1998年。

Pagani Catherine, "Objects and the Press: Images of China in Nineteenth-Century Britain [Discourses Relating to Exhibitions of Chinese Material Culture]", in Codell, Julie F., ed., *Imperial Co-Histories: National Identities and the British and Colonial Press*, Madison, N. J.: Fairleigh Dickinson University Press, 2003, pp. 147–166.

凯瑟琳·帕格尼:《物品与媒体:十九世纪英国的中国形象(有关中国物质文化展览的话语)》,载茱莉·科戴尔编《帝国时期的共同历史:国族身份与英国、殖民地的媒体》,麦迪逊:菲尔雷·狄金森大学出版社,2003年,第147—166页。

Schäfer Dagmar, "Inscribing the Artifact and Inspiring Trust: The Changing Role of Markings in the Ming Era", in *East Asian Science, Technology and Society: An International Journal*, 2011, No. 5, pp. 239–265.

薛凤:《雕刻物件与激发信任:明代刻度的角色变化》,《东亚科技与社会国际杂志》第5号,2011年,第239—265页。

Simoons Frederick J., "Food in Chinese Thought and Culture", in *Food in China: A Cultural and Historical Inquiry*, Boca Raton: CRC Press, 1991, pp. 13–37.

弗里德里克·小西蒙:《中国思想和文化中的食物》,载《中国的食物:文化及历史调查》,博卡拉顿:CRC 出版社,1991 年,第 13—37 页。

Swislocki Mark, "The Honey Nectar Peach and the Idea of Shanghai in Late Imperial China", in *Late Imperial China*, June 2008, Vol. 29, No. 1, pp. 1 – 40.

马克·斯维斯洛基:《水蜜桃和晚期上海的概念》,《清史研究》29 卷第 1 号,2008 年 6 月,第 1—40 页。

Swislocki Mark, "Nutritional Governmentality: Food and the Politics of Health in Late Imperial and Republican China", in *Radical History Review*, 2011, Vol. 2011, No. 110, pp. 9 – 35.

马克·斯维斯洛基:《营养治理:晚清至民国的食物与健康政治》,《激进历史评论》2011 卷第 110 号,2011 年,第 9—35 页。

Swislocki Mark, "Imagining Irreconcilability: Cultural Differentiation through Human-Animal Relations in Late Qing Shanghai", in *Positions*, 2012, Vol. 20, No. 4, pp. 1159 – 1189.

马克·斯维斯洛基:《想象的不可调和性:从晚清上海的人与动物的关系看文化差异》,《立场》20 卷第 4 号,2012 年,第 1159—1189 页。

Tarocco Francesca, "On the Market: Consumption and Material Culture in Modern Chinese Buddhism", in *Religion* Special Issue: Beyond the Market: Exploring the Religious Field in Modern China, 2011, Vol. 41, No. 4, pp. 627 – 644.

弗兰西斯卡·塔罗克:《市售:近代中国佛教中的消费与物质文化》,《宗教杂志:"超越市场:现代中国宗教领域探索"专刊》41 卷第 4 号,2011 年,第 627—644 页。

Thomas Greg M., "The Looting of Yuanming and the Translation of Chinese Art in Europe", in *Nineteenth-Century Art Worldwide: A Jour-*

nal of Nineteenth-Century Visual Culture, Autumn 2008, Vol. 7, No. 2.

格里格·托马斯:《劫掠圆明园与欧洲对中国艺术的翻译》,《十九世纪世界美术:十九世纪视觉文化杂志》7卷第2号,2008年秋。

Wakeman Frederic Jr., "Occupied Shanghai: The Struggle between Chinese and Western Medicine", in MacKinnon Stephen R., Lary Diana, Vogel Ezra F. (eds.), *China at War: Regions of China, 1937–1945*, Stanford, Calif.: Stanford University Press, 2007, pp. 265–287.

魏斐德:《占领上海:中西药之争》,载史蒂芬·麦金农、戴安娜·拉里、傅高义编:《战时中国:中国的区域(1937—1945)》,斯坦福:斯坦福大学出版社,2007年,第265—287页。

West Andy, "Collecting the Modern city: Material Culture and People in Kunming, Southern China," in Kerlogue Fiona, ed., *Performing Objects: Museums, Material Culture and Performance in Southeast Asia*, London: The Horniman Museum and Gardens, 2004, pp. 169–186.

安迪·韦斯特:《收集现代城市:昆明的物质文化和人》,载菲奥娜·克罗格编《展演物品:东南亚的博物馆、物质文化和表演》,伦敦:霍尔尼曼博物馆,2004年,第169—186页。

Williams Bryn, "Chinese Masculinities and Material Culture", in *Historical Archaeology*, 2008, Vol. 42, No. 3, pp. 53–67.

布莱恩·威廉姆斯:《中国人的男性气质与物质文化》,《历史考古学》42卷第3号,2008年,第53—67页。

Yeh Wen-hsin, "Introductory Remarks 'Reading Photographs: Visual Culture and Everyday Life in Republican China'", in *European Journal of East Asian Studies*, 2007, Vol. 6, No. 1, pp. 1–3.

叶文心:《"读照片:民国视觉文化与日常生活"导言》,《欧洲东亚研究》6 卷第 1 号,2007 年,第 1—3 页。

Yi Feng, "Shop Signs and Visual Culture in Republican Beijing", in *European Journal of East Asian Studies*, 2007, Vol. 6, No. 1, pp. 103 - 128.

易峰(音):《民国北京的店招和视觉文化》,《欧洲东亚研究》6 卷第 1 号,2007 年,第 103—128 页。

图书在版编目(CIP)数据

近代中国的物质文化/复旦大学历史系,复旦大学中外现代化进程研究中心编.—上海:上海古籍出版社,2015.12(2023.4重印)
(近代中国研究集刊:5)
ISBN 978-7-5325-7958-7

Ⅰ.①近… Ⅱ.①复… ②复… Ⅲ.①物质文化—研究—中国—近代 Ⅳ.①K250.3

中国版本图书馆 CIP 数据核字(2016)第 021563 号

近代中国研究集刊(5)
近代中国的物质文化
复 旦 大 学 历 史 系
复旦大学中外现代化进程研究中心 编
上海古籍出版社出版发行
(上海市闵行区号景路 159 弄 1—5 号 A 座 5F 邮政编码 201101)
(1) 网址:www.guji.com.cn
(2) E-mail:guji1@guji.com.cn
(3) 易文网网址:www.ewen.co
上海新艺印刷有限公司印刷
开本 635×965 1/16 印张 32.5 插页 5 字数 393,000
2015 年 12 月第 1 版 2023 年 4 月第 2 次印刷
ISBN 978-7-5325-7958-7
K·2157 定价:148.00 元
如有质量问题,请与承印公司联系